Die Internet-Apotheke in Europa

Europäische Hochschulschriften

Publications Universitaires Européennes
European University Studies

Reihe II
Rechtswissenschaft

Série II Series II
Droit
Law

Bd./Vol. 3764

PETER LANG
Frankfurt am Main · Berlin · Bern · Bruxelles · New York · Oxford · Wien

Christina Malz

Die Internet-Apotheke in Europa

Unter besonderer Berücksichtigung des deutschen und englischen Rechts

PETER LANG
Europäischer Verlag der Wissenschaften

Bibliografische Information Der Deutschen Bibliothek
Die Deutsche Bibliothek verzeichnet diese Publikation in der Deutschen Nationalbibliografie; detaillierte bibliografische Daten sind im Internet über <http://dnb.ddb.de> abrufbar.

Zugl.: Mannheim, Univ., Diss., 2003

D 180
ISSN 0531-7312
ISBN 3-631-51411-5

www.peterlang.de

Meinen Eltern

Um das volle Potenzial des E-Commerce nutzen zu können, muss der Verbraucher ... darauf vertrauen können, dass er online den gleichen Schutz erfährt wie in der Papierwelt.

Bill Clinton[*]

[*] *The White House - Office of the Press Secretary*, Presseveröffentlichung: Eliminating Barriers to Electronic Commerce while Protecting Consumers: The Electronic Signatures in Global and National Commerce Act, 30.06.2001;
das Zitat lautet: *If we are to achieve the full potential of electronic commerce, ... consumers need to have confidence that they have the same protections on-line that they have in the paper world*;
zu finden unter: http://clinton5.nara.gov/WH/New/html/20000630.html

Vorwort

Die nachstehende Arbeit wurde im Wintersemester 2002/2003 von der Fakultät für Rechtswissenschaften der Universität Mannheim als Dissertation angenommen. In der vorliegenden Fassung befindet sie sich weitgehend auf diesem Stand. Nachfolgende Literatur und Rechtsprechung ist ergänzend bis Juni 2003 berücksichtigt worden. Das Thema der Arbeit bringt es mit sich, ein besonderes Gewicht auf das Internet zu legen. Alle Internet-Fundstellen sind zuletzt im Juli 2003 überprüft worden. Leider kann angesichts der Schnelllebigkeit dieses Mediums keine Gewähr dafür übernommen werden, dass Fundstellen zu einem späteren Zeitpunkt noch verfügbar sind.

Mein erster Dank gilt meinem Doktorvater, Herrn Professor Dr. Jochen Taupitz, für die Ermunterung zur Promotion und die Freiheit bei der Wahl des Dissertationsthemas. Seine wertvollen Ratschläge haben diese Arbeit stets motivierend begleitet. Gleichermaßen danken möchte ich Herrn Professor Dr. Rolf Sack für die zügige Erstellung des Zweitgutachtens.

Schließlich danke ich besonders meinen Eltern, die mich stets in jeder Hinsicht unterstützten und mir dadurch mein Studium und diese Arbeit ermöglichten, sowie meiner Schwester Regina für ihre Hilfe beim Korrekturlesen.

Böhl-Iggelheim, im Juli 2003

Christina Malz

Inhaltsverzeichnis

Abkürzungen

ABDA	Bundesvereinigung Deutscher Apothekerverbände
ABl.	Amtsblatt
a.F.	alte Fassung
AC	Appeal Cases
AGB	Allgemeine Geschäftsbedingungen
AGBG	Gesetz zur Regelung des Rechts der Allgemeinen Geschäftsbedingungen
All ER	All England Law Reports (Zeitschrift)
AMG	Arzneimittelgesetz
AOK	Allgemeine Ortskrankenkasse
ApBetrO	Apothekenbetriebsordnung
ApoG	Apothekengesetz
ApoR	Apothekenrecht (Zeitschrift)
Az.	Aktenzeichen
BEUC	European Consumers' Organisation
BGB	Bürgerliches Gesetzbuch
BGBl.	Bundesgesetzblatt
BGH	Bundesgerichtshof
BKK	Betriebskrankenkasse
BPI	Bundesverband der pharmazeutischen Industrie
BT-Drucksache	Bundestagsdrucksache
BVerfG	Bundesverfassungsgericht
BVerwG	Bundesverwaltungsgericht
CoE	Code of Ethics
CP	Standing Committee of European Doctors
CR	Computer und Recht (Zeitschrift)
DTI	Department of Trade and Industry
E-Commerce	Electronic Commerce
EEG	Elektronischer Geschäftsverkehr-Gesetz
EFPIA	European Federation of Pharmaceutical Industries and Associations
EG	Europäische Gemeinschaft
EGBGB	Einführungsgesetz zum Bürgerlichen Gesetzbuch
EGV	Vertrag zur Gründung der Europäischen Gemeinschaft

EHFG	European Health Forum Gastein
endg.	endgültig
EU	Europäische Union
EuGH	Europäischer Gerichtshof
EWG	Europäische Wirtschaftsgemeinschaft
EWiR	Entscheidungen zum Wirtschaftsrecht (Zeitschrift)
FernAbsG	Fernabsatzgesetz
FIP	International Pharmaceutical Federation
Fn.	Fußnote
GewArch	Gewerbe-Archiv (Zeitschrift)
GIRP	European Association of Pharmaceutical Wholesalers
GPP	Good Pharmacy Practice
GSL	General Sale List
GWB	Gesetz gegen Wettbewerbsbeschränkungen
HWG	Heilmittelwerbegesetz
IKK	Innungskrankenkasse
IPR	Internationales Privatrecht
IPRax	Praxis des Internationalen Privat- und Verfahrensrechts (Zeitschrift)
JUS	Juristische Schulung (Zeitschrift)
JZ	Juristenzeitung (Zeitschrift)
KG	Kammergericht
KKH	Kaufmännische Krankenkasse
K&R	Kommunikation & Recht (Zeitschrift)
LG	Landgericht
Mio.	Million
MMR	Multimediarecht (Zeitschrift)
Mrd.	Milliarde
NHS	National Health Service
Nr.	Nummer
o.g.	oben genannt
OLG	Oberlandesgericht
OTC	Over The Counter
PCG	Primary Care Group
POM	Prescription Only Medicine
QBD	Queen`s Bench Division

Rdz.	Randziffer
RPSGB	Royal Pharmaceutical Society of Great Britain
RPG	Recht und Politik im Gesundheitswesen (Zeitschrift)
Rs.	Rechtssache
S.	Seite
S.	Satz
Sect.	Section
Slg.	Sammlung
TDG	Teledienstegesetz
TK	Techniker Krankenkasse
UCTA	Unfair Contract Terms Act 1977
UWG	Gesetz gegen den unlauteren Wettbewerb
vgl.	vergleiche
W.L.R.	Weekly Law Reports (Zeitschrift)
WRP	Wettbewerb in Recht und Praxis (Zeitschrift)
z.B.	zum Beispiel
ZUM	Zeitschrift für Urheber- und Medienrecht
ZVglRWiss	Zeitschrift für Vergleichende Rechtswissenschaft

I. Einleitung

1. Problemstellung

Das Internet bietet jedem Nutzer den Zugang zu einem grenzenlosen und weltweiten Netz mit umfassendem Komfort: Man kann 24 Stunden an sieben Tagen der Woche auf die dargebotenen Informationen und Dienstleistungen zugreifen. Infolge der zunehmenden Nutzung des Internet darf auch die wachsende wirtschaftliche Bedeutung des Handels über das Internet, des E-Commerce[1], nicht verkannt werden. Dabei werden Waren oder Dienstleistungen auf einer Homepage[2] angeboten.

Wie bei jedem durch wissenschaftlichen Fortschritt und technische Entwicklungen bedingten neuen Wirtschaftsbereich stellt sich auch für den E-Commerce die Frage nach den anwendbaren rechtlichen Vorschriften. Hierbei kann heute die vielfach zitierte Phrase des *rechtsfreien Raumes Internet*[3] keinesfalls mehr akzeptiert werden. In Betracht kommt vielmehr immer zuerst die gegebenenfalls entsprechende Anwendung bestehender Normen. Reichen diese aufgrund der Eigenart des Mediums nicht aus, muss der Gesetzgeber neue Regelungen schaffen, die dem Wunsch nach wirtschaftlicher Nutzung einerseits und der Schutzbedürftigkeit der Verbraucher andererseits Rechnung tragen sollen. Anforderungen, die das Recht an den E-Commerce stellt, müssen sich zudem wesentlich an der Art der angebotenen Ware oder Dienstleistung orientieren.

Auch der Handel mit Arzneimitteln unterliegt als solcher schon immer den besonderen Anforderungen des Pharmazierechts, die sich aus der Eigenart der Ware Arzneimittel und der besonderen Schutzbedürftigkeit des Patienten ergeben.

---

[1] *E-Commerce* ist die Abkürzung von englisch *electronic commerce* = elektronischer Handel. Er ist Teil des E-Business (= alle Formen von elektronischen Geschäftsprozessen), der die elektronische Vermarktung und den Handel von Waren und Dienstleistungen über das Internet meint. Im Allgemeinen wird damit der Handel zwischen Unternehmen und Endkonsumenten bezeichnet, *Duden* - Wörterbuch der New Economy, 2001, S. 34f. Anders aber die Definition bei *Strömer*, Online-Recht, 1999, S. 103, der mit Hinweis auf die verwendete Elektronik zu E-Commerce auch den Vertragsschluss per Telefon und Telefax zählt.

[2] Die *Homepage* stellt innerhalb der Hierarchie mehrerer Internetseiten die oberste Ebene dar, von der aus die untergeordneten *WebSites* erreichbar sind. Eine WebSite (oder Internetseite, Webseite, Webpage) ist eine Seite im World Wide Web WWW, die etwa mittels der Programmiersprachen HTML oder JAVA entwickelt wurde. Die Begriffe *WebSite* und *Homepage* werden im Folgenden auch nebeneinander verwendet. Diese Definition in Anlehnung an *Frost*, Gesundheitstelematik etc., 2000, S. 28 und Fn. 22.

[3] Dieses Problem diskutiert z.B. *Heckmann*, NJW 2000, S. 1370 und Fn. 6; *Wenning*, JurPC Web-Dok. 16/1997, unter: http://www.jura.uni-sb.de/jurpc/aufsatz/19970016.htm

Das Thema dieser Arbeit, der E-Commerce mit Arzneimitteln, liegt damit an der Schnittstelle zweier Rechtsbereiche mit ständig wachsender wirtschaftlicher und rechtlicher Bedeutung.

Ein Blick über die Grenzen zeigt, dass beispielsweise in den USA der Arzneimittelversand seit langem üblich ist, und er auch in einigen Mitgliedsstaaten der EU, so in Großbritannien, Irland, den Niederlanden und Dänemark erlaubt ist, während er in anderen zum Teil ausdrücklich verboten, zum Teil durch Rechtsprechung untersagt ist.
In Deutschland ist die Zulässigkeit des E-Commerce mit Arzneimitteln gesundheitspolitisch umstritten und zur Zeit Gegenstand gerichtlicher Auseinandersetzungen. Ausgelöst wurde dies durch die Aktivitäten der niederländischen Apotheke Doc Morris, die seit Juni 2000 auch dem deutschen Verbraucher Arzneimittel über das Internet anbietet. Durch mehrere, sich widersprechende Urteile ist die Thematik in das Blickfeld der Öffentlichkeit gerückt und wird unter dem Stichwort der *Internet-Apotheke*[4] lebhaft diskutiert.
Zahlreiche Gerichte hatten in jüngster Zeit über die Zulässigkeit des E-Commerce mit Arzneimitteln nach deutschem Recht zu entscheiden, darunter allein 13 Verfahren gegen den niederländischen Anbieter DocMorris.
Als einziges Gericht hat das LG Berlin mit Urteil vom 07.11.2000 die Tätigkeit einer Internet-Apotheke als zulässig erachtet.[5] Dieses Urteil wurde im Mai 2001 durch eine Entscheidung des KG Berlin aufgehoben.[6] Besondere Beachtung in der Öffentlichkeit fanden zwei Urteile des LG Frankfurt, welches am 09.11.2000 in zwei Verfahren dem niederländischen Anbieter DocMorris durch einstweilige Verfügung unter Androhung von Ordnungsmittel u.a. den gewerbsmäßigen Versandhandel mit apothekenpflichtigen Arzneimitteln nach Deutschland untersagte.[7] Dies ist im Mai 2001 in der Berufungsinstanz durch das OLG Frankfurt bestätigt worden.[8] Das LG Frankfurt hat schließlich in der Hauptsacheverhandlung der europarechtlichen Dimension der Problematik besondere Bedeutung beigemessen und die Frage der Vereinbarkeit des Verbotes des Arzneimittelversandes mit Europarecht im Wege der

---

[4] Neben dem Begriff *Internet-Apotheke* werden in Literatur und allgemeinem Sprachgebrauch auch *Online-Apotheke*, *Cyberapotheke* und *e-pharmacy* nebeneinander verwendet. Allgemeiner ist der Begriff *Versandapotheke*, hierzu im Folgenden. Arzneimittel werden - zum Teil verächtlich- als *Cybermedikamente* oder *@-Pillen* bezeichnet.

[5] LG Berlin, Urteil vom 7.11.2000, K&R 2001, S. 168ff

[6] KG Berlin, Entscheidung von 29.05.2001, Az. 5 U 10150/00

[7] Hierbei handelt es sich um zwei voneinander unabhängigen Verfahren: zum einen auf Antrag der Firma Bayer, Urteil vom 09.11.2000, Az. 2-03 O 365/00, zum andern auf Betreiben des Deutschen Apothekerverbandes, Urteil vom 09.11.2000, Az. 2-03 O 366/00.

[8] OLG Frankfurt, Urteil vom 30.05.2001, Az: 6 U 240/00,

Vorabentscheidung dem EuGH vorgelegt.[9] Die Generalanwältin beim EuGH Stix Hackl hat dem EuGH am 11.03.2003 in dieser Rechtssache ihre Schlussanträge gestellt. Sie sieht in dem nationalen Versandverbot für apothekenpflichtige Arzneimitteln, so wie es auch in Deutschland besteht, einen Verstoß gegen europäisches Recht.[10]

Im Interesse der Rechtssicherheit für Verbraucher und Apotheker ist eine Klärung der Rechtslage in Deutschland geboten. Diese Arbeit möchte die Frage nach der Zulässigkeit des E-Commerce mit Arzneimitteln nach deutschem Recht beantworten, Denkansätze bieten und gegebenenfalls Änderungsvorschläge machen.

2. Abgrenzung des Themas

Versandhandel betreibt

> *wer gewerbsmäßig zum Verkauf an jedermann Waren versendet, die nach Katalog, Muster, Proben oder aufgrund eines sonstigen Angebots bestellt sind* (§ 1 Einzelhandelsgesetz).

Fernabsatz findet statt, wenn Kommunikationsmittel Anwendung finden, die

> *zur Anbahnung oder zum Abschluss eines Vertrages zwischen einem Verbraucher und einem Unternehmer ohne gleichzeitige körperliche Anwesenheit der Vertragsparteien eingesetzt werden können...* (§ 312b II BGB).

Während der Versand von Arzneimitteln allgemein bereits in der Vergangenheit thematisiert worden ist, ist der E-Commerce bzw. E-Health-Commerce[11] dabei nur eine der Möglichkeiten neben anderen Bestellmöglichkeiten beispielsweise per Brief, Katalog, Telefon, Fax, Rundfunk, Tele- oder Mediendienst.[12] Die folgende Untersuchung wird sich auf die Bestellung über das Internet durch elektronischen Vertragsschluss beschränken. Der Begriff der *Internet-Apotheke*

---

[9] LG Frankfurt, EuGH-Vorlage vom 10.08.2001, AZ 2.03 O 366/00, Leitsätze in NJW 2001, S. 2824 = GRUR-RR 2001, S. 254; MMR 2001, 243-249

[10] Rechtssache C-322/01 - Deutscher Apothekerverband e.V. gegen 1. 0800 DocMorris NV, 2. Jacques Waterval

[11] Diesen Begriff verwendet der *Sachverständigenrat für die Konzertierte Aktion im Gesundheitswesen*, Bedarfsgerechtigkeit und Wirtschaftlichkeit: Zur Steigerung von Effizienz und Effektivität der Arzneimittelversorgung in der gesetzlichen Krankenversicherung (GKV), Addendum zum Gutachten 2000/2001(=BT-Drucksache 14-8205 vom 05.02.2002), S. 39.

[12] Siehe die nicht abschließende Aufzählung in § 312 b II BGB.

soll dabei als ein Unterfall der *Versandapotheke* verstanden werden.[13] Beide kennzeichnet, dass sie Arzneimittel an den Kunden versenden, wobei die Bestellung bei der Versandapotheke über ein Fernkommunikationsmittel und bei der Internet-Apotheke eben online abgegeben wird.
Die Versandapotheke wiederum ist von der *Präsenzapotheke*, also der örtlichen Apotheke oder Offizin[14], sowie der *Krankenhausapotheke*, der *Bundeswehrapotheke*, der *Zweigapotheke* und der *Notfallapotheke* zu unterscheiden.[15]

Da man die Bedeutung des Internet nicht auf Landesgrenzen beschränkt erfassen und untersuchen kann, muss ein Blick über die Grenzen des deutschen Rechtes hinaus erfolgen. Angesichts des immer größer werdenden Einflusses europarechtlicher Vorgaben auf das nationale Recht legt auch diese Arbeit einen Schwerpunkt auf die Darstellung der europarechtlichen Dimension der Problematik, insbesondere die bereits erreichte Harmonisierung in Teilbereichen und die europarechtlichen Entwicklungsmöglichkeiten für den E-Commerce mit Arzneimitteln. Um unterschiedlichen Lösungsansätzen für die neu aufgeworfenen Rechtsfragen Rechnung zu tragen und mögliche künftige Entwicklungen verstehen zu können, wird auch die Möglichkeit einer Richtlinie für den E-Commerce mit Arzneimitteln als Maßnahme maximaler Harmonisierung erörtert.
Schließlich kann auch die Rechtsfrage betreffend das globale Internet nicht untersucht werden, ohne über die Grenzen des deutschen Rechts zu blicken und vergleichend die in anderen Rechtsordnungen gefundenen Lösungsansätze zu betrachten, soll neben der Untersuchung der deutschen Rechtslage auch die Rechtslage in Großbritannien exemplarisch für eine Rechtsordnung dargestellt werden, die den E-Commerce mit Arzneimitteln erlaubt und diesen durch spezielle Qualitätsvorschriften auch normiert hat.

---

[13] Ein anderer Ansatz findet sich bei *Neldner/Wassener*, Gesundheit und Gesellschaft, 2001, S. 33. Dort wird unter *Internet-Apotheke* nur die aus dem Ausland anbietende Apotheke verstanden und Versandapotheke als Apotheke im Inland, die durch den verschreibenden Arzt per Telefon oder Datenfernübertragung beauftragt wird, an den Patienten zu versenden. Gegen die Beschränkung des Begriffs der Versandapotheke auf den Anbieter aus dem Inland spricht aber die in zahlreichen anderen Vorschriften verwendete Definition des Versandhandels, die meist einen grenzüberschreitenden Bezug aufweist, z.B. § 18 BiersteuerG, § 32 SchaumweinZwStV, § 12 KaffeesteuerG, § 19 TabaksteuerG, § 46 BranntweinsteuerV.

[14] Das lateinische Wort *officina* bezeichnete ursprünglich die Werkstatt des Apothekers und steht heute allgemein für den Verkaufsraum der Apotheke.

[15] Hierzu die §§ 14 - 16 ApBetrO; ausführlich beschrieben bei: *Schiedermair/Pohl*, Gesetzeskunde für Apotheker, 11. Aufl. 1997, S. 58 - 65

Um eine ausreichende Konkretheit zu gewährleisten, beschränkt sich diese Arbeit neben der Frage der grundsätzlichen Zulässigkeit des E-Commerce mit Arzneimitteln auf den Vertragsschluss im Internet und die damit unmittelbar zusammenhängenden verbraucherschutzrechtlichen Fragen.
Werberechtliche Fragen stehen nicht im Zentrum dieser Arbeit und werden daher nur zusammenfassend für das deutsche Recht dargestellt.

3. Gang der Arbeit

Diese Arbeit gliedert sich nach einer allgemeinen Darstellung der wirtschaftlichen und gesellschaftlichen Dimension der Problematik in die drei Schwerpunkte Europa, Deutschland und Großbritannien.

Aus der Problemstellung folgt für den Gang der Arbeit, dass mit der Darstellung der auf europarechtlicher Ebene bereits erfolgten Harmonisierungsmaßnahmen im Pharmazie- und E-Commerce-Recht begonnen wird. Dies trägt dem Umstand Rechnung, dass sowohl die Grundfreiheiten des EGV im Rahmen der Normenhierarchie über den Vorschriften nationaler Gesetze der Mitgliedstaaten stehen, als auch europäische Richtlinien gerade im Bereich des Verbraucherschutzes mehr und mehr harmonisierend auf die Rechtsordnungen der Mitgliedstaaten der EU einwirken.
Vor diesem Hintergrund soll dann die Rechtlage in Deutschland dargestellt und auf ihre Vereinbarkeit mit Europarecht untersucht werden.
Die Rechtslage in Großbritannien wird abschließend mit dem Ziel untersucht, gegebenenfalls Änderungsvorschläge für das deutsche Recht zu finden. Dies geschieht anhand eines in Großbritannien bereits seit zwei Jahren angewendeten speziellen Regelungswerks für den E-Commerce mit Arzneimitteln.

Es wird bei der Betrachtung der Bereiche Europa, Deutschland und Großbritannien immer zuerst gesondert auf die beiden Themengebiete Arzneimittelrecht und E-Commerce eingegangen. Dies geschieht zunächst durch einen Überblick über die Situation des Pharmaziemarkts und -rechts im Allgemeinen, um die grundlegende Bedeutung des Berufs des Apothekers verstehen zu können. Dem schließt sich eine Darstellung der Regelungen zum E-Commerce an, wobei sich dies auf den Vertragsschluss und die ihn unmittelbar betreffenden Fragen sowie die Kernpunkte verbraucherschutzrechtlicher Regelungen beschränken soll.
Anschließend erst kann jeweils auf die Schnittstelle beider Bereiche, den Internethandel mit Arzneimitteln, eingegangen werden.

Im Zentrum dieser Arbeit steht die Beziehung Apotheker - Verbraucher. Gleichwohl wird an gegebener Stelle ein Blick auf die gesamte Marktsituation und die Bedeutung der pharmazeutischen Industrie geworfen.

II. Die wirtschaftliche und gesellschaftliche Perspektive

1. Die wirtschaftliche Bedeutung des E-Commerce

Auch wenn der Internethandel bisher nur einen vergleichsweise kleinen Teil aller Liefer- und Dienstleistungsbeziehungen stellt, wird er in der Zukunft rasch an Bedeutung gewinnen. Je mehr Menschen mit dem Internet vertraut werden und sich mit Online-Erfahrung im Netz bewegen, desto mehr werden auch Spezialangebote wie beispielsweise der Kauf von Waren und Dienstleistungen wahrgenommen werden. Nach wie vor finden 90 % des Handels über das Internet zwischen Unternehmen (business-to-business oder B2B) statt.[16] In Europa verzeichnet er bereits einen jährlichen Umsatz von € 17 Mrd., mit einer Steigerung auf € 340 Mrd. wird bis zum Jahr 2003 gerechnet. Aber auch der Einzelhandel über das Internet (business-to-consumer oder B2C) nimmt rasant zu, optimistische Schätzungen gehen bis 2005 sogar von einer Verdopplung des Handelsvolumens jedes Jahr aus.

Während Marktforscher für 2001 den Einzelhandelsumsatz in Europa mit € 22 Mrd. beziffern, werden für 2002 schon € 60 Mrd. erwartet.[17] Der E-Commerce-Markt in Deutschland trägt nach diesen Schätzungen 25 % dazu bei und liegt damit vor Großbritannien und Frankreich.[18] Trotz der weltweiten Verfügbarkeit des Internet und grenzenloser Handelsmöglichkeiten findet E-Commerce im B2C-Bereich mehrheitlich im Umfeld des Verbrauchers statt. So haben 80 % der europäischen Verbraucher, die schon online eingekauft haben, innerhalb Europas bestellt.[19] Dies wird allgemein auf geringere Lieferkosten einer wohnortnahen Bestellung, aber auch auf bestehendes Misstrauen der Verbraucher bei Sicherheitsfragen bei der Bezahlung und Unklarheiten im rechtlichen Umfeld zurückgeführt.

Hauptsächlich werden Bücher, Musikprodukte, Software und PC-Zubehör gekauft. Aber auch Lebensmittel und Tickets für Kulturveranstaltungen oder

---

[16] *Hamm u.a.*, BusinessWeek 2001, S. 128, die sich auf einen Report des Marktforschers Forrester Research beziehen. Hiernach werden im Jahr 2004 im B2B-Bereich € 1.320 Mrd. umgesetzt werden.

[17] Die Marktforscher Forrester, Boston Consulting Group und Warburg Dillon Reed weichen in ihren Erwartungen für 2002 zum Teil erheblich voneinander ab: *OECD*, Consumers in the Online Marketplace OECD - Workshop on the Guidelines - One Year Later, DSTI/CP(2001)5, 19.04.2001, S. 53.

[18] Den Artikel *Umsätze über Electronic Commerce: in Deutschland, in Europa und weltweit*, 20.01.2000, der sich auf den Marktforscher Forrester Research bezieht,. findet man unter: http://www.ecin.de/marktbarometer/umsatz/

[19] *OECD*, Consumers in the Online Marketplace OECD - Workshop on the Guidelines - One Year Later, DSTI/CP(2001)5, 19.04.2001, S. 58; dort wird gezeigt, dass E-Commerce auch in Kanada und Australien mehrheitlich regional bleibt; siehe Fn. 17.

Reisen werden zunehmend online ausgesucht und gekauft.[20] Für die USA wird geschätzt, dass Gesundheits- und Schönheitsprodukte ca. 15 % der über das Internet gekauften Waren ausmachen.[21] Europäische Verbraucher haben im Dezember 2001 ca. € 50 Mio. für Gesundheit und Kosmetik im Internet ausgegeben.[22] Damit macht der Bereich der Gesundheitsfürsorge nach Ansicht der Europäischen Kommission bei steigender Tendenz bereits 6 % des europäischen IT-Marktes aus.[23] Künftig kann dem Verkauf von Gesundheitsprodukten und -dienstleistungen über das Internet ein europaweites Marktpotential von € 100 Mrd. zukommen.[24]
Auf den E-Commerce mit Arzneimitteln entfällt nach Schätzungen, die je nach zugrunde gelegter bzw. erwarteter Rechtslage variieren, etwa ein Marktvolumen von 1 bis 5 % des Gesamtumsatzes mit Arzneimitteln.[25]
Auch die Einführung einer gemeinsamen europäischen Währung zum 01.01.2002 wird den Preisvergleich für den Verbraucher vereinfachen und seine Bereitschaft, über das Internet einzukaufen, erhöhen.
Immerhin ¼ der deutschen Haushalte verfügen über einen eigenen Internetanschluss, was ca. 24 Mio. Nutzern entspricht.[26] Für 2003 wird mit einer Steigerung auf 50 % aller deutschen Haushalte gerechnet.[27] 17 % davon nutzen bereits heute das Internet auch zum Einkaufen.[28] Deutschland liegt damit im europäischen Mittelfeld und nahezu gleichauf mit Großbritannien, wo 18 % der

---

[20] Eine Übersicht über Online-Aktivitäten von etablierten, deutschen Unternehmen findet sich bei: *Mankowski*, MMR-Beilage 7/2000, S. 33f; aktuelle Zahlen bei *Kruse*, Die Welt, 01.12.2001, S. 17.

[21] *OECD*, Consumers in the Online Marketplace OECD - Workshop on the Guidelines - One Year Later, DSTI/CP(2001)5, 19.04.2001, S. 67, siehe Fn. 17

[22] *Kruse*, Die Welt, 01.12.2001, S. 17

[23] *Europäische Kommission*, eEurope 2002: Eine Informationsgesellschaft für alle, vorbereitet von Rat und Europäischer Kommission zur Vorlage auf der Tagung des Europäischen Rates am 19./20. Juni 2000 in Feira, S. 23, den deutschen Text unter: http://europa.eu.int/information_society/eeurope/action_plan/pdf/ actionplan_de.pdf; ähnlich bei: *Hovermann*, Die BKK 2001, S. 176

[24] *Hanika*, Bism@rck geht online, S. 5, der sich auf Angaben vom McKinsey beruft, unter: http://www.pfaelzer-aerzte.de/download/ka/Bismarck.pdf

[25] *Schäfers/Kaesbach*, Die BKK 2001, S. 491, die sich auf das Symposium des Bundesgesundheitsministeriums und der ABDA zu *E-Commerce mit Arzneimitteln* vom 13.12.2000 beziehen.

[26] *Schäfers/Kaesbach*, Die BKK 2001, S. 489

[27] Dazu der Artikel vom 24.02.2003 *Zahl der Internetnutzer wächst*, unter: http://www.ecin.de/news/2003/02/24/05414.

[28] *OECD*, Consumers in the Online Marketplace OECD - Workshop on the Guidelines - One Year Later, DSTI/CP(2001)5, 19.04.2001, S. 51, siehe Fn. 17. Andere Angaben weichen davon geringfügig ab und sprechen von 14 %,
unter: http://www.electronic-commerce.org/marktbarometer/internetnutzung/index.html.

Internetnutzer online einkaufen. Dies entspricht jeweils 5 % der arbeitenden Bevölkerung.[29]
Diese Zahlen zur allgemeinen Internetnutzung und generellen Akzeptanz des E-Commerce relativieren sich jedoch vor dem Hintergrund des E-Commerce mit Arzneimitteln. Dies liegt zum einen daran, dass die Gruppe der Arzneimittelkäufer eine überdurchschnittlich hohe Zahl älterer Personen umfasst. Zum anderen bestehen gerade für Patienten mit chronischen Krankheiten, die von einer Internetbestellung und Lieferung per Versand profitieren könnten, häufig nicht die finanziellen Möglichkeiten, sich PCs, Modems und
hohe Telefongebühren zu leisten.[30] Auch wenn demographischen Untersuchungen zufolge der Anteil der Internetnutzer, die 50 Jahren oder älter sind, kontinuierlich ansteigt und mittlerweile bei etwa 17 % liegt, ist zu berücksichtigen, dass das Internet überdurchschnittlich stark von jungen Menschen und von Personen, die in Städten leben, genutzt wird. Mehr als 60 % der Internetnutzer sind unter 40 Jahre alt.[31] Zudem zeigt eine aktuelle Untersuchung, dass die Mehrheit der Besucher von WebSites mit Gesundheitsangeboten wohlhabend sind, ¾ kinderlos sind und 50 % in einem Ein- oder Zwei-Personen-Haushalt leben.[32]

2. Das Internet im Gesundheitswesen

Die zahlreichen Einsatzmöglichkeiten moderner Kommunikationstechniken, beispielsweise Email oder Internet, betreffen heute jeden. Auch im Gesundheitswesen ist deren Einsatz in einigen Bereichen bereits nicht mehr wegzudenken, in anderen Gebieten in Zukunft mit Sicherheit verstärkt zu erwarten.[33] Hier soll ein kurzer Überblick darüber gegeben werden, wie jeder als Patient oder Beschäftigter im Gesundheitswesen damit konfrontiert sein kann.

---

[29] *OECD*, Consumers in the Online Marketplace OECD - Workshop on the Guidelines - One Year Later, DSTI/CP(2001)5, 19.04.2001, S. 51, siehe Fn. 17.

[30] *Rijen*, The CyberMed Catalyst, Issue Summer 2000, 08.07.2000, unter: http://www.amip.org/catalyst/vanrijen_html

[31] So die Ergebnisse einer Umfrage unter 94.000 Internetnutzern im April 2002 durch dem Marktforscher Fittkau & Maaß GmbH, unter: http://www.w3b.de. Nach anderen Angaben liegt die Zahl der Internetnutzer über 50 Jahre bei ca. 13 %, *Europäische Kommission*, eEurope Benchmarking-Bericht, 05.02.2002, S. 6, unter: http://europa.eu.int/information_ society/eeurope/news_librar/new_documents/benchmarking /benchmarking_de.pdf

[32] 60 % dieser Internetnutzer verfügen über ein Nettoeinkommen von über € 2.000, 14 % der Besucher von WebSites mit Gesundheitsangeboten sind Männer über 50 Jahre. Dazu die Pressemitteilung des Anbieter für Online-Forschungsservices Jupiter MMXI *Gesundheit im Netz konnte die Reichweite verdoppeln* vom 22.05.2001.

[33] *Frost*, Gesundheitstelematik etc., 2000, S. 20

Man kann für das Gesundheitswesen vier Bereiche unterscheiden, in denen das Internet genutzt werden kann[34]:

- *Werbung*[35] über das Internet nimmt rasant zu. Sie kann über Email erfolgen, die den Kunden direkt anspricht, findet aber meist durch Einblenden von Bannern oder Links statt, welche zu einer weiterführenden Information des Werbetreibenden, also z.B. auf seine Homepage leiten. Hier kommt dann das gesamte Werberecht zur Anwendung.[36] Während die Unternehmen im Jahr 1999 noch € 75 Mio. für Online-Werbung ausgaben, waren es im Jahr 2001 schon € 185 Mio. und in ersten Halbjahr 2002 € 114 Mio. Einer Schätzung zufolge werden im Jahr 2003 sogar 1,75 Mrd. DM investiert; damit wären die Ausgaben für Online-Werbung dann gleichauf mit den Ausgaben für Rundfunkwerbung.[37] Die Finanzmittel für Online-Werbung haben bei allen Branchen einen Anteil von ca. 1,4 % am gesamten Werbemarkt.[38]
Die pharmazeutische Industrie gab im Jahr 2000 in Deutschland € 140 Mio. für Werbeanzeigen in Fachzeitschriften und € 50 Mio. für Werbe-Post aus. Dazu kommen € 1,35 Mrd. an Kosten für Pharmareferenten.[39] Dieses wirtschaftliche Potential wird in Zukunft auch das Internet betreffen. Zudem war bereits 1999 jede zehnte werbetreibende Pharmafirma im Internet präsent, bis 2003 wird mit einem Anstieg auf 90 % gerechnet.[40]
Bereits 1998 wurden 15.000 WebSites mit gesundheitsspezifischem Inhalt gezählt.[41] Zwar sind nicht alle diese WebSites ganz oder zum Teil werbefinanziert, aber Werbung für Gesundheitsprodukte ist auch nicht auf solche WebSites beschränkt. Prinzipiell kommt jede WebSite in Betracht, die von potentiellen Kunden besucht wird. Auch Krankenkassen machen durch Werbebanner und Net-Events auf sich aufmerksam.[42] Im Bereich der zielgruppenorientierten Werbung sprechen pharmazeutische Hersteller einen

---

[34] In Anlehnung an *Miller/Reents,* The Health Industry in Transition - The Online Mandate to Change für: Internet Strategies Group Cyber Dialogue Inc., 1998, die auf S. 14 ihres Berichts die *drei* Bereiche Werbung, Information und Handel unterscheiden.

[35] Rein werbespezifische Rechtsfragen sind nicht Thema dieser Arbeit.

[36] *Drexl* in: *Lehmann*, Rechtsgeschäfte, 1999, S. 79

[37] Zur Zukunft der Online-Werbung auch der Kommentar von *Khermouch/Lowry*, BusinessWeek 2001, S. 138.

[38] Artikel *Online-Werbung legt zu*, Die Welt, 23.07.2002, S. 16; die Angaben hierzu variieren, generell wird der Anteil der Online-Medien bei der Werbung zur Zeit zwischen 1,2 und 1,5 Prozent angegeben.

[39] *Koch*, Deutsches Ärtzeblatt 39/2001, S. A 2486

[40] *Striegler*, Medikament & Meinung 4/1999

[41] *Miller/Reents*, The Health Industry in Transition - The Online Mandate to Change für: Internet Strategies Group Cyber Dialogue Inc., 1998, S. 14

[42] *Korbanka/Nielen*, KrV 2001, S. 222

geschlossenen Benutzerkreis, beispielsweise Ärzte- oder Apothekergruppen, vor allem via E-Mail oder durch Diskussionsforen an.[43]

- *Telematik- oder Telemedizin-Anwendungen* finden im Gesundheitswesen zunehmend Einsatz, da sie Abläufe vereinfachen und Einsparungen -auch unter Anrechnung der Investitionskosten- ermöglichen.[44] Der Begriff *Telematik/Telemedizin* ist bisher nicht klar definiert und umfasst bei weitem Verständnis Einsatzmöglichkeiten im medizinischen, pflegerischen und administrativen Bereich.[45] Vorherrschend ist die begriffliche Unterscheidung von *Gesundheitstelematik* als der Anwendung moderner Telekommunikations- und Informationstechniken auf administrative Prozesse, Wissensvermittlungs- und Behandlungsverfahren im Gesundheitswesen und der *Telemedizin* als deren Einsatz zur Überwindung einer räumlichen Trennung zwischen Arzt und Patient oder zwischen mehreren behandelnden Ärzten.[46] Anwendungsmöglichkeiten bestehen daneben für betriebsinterne Abläufe, etwa zur Erfassung von Patientendaten, zur Qualitätssicherung oder zur Abrechnung.
Der Einsatz eines elektronischen Arzneimittelpasses, also beispielsweise einer Chipkarte in Patientenhand, wird bereits erprobt. Elektronische Rezepte werden als Wegbereiter eines effizienten Informationstransfers bezeichnet.[47] Ihr Einsatz ist beispielsweise im Rahmen eines Arzneimittelinformationssystems denkbar[48] und kann zur Vermeidung unnötiger Kosten aufgrund unleserlicher Handschriften, fehlerhafter Zuzahlungszuweisungen, unzulässiger Rezeptmanipulationen oder Irrläufern beitragen und das bei den Krankenkassen

---

[43] *Becker*, Innovative Pharmakommunikation, 2000, S. 66ff.

[44] *Hanika*, MedR 2001, S. 108-110

[45] *Frost*, Gesundheitstelematik, 2000, S. 25; weitere Definitionen bei: *Dierks*, in: *ders. u.a.*,Telemedizin 2001, S. 3

[46] Diese Definitionen finden sich bei *Frost*, Gesundheitstelematik etc., 2000, S. 54f, der sich auf S. 51 - 79 ausführlich mit den Begrifflichkeiten, auch im anglo-amerikanischen Sprachgebrauch, auseinander setzt. Die Begriffe *Telemedicine, Telenursing, Telehealth, Telecare, Tele-Home-Healthcare, Gesundheitstelematik, Telemetrie* und *Biosensorik* werden in Literatur und allgemeinem Sprachgebrauch uneinheitlich zum Teil synonym verwendet, zum Teil voneinander abgegrenzt.

[47] *Sendatzki*, Arbeit und Sozialpolitik 2001, S. 21; *ders*, Die BKK 2001, S. 131f, rechnet vor, dass in Deutschland jährlich 600 Mio. Rezepte mit 900 Mio. Verordnungen ausgestellt werden. Dies ergebe einen Stapel von 60 km Höhe. Beschrieben werden auch Varianten, wie die Nutzung elektronischer Rezepte aussehen könnte. *Frost*, Gesundheitstelematik, 2000, S. 23, spricht von einer auch aus gesetzgeberischen Vorschriften zur Dokumentation ärztlicher Leistungen resultierenden ständig anschwellenden Datenflut angesichts von 1,5 Mrd. Abrechnungsbelegen, davon 700 Mio. Arzneirezepte und 450 Mio. Berechnungs-belege der Ärzte für das Jahr 1996.

[48] *Hanika*, MedR 2001, S. 108

erfolgende Nachbearbeiten und Einscannen der Belege überflüssig machen.[49] Insbesondere auch für die Arzt-zu-Arzt-Kommunikation, etwa durch elektronische Arztbriefe und andere Kommunikations- und Dokumentationstechniken, ist eine Nutzung bei ausreichender Sicherheit und Datenschutz möglich und könnte einen wichtigen Beitrag zur effizienteren Gestaltung der Datenströme im Gesundheitswesen leisten.[50] Dies muss vor dem Hintergrund einer auch aus gesetzgeberischen Vorschriften zur Dokumentation ärztlicher Leistungen resultierenden, ständig anschwellenden Datenflut gesehen werden.[51] Telekonsultationen[52] sowie Ferndiagnosen, -therapien und -operationen unter Einsatz mikroinvasiver Technologie sind noch in der Entwicklungsphase.[53] Chronisch kranke Patienten können beispielsweise ihre Vitalfunktionen dauernd im Alltag durch Messgeräte überwachen lassen und ihre Daten automatisch an den Arzt übertragen, der bei Gefahr sofort alarmiert wird.[54] Durch Einsatz von Telekonsultationstechniken kann beispielsweise auch ein räumlich entfernter Spezialist schnell umfassend informiert und zu Rate gezogen werden. Als besonderes Problem erweist sich hier neben den für die technische Ausstattung erforderlichen hohen Investitionskosten die Gewährleistung des Datenschutzes bei der Übertragung sensibler Patientendaten über öffentliche Netze. Zur Entwicklung, Nutzung und Akzeptanzsteigerung zuverlässiger Verschlüsselungstechniken sind Industrie und Politik gefragt. Zudem ergibt sich

---

[49] *Hovermann*, Die BKK 2001, S. 176, zitiert das *Aktionsforum Telematik im Gesundheitswesen*, welches ein Ein-sparpotential in dreistelliger Millionenhöhe sieht; weiteres bei: *Dierks*, in: *ders. u.a.*, Telemedizin 2001, S. 11f

[50] *Sendatzki*, Die BKK 2001, S. 133. Interessant ist beispielsweise die Entwicklung des transeuropäischen Netzwerkes OP 2000, das 14 Kliniken in Bulgarien, Frankreich, Deutschland, Griechenland, Italien und Tunesien verbindet. Es will einen schnellen Austausch von Patientendaten einschließlich computertomographischen, Magnetresonanz- und Röntgenaufnahmen und die Übertragung von Videoaufnahmen von zum Beispiel endoskopischen und lapraskopischen Untersuchungen ermöglichen. Operationen sollen in Echtzeit übertragen werden können. Das Projekt wird vom Bundesministerium für Bildung und Forschung, der EU und der Industrie finanziert; dazu: *Jack*, The Lancet, 2000, S. 1910.

[51] *Frost*, Gesundheitstelematik etc., 2000, S. 23

[52] *Eysenbach*, in: *Allhoff/Leidel/Ollenschläger/Voigt*, Präventivmedizin, 1997, auch unter: http://www.yi.com/home/ EysenbachGunther/praev/index.htm, unterscheidet zwischen asynchroner Kommunikation, also der Übertragung von Befunden und statischen Bildern, und synchroner Kommunikation, bei der etwa über eine Videokonferenz ein Spezialist unmittelbar während einer Operation Anweisungen geben kann.

[53] Eine ausführliche Darstellung der Einsatzmöglichkeiten für Telemedizin-Anwendungen gibt: *Hanika*, MedR 2001, S. 108; *Hovermann*, Die BKK 2001, S. 174, sprich gar vom *virtuellen Krankenhaus*.

[54] *McKenna*, E-Health and the Practicing Physician - Choose how you'll use the Internet, Medscape MedTech 1 (1) 2001 vom 20.07.2001, der auch einen guten Überblick über die Nutzungsmöglichkeiten des Internets zu Information und Weiterbildung des Arztes gibt.

ein rechtliches Spannungsfeld mit dem in den Berufsordnungen der Ärzte enthaltenen Verbot der Ferndiagnose.[55]

- Die Mehrheit nutzt das Internet zur Informationsgewinnung.[56] So suchen beispielsweise mehr als die Hälfte aller amerikanischen Internetnutzer nach *Gesundheitsinformationen.*[57] Andere Schätzungen geben an, dass ¼ aller Internetnutzer sogar mindestens alle drei Monate Informationen zu medizinischen Themen abfragt.[58] Nach Angaben der Europäischen Kommission betreffen $^1/_3$ aller Anfragen über Suchmaschinen im Internet Gesundheitsthemen.[59] Für Deutschland gibt eine aktuelle Untersuchung die Zahl der Surfer, die im April 2001 Angebote im Internet zum Thema Gesundheit besuchten, mit 8,7 % an.[60] Am meisten interessieren dabei Informationen zu Medikamenten.[61] Derzeit gibt es nach Schätzungen der US Federal Trade Commission etwa 10.000 WebSites[62], die sich ausschließlich mit

---

[55] So die Musterberufsordnung für die deutschen Ärztinnen und Ärzte (MBO-Ä), Bundesärztekammer 1997, unter: http://www.bundesaerztekammer.de/30/Berufsordnung/Mbopdf.pdf; § 7 III -Behandlungsgrundsätze und Verhaltensregel- lautet: *Der Arzt darf individuelle ärztliche Behandlung, insbesondere auch Beratung, weder ausschließlich brieflich noch in Zeitungen oder Zeitschriften noch ausschließlich über Kommunikationsmedien oder Computerkommunikationsnetze durchführen.* Dazu auch: *Hennies*, ArztRecht 3/2001, S. 67.

[56] Die Informationssuche ist die meistgenutzte Internetanwendung neben dem Versenden von Emails.

[57] *Sell*, Die BKK 2001, S. 144; der Artikel *„The good, the bad and the ugly"*, Pharmaceutical Journal 2000, Vol. 265, S. 529

[58] *Hobley*, just numbers, 2001, S. 31, unter: http://europa.eu.int/ISPO/ecommerce/documents/Just_numbers.pdf; ähnlich: *O'Reilly*, Canadian Medical Association Journal 1999, S. 557, der sich auf eine Untersuchung der Georgia Tech Research Corporation bezieht. Danach sollen 15 % der Internetnutzer in Kanada wöchentlich und 5 % sogar täglich auf WebSites mit Gesundheitsinformationen surfen; unter: http://www.cmaj.ca/cgi/reprint/161/5/557.pdf.

[59] *Europäische Kommission*, The e-Economy in Europe: - Its potential impact on EU enterprises and policies, Brussels 2001, S. 19 und 35.

[60] Dazu die Pressemitteilung des Anbieter für Online-Forschungsservices Jupiter MMXI *Gesundheit im Netz konnte die Reichtweite verdoppeln* vom 22.05.2001, siehe Fn. 27. Dieser Untersuchung zufolge hat sich die Zahl der Besucher von WebSites mit Gesundheitsinformationen in Deutschland von 4,3 % im April 2000 auf 8,7 % im April 2001 verdoppelt.

[61] *O'Reilly*, Canadian Medical Association Journal 1999, S. 557, der sich auf eine Untersuchung durch BioInformatics bezieht; unter: http://www.cma.ca/cmaj/vol-161/issue-5/net-5.htm.

[62] Die Pressemitteilung *WHO Proposal Would Raise Quality of Internet Health Information* vom 13.11.2000, unter: http://www.who.int/inf-pr-2000/en/pr2000-72.html

Gesundheitsfragen beschäftigen. Gesundheitsinformationen[63], auch speziell zu Arzneimitteln[64], werden auf vielen WebSites kostenfrei geboten. Bei großem Interesse stellen auch Abonnements oder Newsletter eine Möglichkeit für Publikation und Geldverdienen dar.[65] Viele Verbraucher sind bereit, für zuverlässige Angaben und eine aktuelle Auswahl aus der Flut von Informationen gerade auch bei kritischen Gesundheitsfragen zu zahlen.

Gesundheitsinformationen für Verbraucher im Internet sind ein komplexer Bereich, der eine Vielzahl rechtlicher Fragen aufwirft. So dürfen Informationen zu Gesundheitsfragen nach deutschem Recht nur allgemeiner Art sein, eine Beratung darf nicht stattfinden[66]. Richtlinien für Darstellung und Qualität der Informationen und Hinweise für den Verbraucher, um zuverlässige von unrichtiger oder veralteter Information zu unterscheiden, sind erforderlich. Es ist besonders wichtig, bei der Erstellung einer WebSite den Adressaten im Auge zu haben. Gerade bei WebSites mit medizinischem oder pharmazeutischem Inhalt sollte auf den ersten Blick deutlich werden, ob sie sich an einen Arzt/Apotheker oder an einen Patienten/Verbraucher richten. Auch die Aktualität der dargebotenen Informationen ist von großer Wichtigkeit.[67] Auf ausführliche Erläuterungen aller Aspekte zur Darstellung medizinischer Informationen im Internet wird hier verzichtet. Außerdem würde selbst ein Überblick den Rahmen dieser Arbeit sprengen.[68] Es soll deshalb im Folgenden nur im Einzelfall, insbesondere beim Informationsrecht des Käufers, auf diese Fragen eingegangen werden.

Auch Krankenkassen nutzen das Internet zunehmend zur Information ihrer Versicherten und Neukunden über Beitragssätze, Geschäftsstellen,

---

[63] Beispielsweise durch die Gesundheit-Scout24 GmbH, die sich als Lotse im ständig wachsenden Gesundheitsmarkt versteht und neben Informationen auch einen CallCenter anbietet; unter: http://www.gesundheitscout24.de; außerdem: http://www.almeda.de; http://www.patienten-information.de; http://www.lifeline.de; http://www.fitforfun.de.

[64] Eine Zusammenstellung mit Links zu WebSites mit pharmazeutischer Information findet sich bei: *Wake/Lisgarten*, He@lth Information on the Internet June 2000, S. 6 - 8.

[65] So hatten beispielsweise das Wall Street Journal Interactive Edition und die Consumer Reports in den USA Mitte 1998 250 000 bzw. 150 000 Abonnenten.

[66] Hierzu schon Fn. 55.

[67] Grundlegende Hinweise zur Erstellung einer WebSite mit medizinischem Inhalt finden sich bei *Dyer/Thompson*, The CyberMed Catalyst, Issue Summer 1999, 08.07.1999.

[68] Weiterführend *Eysenbach/Diepgen*, Labeling and filtering of medical information on the Internet, Methods of Information in Medicine 1999; S. 80 - 88, auch unter: http://www.yi.com/ home/EysenbachGunther/methinfmed.htm und *Eysenbach*, Präventivmedizin und Internet - Prävention durch Information, in: *Allhoff/Leidel/Ollenschläger/Voigt*, Präventivmedizin, 1997, dazu schon Fn. 52.

Ansprechpartner und Leistungsumfang.[69] Nahezu jede gesetzliche Krankenkasse ist mittlerweile im Internet vertreten.[70] Teilweise können bereits Mitgliedschaftsanträge auf der WebSite ausgefüllt oder zumindest ausgedruckt werden. Eine vermehrte Nutzung des Internet ist hier gerade deshalb zu erwarten, weil Krankenkassen immaterielle Dienstleistungen[71] erbringen, die digitalisiert werden können.
Staatliche Institutionen und gemeinnützige Organisationen mit dem Auftrag der Gesundheitsförderung können das Internet ebenfalls sinnvoll nutzen. Patientenaufklärungsbroschüren können multimedial attraktiver gestaltet und schneller in Umlauf gebracht werden. Epidemiologische und soziodemographische Daten können beispielsweise durch online durchgeführte Umfragen schnell und zahlreich ermittelt werden.[72]
Schließlich ist das Internet auch aus der Informationsgewinnung und dem wissenschaftlichen Informationsaustausch für Ärzte und Apotheker nicht mehr wegzudenken. So sind in Deutschland $^{2}/_{3}$ der niedergelassenen Ärzte regelmäßig online.[73]

- Schließlich ist der *Handel* mit Gesundheitsprodukten über Fernabsatztechnologien zu nennen. Teleshopping, Katalog-, Telefon- oder Faxbestellungen kommen genauso in Betracht wie das Anbieten eines Produktes auf einer Homepage im Internet. Ein Großteil der WebSites, die Arzneimittel anbieten, ist US-amerikanischer Herkunft. Der Handel mit Medikamenten über das Internet ist das Thema dieser Arbeit.

---

[69] Ausführlich zu den Nutzungsmöglichkeiten des Internet für Krankenkassen: *Silkenath u.a.*, Die BKK 2001, S. 138; zu den Zukunftsplänen der Innungskrankenkassen: *Korbanka/Nielen*, KrV 2001, S. 220ff

[70] Beispielsweise: AOK: http://www.aok.de; BKK: http://www.bkk.de; DAK: http://www.dak.de; IKK: http://www.ikk.de; KKH: http://www.kkh.de; TK: http://www.tk-online.de

[71] *Silkenath u.a.*, Die BKK 2001, S. 138

[72] Eine Übersicht über staatliche Institutionen im Internet und weitere Links finden sich bei: *Eysenbach*, Präventivmedizin und Internet - Prävention durch Information., in: *Allhoff/Leidel/Ollenschläger/Voigt*, Präventivmedizin, 1997, S. 10, siehe Fn. 52.

[73] So eine repräsentative Umfrage von TMS Emnid vom Februar 2001; weiteres bei *Korbanka/Nielen*, KrV 2001, S. 221.

3. Die Apotheke im Internet

a) Der Versorgungsauftrag

Die älteste Abgabestelle von Arzneimitteln an den Verbraucher ist die Apotheke.[74] Sie hat heute den gesetzlichen Auftrag, die ordnungsgemäße Versorgung der Bevölkerung mit Arzneimitteln sicherzustellen. Jede Rechtsordnung hat hierbei das Bestreben, soziale Härten zu vermeiden, indem der Zugang zu hochwertigen Gesundheitsleistungen auch ärmeren Mitbürgern ermöglicht wird. Zudem gilt es, die Qualität von medizinischer und pharmazeutischer Versorgung durch effektive Kontrollmaßnahmen zu garantieren.[75]
Bei Arzneimitteln wird grundsätzlich zwischen verschreibungspflichtigen, apothekenpflichtigen und frei verkäuflichen Produkten unterschieden. Auf die Voraussetzungen für diese Differenzierung und weitere Besonderheiten des Apothekerberufes wird bei der Untersuchung des englischen und deutschen Pharmazierechts noch einzugehen sein.

b) Der Begriff des *Arzneimittels*

Arzneimittel sind
* *alle Stoffe oder Stoffzusammensetzungen, die als Mittel zur Heilung oder zur Verhütung menschlicher oder tierischer Krankheiten bezeichnet werden*; sowie
* *alle Stoffe oder Stoffzusammensetzungen, die dazu bestimmt sind, im oder am menschlichen oder tierischen Körper zur Erstellung einer ärztlichen Diagnose oder zur Wiederherstellung, Besserung oder Beeinflussung der menschlichen oder tierischen Körperfunktionen angewandt zu werden.*[76]

Damit definierte die Richtlinie 65/65/EWG erstmals europaweit den Begriff *Arzneimittel*. Ein Produkt kann demnach sowohl seiner Bezeichnung als auch seiner Funktion nach als Arzneimittel angesehen werden. Beide Definitionsteile ergänzen sich, so dass ein Stoff beispielsweise auch dann als Arzneimittel gilt, wenn er an sich unter die Definition für Kosmetik fallen würde, er aber als Arzneimittel bezeichnet wird.
Arzneimittel werden nach einheitlicher Auffassung in allen europäischen Rechtsordnungen als Waren besonderer Art[77] bzw. Produkte sui generis

---

[74] Amtliche Begründung zu § 28 AMG 1961, zitiert bei *Kloesel/Cyran*, AMG, 70. Erg.Lief., § 43, A.1.0, Blatt 72 h

[75] *Bauer*, Pharmazeutische Zeitung 15/2001, S. 10

[76] Art. 1 der Richtlinie 65/65/EWG, die auch als *Erste Pharmazeutische Richtlinie* bezeichnet wird. So auch Art. 1 Nr. 2 des Gemeinschaftskodexes für Humanarzneimittel.

[77] *Cyran/Rotta*, ApBetrO, Stand Juli 1993, § 17 Rdz. 7; BVerfG DAZ 1964, S. 215; BVerfGE 17, 232, 238f

behandelt, die sich von Lebens- und Genussmitteln unterscheiden[78] und deren Herstellung und Vertrieb nicht ausschließlich über Marktprozesse (Eroberung neuer Märkte, Anstreben maximaler Umsätze etc.) geregelt werden darf.[79] Vielmehr wird jeder Gesetzgeber regulierend eingreifen, um dem Gesundheitsschutz der Bevölkerung und verbraucherschutzrelevanten Aspekten in besonderem Maße Geltung zu verschaffen. Sicherheitsaspekte und umfassende Käuferinformation durch eine Beratung über richtige Anwendung und Dosierung, Nebenwirkungen etc. sind bei Arzneimitteln mehr als bei anderen Waren von kritischer Bedeutung. Zudem unterscheiden sich Arzneimittel auch wegen der Finanzierung des Verbrauchs durch nationale Sicherungssysteme von *normalen* gehandelten Produkten.
Deshalb ist es auch erforderlich, Arzneimittel von anderen Produkten klar abzugrenzen. Auf die vom Gesetzgeber vorgenommenen Einstufungen wird noch einzugehen sein.

c) Die Funktionsweise der Online-Apotheke

Der Weg eines Arzneimittels durchläuft in der herkömmlichen Vertriebsschiene vom Hersteller zum Patienten mehrere Stationen.[80] Es wird vom Hersteller an den Großhändler verkauft und gelangt von dort zum Apotheker[81], der es, gegebenenfalls gegen Vorlage eines Rezeptes, an den Verbraucher abgibt.
Diese Kette hat sich entwickelt, u.a. weil es Pharmaunternehmen verboten ist, Arzneimittel direkt an den Endverbraucher abzugeben.[82] Durch den Einsatz des innovativen Distributionskonzepts[83] E-Commerce könnte in der eben beschriebenen Vertriebskette vom Hersteller zum Patienten beispielsweise der Großhändler übersprungen werden.[84]
Diese Arbeit möchte nur den Weg von der Apotheke zum Endverbraucher untersuchen, denn nur in diesem Zusammenhang stellt sich auch die Frage eines Versandverbotes. Natürlich sind auch Online-Vertragsschluss und Versand zwischen Hersteller und Großhändler und zwischen diesem und der Apotheke denkbar. Auch Hersteller, Großhandel und Apotheken können jeweils untereinander über das Internet in Kontakt stehen.

---

[78] *Ring*, NJW 1997, S. 770

[79] *Bauer*, Pharmazeutische Zeitung 15/2001, S. 10

[80] *Richard/Schleert*, Die BKK 1995, S. 15

[81] *Schäfers/Kaesbach*, Die BKK 2000, S. 203; *Richard/Schleert*, Die BKK 1995, S. 16

[82] *Eichler*, K&R 2001, S. 146

[83] *Schäfers/Kaesbach*, Die BKK 2001, S. 208

[84] Weitere Ansätze zur Durchbrechung dieses herkömmlichen Vertriebsweges durch *alternative Vertriebswege* beschreiben *Richard/Schleert*, Die BKK 1995, S. 22ff.

Im Folgenden soll die allgemeine Funktionsweise einer Internet-Apotheke als Bestellmöglichkeit für den Endverbraucher beschrieben werden, die als Grundlage für die weitere rechtliche Betrachtung dient. Man sollte sich aber bewusst sein, dass einzelne Anbieter, geprägt beispielsweise durch ihre Unternehmensstruktur oder das jeweilige Landesrecht, Besonderheiten aufweisen. Darauf wird an gegebener Stelle eingegangen werden.

(aa) Der Bestellvorgang

Die Bestellung eines Medikaments über das Internet ist denkbar einfach. Über einen Link von einer anderen WebSite, beispielsweise einen Werbehinweis, durch eine Suchmaschine oder durch die direkte Eingabe der Adresse eines Anbieters in das Adressfeld seines Browsers gelangt der Kunde auf die Homepage einer Internet-Apotheke.[85] Hier kann er sich über Gesundheitsfragen und Arzneimittel informieren, je nach Anbieter an Diskussionsforen teilnehmen oder direkte Fragen stellen und schließlich auch Arzneimittel bestellen. Hierzu gibt er den gewünschten Begriff, beispielsweise „Antibabypille“ oder „Antirauchermittel“, oder einen konkreten Produktnamen in die Suchmaschine des Anbieters ein und bekommt Produkte, Preise und Verfügbarkeit genannt. Die gewünschten Produkte werden in einem Warenkorb gesammelt. Eine andere Möglichkeit ist das Bestellen über ein elektronisches Formular, das der Kunde online ausfüllt und beispielsweise durch das Anklicken eines „Abschicken“-Buttons an den Anbieter sendet. Einige Anbieter ermöglichen dem Kunden das Aufrufen einen Formulars in verschiedenen Sprache. Auch eine Bestellung per E-Mail ist möglich. Hier wird dann beispielsweise die Bestellung ausgedruckt und bearbeitet.[86]

Dies stellt die erste Stufe eines mindestens dreistufigen Vorganges dar. In einem weiteren Schritt erhält der Kunde die Möglichkeit, die Bestellung ganz oder teilweise rückgängig zu machen, zu ändern oder zu ergänzen. Schließlich wird eine Auflistung sämtlicher gewünschter Produkte und der Kosten angezeigt. Die Bestellung muss nun nur noch über die Schaltfläche *Senden*, *Abschicken* oder *Bestellen* abgeschickt werden. Damit kommt ein Vertrag zustande.[87]

---

[85] Eine Übersicht über Adressen für Internet-Apotheken findet sich im Anhang zu dieser Arbeit.
Felkey/Fox, Journal of American Pharmaceutical Association, July/August 2001, Vol. 41, S. 529 - 538, geben auf S. 531ff einen Überblick über die sinnvolle Erstellung und Gestaltung von WebSites für Internet-Apotheken.

[86] Eine Apothekerin beschreibt, dass sie bei Eingang einer E-Mail auf ihr Handy sogleich eine SMS-Nachricht geschickt bekommt, um den Auftrag möglichst schnell zu bearbeiten und i.d.R. innerhalb von 24 Stunden zu liefern. Dieses Beispiel findet sich bei *Schäfer*, Die Welt, 15.01.2001, unter: http://www.diewelt.de.

[87] Auf die rechtlichen Voraussetzungen des Online-Vertragsschlusses wird noch eingegangen.

Zumeist erhält der Kunde nach Abgabe der Bestellung eine Bestätigung per Email, die alle Daten nochmals zusammenfasst.
Dieses Verfahren unterscheidet sich damit nicht von dem auch bei sonstigen, großen E-Commerce-Anbietern verwendeten.[88]

(bb) Rezeptpflichtige Arzneimittel

Auch die Bestellung rezeptpflichtiger Arzneimittel ist möglich. Hierzu muss das Rezept an den Anbieter geschickt werden.[89] Es wird zurückgeschickt, wenn etwas nicht lieferbar ist.
Einige Anbieter erfordern eine Registrierung, die online vorgenommen werden kann, bevor der Kunde bestellen kann. Andere Anbieter, die sich auf verschreibungspflichtige Medikamente und Langzeitpatienten spezialisiert haben, schicken dem Kunden nach der Anmeldung zunächst Informationsunterlagen und Freiumschläge für seine Rezepte. Diese schickt der Kunde dann zusammen mit einer Registrierkarte[90] und einem auf freiwilliger Basis ausgefüllten Gesundheitsfragebogen an den Anbieter. Bei Ablauf des Rezeptes oder wenn das Medikament aufgebraucht ist, wird der Patient dann an seinen Arztbesuch oder an die Rezepterneuerung erinnert. Auch Nachbestellungen sind möglich, Kunden erhalten dazu beispielsweise einen Benutzernamen und ein Passwort, die sie auf der WebSite eingeben.
Eine andere Möglichkeit ist das *elektronische Rezept*, bei dem der Arzt per Datenfernübertragung ein Rezept an die Versandapotheke schickt, die der Patient zuvor gewählt hat. Die Nutzung von elektronischen Rezepten wird diskutiert, ist aber zur Zeit noch nicht im breiten Einsatz.[91]

(cc) Der Anbieter

Bei einer Internet-Apotheke kann es sich um einen Anbieter handeln, der ausschließlich direkt über das Internet oder sonstige Fernabsatzwege anbietet. So sind zahlreiche in den USA tätige Internet-Apotheken ausschließlich im Onlinehandel tätig. In Betracht kommt aber auch, dass ein niedergelassener

---

[88] Beispielsweise läuft der Bestellvorgang bei den großen Anbietern Amazon (http://www.amazon.de) oder Otto (http://www.otto.de) vergleichbar ab. Ausführlich dazu *Meents*, Verbraucherschutz, 1998, S. 15ff

[89] *Meyer*, Der Spiegel, 25.09.2000, S. 88

[90] Beispielsweise die *Registrierkarte* des schweizer Anbieters MediService, unter: http://www.mediservice.ch/de_home/my_pharmacy/Formulare.pdf;
der *Prescription Registration Form* des britischen Anbieters Pharmacy2U unter: http://www.pharmacy2u.co.uk/assets/docs/PrescriptionForm.pdf.

[91] Dies wird von *Richter*, Deutsches Ärzteblatt 41/2001, S. A 2624, schon als realistische Möglichkeit beschrieben. Zum Nutzen, den elektronische Rezepte gegenüber Papier haben könnten, siehe schon Fn. 47ff.

Apotheker sein Angebot erweitert und neben der Einkaufsmöglichkeit vor Ort zusätzlich den Versand anbietet. Dies trifft auf alle bisher in Europa tätigen Anbieter zu. So ist beispielsweise der niederländische Internet-Anbieter DocMorris eine in den Niederlanden zugelassene Apotheke mit Sitz im niederländischen Landgraaf, wo man auch eine örtliche Apotheke betreibt, in der jeder Kunde, der Online bestellt, seine Arzneimittel auch persönlich abholen kann.

(dd) Die Lieferung

Die Lieferung des bestellten Arzneimittels erfolgt grundsätzlich im Wege des Versandes. Nachdem die eingegangene Bestellung durch einen Apotheker überprüft wurde, übernimmt ein Logistiker die Zusammenstellung und Verpackung. Die abschließende Ausgangskontrolle erfolgt nochmals durch einen Apotheker.[92] Hierbei wird das Produkt diskret[93] verpackt und an ein Transportunternehmen, z.B. die Post, übergeben. Medikamente, die gekühlt werden müssen, z.B. Insulin, werden in speziellen Kühlboxen zugestellt.[94] Um sicherzustellen, dass der Kunde seine Medikamente persönlich erhält, haben einige Anbieter ihren Lieferservice so organisiert, dass das Paket am gewünschten Zustellungsort nur gegen Unterschrift einer volljährigen Person übergeben wird[95], meist erfolgt die Übergabe gegen Quittung.[96]
Die Lieferung erfolgt je nach Anbieter innerhalb von 3 bis 4 Arbeitstagen[97] bzw. für verschreibungspflichtige Medikamente innerhalb von 1 bis 2 Tagen, nachdem das Rezept eingegangen ist[98]. Eillieferungen werden dabei kaum angeboten. Einige Anbieter weisen
sogar ausdrücklich darauf hin, dass sie nicht richtiger Ansprechpartner für denjenigen sind, der sofort ein Medikament braucht, und in diesem Fall besser der örtliche Apotheker oder Arzt konsultiert werden sollte.[99]

---

[92] So der niederländische Anbieter DocMorris, beschrieben bei *Schulte*, Arbeit und Sozialpolitik 2001, S. 42.

[93] So laut dem schweizer Anbieter MediService, unter: http://www.mediservice.ch; ebenso: http://www.getpharma.com, dort auf der Startseite.

[94] So laut dem schweizer Anbieter MediService, unter: http://www.mediservice.ch

[95] So laut dem schweizer Anbieter MediService, unter: http://www.mediservice.ch

[96] *Schulte*, Arbeit und Sozialpolitik 2001, S. 42

[97] So der schweizer Anbieter MediService, unter: http://www.mediservice.ch; *in der Regel maximal drei Arbeitstage ab Annahme der Bestellung* laut DocMorris, Ziffer 2b der AGB.

[98] So der britische Anbieter Pharmacy2U, unter: http://www.pharmacy2u.co.uk/prescription_detail.asp?

[99] So beispielsweise der britische Anbieter Pharmacy2U: „If you need medicines immediately, we are not best placed to help you - in this situation you should consult a local pharmacist or doctor“, unter: http://www.pharmacy2u.co.uk/info.faq.asp?#Q9

Um trotz Versandverbots liefern zu können, ermöglichen Internet-Apotheken beispielsweise bei einer Bestellung aus Deutschland es dem Besteller zugleich, einen Kurierdienst zu beauftragen, der die bestellten Medikamente beim Anbieter abholt und zum Kunden bringt.[100] Dies wird vielfach als Trick gesehen, um Versandverbote in einem Land zu umgehen[101] und ist eine Reaktion auf mehrere Urteile deutscher Gerichte, die auf das *Versand*verbot nach deutschem Recht gestützt sind. Darauf wird im Weiteren noch ausführlich einzugehen sein. Die Lieferung erfolg je nach Anbieter häufig ohne zusätzliche Kosten.[102]

(ee) Das Sortiment

Die Sortimente sind in Bandbreite und Anzahl unterschiedlich und letztlich vom jeweiligen Anbieter abhängig. Die folgenden Angaben können daher kein abschließendes Bild geben. Der niederländische Anbieter DocMorris begann beispielsweise mit einem Startsortiment von 350 Medikamenten[103] und bietet mittlerweile nach eigenen Angaben rund 2000 Präparate an, darunter vor allem sogenannte Lifestyle-Produkte wie Prozac, Propecia, Reductil, Viagra und Kontrazeptiva. Der britische Anbieter Pharmacy2U wirbt damit, seinen Kunden über 5000 Produkte anbieten zu können. Zum klassischen Sortiment einer Internet-Apotheke gehören Mittel zur Gewichtsreduktion, Potenzmittel, Haarwuchsmittel, hormonhaltige Präparate wie Melatonin oder DHEA, Antidepressiva, Schmerzmittel, Antiallergika, Antirheumatika, Alzheimermedikamente, Herpesmittel, Raucherentwöhnungsmittel und Anabolika.[104] Einige Anbieter nehmen bestimmte Arzneimittel ausdrücklich aus ihrem Versandsortiment aus, DocMorris beispielsweise liefert keine Schlaf- und Betäubungsmittel.[105]

---

[100] Auf der WebSite des niederländischen Anbieters DocMorris heißt es: „Als Kunde haben Sie die Wahl: Sie holen Ihre Arzneimittel selbst in unserer Apotheke 0800DocMorris in Landgraaf ab. Oder Sie beauftragen einen Paketdienst mit der Überbringung an Ihren Wohnort oder Arbeitsplatz. Diese zeitgemäßen Services sind bereits in unseren Preisen enthalten."

[101] So der Artikel von *Jutzi*, Pille per Mausklick, Focus Heft 18 / 2001, S. 190

[102] Pharmacy2U liefert kostenfrei ab einem Bestellwert von □ 40 sowie alle rezeptpflichtigen Arzneimittel.

[103] *Imhoff-Hasse*, Medikament & Meinung 12/2000

[104] Diese Aufzählung bei *Lehner*, Konsumentenschutz - Medikamente aus dem Netz, 1999, S. 10, die sich auf eine 1999 durchgeführte Bestandsaufnahme durch die Arbeiterkammer Wien bezieht und auf S. 11 - 17 diese Arzneimittel näher erläutert. Als *Verkaufsschlager* werden Viagra, Xenical, Reductil (Meridia), Propecia, Melatonin, DHEA, Prozac, Ultram, Zyban, Periostat, Valtrex, Andromax100, Celebrex und Clarityn genannt. Weitere Beispiele nennt *Draxler*, LAK konkret 3/02, S. 10.

[105] Klausel 1.2, Satz 3 der AGB von DocMorris, unter: http://www.0800docmorris.com

Die Suche nach einem bestimmten Produkt kann mit eine beliebigen Suchmaschine beginnen. So hatte schon eine einfache Stichwort-Recherche das folgende Ergebnis:
4 870 000 Treffer für Viagra,
1 010 000 Treffer für Propecia,
588 000 Treffer für Prozac und
27 400 Treffer für Reductil.[106]

(ff) Zusatzleistungen

Neben der Möglichkeit, Arzneimittel zu kaufen, werden in unterschiedlichem Umfang auf der WebSite allgemeine Gesundheitsinformationen dargestellt. Telefonnummern und Email-Adressen werden angegeben, über die eine Hotline oder ein CallCenter erreicht werden kann.
Darüber hinaus sind zahlreiche Serviceleistungen möglich, die in sehr unterschiedlichem Umfang angeboten werden und letztlich der Kundenbindung dienen. Beispielsweise ist die Erinnerung per Email an den Arztbesuch, die regelmäßige Einnahme eines Arzneimittels oder die Erinnerung an die Rezepterneuerung für Langzeitpatienten möglich.

d) Studien und Testkäufe

In letzter Zeit wurden einige Studien und Testkäufe durchgeführt, die zu unterschiedlichen Erkenntnissen kamen. Die Ergebnisse sollen hier kurz vorgestellt werden:

* Das *Internationale Institut für Empirische Sozialökonomie (Inifes)* hat die potentiellen Auswirkungen des Pharmaversandes in Deutschland untersucht und erste Ergebnisse vorgestellt.[107] Ausgegangen wird dabei von Versandapotheken, die ergänzend zu Präsenzapotheken bestehen und bei denen der Verbraucherschutz und die Arzneimittelsicherheit dadurch gewährleistet sind, dass die gleichen gesetzlichen Anforderungen zu erfüllen sind wie sie für Präsenzapotheken gelten. Die Studie untersuchte vorrangig die Einsatzmöglichkeiten und den Nutzen einer direkten Kommunikation zwischen Arzt und Versandapotheke.[108] Demnach könnten durch den Versand von

---

[106] Diese Trefferzahl ergab eine einfache Stichwort-Recherche durch die Verfasserin mit der Suchmaschine google.de am 29.06.2003.

[107] Beschrieben bei *Richter*, Deutsches Ärzteblatt 41/2001, S. A 2624. Bisher sind nur erste Ergebnisse der vom Verband zur Förderung der Kostenreduktion im Gesundheitswesen, Luxemburg, in Auftrag gegebenen Studie vorgestellt worden.

[108] Damit zielt die Studie in eine andere Richtung als die Fragestellung dieser Arbeit. Gleichwohl sind die Ergebnisse auch hier sehr interessant. Eine ausführliche Beschreibung der Studienansätze und -ziele findet man bei: *Neldner/Wassener*, Gesundheit und Gesellschaft 2001, S. 29ff.

Arzneimitteln an chronisch Kranke und gehbehinderte Patienten kurz- bis mittelfristig € 250 Mio., langfristig über € 500 Mio. eingespart werden. Befragt wurden dabei Apotheker, Ärzte und Bürger. Fast $^{2}/_{3}$ der befragten Apotheker und sogar ¾ der befragten Ärzte befürchteten der Umfrage zufolge, dass die Präsenzapotheken verdrängt würden. Hingegen gab jeder zweite Arzt an, mit Versandapotheken kooperieren zu wollen. ¼ der Ärzte befürchtete eine schlechtere Beratung aber nur $^{1}/_{10}$ gingen von einer sinkenden Arzneimittelqualität aus. Vorteile werden vor allem für in ihrer Mobilität eingeschränkte oder in Gebieten mit Unterversorgung lebende Patienten gesehen.

* Die *Stiftung Warentest* spricht nach einem stichprobenartigen Testkauf von *Russisch Roulette mit Arzneien.*[109] Im Frühjahr 2000 wurden 22 Arzneimittel, die in Deutschland entweder rezeptpflichtig oder gar nicht im Handel sind, bei 16 zufällig ausgewählten Anbietern in Australien, Neuseeland, der Schweiz und den USA online bestellt.[110] Es wurden dabei auch sog. Mode- oder Lifestyle-Drogen bestellt, die hochwirksam, aber in Deutschland verboten oder rezeptpflichtig sind, beispielsweise Aufputschmittel, Abspeckpillen, Schmerzdämpfer oder Mittel zum Muskelaufbau.[111] Als Hauptproblem wurde die oft fehlende, unzureichende bis falsche Arzneimittelinformation erkannt.[112] Ein Beipackzettel in deutscher Sprache war nur in einem Fall mitgeliefert worden, selbst der englisch abgefasste Beipackzettel war gelegentlich selbst getippt, Nebenwirkungen und Gegenanzeigen wurden oft nicht genannt. Ein Drittel der Bestellungen eines rezeptpflichtigen Medikaments setzte eine kostenpflichtige Online-Konsultation voraus. Bei anderen Anbietern entschied das Ausfüllen eines Fragebogens darüber, ob ein Rezept erteilt wurde, dies wurde allerdings immer ausgestellt. So wurde beispielsweise trotz angegebener Herzkrankheit das Potenzmittel Viagra geliefert, eine Einnahme wäre hier lebensgefährlich. Auch die Preise waren zum Teil wesentlich höher als beim Kauf in einer örtlichen Apotheke, im Extremfall wurde das 17fache des deutschen Apothekenpreises berechnet. Dazu kamen Kosten für den Versand, welche gerade bei dem Wunsch nach schneller Lieferung zum Teil extrem hoch waren. Schließlich bestehe die Gefahr, dass ein Paket vom Zoll beschlagnahmt werde, der bereits gezahlte Betrag vom Anbieter aber nicht rückerstattet werde. Klare Bestimmungen in Allgemeinen Geschäftsbedingungen für diesen Fall

---

[109] Stiftung Warentest, Heft 9/00, S. 92; ebenso bei: *Kieselbach*, Die Welt, 12.6.2001, S. 16

[110] Eine Zusammenstellung der bestellten Medikamente, sowie deren Herkunft, Preis und Beipackzettel findet sich unter: http://www.stiftung-warentest.de, dort: aktuelle Meldung *Medikamente aus dem Internet - Probe aufs Exempel* vom 23.08.2000.

[111] Stiftung Warentest Heft 9/2000, S. 94f

[112] Stiftung Warentest Heft 9/2000, S. 93

fanden sich nur bei einem Anbieter. Einen vernünftigen Grund, Medikamente per Zufallsrecherche im Internet zu ordern, gibt es nach Ansicht der Stiftung Warentest daher nicht.
Diese Ansicht wird nach einer weiteren Untersuchung von Mai 2001 etwas revidiert.[113] Dabei wurden die Preise einiger umsatzstarker und häufig nachgefragter Medikamente bei verschiedenen Vertriebswegen verglichen. Zunehmend sei es möglich, preiswerte Medikamente auch via Internet sicher zu erwerben. Einsparungen um 20 - 40 % seien möglich, insbesondere dann, wenn der Kunde gezielt nach Generika oder Importarzneimitteln frage.

* Eine vom *Österreichischen Bundesinstitut für Gesundheitswesen* durchgeführte Studie kommt zu einem sehr negativen Ergebnis und rät der Regierung, eine öffentliche Kampagne zur Warnung der Bevölkerung zu starten. Man bewertet den Erwerb verschreibungspflichtiger Arzneimittel über das Internet als riskant und zum Teil sehr gefährlich.[114] Innerhalb von sechs Monaten wurden 27 verschiedene verschreibungspflichtige Arzneimittel bei 20 Online-Apotheken bestellt. Ein Drittel der bestellten und mit Kreditkarte bezahlten Medikamente sei nie angekommen. Andere seien mit bis zu 73 Tagen Verspätung geliefert worden. Auch die oft als Hauptvorteil des Internetkaufes genannte Preisersparnis habe sich bei diesen Testkäufen nicht gezeigt. Vielmehr seien alle bestellten Medikamente teurer als beim Kauf in einer örtlichen Apotheke gewesen, jedenfalls wenn man zum angegebenen Preis noch die Verwaltungs- und Transportkosten zurechne. Falsche Arzneimittel wurden für bestimmte Diagnosen empfohlen, beispielsweise wurde ein Medikament zur Behandlung von Parkinson für leichte Kopfschmerzen empfohlen. Die gelieferten Medikamente seien nicht ordnungsgemäß verpackt und nicht wärmegeschützt gewesen. Bei einer von sechs Bestellungen fehlte der Beipackzettel gänzlich, in nahezu allen Fällen entsprachen sie nicht den Anforderungen des EU-Rechtes.[115]

* In einer weiteren Untersuchung der *Stiftung Warentest* wurden im März 1999 Testkäufer in 60 örtliche Apotheken in Berlin und Brandenburg geschickt. Diese sollten die Beratung und Kaufempfehlungen beurteilen. Dem enttäuschenden

---

[113] *Stiftung Warentest*, Pillen preiswert kaufen, Heft 5/2001, S. 88ff

[114] *Weber*, The Lancet 2000, S. 1176

[115] Ein weiteres Beispiel für Testeinkäufe findet sich bei *Consumer Reports Online*, einer unabhängigen non-profit Organisation für Warentests und Verbraucherinformation mit Sitz in New York, unter: http://www.consumerreports.org, dort: *Prescription drugs online 2/01*.
Die Testeinkäufe wurden im Februar 2001 bei verdächtigen WebSites durchgeführt, es zeigten sich Mängel, u.a. war die Verpackung beschädigt oder es fehlte jegliche Beschreibung. Zudem wurden verschreibungspflichtige Medikamente ohne Nachfrage ausgeliefert.

Ergebnis zufolge konnte nur jede 4. Apotheke die Erwartungen erfüllen. Nach Symptomen, Krankheiten oder Lebensumständen wurden nur vereinzelt durch den Apotheker gefragt, zum Arztbesuch wurde selten aufgefordert.[116]

e) Diskussionsstand: Meinungen in Deutschland Pro/Contra

Die zur Zeit kontrovers geführte Diskussion ist vielfach interessengeleitet[117] und kann nach Meinungsgruppen unterschieden werden. Gerade bei einem neuen, nicht im einzelnen geregelten Bereich ist es wichtig, neben den rechtlichen Fragestellungen auch die Diskussion in der Öffentlichkeit zu beobachten. Diese kann wichtige Hinweise für das Verständnis bestehender Bestimmungen geben, mögliche Regelungslücken aufweisen und Anregungen für künftige Entwicklungen bieten. Hier soll daher zunächst ein Überblick über den Meinungsstand zu Vor- und Nachteilen des E-Commerce mit Arzneimitteln gegeben werden.

(aa) Politik

Das Bundesgesundheitsministerium steht dem Internethandel mit Medikamenten grundsätzlich offen gegenüber. Angesichts der Internet-Apotheken, die heute meist im Ausland angesiedelt seien, könne es auf Dauer keine *Mauer um Deutschland* geben.[118] E-Commerce ist nach Meinung der Bundesgesundheitsministerin ein fester Bestandteil moderner Kommunikation und Information geworden. Apotheken müssten sich dem Wettbewerb stellen und auf die Kundenwünsche eingehen.[119] Andererseits müsse man auch bedenken, dass deutsche Apotheken jederzeit alle Medikamente zur Verfügung haben oder kurzfristig besorgen müssten, was in vielen anderen Ländern nicht der Fall ist.
Das Bundesgesundheitsministerium geht davon aus, dass noch in diesem Jahr mit ersten Vorschlägen zur Zulassung von Internet-Apotheken auch in Deutschland zu rechnen sei. Schließlich könne man gegen den E-Commerce aus

---

[116] Stiftung Warentest Heft 7/1999, S. 94 - 96, die Untersuchung erfolgte nach eigenen Angaben nicht systematisch, sondern hatte das Ziel, ein *Schlaglicht* auf Beratungsleistungen in Apotheken zu werfen.

[117] *Sterzel/Wassener*, Arbeit und Sozialpolitik 2001, S. 20

[118] *Höch*, Kurier-Montagsgespräch mit Bundesgesundheitsministerin Ulla Schmidt, Berliner Kurier, 02.04.2001, unter: http://www.berlinonline.de/berliner-kurier/archiv/.bin/dump.fcgi/2001/0402/montagsgespraech/0002/

[119] Welt am Sonntag, *Schmidt will Internet-Versand von Medikamenten erlauben*, 09.06.2002, unter: http://www.diewelt.de

anderen Ländern nichts tun, zudem bestehe bei immobilen Patienten ein ernstes Bedürfnis.[120]

Man hat eine Experten-Gruppe zusammengestellt, die prüfen soll, inwieweit Handlungsbedarf besteht.[121] Diese im Mai 2001 initiierte Gesprächsrunde, der „Runde Tisch im Gesundheitswesen“[122], befasste sich neben Fragen des Umbaus des Gesundheitswesens und seiner Finanzierung auch mit dem Versandhandel für Arzneimittel. Nach einer vierten Gesprächsrunde empfahl man der Politik am 22.04.2002 die Einführung des Versandhandels in Deutschland und die Zulassung von Internet-Apotheken.[123] Es gelte, die Rahmenbedingungen rechtzeitig so zu gestalten, dass die Chancen genutzt und die Risiken minimiert werden können.[124] Erforderlich sei es, die Qualität der Arzneimittel und die Information der Patienten sowie eine wohnortnahe Versorgung zu sichern und Wettbewerbsverzerrungen zu vermeiden. Bei der Gestaltung von elektronischem Handel und Versandhandel müssten die Arzneimittelsicherheit, der Verbraucherschutz, die Versorgungssicherheit und faire Wettbewerbsbedingungen sichergestellt sein. Im Europäischen Wirtschaftsraum sei davon auszugehen, dass elektronischer Handel und Versandhandel sich weiter entwickeln werden. Aus diesen Gründen muss es darum gehen, die entsprechenden Rahmenbedingungen zu schaffen. Die Erfahrungen anderer Staaten sollten genutzt werden.[125]

Diesen Empfehlungen hat sich auch die Bundesregierung angeschlossen und u.a. in ihrer Antwort auf eine Kleine Anfrage zum Thema Versandapotheken im Deutschen Bundestag vertreten.[126]

---

[120] So der zuständige Referatsleiter beim Bundesgesundheitsministerium, Gert Schorn; dazu: *Paoli*, Financial Times Deutschland, 04.04.2001, unter: http://www.ftd.de/internet-apotheken; der Artikel *Pillen per Internet werden üblich*, Medical Tribune 22/2001, S. 20; ähnlich: der Artikel *"Verheerend" oder „prüfenswert"*, Rheinischer Merkur, Merkur Spezial 12/2002, S. 11.

[121] *Spielberg*, Ärzte Zeitung, 20.11.2000, unter: http://www.aerztezeitung.de/docs/2000/11/20/208a0202.asp; *Paoli*, Financial Times Deutschland, 04.04.2001, siehe schon Fn. 120

[122] Teilnehmer: neben Vertretern der Apothekerschaft auch die kassenärztliche Bundesvereinigung, die Bundesärztekammer, Krankenkassen, Gewerkschaften, Arbeitgeberverbände, Verbraucherverbände, Verbände der Pharmaindustrie

[123] *Bellartz*, Pharmazeutische Zeitung 17/2002, vom 23.04.2002

[124] Die Empfehlung des „Runden Tisches“ auf seiner 4. Sitzung am 22. April 2002 zum elektronischen Handel einschließlich Versandhandel mit Arzneimitteln, Punkt 1, unter: http://www.aerztekammer-mainz.de/pdf/aktuell/ElekrtonischerHandel.pdf

[125] Die Empfehlung des „Runden Tisches“ auf seiner 4. Sitzung am 22. April 2002 zum elektronischen Handel einschließlich Versandhandel mit Arzneimitteln, Punkte 3. und 4., siehe Fn. 124.

[126] BT-Drucksache 14/9140 vom 17.05.02, Antwort der Bundesregierung - Versandapotheken

Man wolle neue, moderne Vertriebsstrukturen einführen. Das Bundesgesundheitsministerium bezeichnete es aber als eine Fehleinschätzung, dass die Menschen in Zukunft alle ihre Arzneimittel im Internet bestellen würden.[127] Aufgrund ausländischer Erfahrungen könne man davon ausgehen, dass etwa 8 % aller Versicherten den Versandhandel nutzen werden.[128]
Für den Fall, dass der Versandhandel in Deutschland zugelassen werde, dürften Anbieter aus anderen EU-Mitgliedstaaten grundsätzlich nicht daran gehindert werden, im gesetzlichen Rahmen am Versandhandel teilzunehmen.[129]

(bb) Versandapotheker aus dem Ausland

„Wer rennt schon gerne für ein Mittelchen in die Apotheke?" scheint die Grundhaltung hier zu kennzeichnen.[130] Großhändler halten Medikamente wie für den Versandhandel geschaffen. Interessant sei der Erwerb eines Arzneimittels im Wege des E-Commerce gerade für den Verbraucher von Lifestyle-Produkten, beispielsweise Verhütungs-, Potenz-, Wohlfühl- und Diätprodukte, den im Internet keine lästigen Fragen von Arzt oder Apotheker erwarteten, er könne also anonym bleiben.[131] Für den chronisch Kranken erspare das Bestellen am Bildschirm den ständigen Weg in die örtliche Apotheke. Man habe zudem 7 Tage die Woche, 24 Stunden am Tag *geöffnet*. Gerade für jemanden, der regelmäßig Medikamente einnehmen müsse, seien auch Zusatzservices, beispielsweise eine verlässliche Terminerinnerung per Email, interessant. Schließlich könne durch den Einsatz des Internets auch eine Kosteneinsparung erzielt werden, ohne dass staatliche Maßnahmen regulierend eingreifen müssten.[132] Man spreche einen Abnehmerkreis des preisbewussten Patienten mit

---

[127] *Bellartz*, Pharmazeutische Zeitung 17/2002, vom 23.04.2002, unter: http://www.pharmazeutische-zeitung.de/pza/2002-17/pol1.htm

[128] So Bundesgesundheitsministerin Ulla Schmidt auf der Homepage des Bundesministeriums für Gesundheit und Soziale Sicherung, unter: http://www.bmgs.bund.de/deu/gra/themen/gesundheit/arznei/index_1943.cfm; *Platzer* in: *Stein*, Perspektiven, 2002, S. 34, geht von 5 % zu erwartendem Marktvolumen aus.

[129] BT-Drucksache 14/9140 vom 17.05.02, Antwort der Bundesregierung - Versandapotheken, S. 3, Punkt 7

[130] So äußert sich Fondsmanager Morton Cohen, zitiert bei: *Schlicht*, Medikament und Meinung April 1999

[131] *Bausch*, in: *Stein*, Perspektiven, 2002, S. 43; auf *embarassing products* hat sich beispielsweise der britische Anbieter http://www.blushingbuyer.co.uk spezialisiert.

[132] Hierzu der Vorsitzende des Europaverbandes der Versand-Apotheker, *Bart Hameter*, E-pharmacy in Europe: Where do we stand?, Slide 9, unter: http://europa.eu.int/comm/enterprise/events/e-economy/doc/presentation_hameter.pdf

planbarem Bedarf an.[133]
In der aktuellen Diskussion in Deutschland ist vor allem die Internet-Apotheke DocMorris[134], die als Vorreiter der Branche[135] gilt, aktiv. Als in den Niederlanden zugelassene Apotheke müsse es in Europa möglich sein, die in einem Land geltenden günstigen Preise an alle Endverbraucher weiterzugeben. Beispielsweise könne man Medikamente ohne Zuzahlung abgeben, da das niederländische Recht diese nicht verlange.[136] Bei DocMorris haben nach eigenen Angaben bereits 25 000 Kunden aus Deutschland bestellt.[137] DocMorris hat zur Rechtslage in Deutschland ein Rechtsgutachten[138] in Auftrag gegeben, das auch im weiteren Verlauf dieser Arbeit herangezogen werden wird.
In der bisherigen Rechtsprechung habe sich Deutschland als *harte Nuss* gezeigt. Dies sieht auch der britische Anbieter *Pharmacy2U* so: es sei ein Schlag gegen den freien Arzneimittelhandel in Europa. Dennoch wolle man sich künftig aktiv auch um deutsche Kunden bemühen.[139]
Versandapotheker haben einen Europa-Verband[140] gegründet, um verbindliche Qualitäts- und Sicherheitsstandards für den Medikamentenversand in Europa zu erarbeiten.[141] Man beachte stets die ethischen Grundsätze des Berufsstandes und die jeweils gültigen Rezeptpflichten.[142] Mit anderen Verbänden zusammen wolle

---

[133] *Stieve*, Pharmazeutische Zeitung, 43/2000, die Jens Apermann, Marketingchef des niederländischen Anbieters DocMorris zitiert; unter. http://www.pharmazeutische-zeitung.de/pza/2000-43/pol2.htm

[134] http://www.0800docmorris.com

[135] *Paoli*, Financial Times Deutschland, 04.04.1002, siehe schon Fn. 120

[136] So Jens Apermann von DocMorris zitiert in: *Lutz*, ÄrzteZeitung, 23.07.2001, unter: http://www.aerztezeitung.de/docs/2001/07/23/135a1301.asp

[137] So Jacques Waterval, Gründer von DocMorris, zitiert in: *Jutzi*, Focus, Heft 18/2001, S. 190

[138] *Koenig*, Zum Internet-Auftritt einer niederländischen Online-Apotheke, 2000

[139] Der Artikel *Internetapotheke will nach Deutschland liefern*, ÄrzteZeitung vom 20.11.2000, unter: http://www.aerztezeitung.de/docs/2000/11/20/208a1701.asp

[140] Zu diesem Europa-Verband der *European Association of Mail Service Pharmacies* haben sich die fünf Internet-Apotheken DocMorris, Apothuis, Phaona, VivaNova und Pharmacy2U zusammengeschlossen. Hierzu der Artikel *Internet-Apotheken gründen Europa-Verband*, Die Welt, 29.11.2000, unter: http://www.diewelt.de.
Für die Internet-Adressen der o.g. Apotheken siehe auch die Übersicht im Anhang dieser Arbeit.

[141] *Bart Hameter*, damaliger Vorsitzender des Europa-Verbandes, fasst die Voraussetzungen und Vorteile der Internetapotheke zusammen in: E-Pharmacy in Europe: Where do we stand, 2001, unter: http://europa.eu.int/comm/enterprise/events/e-economy/doc/presentation_hameter.pdf

[142] So DocMorris auf seiner WebSite unter der Rubrik *Über Uns*, unter: http://www.0800DocMorris.com.

man auch ein Gütesiegel entwickeln, das es dem Verbraucher ermöglichen soll, preisgünstige und seriöse Anbieter zu erkennen.

Im April 2002 wurde zudem der *Bundesverband deutscher VersandapothekerInnen (BVDVA)* gegründet.[143] Ziel des BVDVA ist es, den Arzneimittelversandhandel in Deutschland im Sinne einer ordnungsgemäßen Arzneimittelversorgung zu fördern und dem Verbraucher die Freiheit des Bezugsweges zu ermöglichen. Die neuen Informationstechnologien sollten für eine verbesserte Arzneimittelversorgung aktiv genutzt und vorhandene Einsparpotentiale durch den Arzneimittelversandhandel realisiert werden.

(cc) Apothekerverbände

Warum ein sicheres, funktionierendes System durch ein unsicheres Verfahren ersetzen? Die *Bundesvereinigung Deutscher Apothekerverbände (ABDA)*[144] spricht sich gegen den Internethandel mit Arzneimitteln aus. Arzneimittelsicherheit und Verbraucherschutz seien massiv gefährdet.[145] Durch den Versandhandel würden Arzneimittel nicht mehr als Waren besonderer Art behandelt, sondern zu normalen Konsummitteln.[146] Arzneimittel seien aber keine Versandgüter, die man als *Wurfpost beliebig in der Gegend herumschicken* könne.[147] Überall dort, wo Politik und Krankenkassen den internetgestützten Handel hoffähig machten, sei die Kurve des Arzneimittelmissbrauchs signifikant angestiegen.[148] Auch könne nur bei der Abgabe des Arzneimittels in der Apotheke die einwandfreie Produktbeschaffung und Lagerung bis zum Augenblick der Abgabe an den Patienten sichergestellt werden.[149] Bei einem Verzicht auf das höchstmögliche präventive Sicherheitsniveau werde mit

---

[143] Der *Bundesverband deutscher VersandapothekerInnen (BVDVA)* wurde am 27.04.2002 gegründet und hat seinen Sitz in Köln. Dem Verband gehören bisher acht Apotheker an. Die Homepage unter: http://www.bvdva.de

[144] Die *Bundesvereinigung Deutscher Apothekerverbände (ABDA)* ist die Spitzenorganisation der ca. 53.000 deutschen Apothekerinnen und Apotheker. Ziel des Verbandes ist die Wahrnehmung und Förderung der gemeinsamen Interessen aller Apotheker. Mitgliedsorganisationen der ABDA sind die 17 Apothekerkammern und 17 Apothekervereine/-verbände; die Homepage unter: http://www.abda.de

[145] Hans-Günter Friese, Präsident des ABDA, zitiert in einer Pressemeldung *Protest gegen Versandhandel* der Pharmazeutischen Zeitung vom 15.03.2002; ebenso zitiert bei: *Gillies*, Die Welt, 31.06.2000

[146] Hans-Günter Friese, Präsident des ABDA, zitiert in: *Bellartz*, Pharmazeutische Zeitung 17/2002, vom 23.04.2002; ebenso zitiert in: *Korzilius*, Deutsches Ärzteblatt 51-52/2000, S. A 3465

[147] *Reichert* in: *Stein*, Perspektiven, 2002, S. 19

[148] *Draxler*, LAK konkret 3/2002, S. 10

[149] *Friese*, KrV 2001, S. 82

gravierenden Folgen für die Volksgesundheit zu rechnen sein.[150] Schließlich habe die Apotheke in Deutschland einen Versorgungsauftrag und sei verpflichtet, alle Medikamente zur Verfügung zu halten. Nur so könne eine wohnortnahe, flächendeckende Arzneimittelversorgung durch unabhängige Apotheken und die Sicherstellung einer schnellen Notfallversorgung gewährleistet werden.[151] Da sich für einen Internetanbieter aber nur teure, häufig bestellte Medikamente wirklich lohnten und sie daher nur ein vorwiegend im hochpreisigen Bereich liegendes, begrenztes Sortiment von rund 1500 Arzneimitteln anböten, sei eine *Rosinenpickerei*[152] zu befürchten. Die Existenzgrundlage vieler Apotheke sei dadurch gefährdet.[153] Schließlich sei der Apotheker nicht nur Kaufmann, sondern auch Heilberufler.[154] Die Apotheken böten einen Rundumservice, den Versandapotheken nicht leisten könnten.[155]
Dem Argument der Internetanbieter, Internet-Apotheken böten eine große Produktauswahl, hält man entgegen, dass in einer örtlichen Apotheke durchschnittlich 10 - 20 000 Produkte vorrätig seien.[156] Wenn man den Versandhandel in Deutschland zulasse, werde eine nationale Pharmapolitik unmöglich, es sei sogar ein Systemzusammenbruch zu befürchten.[157]
Weiteres Argument ist die Beratungsfunktion des Apothekers, die im Zusammenhang mit der Bedeutung der *Institution Apotheke als soziale und*

---

[150] *ABDA*, Grundsatzpositionen der Apotheker, Grundsatzposition zu „Versandhandel", 01.04.2002, unter: http://www.abda.de/ABDA/artikel.html?ID=343

[151] Heinz-Günter Wolf, Vizepräsident des ABDA, bei *Draxler*, LAK konkret 3/02, S. 7; ebenso: Hans-Günter Friese, Präsident des ABDA, zitiert in: *BKK lässt DocMorris liefern*, Medical Tribune 13/2002 vom 28.03.2002, S.18; *Dickel*, in: *Meurer*, Rechtliche Veränderungen des Wettbewerbs am europäischen Pharmamark, 2000, S. 47

[152] Hans-Günter Friese, Präsident des ABDA, in einer Grundsatzrede zum Deutschen Apothekertag, München September 2001, S. 4, unter: http://www.abda.de/ABDA /download/allgemeines/Friese.doc sowie die Pressemeldung vom 07.12.2000 *E-Commerce und Versandhandel mit Arzneimitteln aus Sicht der Apotheker*; ebenso: *Friese*, KrV 2001, S. 83; *Reichert* in: *Stein*, Perspektiven, 2002, S. 27

[153] *Diefenbach* in:*Meurer*, Rechtliche Veränderungen des Wettbewerbs am europäischen Pharmamark,2000, S. 58

[154] *Imhoff-Hasse*, Medikament & Meinung 12/2000; Hans-Günther Friese, Präsident des ABDA, bezeichnet den Versandhandel als *Trojanisches Pferd der Systemveränderer*, in: *Bellartz/Rücker*, Pharmazeutische Zeitung 28/2002, vom 09.07.2002; der Artikel *Apotheker drohen Herstellern*, Medical Tribune 28/2002 vom 12.07.2002, S. 33

[155] *Reichert* in: *Stein*, Perspektiven, 2002, S. 21; Hans-Günter Friese in dem Artikel *Medikamente über das Internet kaufen*? - Pro und Contra, Focus 44/2000, S. 104

[156] *Platzer* in: *Stein*, Perspektiven, 2002, S. 30

[157] Elmar Esser vom ABDA, zitiert in: *Lutz*, Die Ärztezeitung, 23.07.2001, siehe schon Fn. 136; *Korzilius*, Deutsches Ärzteblatt 20/2001, S. A 1299

kommunikative Drehscheibe[158] gesehen werden müsse. Bei den derzeitigen Internet-Angeboten sei ein eklatanter Mangel in der Beratung festzustellen.[159] Außerdem lehne man das Internet nicht generell ab, sondern schätze seinen Einsatz als Kommunikations- und Informationsmedium.[160] Erhebliche Sicherheitsmängel seien aber beim Versand zu erwarten, etwa wenn Medikamente beim Transport zwischengelagert würden.[161] Für den Verbraucher seien keine Vorteile zu erwarten, schließlich müsse er Stunden oder Tage warten, ehe er sein Medikament durch Versand erhalte.[162]

Die vom ABDA als Reaktion auf Pläne der Politik Mitte März 2002 vorgestellte *Initiative Pro Apotheke* setzt sich zum Ziel, auf die Problematik aufmerksam zu machen. Es gelte, die flächendeckende Arzneimittel-Versorgung auf hohem Qualitätsniveau durch die öffentlichen Apotheken und ihr bewährtes Leistungsangebot zu erhalten.[163] Im Rahmen der Initiative wurden vom 20. April bis zum 15. Juni 2002 7,745 Millionen Unterschriften in den deutschen Apotheken gegen den Versandhandel gesammelt und am 03. Juli 2002 an das Bundesgesundheitsministerium übergeben.[164]

Es soll aber auch erwähnt werden, dass es unter den Apothekern unterschiedliche Auffassungen gibt. Vereinzelt wird die Gefahr gesehen, dass viele Apotheken langfristig schließen müssten, wenn man sich den neuen Vertriebswegen gänzlich verschließe.[165] Schon heute informieren zahlreiche Apotheken auf eigener Homepage über Öffnungszeiten, vor Ort angebotene Dienstleistungen, Notdienstkalender, Neuigkeiten des Arzneimittelmarktes oder Selbsthilfegruppen. Spezielle Suchmaschinen ermöglichen das schnelle Finden

---

[158] So zitiert bei *Schulte*, Arbeit und Sozialpolitik 2001, S. 43

[159] Lutz Tisch, Abteilungsleiter Recht des ABDA in: *Unzulässig und rechtswidrig*, Interview vom 27.10.2000, unter: http://www.netdoktor.de/topic/Internetapotheke/interview.htm; *Reichert* in: *Stein*, Perspektiven, 2002, S. 21

[160] *Friese*, Pharmazeutische Zeitung 26/2001 vom 26.06.2001; *Gillies*, Die Welt, 31.06.2000; *Korzilius*, Deutsches Ärzteblatt 20/2001, S. A 1299

[161] So *Tisch, Lutz*, zitiert in: *Jutzi*, Focus, Heft 18/2001, S. 190.

[162] *Reichert* in: *Stein*, Perspektiven, 2002, S. 22f

[163] Die Homepage der *Initiative Pro Apotheke* unter: http://www.abda.de/bpa/index.html; *Rabbata*, Deutsches Ärzteblatt 13/2002 vom 29.03.2002, S. A 824

[164] *Bellartz/Rücker*, Pharmazeutische Zeitung 28/2002, vom 09.07.2002

[165] Hierzu *Schäfer*, Die Welt, 15.01.2001, unter: http://www.diewelt.de, der von einem Vertriebsverbund einiger Apotheken in Berlin berichtet, die bereits frei verkäufliche Waren über das Internet anbieten, um „für diesen künftigen Markt gerüstet zu sein"; weitere Beispiele bei: *Müller*, Focus 25/2002 vom 17.06.2002, S. 146; *Meyer*, Der Spiegel, 04.12.2000, S. 68

von Apotheken mit Bereitschaftsdienst und erleichtern das Auffinden durch Anfahrtsskizzen oder genaue Wegbeschreibungen.[166]
Es werden auch bereits nicht apothekenpflichtige Produkte angeboten.[167] Damit trainiere man, um für einen Internet-Auftritt am Tag X gerüstet zu sein.[168]

(dd) Krankenkassen

Bei vielen privaten und gesetzlichen Krankenkassen ist das Interesse am Online-Versand von Medikamenten groß.[169] Einzelne Kassen empfehlen ihren Mitgliedern bereits ausdrücklich, Arzneimittel bei Internet-Apotheken zu beziehen.[170] Viele der etwa 520 gesetzlichen Krankenkassen erstatten die Kosten.[171]
Vielfach wird behauptet, die Bestellung über das Internet führe zu erheblichen Kosteneinsparungen. Arzneimittel, die in anderen Ländern erworben würden, seien oft billiger als in der heimischen Apotheke. Geworben wird mit einem Preisvorteil von 20 %, im Einzelfall auch 60 %.[172] Der niederländische Anbieter DocMorris bietet seinen Kunden aus Deutschland nach eigenen Angaben eine Ersparnis von durchschnittlich 10 % bis zu 60 %.[173] Zudem könnten Rezeptgebühren, also Zuzahlungen, entfallen, da diese in den Niederlanden nicht üblich seien. Daher spricht beispielsweise die AOK von

[166] Unter http://www.apotheker-notdienst.de findet sich ein Deutschland weites Register.

[167] Eine Zusammenstellung von Apotheken mit eigener Homepage in Deutschland findet sich unter: http://pharma.seiten.de/apotheken/index.html; hierzu auch die Hinweise im Anhang zu dieser Arbeit.

[168] *Paoli*, Financial Times Deutschland, 04.04.2001, dazu schon Fn. 120, der Prof. Gerd Glaeske, Uni Bremen, zitiert; Stiftung Warentest, Heft 5/2001, S. 89, die davon ausgehen, dass *geschäftstüchtige Apotheker bereits in den Startlöchern sitzen.*

[169] Beispielsweise hat die BKK Post mit der Schweizer MediSercive AG vereinbart, Urlaubern aus Deutschland das Einkaufen über das Internet bei ihrem Aufenthalt in der Schweiz zu ermöglichen. Dies ist beschrieben bei: *Paoli*, Financial Times Deutschland, 04.04.1002, siehe schon Fn. 120; der Artikel *Medikamente über das Internet kaufen?* -Pro und Contra, Focus 44/2000, S. 104

[170] So schrieb beispielsweise die BKK Hamburg am 21. September 2001 ihre Mitglieder an und empfahl ihnen, Medikamente bei DosMorris zu bestellen, so der Artikel *BKK schwärmt für DocMorris*, Medical Tribune Deutschland, 43/2001, S. 22. In dem Magazin für Versicherte der BKK *Gesundheit*:, Nr. 5/2001 vom Oktober 2001, S. 12 heißt es: „die Kosten für ärztlich verordnete Medikamente übernehmen wir - wie gehabt"; dazu auch der Artikel *Kassen kratzen am Versandverbot*, Medical Tribune Deutschland, 1-2/2000, S. 20.

[171] Eine Übersicht findet man unter: http://www.pro-dsa.de/Partner/partner.html.

[172] Der Artikel *BKK schwärmt für DocMorris*, Medical Tribune Deutschland, 43/2001, S. 22 und ders. 48/2000, S. 28; *Martens u.a.*, Der Spiegel 18/2002 vom 29.04.2002, S. 167f

[173] *Neubacher*, Der Spiegel, 27/2002 vom 01.07.2002, S. 40

Wirtschaftlichkeitsreserven von rund € 500 Mio.[174]. Die KKH und die TK geht von einem Einsparpotenzial von etwa € 600 Mio. aus.[175] Der Landesverband der Betriebskrankenkassen in Bayern hält eine Einsparung von € 400 Mio. für möglich und beabsichtigt, seinen gesetzlich Versicherten bald Arzneimittelkäufe bei Online-Apotheken in gleicher Weise zu erstatten wie bei Apotheken vor Ort auch.[176] Bei freiwillig Versicherten werde dies schon durchgeführt. Schließlich wolle man den Wettbewerb fördern.[177] Die IKK rechnet mit einem Einsparpotenzial von 15 % als Folge eines Konzentrationsprozesses unter Apotheken und zwischen den Distributionsstufen.[178]
Unter der Voraussetzung hoher Sicherheitsstandards habe man daher keine Bedenken gegen Internet-Apotheken. Der Arzneimittelversandhandel müsse sich an den bisher bestehenden Qualitätsnormen messen lassen, da die korrekte und zeitnahe Versorgung der Versicherten Priorität besitze.[179] Der Versandhandel könne das bestehende System nicht ablösen, aber sehr schnell zu einer sinnvollen Ergänzung werden.[180]

Das *Bundesversicherungsamt* ist anderer Ansicht und hat die Krankenkassen darauf hingewiesen, dass eine Apotheke, die Medikamente im Internet anbietet und versendet, gegen deutsches Recht verstößt und dieses verbotene Verhalten keine Leistungspflicht der Krankenkassen begründen könne. Die Krankenkassen sollten daher keine Kosten erstatten.[181] Die BKK Hamburg widersprach dem und

---

[174] Der Artikel *Versand ist heute sicher*, Gesundheit und Gesellschaft, 11/2001, S. 2; nach *Müller*, Focus 25/2002 vom 17.06.2002, S. 144 sind es sogar € 1 Mrd.

[175] Der Artikel *Pillen per Post - für viele ein Vorteil*, KKH Journal 1/2002, S. 6; *Jutzi*, Focus 45/2001, S. 212.

[176] So der Vorsitzende des Landesverbandes der Betriebskrankenkassen in Bayern, Gerhard Schulte, in: *Jutzi*, Pille per Mausklick, Focus, Heft 18/2001, S. 190.

[177] So der Vorsitzende des Landesverbandes der Betriebskrankenkassen in Bayern, Gerhard Schulte, in dem Artikel *Krankenkassen wollen Arznei-Handel per Internet*, Computer-Bild, 10/2001, S. 16.

[178] *Kiewel*, KrV 2001, S. 83

[179] So der Vorsitzende des Landesverbandes der Betriebskrankenkassen in Bayern, Gerhard Schulte, in dem Artikel *Krankenkassen wollen Arznei-Handel per Internet*, Computer-Bild, 10/2001, S. 16; *Kiewel*, KrV 2001, S. 84; *Stebner*, ApoR 2001, S. 109

[180] So *Peter Buschmann*, Vorstandsvorsitzender der AOK Schleswig-Holstein, Ein neuer Weg - Arzneimittelversandhandel, Schleswig-Holsteinisches Ärzteblatt 04/ 2002, S. 53

[181] So der Artikel *BKK schwärmt für DocMorris*, Medical Tribune Deutschland, 43/2001, S. 22; der Artikel *Bundesversicherungsamt will DocMorris stoppen*, Ärztezeitung vom 24.10.2001, unter http://www.aerztezeitung.de/docs/2001/10/24/191a1802.asp?cat=/computer /internet; der Artikel *Gericht untersagt Krankenkasse Werbung*, Die Welt, 30.07.2002, S. 16

erwiderte, es stehe bis zur Entscheidung des EuGH[182] in ihrem pflichtgemäßen Ermessen, ob sie die Kosten erstatte.[183]
Auch das bayerische Sozialministerium hat im Rahmen seiner Aufsichtspflicht die BKK verpflichtet, einen Liefervertrag mit DocMorris aufzuheben. Als Begründung führte das Ministerium an, ein solcher Vertrag verstoße gegen das in Deutschland geltende Versandverbot.[184]
Unklar sind die Aussagen zum Umgang mit unterschiedlichen Mehrwertsteuerbeträgen bei einer Bestellung in einem ausländischen Staat. Niedrigere Mehrwertsteuersätze in anderen Staaten werden häufig als Kostenvorteil genannt. Der niederländische Anbieter DocMorris führt aber nach eigenen Angaben bei einer Lieferung nach Deutschland stets 16 % Mehrwertsteuer ab. Auch die Bundesregierung geht davon aus, dass es ausgeschlossen ist, dass eine ausländische Versandapotheke von Mehrwertsteuerdifferenzen zwischen Staaten profitiert oder diese als Preisnachlass weitergibt.[185]

Zusammenfassend sprechen Kostengründe nach Darstellung der Krankenkassen also in drei Punkten für Versandapotheken: die niedrigere Mehrwertsteuer in den Ländern, in denen sich die Versandapotheken angesiedelt haben; die hohen umgesetzten Mengen und somit mögliche höhere Rabatte; der entfallende Eigenanteil für die Patienten.

(ee) Pharmahandel

Der *Bundesverband der Pharmazeutischen Industrie (BPI)*[186] spricht sich gegen den Versandhandel mit Arzneimitteln aus und hat mehrfach vor Sicherheitsrisiken gewarnt.[187] In der jetzigen Situation komme ein

---

[182] Dazu Fn. 10 dieser Arbeit.

[183] *Bundesversicherungsamt will DocMorris stoppen*, Ärztezeitung vom 24.10.2001, siehe schon Fn. 181.

[184] Der Artikel *Kassen dürfen nicht versenden*, Deutsches Ärzteblatt 22/2002 vom 31.05.2002, S. A 1470; zu dem Liefervertrag der BKK mit DocMorris auch: *Rabbata*, Deutsches Ärzteblatt 13/2002 vom 29.03.2002, S. A 824 und der Artikel *BKK lässt DocMorris liefern*, Medical Tribune 13/2002 vom 28.03.2002, S. 18

[185] BT-Drucksache 14/9140 vom 17.05.02, Antwort der Bundesregierung - Versandapotheken, S. 2, Punkt 4

[186] Der Bundesverband der Pharmazeutischen Industrie e.V. (BPI) vertritt die Interessen der in ihm zusammen-geschlossenen ca. 300 Mitgliedsfirmen gegenüber der Politik auf Landes-, Bundes- und Europaebene. Die Homepage unter: http://www.bpi.de.

[187] Beispielsweise die Meldung *Phagro lehnt Internet-Apotheken strikt ab*, Pharmazeutische Zeitung 46/2001 vom 13.11.2001 oder im BPI - Jahresbericht 2000/2001, S. 36, unter: http://www.bpi.de/internet/download/jahresbericht_2001.pdf

Versandhandel nicht in Frage.[188] Die Verwendung von Internet-Arzneimitteln sei *lebensgefährlich.* Es könne nicht ausgeschlossen werden, dass ein Verbraucher mit gefälschten Arzneimitteln beliefert werde, da Vertriebswege der *virtuellen Arzneidealer* nicht geklärt seien.[189] Der Handel mit apotheken- und rezeptpflichtigen Arzneimitteln sei in Deutschland illegal, werde aber praktiziert. Der BPI hat daher eine repräsentative Umfrage beim Emnid-Institut in Auftrag gegeben.[190] Es wurden 1002 Personen befragt, von denen gerade 1 % angaben, das Angebot der im Internet erhältlichen Arzneimittel bereits genutzt zu haben. Immerhin 20 % der befragten Personen gab an, diesen Weg des Medikamentenkaufes attraktiv zu finden. Bei solchen Medikamente, die ein Patient aus langer Erfahrung kenne, sei die Bereitschaft besonders hoch. Die Befragten bemängelten große Unklarheit bei detaillierten Informationen zu Preis, Verfügbarkeit und Qualität von Arzneimitteln. Der BPI weist angesichts der künftig zu erwartenden steigenden Nutzung dieses Angebots auf erhebliche Gesundheitsrisiken hin, zumal der Einzelne diese Gefahren für sich persönlich oft leichter für einschätzbar halte. Haftungsfragen seien ein weiteres Problem, wenn der Betreiber einer WebSite nicht dingfest zu machen sei, bleibe der Geschädigte im Zweifelsfall allein. Der BPI fordert einheitliche gesetzliche Regelungen, die aber nur auf internationaler Ebene sinnvoll seien. Selbst ein europaweit einheitliches Konzept könne nicht verhindern, dass die Arzneimittelsicherheit in Deutschland durch Angebote anderer Länder oder Kontinente außer Kraft gesetzt werde.[191]

Der *Bundesverband des Pharmazeutischen Großhandels PHAGRO*[192] ist der Ansicht, dass der Internethandel mit Arzneimitteln fälschlich als verbraucherfreundlich propagiert werde. Einige seiner Mitglieder boykottieren daher den niederländischen Anbieter DocMorris.[193] Beim Versand von

---

[188] So der Vorsitzende des BPI, Dr. Bernd Wegener, auf der BPI-Hauptversammlung am 04.06.2002 in Berlin, *Bericht zur Lage,* S. 10, unter: http://www.bpi.de/internet/download/020604_Wegener_Endfassung.pdf

[189] So der ehemalige Vorsitzende des BPI, Hans Rüdiger Vogel, in der Pressemitteilung des BPI *Arzneimittel im Internet: BPI stellt repräsentative Umfrage vor*, 24.03.1999, unter: http://www.medikamenteninformation.de/news/vogel.htm

[190] Pressemitteilung des BPI *Arzneimittel im Internet: BPI stelle repräsentative Umfrage vor*, 24.03.1999, dazu Fn. 189.

[191] Dies sieht auch *Rijen*, The CyberMed Catalyst, Issue Summer 2000, 08.07.2000, so, der sich auf die Situation in den Niederlanden bezieht, wo der Versandhandel mit Arzneimittel erlaubt, aber nicht unumstritten ist; siehe Fn. 30. Eine Übersicht über Probleme, die sich aus weltweitem E-Commerce mit Arzneimitteln ergeben, gibt O'*Reilly*, Canadian Medical Association Journal 1999, S. 557, siehe Fn. 58.

[192] Dem Bundesverband des Pharmazeutischen Großhandels PHAGRO gehören 16 deutsche Großhändler an. Die Homepage unter: http://www.phargro.de

[193] *Müller*, Focus 25/2002 vom 17.06.2002, S. 144

Arzneimitteln *aus* Apotheken sei der Schutz der menschlichen Gesundheit nicht ebenso gut gewährleistet wie bei der Übergabe des Arzneimittels *in der* Apotheke. Die persönliche und qualifizierte Beratung in der Apotheke um die Ecke sei nämlich in punkto Verbraucherschutz und Kundenfreundlichkeit unschlagbar. Auch die ausgefeilte Logistik und Lagertechnik des pharmazeutischen Großhandels sei durch den Versandhandel nicht zu schlagen.[194] PHAGRO hat schließlich hierzu ein Rechtsgutachten[195] in Auftrag gegeben, dessen Ergebnisse im weiteren Verlauf dieser Arbeit diskutiert werden. Auch der *Europäische Fachverband der Arzneimittelhersteller AESGP* spricht sich gegen den Internethandel mit Arzneimittel aus. Der Patient müsse über die Gefahren einer Selbstmedikation aufgeklärt und weiterhin von Apothekern beratend begleitet werden. Unter den ca. 700 Teilnehmern des 35. Jahrestreffens 1999 in Berlin ermittelte eine nicht-repräsentative Umfrage, dass Apotheker an meisten verlieren, wenn Arzneimittel per E-Commerce vertrieben werden.[196]
Der Hersteller *Pfizer* hat angesichts von 140 000 inoffiziellen WebSites, die sich Mitte 1998 mit *Sildenafil* (*Viagra*) beschäftigten, durch seine Sprecherin in Großbritannien erklären lassen, dass das Unternehmen den Verkauf seiner Produkte über das Internet weder gutheißt noch unterstützt.[197] Hersteller seien für den Vertrieb ihrer Produkte nicht mehr verantwortlich, sobald diese bei den Großhändlern seien.
Das Internet sei nicht geeignet, die unverzichtbare Funktion der Apotheken als letzte Kontrollinstanz vor Aushändigung der Arzneimittel an den Patienten zu ersetzen.[198]

(ff) Verbraucherschützer

Während Apotheker und Ärzte sich bislang gegen den Internet-Handel mit Arzneimitteln aussprachen, wird er von der *Arbeitsgemeinschaft der Verbraucherverbände e.V. (AgV)* befürwortet, da ein nationales Versandhandelsverbot, insbesondere für nicht-verschreibungspflichtige Arzneimittel, aus Verbrauchersicht unverhältnismäßig und

---

[194] Pressemitteilung von PHAGRO, 22.04.2002, *Runder Tisch: Pharmazeutischer Großhandel lehnt Versandhandel ab*, unter: http://www.phagro.de/Presse/runder_tisch_-_pharmazeutischer_ grosshandel_lehnt_versandhandel_ab.htm

[195] *Meyer*, E-Commerce mit Arzneimitteln, 2000

[196] *Stieve*, Pharmazeutische Zeitung 24/1999, S. 20ff, 55 % der Befragten gaben an, dass Apotheker am meisten zu verlieren hätten, 23 % nannten die Verbraucher.

[197] *McConnell*, The Lancet 2000, S. 1690

[198] So der Vorstandsvorsitzende der Sanacorp Pharmahandel AG Dr. Jürgen Brink am 6. Mai in München, zitiert bei: *Arnold*, Pharmazeutische Zeitung 19/2002, vom 07.05.2002, unter: http://www.pharmazeutische-zeitung.de/pza/2002-19/wuh1.htm.

verbraucherunfreundlich sei. Die AgV fordert in einem Positionspapier[199] eine entsprechende Gesetzesänderung zugunsten des Handels. Dadurch könne die Rechtssicherheit erhöht und eine notwendige Qualitätsoffensive gestartet werden.[200] Das Positionspapier listet Chancen und Schattenseiten des Medikamentenversandhandels auf und macht Handlungsvorschläge.
Eine Reform der deutschen Rechtsgrundlage solle insbesondere folgende verbraucherpolitische Ziele verfolgen[201]:
Effizienzreserven sollten sowohl für den selbstzahlenden als auch für den versicherten Verbraucher erschlossen und von diesem genutzt werden können. Die Markttransparenz sei zu erhöhen, dem Verbraucher sollte die Angebotspluralität Wahlentscheidungen ermöglichen. Schließlich habe die Arzneimittelversorgung über das Internet einen ebenso hohen Qualitätsstandard zu gewährleisten wie bei der Versorgung über den traditionellen Vertriebsweg. Bei Zulassung des Versandhandels sei mit einem erhöhten Wettbewerb und in dessen Folge mit niedrigeren Abgabepreisen bzw. geringeren Arzneimittelkosten zu rechnen.[202]
Zudem sei eine Beratungsoffensive der öffentlichen Apotheken zu erwarten in deren Folge die Beratungsfunktion gegenüber der Handelskomponente gestärkt werde.[203] Zahlreiche Untersuchungen belegten, dass auch in der örtlichen Apotheke eine qualifizierte Beratung häufig nicht erfolge.[204]
Schließlich führe der Versandhandel zu einer Stärkung des kritischen Verbraucherbewusstseins, da der Verbraucher aktiv nachfrage und auch über Importmedikamente und Generika[205] informiert sei.[206] Um unseriöse Internetanbieter *auszutrocknen*, bedürfe es gesetzlicher oder freiwilliger Verbraucherschutzstandards auf europäischer Ebene, Transparenz-Kriterien oder

---

[199] Positionspapier der Arbeitsgemeinschaft der Verbraucherverbände e.V. *Internethandel mit Medikamenten: In Europa Qualität sichern & Chancen für Verbraucher nutzen*, unter: http://www.medikamenteninformation.de/verbraucher/agv.htm

[200] Punkt VIII des Positionspapiers, dazu schon Fn. 199.

[201] Punkt III des Positionspapiers, dazu schon Fn. 199.

[202] Punkt VII des Positionspapiers, dazu schon Fn. 199.

[203] Punkt VII des Positionspapiers, dazu schon Fn. 199.

[204] *Schäfers/Kaesbach*, in: *Stein*. Perspektiven, 2002, S. 39; *Korzilius*, Deutsches Ärzteblatt 51-52/2000, S. A 3465; *Stiftung Warentest*, Beratung in Apotheken: Risiken und Nebenwirkungen, Heft 7/1999, S. 94 - 96, dazu bereits unter I. 3. d) dieser Arbeit.

[205] Generika sind Medikamente, die Wirkstoffe enthalten, deren Patentschutz abgelaufen ist. Dadurch wird es möglich, das Medikament kostengünstiger herzustellen. Generika enthalten den gleichen Wirkstoff wie das Originalheilmittel. Diese Definition unter: http://www.mepha.ch /dt/generikum/index.html; weitere Informationen auch unter: http://www.generika.de.

[206] Punkt VII des Positionspapiers, dazu schon Fn. 199.

Siegel böten eine Alternative bei fehlenden internationalen Regulierungsmöglichkeiten.[207]

Die *Stiftung Warentest* nennt im Zusammenhang mit den von ihr durchgeführten Testkäufen[208] die Vorteile des Internethandels mit Arzneimitteln. Dieser könnte vor allem zwei Personengruppen zu Gute kommen: zum einen chronisch kranken Menschen, die regelmäßig bestimmte Medikamente einnehmen müssen, also nicht ständig auf Beratung durch Arzt oder Apotheker angewiesen sind, und zum anderen ältere Patienten oder solche, die aus gesundheitlichen Gründen keine Apotheke aufsuchen können. Wesentlich sei es, den gleichen Qualitätsstandard zu gewährleisten wie beim Kauf in der herkömmlichen Apotheke.

f) Fazit

Bei diesen Meinungsäußerungen ist die Unterscheidung in die verschiedenen potentiellen Käufergruppen akut Kranker, chronisch Kranker und Verbraucher sog. Lifestyle-Produkte deutlich geworden. Besonders für die beiden letztgenannten Gruppen bietet der Internethandel gegenüber der herkömmlichen Apotheke Vorteile. Eine einfache, bequeme Bestellung und Ersparnismöglichkeiten stehen im Vordergrund der Argumente der Befürworter. Insbesondere das Kostenargument ist sicher nicht von der Hand zu weisen. Wesentlich zur Kosteneinsparung durch Versandapotheken trägt ihre zentralistische Struktur bei.[209] Dadurch lassen sich Personal-, Miet- und Unterhaltskosten einsparen. Auch die Belieferung durch die Hersteller ist an wenige Großabnehmer kostengünstiger als an zahlreiche Apotheken in allen Städten Deutschlands. Andererseits sind dann aber Porto- und Transportkosten zu bedenken.
Als nachteilig werden zum einen die negativen Auswirkungen auf die öffentlichen Apotheken gesehen, die Umsatzeinbußen fürchten und die Erfüllbarkeit ihres Versorgungsauftrages gefährdet sehen. Zum anderen besteht für den Verbraucher die Gefahr, falsch informiert zu werden und gefälschte, nicht zugelassene oder nicht verschriebene Arzneimittel zu bekommen. Dazu kommt das Risiko des Transportes. Diejenigen, die den E-Commerce mit Arzneimitteln befürworten, halten es für wesentlich, dass das Recht hierbei die gleichen Standards beispielsweise für Fragen der Arzneimittelsicherheit gewährleistet, wie sie beim Kauf in der örtliche Apotheke auch bestehen.

---

[207] Punkt VII des Positionspapiers, dazu schon Fn. 199.

[208] Dazu schon I, 3. b) dieser Arbeit.

[209] *Richard/Schleert*, Die BKK 1995, S. 24

Auch das Verhalten zahlreicher Krankenkassen, die ihren Versicherten bereits heute Kosten für online gekaufte Arzneimittel erstatten oder dies planen, zeigt, dass unterschiedliche Auffassungen über die Rechtmäßigkeit des E-Commerce mit Arzneimittel bestehen.

Primäres Ziel aller dargestellten Meinungen, also sowohl der Befürworter als auch der Gegner, ist ein umfassender Gesundheits- und Verbraucherschutz. Damit muss man sich im Anschluss die Frage stellen, ob bei der Zulässigkeit des E-Commerce mit Arzneimitteln die vorhandenen gesetzlichen Vorschriften den Verbraucher ausreichend schützen oder ob neue, den Erfordernissen des E-Commerce angepasste Regelungen erforderlich sind.

4. Internationale Organisationen - Initiativen

In diesem Kapitel sollen Standpunkte und Initiativen internationaler Organisationen zusammengefasst werden. Diese Betrachtung ist angesichts der globalen Bedeutung des Internet angebracht und kann Denkansätze für den nationalen Gesetzgeber bieten.

a) OECD

Die OECD[210] hat sich zum Arzneimittelhandel im Internet noch nicht geäußert. Es wurden aber 1999 allgemeine *Leitlinien für den Verbraucherschutz im Zusammenhang mit dem elektronischen Geschäftsverkehr* entwickelt.[211] Diese Leitlinien sind rechtlich nicht bindend, die OECD geht aber von einer starken moralischen Verpflichtung der Mitgliedstaaten zur Umsetzung aus. Zentrales Ziel der Leitlinien ist es, Verbrauchern bei Online-Käufen zumindest einen ebenso hohen Schutz zu gewährleisten wie bei Einkäufen in herkömmlichen Geschäften oder bei Bestellungen im Versandhandel. Laut Punkt III A, B und C

---

[210] Die Organisation für wirtschaftliche Zusammenarbeit und Entwicklung (OECD) wurde 1961 in Paris gegründet, wo sie auch ihren Sitz hat. Zu den 30 Mitgliedstaaten zählen u.a. die Mitgliedstaaten der EU, USA, Kanada, Japan, Australien und Neuseeland. Die Politik der OECD ist darauf gerichtet, unter Wahrung der finanziellen Stabilität eine optimale Wirtschaftsentwicklung und Beschäftigung sowie einen steigenden Lebensstandard zu erreichen und zur Entwicklung der Weltwirtschaft beizutragen. Es soll im Einklang mit internationalen Verpflichtungen auf multilateraler und nicht diskriminierender Grundlage zur Ausweitung des Welthandels beigetragen werden. (Art. 1 des Übereinkommens vom 14.12.1960 über die Organisation für Wirtschaftliche Zusammenarbeit und Entwicklung (OECD), BGBl. 1961 II S. 1150. Die Homepage der OECD findet man unter: http://www.oecd.org.

[211] Der Originaltitel der am 09.12.1999 veröffentlichten Leitlinien lautet: *Guidelines for Consumer Protection in the Context of Electronic Commerce*. Der deutsche Text als Broschüre unter: http://www.oecd.org/pdf/M00000000/M00000364.pdf

der Leitlinien sollten Unternehmen, die elektronischen Geschäftsverkehr betreiben, exakte, klare und leicht zugängliche Informationen über sich selbst liefern, ebensolche Informationen zur Beschreibung ihres Waren- oder Dienstleistungsangebots bereitstellen sowie hinreichende Angaben über die Modalitäten, die Bedingungen und die mit der Transaktion verbundenen Kosten machen. Damit könne jeder Verbraucher dann eine verständige Entscheidung darüber treffen, ob er eine Transaktion durchführen wolle oder nicht.

b) WHO

Die WHO[212] wurde bereits bei der 50. Weltgesundheitsversammlung 1997 auf den Internethandel mit Medikamenten aufmerksam und forderte den Generaldirektor zur Gründung einer Arbeitsgruppe (Working Group) auf.[213] Deren Thesen wurden der 51. Weltgesundheitsversammlung 1998 vorgelegt. Im Mai 1998 wurde die Resolution *on cross border advertising, promotion and sale of medical products through the Internet* angenommen. [214]
1999 wurde dann der Leitfaden *Medical Products and the Internet - A guide to finding reliable information*[215] veröffentlicht. Dieser soll Modell für die Mitgliedstaaten bei der Ergänzung der eigenen Rechtsordnung sein, wendet sich aber auch direkt an den Internetnutzer. Schwerpunkt ist das Auffinden nützlicher Quellen mit zuverlässigen Gesundheitsinformationen im Internet. Der schnelle und einfache Zugang zu Informationen über Krankheiten, Therapiemöglichkeiten, Forschungsgebiete und -fortschritte, Selbsthilfegruppen und Gesundheitsorganisationen wird begrüßt.[216] Zugleich müsse sich der Nutzer aber darüber bewusst sein, dass Informationen auf einer WebSite unzuverlässig, unvollständig oder veraltet sein können. Mindestanforderung an eine WebSite ist die klare Angabe des Namens und der Kontaktadresse des Besitzers sowie ein Hinweis darauf, an welchen Adressaten (Verbraucher, Gesundheitsfachleute,

---

212 Die *WHO (World Health Organization, Weltgesundheitsorganisation)* ist eine Organisation der Vereinten Nationen (UN) mit Sitz in Genf, deren Ziel die weltweite Zusammenarbeit auf den verschiedenen Gebieten des Gesundheitswesens ist. Die WHO ist z.B. tätig bei der Seuchenbekämpfung, der Durchführung von Impfprogrammen, der Verbesserung von hygienischen Verhältnissen v.a. in den Ländern der Dritten Welt, der Forschungs- und Ausbildungsförderung und der öffentlichen Gesundheitsaufklärung. Auch an der internationalen Rauschgiftbekämpfung ist die WHO beteiligt. Die Homepage der WHO findet man unter: http://www.who.org.

213 *WHO concern at mail-order and electronic medicines sales*, Pharmaceutical Journal 258, 1997, S. 754; *Ashurst Morris Crisp/Executive Perspective S.A.*, Impact of Electronic Commerce on the European Pharmaceutical Sector - An Overview-, 1998, S. 56f

214 http://www.who.int/gb/EB_WHA/PDF/WHA51/ear9.pdf

215 *World Health Organization*, Geneva 1999; unter: http://www.who.int/medicines /library/qsm/who-edm-qsm-99-4/medicines-on-internet-guide.html

216 Point I, II und III des Leitfadens, siehe Fn. 215

Sonstige) man sich richtet[217]. Werbung müsse klar abgegrenzt und die Finanzierung einer WebSite ersichtlich sein. So solle sich ein Verbraucher beispielsweise nicht dadurch zum Kauf verleiten lassen, dass behauptet wird, ein Produkt sei nur hier oder nur für kurze Zeit erhältlich.[218]
Punkt IV des Leitfadens widmet sich dem Kauf medizinischer Produkte über das Internet. Hier wird der Verbraucher schon in der Überschrift gewarnt, vorsichtig zu sein, und bekommt sogleich 10 Gründe[219] dafür genannt. Der Nutzer wird beispielsweise darauf hingewiesen, dass Sicherheits- und Qualitätsmängel bestehen können, die Kostenrückerstattung durch Versicherungen verweigert werden kann und die Einfuhr eines Medikaments verboten sein kann.

Eine zuverlässige WebSite wird demzufolge folgende Angaben machen[220]:
Name und aktive Inhaltsstoffe des Produkts, Inhaltsstoffe mit Nebenwirkungen für bestimmte Personen, Anwendungsgebiet, Anwendungsart, mögliche Nebenwirkungen, Aufbewahrungsweise, Herstellername und -kontakt-information, Angabe der letzten Aktualisierung dieser Informationen.

Die WHO hat sich im November 2000 zudem dafür eingesetzt, dass die ICANN[221] bei der Auswahl neuer Top-Level-Domains auch die Endung *.health*

---

[217] Point II des Leitfadens, siehe Fn. 215

[218] Point III des Leitfadens, siehe Fn. 215

[219] Eigene Übersetzung der warnenden 10 Überschriften des Point IV des Leitfadens:
1.: Sicherheit und Wirksamkeit können fehlen
2.: Gebrauchsanleitung kann fehlerhaft/*unangemessen* sein
3.: Qualität kann nicht gesichert sein
4.: Produkt kann gesetzliche Schutzmechanismen umgehen
5.: Produkt kann trügerisch und schädlich für die Gesundheit sein
6.: Kostendeckung mag nicht möglich sein 7.: Produkt kann Zeit und Geld verschwenden
8.: In anderem Land gekauftes Produkt kann im eigenen Land illegal sein
9.: Produkte mit gleichem Namen können in verschiedenen Ländern unterschiedlich sein
10.: Persönliche Informationen bleiben möglicherweise nicht vertraulich

[220] Point III : *Looking at Produkt Information? A reliable Web Site will provide the following Information* des Leitfadens; siehe Fn. 215 dieser Arbeit.

[221] Die ICANN (= Internet Corporation for Assigned Names and Numbers, Internetunternehmen für zugeteilte Namen und Nummern), ist eine non-profit-Organisation, die 1999 vom amerikanischen Handelsministerium nach dem Recht des US-Bundesstaates Kalifornien gegründet wurde. Die internationale Organisation hat sich u.a. die Vergabe und Verwaltung von IP-Adressen und die Regelung des Domain-Name-Systems (zum Beispiel der Zusatz für ein Land oder die Art des Angebots: .org; .net; .com; .de; ...) zur Aufgabe gemacht. ICANN ist hauptverantwortlich für die stabile Funktion des Internets und maßgebliche Instanz bei der Festlegung von technischen Standards und Richtlinien. Diese Definition in Anlehnung an: Duden - Wörterbuch der New Economy, 2001, S. 32 und 39. Die Homepage der ICANN findet man unter: http://www.icann.org.

in Betracht zieht.[222] Dies würde nach Ansicht der WHO zu höheren Standards und schnellerer Ergebnisfindung im *Irrgarten Internet* beitragen, da der Nutzer wichtige und zuverlässige Informationen viel einfacher erkennen könne. Die WHO bezeichnet sich in ihrer Presseerklärung selbst als das *sichere Paar Hände*, das der Internetnutzer brauche, um seinen Weg durch die komplexe, oft widersprüchliche Masse von Gesundheitsinformationen zu finden. Die Endung *.health* solle schließlich restriktiv nur an solche Domain-Name-Halter vergeben werden, die Qualitäts- und ethischen Standards zustimmten, welche im Rahmen internationaler Beratungen von der WHO als Sponsor zusammen mit Regierungen, medizinischen Vereinigungen, Verbrauchergruppen, der Gesundheitsindustrie und anderen noch zu erarbeiten wären.
Bei den letzten Treffen der ICANN wurde die Endung *.health* bisher noch nicht akzeptiert.[223]

c) Der europäische Verbraucherverband (BEUC)

Der *Europäische Verbraucherverband (BEUC)*[224] hat sich in einem Fragebogen der Europäischen Kommission im September 2000 allgemein zu Verbraucherschutzaspekten bei Werbung und E-Commerce geäußert und ist dabei ausführlich auch auf Fragen zu Werbung und E-Commerce mit Arzneimittel eingegangen.[225] Das Verbot, verschreibungspflichtige Medikamente zu bewerben, solle aufrechterhalten bleiben. Als Hauptnachteile des Online-Verkaufes von Medikamenten werden die fehlende persönliche Beratung und mangelnder Datenschutz gesehen. Vorteilhaft sei hingegen der einfache Zugang zu notwendigen Medikamenten für chronisch Kranke und für Verbraucher in solchen Gebieten, in denen sich eine Apotheke aus finanziellen Gründen nicht lohne. Bestehende Regelungen müssten geändert werden, um einen verantwortungsvolleren Umgang mit dem Onlinehandel zu ermöglichen. Dazu seien ethische und berufliche Standards zu entwickeln und in die

---

[222] Die Pressemitteilung *WHO Proposal Would Raise Quality of Internet Health Information* vom 13.11.2000 unter: http://www.who.int/inf-pr-2000/en/pr2000-72.html und der Antrag mit Argumenten für und gegen *.health* unter: http://www.icann.org/tlds/report/health1.html.

[223] Hierzu die Presseveröffentlichung *ICANN Announces Selection for New Top-Level Domains*. unter: http://www.icann.org/announcements/icann-pr16nov00.htm.
Zunächst sollen sich die bisher beschlossenen neuen Top Level Domains .aero, .biz, .coop, .info, .museum, .name und .pro durchsetzen; dazu unter: http://www.icann.org/tlds.

[224] Der europäische Verbraucherverband (European Consumers'Organisation oder Bureau Européen des Unions de Consommateurs, BEUC) hat ihren Sitz in Brüssel. Seit 1962 vertritt sie 32 unabhängige Verbraucherorganisationen in 20 europäischen Staaten und sieht sich selbst als die Stimme der Verbraucher. BEUC wird durch Mitgliederbeiträge und EU-Gelder finanziert. Die Homepage unter: http://www.beuc.org.

[225] *BEUC answers to the Commission Questionaire on Advertising and E-Commerce*, 08.09.2000, unter: http://www.beuc.org

Gesetzgebung aufzunehmen. Mitglieder der BEUC seien bereits damit beschäftigt, Internetseiten anzuschauen und auszuprobieren.

d) Internationale Pharmazeutische Gesellschaft (FIP)

(aa) Good Pharmacy Practice (GPP)

Die *Internationale Pharmazeutische Gesellschaft (FIP)*[226] hat im September 1993 Richtlinien zur *Good Pharmacy Practice (GPP)* veröffentlicht, deren Ziel es ist, hohe Qualitätsstandards bei Service und Ausbildung zu garantieren. Zugleich werden die pharmazeutischen Organisationen der Mitgliedstaaten aufgefordert, die Aufmerksamkeit der Apotheker auch auf sich ändernde Gegebenheiten zu lenken. Damit soll den Mitgliedstaaten ein Rahmenwerk an die Hand gegeben werden, innerhalb dessen sie eigene Standards setzen können. Die GPP - Standards sind auf alle praktizierenden öffentlichen Apotheken anzuwenden.

(bb) Richtlinien für elektronische Apotheken

Ende 2000 hat die FIP angekündigt, Richtlinien für elektronische Apotheken zu entwickeln, die wesentlich von dem auch für öffentliche Apotheken geltenden Grundsatz der *Good Pharmacy Practice* beeinflusst sein würden. Diese sollten dann als Anregung für nationale Organisationen dienen. Gleichwohl könne man keine detaillierten Regelungen vorschlagen, dies sei jedem einzelnen Mitgliedstaat überlassen. Präsident Peter Kielgast hob den Grundsatz hervor, dass eine elektronische Apotheke dem Patienten die gleichen unverhüllten Informationen und sichere Abgabe der Medikamente anbieten müsse, wie eine „aus Steinen gebaute Apotheke“[227]. Sicherheitsfragen müssten hierbei im Vordergrund stehen. Es gelte, den Verbraucher nicht von einem neuen Phänomen abzuhalten, sondern den Gebrauch des neuen Mediums sicherer zu machen.[228]

---

[226] Die Internationale Pharmazeutische Gesellschaft (Fédération Internationale Pharmaceutique / International Pharmaceutical Federation, FIP) ist eine weltweit arbeitende, nicht regierungsabhängige Organisation, der 85 nationale Organisationen mit über 500 000 Apothekern und Wissenschaftlern angehören. Ihr Sitz ist in den Niederlanden. Aufgabe ist die weltweite Vertretung und Unterstützung von Apotheken und pharmazeutischen Wissenschaftlern und die Sicherstellung hoher Qualitätsstandards aller pharmazeutischen Tätigkeiten. Hierzu arbeitet die FIP auch eng mit der WHO zusammen. http://www.fip.nl.

[227] International Pharmaceutical Federation, Press Release *E-Pharmacy must be correct and safe*, 30.08.00, unter: http://www.fip.nl oder http://www.exist.nl/pdf/fipcongress30aug00.pdf

[228] *Morck*, Pharmazeutische Zeitung 37/1999, der den FIP-Präsidenten Peter Kielgast zitiert.

e) Pharmaceutical Group der EU (PGEU)

Die *Pharmaceutical Group der EU (PGEU)*[229] äußerte sich zunächst strikt negativ. In *der Charter on European Pharmacy* wurden Prinzipien für das aktuelle und künftige Verhalten des Berufsstandes formuliert. Für die Zwecke dieser Arbeit erscheinen Punkt 3 und Punkt 6 der Charter besonders relevant: Aus Gründen der öffentlichen Gesundheit und im Interesse des Verbrauchers habe der Apotheker in jedem Stadium, von der Herstellung des medizinischen Produktes bis zu seinem Vertrieb, anwesend zu sein (Punkt 3). Überwachung, Schutz und Vertrieb medizinischer Produkte solle ausschließlich in autorisierten, öffentlichen Apotheken oder Krankenhäusern erfolgen (Punkt 6).
Bereits im November 1996 hat man angesichts neuer Kommunikationstechnologien betont, dass Medikamente als besondere Produkte, nicht als gewöhnliche Waren, anzusehen seien.[230] Apotheker werden aufgefordert, neue Technologien als Informationsquellen zu nutzen und den verantwortungsvollen und effektiven Nutzen von Medikamenten zu bewerben. Keinesfalls könnten neue Kommunikationstechnologien aber den direkten Kontakt von Angesicht zu Angesicht ersetzen. 1998 hat man sich dann in einem Brief an das Europäische Parlament tief besorgt über Werbung und Verkauf von Arzneimitteln speziell im Internet gezeigt. Die sorgsam aufgebauten Schutzvorschriften, die sichere Medikamente und deren verantwortungsvolle Abgabe in Europa sicherstellten, seien hier komplett wirkungslos. Europäische Kontrollsysteme zu Qualität, Sicherheit, Wirksamkeit, Werbung, Beschriftung und Klassifizierung von Arzneimitteln würden unterlaufen, der öffentlichen Gesundheit drohten ernste Gefahren. Befürchtet wird insbesondere Folgendes: mangelnde Information, etwa bei einem Beipackzettel in fremder Sprache oder unterschiedlichen Bezeichnungen für ein Medikament, falsche Dosierung angesichts fehlender Beratung durch Arzt oder Apotheker sowie verdorbene

---

[229] Dieser *Zusammenschluß der Apotheker der Europäischen Union* wurde 1959 gegründet und repräsentiert heute 550.000 Apotheker und sonstige in Apotheke arbeitende Personen aus den 15 Mitgliedstaaten der EU. Dazu kommen zur Zeit 11 beobachtende Staaten. Er hat seinen Sitz in Brüssel. Als seine Hauptaufgabe sieht der PGEU: "Community pharmacists in Europe are committed to making a major contribution to improving public health by :
- seeking to ensure that people derive maximum therapeutic benefit from prescribed medication dispensed in pharmacies
- providing high quality advice to ensure safe and responsible self-care including, where appropriate, self-medication
- encouraging healthy lifestyles through effective health promotion and health education strategies"
Die Homepage der PGEU findet man unter: http://www.pgeu.org

[230] *PGEU*, Resolution - Medical Products are special, 12.11.1996; diese Stellungnahme bezieht sich noch allgemein auf neue Kommunikationstechnologien: Teleshopping, Postbestellung, Internet und andere Fernabsatztechniken werden genannt.

Produkte durch falsche Lagerung der Arznei beim Händler oder Verzögerungen beim Transport. Die Einbeziehung des Internets lasse alle Bemühungen, die Sicherheit der EU-Bürger zu garantieren, null und nichtig werden. Vorgeschlagen wird, Service Provider[231] zur Verantwortung zu ziehen, indem sie WebSites mit Werbung und Verkauf von Medikamenten nicht mehr zugänglich machen dürfen. Alternativ wird angedacht, dem Zoll zusätzliche Rechte zum Öffnen verdächtiger Pakete einzuräumen.

In einer Stellungnahme zur Entwicklung Internet-unterstützter Apothekendienste[232] vom Juni 2001 wird die Notwendigkeit des persönlichen Kontakts zwischen Patient und Apotheker erneut betont, zusätzliche Gesundheitsdienste könnten aber online sinnvoll sein. Dazu wurden im Juni 2001 Richtlinien[233] veröffentlicht, die als Hauptprinzip (*general principle*) festhalten, dass Dienstleistungen, die Apotheker online erbringen, nur geeignet sind, den direkten Kontakt in der Apotheke zu ergänzen. Unter Punkt 4 werden Richtlinien für den Internet-Auftritt von Apotheken gegeben. Danach sollte jede WebSite professionell gestaltet und von technisch hoher Qualität sein sowie regelmäßig aktualisiert werden. Weitere Äußerungen der PGEU sind überschrieben mit: *Nutze das Internet, aber riskiere deine Gesundheit nicht.*[234]

f) European Federation of Pharmaceutical Industries and Associations (EFPIA)

Die *European Federation of Pharmaceutical Industries and Associations*[235] hat 1999 in einem Positionspapier[236] zum umsichtigen Umgang mit dem Vertrieb von Arzneimitteln über das Internet aufgerufen. Zur Gewinnung authentischer

---

[231] Ein Service-Provider hält fremde Inhalte zur Nutzung bereit, meist indem er diese auf eigenen Rechnern speichert und zugänglich macht, wie beispielsweise die Online-Dienste T-Online und AOL. Eine ausführliche Definition findet sich bei *Eichhorn*, Internet-Recht, 2000, S. 45f.

[232] *PGEU*, Statement on the development of e-health and e-enhanced pharmacy, 14.06.2001, unter: http://www.pgeu.org, dort: Position Papers.

[233] *PGEU*, Guidelines for pharmacy services on line, 14.06.2001, unter: http://www.pgeu.org, dort: Position Papers; dazu auch der Artikel *Internet Pharmacy*, Pharmaceutical Journal 1999, Vol. 263, S. 631.

[234] *PGEU*, The Internet and Medicines: Enjoy the Internet: but don't risk your health!, 31.03.1999, unter: http://www.pgeu.org/webdata/docs/99.805E internet_leaflet.pdf

[235] Die Europäische Vereinigung der Pharmazeutischen Industrie (EFPIA) wurde 1998 gegründet, vertritt über 3350 Pharmaunternehmen und versteht sich als Stimme der europäischen Pharmaindustrie. Hauptziel ist es, sicherzustellen, dass Europa insbesondere für Gelder zur Forschung und Entwicklung attraktiv bleibt und mit anderen Orten konkurrieren kann. Die Homepage der EFPIA findet man unter: http://www.efpia.org

[236] *EFPIA*, Position Paper - Impact of Electronic Commerce on the European Pharmaceutical Sector, März 1999, unter: http://www.efpia.org/4_pos/economic/eleccomm_.PDF

Informationen sei das Internet dann gut geeignet, wenn Mechanismen geschaffen würden, die die Richtigkeit der Angaben überwachen. Der Vertrieb von Arzneimitteln über das Internet gebe Anlass zu ernster Besorgnis, solange nicht gewährleistet sei, dass Arzneimittel nur aufgrund der Verschreibung eines Arztes herausgegeben werden und der Patient nicht vor gefälschten Medikamenten aus wenig-regulierten Ländern geschützt ist. Ohne geeignete Mechanismen sei zu erwarten, dass die Krankheits- und Vertriebskosten erheblich ansteigen, andererseits könne ein qualitativ hochwertiger Internetvertrieb diese Kosten senken helfen. Die EU-Kommission wird aufgerufen, Sicherheitsstandards zu schaffen.

g) European Health Forum Gastein (EHFG)

Die Gasteiner Gesundheitserklärung 1999[237] fasst die Ergebnisse der Diskussionen in den Arbeitsforen des European Health Forum Gastein (EHFG)[238] vom Oktober 1999 zusammen. Forum IV beschäftigte sich mit Informationstechnologie: Gesundheit und technologische Entwicklung. Hauptforderung der Erklärung ist es, ein System für die Zertifizierung von Telematikprodukten in der Gesundheitsversorgung auf europäischer Ebene zu schaffen. Dieses soll gewährleisten, dass diese Produkte medizinisch betrachtet einen Kosten-Nutzen-Effekt haben, technisch kombinierbar und verlässlich und für den Patienten nützlich sind. Die Zertifizierung soll von unabhängigen Stellen ausgeführt werden. Auf EU-Ebene soll die Entwicklung von Verhaltensregeln für die Benutzung des Internets und ethischer Vorschriften für die Verwendung der Telematik in der Gesundheitsversorgung angeregt werden. Während der Foren 2000 und 2001 wurden das Internet im Gesundheitswesen und der E-Commerce mit Arzneimitteln jeweils in der Diskussion thematisiert.

5. Internationale Entwicklung - Ansätze/Beispiele/Ideen

Da man sich gerade im Bereich von Internet und E-Commerce nicht auf eine Betrachtung innerhalb der eigenen Landesgrenzen beschränken kann, soll hier exemplarisch die Entwicklung oder Regelung des E-Commerce mit Arzneimitteln in einigen Ländern dargestellt werden, die interessante Ansätze aufweisen.

---

[237] Den deutschen Text findet man unter: http://ehfg.org/website99/decl_de.htm

[238] Das *European Health Forum Gastein (EHFG)* wurde 1998 als Diskussionsplattform gegründet. Die Homepage des EHFG findet man unter: http://ehfg.org

a) USA

Hauptakteure in den Bereichen Telekommunikation und Internet-Technologie sind die USA und die Europäische Union.[239] Viele Entwicklungen des Internets sind ganz wesentlich von den USA ausgegangen. Auch für den E-Commerce und die damit verbundene Gesetzgebung nimmt die USA eine Vorreiterrolle ein. Zudem macht es die wirtschaftliche Bedeutung der USA als Handelspartner für jeden Gesetzgeber weltweit unerlässlich, die amerikanischen Auffassungen kennen zu lernen. Schließlich hat man in den USA auch die meiste Erfahrung mit E-Commerce in der pharmazeutischen Industrie.[240] Außerdem ist über das Internet auch für jeden Verbraucher in Deutschland jede WebSite eines US-Unternehmens abrufbar. Es ist daher zum Verständnis bestehender und künftiger Entwicklungen im E-Commerce in Europa unerlässlich, sich auch einen Überblick über die aktuelle Gesetzeslage in diesem Land zu verschaffen. Hierbei muss man sich bewusst sein, dass aufgrund unterschiedlicher kultureller, wirtschaftlicher und technologischer Faktoren grundsätzlich unterschiedliche Auffassungen[241] zu Liberalisierung und Regulierung eines Wirtschaftsbereiches bestehen können.[242] So ist beispielsweise die direkt an den Endverbraucher gerichtete Werbung für verschreibungspflichtige Medikamente nach US-Recht zulässig, aber europaweit infolge der Richtlinie 92/28/EWG[243] untersagt.[244]

1997 legte die US-Regierung das Prinzipienpapier *A Framework for Global Electronic Commerce* vor. Ex-Präsident Clinton schlägt darin als wesentliches Prinzip für die Entwicklung des E-Commerce die Einbeziehung der noch nicht online erschlossenen Wirtschaftsbereiche vor.[245]

---

[239] *Aragón/Grewlich/Di Pietrantonio*, International Journal of Telecommunications Law and Policy, Issue 3, 1999, S. 2, 6 und 7

[240] *Ashurst Morris Crisp/Executive Perspective S.A.*, Impact of Electronic Commerce on the European Pharmaceutical Sector - An Overview-, 1998, S. 9

[241] *Aragón/Grewlich/Di Pietrantonio*, International Journal of Telecommunications Law and Policy, Issue 3, 1999, S. 2

[242] Einen Überblick über den E-Health Markt in den USA gibt: *Sell*, Die BKK 2001, S. 143ff

[243] Die Richtlinie 92/28/EWG des Rates vom 31.03.1992 über die Werbung für Humanarzneimittel, ABl. Nr. L 113 vom 30.04.1992, S. 13, untersagt in Art. 3 die Öffentlichkeitswerbung a.u. für Arzneimittel...die nur auf ärztliche Verschreibung abgegeben werden dürfen.

[244] Einen Überblick über das US-Recht hierzu gibt *Becker*, Innovative Pharmakommunikation, 2000, S. 60f.

[245] Die *US Regierung* in „A Framework for Global Electronic Commerce", 1997:
„The Global Information Infrastructure (GII), still in the early stages of its development, is already transforming our world. Over the next decade, advances on the GII will affect almost every aspect of daily life -- education, health care, work and leisure activities. ... The GII has the potential to revolutionize commerce in these and other areas by dramatically lowering transaction costs and facilitating new types of commercial transactions."

Neben *Pharmacy*-Abteilungen in Supermärkten ist die Pharmabranche in den USA auf wenige Großkonzerne konzentriert. Dies wird auch dadurch begünstigt, dass den USA das in Deutschland bestehende Verbot des Fremd- und Mehrbesitzes[246] von Apotheken fremd ist.[247] Die Versandapotheke *(mail order pharmacy)* ist in den USA seit dem Ende des Zweiten Weltkrieges bekannt und deckt nach schnellem Wachstum in den 60er und 70er Jahren heute ca. 10 - 15 % des amerikanischen Arzneimittelmarktes ab.[248] Im Frühjahr 1999 eröffneten die ersten Startup-Unternehmen drugstore.com[249] und PlanetRx.com[250] ihre WebSites.[251] Im Laufe des Jahres zogen etablierte Versandhändler mit eigenen WebSites nach. Das Volumen, das der Onlinemarkt für Gesundheits-, Pharma- und Kosmetikartikel entwickeln könnte, wird auf 2 Mrd. Dollar jährlich geschätzt.[252] Auch der Bereich der verschreibungspflichtigen Medikamente wird mit einem Volumen von bis zu 160 Mio. Dollar als lukrativ eingeschätzt.[253] Marktforscher trauen dem Online-Verkauf rezeptpflichtiger Arzneimittel in den nächsten Jahren ein Volumen von $ 1 Mrd. zu.[254]

Ende 1999 gab Ex-Präsident Clinton seinen Plan bekannt, gesetzliche Regelungen für Online-Apotheken zu schaffen. Im Mai 2000 wurde der *Internet Prescription Drug Sales Act* als Ergänzung zum *Federal Food, Drug and Cosmetic Act* dem Kongress vorgelegt.[255] Das Gesetz ist bisher nicht

---

[246] Zum Fremd- und Mehrbesitzverbot in Deutschland siehe ausführlich: *Taupitz*, Verbot des „Fremd- und Mehrbesitzes", 1998.

[247] *Schlicht*, Medikament und Meinung April 1999

[248] *Richard/Schleert*, Die BKK 1995, S. 23; *Schäfers/Kaesbach*, in: *Stein*, Perspektiven, 2002, S. 40; der Bericht *Drugs by mail, advice by phone - an attractive package?*, Australian Pharmacist 15, S. 585 (1996), benennt 1946 als das Jahr, in dem die erste mail-order pharmacy in den USA ihren Betrieb aufnahm.

[249] http://www.drugstore.com

[250] http://www.planetrx.com, mittlerweile nicht mehr aktuell.

[251] *Blankenberg*, Die BKK 2001, S. 84f

[252] *Schlicht*, Medikament und Meinung April 1999, etwas anders *Blankenberg*, Die BKK 2001, S. 85.

[253] *Schlicht*, Medikament und Meinung April 1999

[254] So der Feature Report von *Comsumer Reports Online* vom Februar 2001, der sich auf den Marktforscher Jupiter Communications beruft, unter: http://www.consumerreports.org, dort im Index unter: pharmacies.
Anders die Ansicht der Marktforscher Forrester Research, wonach im Jahr 2004 ein Volumen von 15 Mrd. US$ für verschreibungspflichtige Medikamente zu erwarten ist, Meldung vom 18.07.2000, unter: http://www.ecommercetimes.com/perl/story/4006.html

[255] *Kenreigh/Wagner*, Conference Report - The „E-abling" of a profession, Medscape Pharmacists, 11/2000

verabschiedet. Kernpunkt dieses Gesetzes ist das Erfordernis für den Internet-Anbieter, in *jedem* Bundesstaat, in dem er arbeiten und Medikamente abgeben möchte, eine Lizenz zu erwerben.[256] Der Launch jeder WebSite ist der bundesstaatlichen Pharmaziebehörde sowie dem Innenminister zuvor anzuzeigen. Dies ist dann angemessen auf der WebSite zu veröffentlichen. Jede WebSite hat zudem Namen, Adresse, den verantwortlichen Apotheker und eine kostenlose Telefonnummer zu Beratungszwecken anzugeben. Für Verstöße gegen die in dem Act benannten Standards ist eine zivile Geldstrafe vorgesehen.[257]

Die *U.S. Food and Drugs Administration (FDA)* hat eine Reihe warnender Schreiben an ausländische Internetanbieter adressiert.[258] Andererseits hat die FDA aber auch öffentlich geäußert, dass sie das Internet lediglich als ein weiteres Verkaufsmedium ansieht, umfassende Neuregelungen seien daher nicht erforderlich.[259]

Zur Information und Aufklärung der Verbraucher hat die FDA auch eine WebSite über den Kauf von Medikamenten über das Internet entwickelt.[260] Vor dem Bestellen verschreibungspflichtiger Medikamente aus dem Ausland wird besonders gewarnt, es sei teuer und gefährlich.[261] Um der Gefahr durch illegale Online-Apotheken vorzubeugen, ist durch die *National Association of Pharmacy Boards* ein freiwilliges Zertifizierungsprogramm ins Leben gerufen worden. WebSites, die den Anforderungen genügen, können das Gütesiegel veröffentlichen[262] und sich als *Verified Internet Pharmacy Practice Site* (VIPPS) bezeichnen.[263] Dies kommt angesichts hoher Kosten und großen bürokratischen Aufwandes aber nicht für jeden Anbieter in Betracht.

---

[256] Die Lizenz ist für jede Apotheke -online oder nicht- beim *State Board of Pharmacy* des jeweiligen Bundesstaates zu beantragen. Dazu: *Blankenberg*, Die BKK 2001, S. 85.

[257] *Knapp*; Internet Pharmacy Practice - American Pharmaceutical Association Annual Meeting; 2000, unter. unter: http://www.medscape.com/viewarticle/419161

[258] *Blankenberg*, Die BKK 2001, S. 86, spricht von *Cyber letters*; eine Übersicht über bisher geführte und anhängige Rechtsstreits gibt: *Mills*, Journal of Technology & Policy, 2000, S. 2ff, auch unter: http://grove.ufl.edu/~techlaw/vol5/medicinefinal.htm

[259] *Ashurst Morris Crisp/Executive Perspective S.A.*, Impact of Electronic Commerce on the European Pharmaceutical Sector - An Overview-, 1998, S. 9

[260] http://www.fda.gov/oc/buyonline/default.htm

[261] *Public warned about purchasing prescription drugs over the internet*, The Lancet 1999, S. 1274; Beispiele finden sich bei *Rosenthal*, Internet, 1999, S. 41

[262] Fälschungen des Gütesiegels soll dadurch entgegen gewirkt werden, dass ein Hyperlink (Querverweis) integriert wird, der auf die Informationsseiten der *National Association of Pharmacy Boards* verweist. Dazu: *Blankenberg*, Die BKK 2001, S. 86.

[263] Voraussetzungen für den Erwerb des Gütesiegels sind: *der Nachweis aller Lizenzen, *die Abgabe einer Verpflichtungserklärung, dem jeweils strengeren Arzneimittelrecht beim Handel zwischen zwei Bundesstaaten zu entsprechen, *Datenschutzanforderungen, *Qualitätssicherungsmanagement, *die Akzeptanz unangemeldeter Inspektionen; dazu: *Blankenberg*, Die BKK 2001, S. 86

Es ist nach US-amerikanischem Recht möglich, nach einer online stattfindenden Befragung, etwa dem Ausfüllen eines Fragebogens, eine meist kostenpflichtige *e-prescription* zu erhalten, mit der der Patient dann verschreibungspflichtige Medikamente erwerben kann. Ein physischer Kontakt zwischen Arzt und Patient hat dabei nie stattgefunden.[264] Verschreibungspflichtige Medikamente werden nach der Bestellung aber bisher meist erst dann an den Kunden ausgeliefert, wenn er zuvor das Rezept per Post einschickt. Um diesen Weg zu beschleunigen, ermöglicht jetzt beispielsweise *drugstore.com* dem Arzt, per Email oder Telefon den Weg zur Auslieferung eines verschreibungspflichtigen Medikaments freizumachen.[265]

b) Australien

Das Versenden verschreibungspflichtiger Medikamente über weite Entfernungen ist in Australien seit Jahren gebräuchlich, um abgelegene Gebiete des Landes zu versorgen, wenn also eine direkte Abgabe an den Patienten oder Arzt nicht möglich ist.[266] Dieser Vertrieb unterliegt den gleichen Vorschriften wie örtliche Apotheken. Seit Internet- und Postbestellungen von Medikamenten auch in städtischen Gebieten zunehmen, wird vermehrt nach Richtlinien, insbesondere für die direkt an den Verbraucher gerichtete Werbung, gerufen.[267] Die *Pharmaceutical Society of Australia*[268] hat sich entschieden gegen den Fernvertrieb in solchen Gebieten ausgesprochen, in denen öffentliche Apotheken dem Patienten direkt zugänglich sind. Abzugrenzen sei danach, ob der Zugang zu einer öffentlichen Apotheke vernünftigerweise nicht zugemutet werden könne, etwa wenn jemand in entfernter Gegend lebe oder der Besuch einer öffentlichen Apotheke wegen Unpässlichkeit nicht möglich sei.[269]

---

[264] *Rijen*, The CyberMed Catalyst, Issue Summer 2000, 08.07.2000, unter: http://www.amip.org/catalyst/vanrijen_html

[265] *Schlicht*, Medikament und Meinung April 1999

[266] Offizielle Position der *Pharmaceutical Society of Australia*, Policy - Distance Dispensing, November 1997, unter: http://www.psa.org.au/ecms.cfm?id=57.
Ein Anbieter rechnet vor, dass der Weg zur Apotheke, einschließlich Parkplatzsuche und Warten etwa eine Stunde dauere, was fast 7 Arbeitstage im Jahr ausmache: *Travelling once a week to and from a Pharmacy, finding a park and waiting for scripts takes around 1 hour; or nearly 7 working days each year!!*, unter: http://www.pharmacyathome.com.au

[267] Die Coverstory *Surfers on the Net unite! IT's the revolution you need*, Australian Pharmacist, Vol. 19, N° 9, November 2000

[268] Die Homepage unter: http://www.psa.org.au

[269] „no access to pharmacy via reasonable means (e.g. living in an remote or isolated area, or unable to visit a pharmacy through indisposition)", *Pharmaceutical Society of Australia*, Policy -Distance Dispensing, November 1997, siehe Fn. 266.

2001 wurden dann zwei verbindliche Standards entwickelt. Die *Distance Dispensing Standards* und die *Internet Pharmacy Standards* stellen Anforderungen u.a. an Kundeninformation, Datenschutz, Rezeptpflicht und Dokumentationspflichten. Jedes Internetangebot soll ethisch korrekt, zuverlässig und professionell arbeiten.[270]

c) Neuseeland

Im Januar 2001 nahm mit CyberChemist[271] die erste Internet-Apotheke Neuseelands ihren Betrieb auf. Mittlerweile sind einige weitere Anbieter hinzugekommen. Voraussetzung ist die Zulassung durch die *Pharmaceutical Society of New Zealand*[272]. Das mit der Zulassung verliehene Zertifikat wird auf der WebSite veröffentlicht und kann jederzeit vom Nutzer mit einem Klick angewählt werden. Dieser gelangt über den Link zur WebSite der Pharmaceutical Society und kann dort die Zertifizierung überprüfen. Das Zertifikat wird nur verliehen, wenn sichergestellt ist, dass der Anbieter die gleichen ethischen und rechtlichen Anforderungen und Qualitätsstandards erfüllt wie andere registrierte Apotheken auch. Die Einhaltung dieser Berufsstandards soll durch eine jährlich stattfindende erneute Überprüfung der Zertifizierung sichergestellt werden.[273]

d) Schweiz

Bereits 1997 hat in der Schweiz mit dem Anbieter MediService[274] die erste Direkt-Service-Apotheke ihren Betrieb aufgenommen. Zunächst war die Lieferung auf einige Kantone begrenzt und stieß auf Widerstand. Die schweizer Apothekerverbände sammelten 270.000 Unterschriften für ein Volksbegehren gegen MediService.

Seit einer Entscheidung des schweizerischen Bundesgerichts vom 01.10.1999 können nun Kunden in der gesamten Schweiz beliefert werden.[275] Die Tätigkeit des Unternehmens sei gesundheitspolizeilich nicht zu beanstanden. Das Gericht hielt in seiner Entscheidung den Bedenken der Apothekerseite entgegen, dass eine Versandapotheke nicht nur vergleichbare Qualitäts- und

---

270 Eine ausführliche Auflistung der Anforderungen, die Assessor's Checklist, unter: http://www.qcpp.com/assessors_checklist.doc

271 http://www.chemist.co.nz

272 http://www.psnz.org.nz

273 Die Meldung *NZ society accredits first internet pharmacy*, Pharmaceutical Journal 2001, Vol.266, S.5f

274 http://www.mediservice.ch

275 *Schäfers/Kaesbach*, Die BKK 2001, S. 493 und *ders.*, in: *Stein*, Perspektiven, 2002, S. 41

Sicherheitsstandards wie örtliche Apotheken gewährleiste, sondern für bestimmte Patientengruppen zusätzliche Vorteile ermögliche.[276]
Daraufhin wurde auch der schweizer Gesetzgeber tätig. Art. 27 des Schweizer Heilmittelgesetzes[277] wurde ergänzt durch einen Absatz 2, welcher Ausnahmen vom generellen Verbot des Absatz 1 regelt:

> Art. 27 lautet:
> *I Der Versandhandel mit Arzneimitteln ist grundsätzlich untersagt.*
> *II Eine Bewilligung wird nur erteilt, wenn:*
> *a. für das betreffende Arzneimittel eine ärztliche Verschreibung vorliegt;*
> *b. keine Sicherheitsanforderungen entgegenstehen;*
> *c. die sachgemäße Beratung sichergestellt ist;*
> *d. eine ausreichende ärztliche Überwachung der Wirkung sichergestellt ist.*
> *III Der Bundesrat regelt die Einzelheiten.*
> *IV Die Kantone erteilen die Bewilligung.*

Danach dürfen schweizer Apotheken Versandhandel betreiben, wenn sie bestimmten Qualitätsanforderungen genügen. Um ihren Betrieb aufnehmen zu können, muss eine Versandapotheke ihre Tätigkeit bewilligen lassen. Arzneimittel dürfen grundsätzlich nur nach Vorlage eines ärztlichen Rezeptes abgegeben werden, welches vom Kunden eingeschickt und von zwei Apothekern kontrolliert wird und routinemäßig ein EDV-System durchläuft, um verordnungsbedingte Risiken auszuschließen und individuelle Unverträglichkeiten zu verhindern. Den häufig vorgebrachten Vorwurf der Rosinenpickerei versucht man dadurch zu begegnen, dass jedes Rezept unabhängig von seinem Warenwert beliefert wird.[278] Die Versandapotheke kooperiert mit einer Reihe von Krankenkassen.[279] Da direkt mit der Krankenkasse abgerechnet werden kann, zahlt der Kunde keine Rechnungen.

MediService beliefert jährlich rund 60.000 chronisch kranke Patienten mit ca. ¼ Mio. Packungen Medikamente, was einem Marktanteil von etwa 3 % entspricht. Nach den bisherigen Erfahrungen konnten durch die Versandapotheke aufgrund von Einkaufsvorteilen durch große Bestellmengen, Direktbezug bei den

---

276 Der Nachweis bei: *Schäfers/Kaesbach*, Die BKK 2001, S. 493; *Hovermann*, Die BKK 2001, S. 177

277 *Bundesgesetz über Arzneimittel und Medizinprodukte (Heilmittelgesetz, HMG)* vom 15.12.2000, den Text findet man z.B. unter: http://www.admin.ch/ch/d/sr/812_21/index.html.

278 *Schäfers/Kaesbach*, Die BKK 2001, S. 493

279 *Sterzel/Wassener*, Arbeit und Sozialpolitik 2001, S. 18

pharmazeutischen Herstellern und systematisierter Arbeitsabläufe Kosteneinsparungen von etwa 15 % erzielt werden.[280]

e) Niederlande

1992 nahm in den Niederlanden die erste Versandapotheke Europas ihrem Betrieb auf. Linea Pharma BV musste 1994 vorübergehend wieder schließen, wurde durch einen niederländischen Großhändler aufgekauft und bald ganz geschlossen.
In den Niederlanden ist das Bestellen im Internet und der Fernbezug von Arzneimitteln aus Apotheken erlaubt, solange sich die Apotheke an die qualitativen Regeln der Arzneimittelabgabe (Beratung, Sicherheit) hält. Das niederländische Gesundheitsministerium erteilt Apotheken die Zulassung und kontrolliert laufend die Einhaltung der Vorschriften.

Am 08.06.2000 eröffnete der Anbieter DocMorris mit Sitz im niederländischen Kerkrade die erste internationale Apotheke in Europa. Nach eigenen Angaben wurden im Jahr 2001 rund € 5 Mio. umgesetzt, während es im 1. Quartal 2002 bereits € 3,5 Mio. waren.
Zur Zeit gibt es ca. 13 niederländische Internetapotheken, von denen aber nur zwei auch verschreibungspflichtige Arzneimittel anbieten.[281]

f) Schweden

Die schwedischen Apotheken sind großteils staatseigen und gehören der Organisation *Apoteket* an.[282] Der Versandhandel ist grundsätzlich verboten. Allerdings kann man ausschließlich über die WebSite von *Apoteket*[283] Arzneimittel bestellen, die dann auch legal versendet werden. Eine Bestellung per Email ist nicht möglich. Verschreibungspflichtige Arzneimittel werden noch nicht geliefert, es wird aber darüber diskutiert.

---

280 *Hovermann*, Die BKK 2001, S. 177; *Schäfers/Kaesbach*, Die BKK 2001, S. 493

281 Zum Beispiel: http://www.apothuis.nl; https://www.0800docmorris.com

282 *Eschenbach*, Europäische Gesundheitssysteme, 1998, S. 99

283 http://www.apoteket.se

III. EU

1. Wirtschaftliche Bedeutung des Pharmahandels und Harmonisierungsbedürfnis

Die pharmazeutische Industrie in Europa ist ein stark wachsender Wirtschaftszweig, der zugleich einen wichtigen Beitrag zum europäischen Wirtschaftsleben leistet.[284] Im Jahr 1999 wurden für Arzneimittel zu Einzelhandelspreisen in Europa € 117 Mrd.[285] ausgegeben. Etwa 75 % davon entfallen auf die vier wichtigsten Märkten der Mitgliedstaaten Deutschland, Frankreich, Italien und Großbritannien.[286] Auch die Bedeutung der pharmazeutischen Industrie für den Arbeitsmarkt in Europa darf nicht unterschätzt werden. Europaweit sind fast 300 000 Apotheker tätig, 105 000 davon in öffentlichen Apotheken,[287] insgesamt sind 520 000 Menschen in der pharmazeutischen Industrie beschäftigt.[288]

Reinhard Büscher, Abteilungsleiter E-Business bei der Europäischen Kommission, geht davon aus, dass in näherer Zukunft ein bis fünf Prozent des europäischen Marktanteils von Online-Apotheken abgedeckt sein wird.[289] Die Unternehmensberatung McKinsey schätzt den europäischen Markt für den Verkauf von Gesundheitsprodukten und -dienstleistungen über elektronische Wege mit einem Potential von € 100 Mrd. ein.[290]

---

[284] *Hanika*, MedR 2000, S. 63; *Europäische Kommission*, Mitteilung der Kommission über den Binnenmarkt für Arzneimittel, 25.11.1998, KOM (1998) 588 endg. S. 4;
unter: http://europa.eu.int/comm/enterprise/library/lib-regulation/doc/com-98-588_de.pdf

[285] 1997 lag der Marktwert zu Einzelhandelspreisen bei 90 Mrd. Ecu, 1998 bei € 112 Mrd. Dazu: *European Federation of Pharmaceutical Industries and Associations*, The Pharmaceutical Industry in Figures, 2000, S. 9;
unter: http://www.efpia.org/6_publ/document/In figures2000.new.pdf.

[286] *Europäische Kommission*, Mitteilung der Kommission über den Binnenmarkt für Arzneimittel, 25.11.1998, KOM (1998) 588 endg. S. 4, siehe dazu schon Fn. 284.

[287] *SATS* - Study on the Use of Advanced Telecommunications Services by Health Care Establishments and Possible Implications for Telecommunications Regulatory Policy of the European Union, Oktober 2000, S. 20 und 48,
unter: http://europa.eu.int/ISPO/infosoc/telecompolicy/en/SATS_Report081100corr.pdf

[288] *European Federation of Pharmaceutical Industries and Associations*, The Pharmaceutical Industry in Figures, 2000, S. 9; siehe dazu schon Fn. 285.

[289] *Richter*, Ärzte Zeitung vom 15.12.2000; *Korzilius*, Deutsches Ärzteblatt 51-52/2000, S. A 3466

[290] *Der E-Health-Markt verspricht Umsätze in Milliardenhöhe*, ÄrzteZeitung, 27.04.2000, S. 17; *Hanika*, MedR 2001, S. 107

Der Versandhandel mit Arzneimitteln ist nach englischem, irischem, dänischem und niederländischem Recht zulässig, alle 11 anderen Mitgliedstaaten erlauben dies nicht. In Schweden ist jedoch bald mit einer Änderung der Rechtslage zugunsten des Versandhandels zu rechnen.[291]

Da Internet und E-Commerce aber nicht an Landesgrenzen enden und unterschiedliche, hier entgegengesetzte, nationale Regelungen immer Hemmnisse darstellen, ist ein Bedürfnis nach europaweit einheitlichen Regelungen für den Internethandel mit Arzneimitteln ersichtlich. Dieser stellt einen Schnittpunkt zwischen dem Pharmazie- und dem E-Commerce-Recht dar, sodass er nicht isoliert untersucht werden kann. Gerade in Ermangelung eindeutiger Regelungen für diese neue Handelsart macht es Sinn, die beiden Bereiche zunächst isoliert zu untersuchen und anschließend nach Berührungspunkten zu suchen.
Hier soll daher zunächst ein Überblick über die Einbindung des Pharmaziemarktes in den Binnenmarkt, die Grundlagen des EGV für ein Gemeinschaftshandeln und die wichtigsten europäischen Rechtsakte für den Pharmabereich unter dem Gesichtspunkt bereits erreichter Harmonisierung gegeben werden.
Anschließend werden bestehende europaweite Regelungen für den E-Commerce mit Blick auf Vertragsschluss und Verbraucherschutz dargestellt.
Schließlich wird versucht, daraus Konsequenzen für den europaweiten Internethandel mit Arzneimitteln zu ziehen.

2. Ein Binnenmarkt für Arzneimittel?

a) Der Binnenmarkt in Europa: Entwicklung des EGV

Ziel des *Vertrages zur Gründung der Europäischen Wirtschaftsgemeinschaft (EWGV)* von 1957 ist die harmonische und ausgewogene Entwicklung des Wirtschaftslebens innerhalb der Europäischen Wirtschaftsgemeinschaft.[292] Nachdem bis 1982 von einem *Gemeinsamen Markt* gesprochen wurde, hat der EuGH in seiner Rechtsprechung den Begriff des *Binnenmarktes* geprägt. Die Schaffung eines Gemeinsamen Marktes erfordere *die Beseitigung aller Hemmnisse im innergemeinschaftlichen Handel mit dem Ziel der Verschmelzung*

[291] *Bauer*, Pharmazeutische Zeitung, 15/2001, S. 10f; in Schweden ist der Versandhandel bislang nur einer staatlichen Organisation gestattet; hierzu schon unter II. 5. f) dieser Arbeit.

[292] Art. 2 und 3a, b EWGV

der nationalen Märkte zu einem einheitlichen Markt, dessen Bedingungen denjenigen eines wirklichen Binnenmarktes möglichst nahe kommen.[293]
Die Einheitliche Europäische Akte EEA[294], die die damals 12 Mitgliedstaaten der EG im Februar 1986 unterzeichneten und die die Römischen Verträge ergänzte, spricht von einem Raum ohne Binnengrenzen.[295]
Art. 3a I EGV in der Fassung des Vertrages von Maastricht[296] spricht von der Einführung einer Wirtschaftspolitik, die auf einer engen Koordinierung der Wirtschaftspolitik der Mitgliedstaaten, dem Binnenmarkt und der Festlegung gemeinsamer Ziele beruht und dem Grundsatz einer offenen Marktwirtschaft mit freiem Wettbewerb verpflichtet ist.
Art. 14 I und II EGV[297] normiert nunmehr als Aufgabe der Gemeinschaft die schrittweise Verwirklichung des Binnenmarktes. Darunter ist gemäß der Legaldefinition des Art. 14 II EGV ein Raum ohne Binnengrenzen zu verstehen, *in dem der freie Verkehr von Waren, Personen, Dienstleistungen und Kapital gemäß den Bestimmungen dieses Vertrages* gewährleistet ist. Der Binnenmarkt ist also durch die Beseitigung von Hindernissen für den freien Verkehr von Waren etc. gekennzeichnet und zielt auf die Förderung der Grundfreiheiten.[298] Begrifflich ist nach wie vor von dem Bestreben nach einem Gemeinsamen Markt auszugehen, dessen Vorstufe der Binnenmarkt ist.[299] Die Europäische Kommission spricht seit 1991 von einer weitgehenden Vollendung des Binnenmarktes[300], die Literatur von einer Verwirklichung jedenfalls in wichtigen Teilbereichen.[301] Andere sehen dagegen nur einen unvollkommenen Binnenmarkt[302], der Nachholbedarf[303] hat und weiterer Perfektionierung[304] bedarf.

---

[293] EuGH (Gaston Schul Douane/Inspecteur der Invoerrechten) Slg.1982, S.1409ff, insb. Rdz. 33 und EuGH (Polydor Limited/Harlequin Record Shops) Slg. 1982, S. 329ff, insb. Rdz. 16

[294] Die Einheitliche Europäische Akte EEA ist am 01.07.1987 in Kraft getreten, Abl. Nr. L 169 vom 29.06.1987, S. 29ff und BGBl. II 1986, 1102f.

[295] Art. 8a - c EWGV (=Art. 13 EEA) verpflichtet zur Errichtung eines Binnenmarktes bis zum 31.12.1992.

[296] Der EGV in der von 01.11.1993 bis 30.04.1999 geltendes Fassung: BGBl. II S. 1947

[297] Der Arbeit liegt der EGV in der seit 01.05.1999 geltenden Fassung des Vertrages von Amsterdam zugrunde. ABl. 340, 10.11.1997, S. 173-308

[298] *Wägenbaur*, EuZW 2000, S. 549

[299] Ausführlich zu den Unterschieden von Gemeinsamem Markt und Binnenmarkt: *Schefold*, Gemeinsamer Markt, 1997, S. 38 - 40.

[300] *Europäische Kommission*, Auf dem Weg zu einem Binnenmarkt für den Handel, KOM (1991) 41 endg.., vom 01.03.1991; *ders*. Der Binnenmarkt 1995, KOM (1996) 51 endg., 1996

[301] *Merz*, in: *Kleist*, Pharma-Recht, 1993, S. 1

[302] *Steidorff*, ZHR 1994, S. 149ff

[303] *Narjes*, in: *Everling/Narjes/Sedermund*, FS Deringer, 1993, S. 110ff

[304] *Oppermann*, Europarecht, 2. Auflage 1999, S. 530, Rdz. 1315

b) Arzneimittel im Binnenmarkt

Auch Arzneimittel sind Waren, die am Handel in der Gemeinschaft teilnehmen.[305] In der Literatur wird vereinzelt behauptet, dass auch die Abschottung der nationalen Gesundheitsmärkte der Vergangenheit angehöre.[306] Die gerade dargestellten Fassungen des EGV nehmen Arzneimittel auch nicht aus. Gleichwohl ist Einheitlichkeit als Voraussetzung einen den freien Warenverkehr und einen Binnenmarkt gerade im Pharmabereich nach überwiegender Ansicht zur Zeit noch nicht gegeben[307] bzw. Zukunftsmusik[308]. Auch der *Bundesverband der Pharmazeutischen Industrie* (Deutschland) stellt fest, dass der Binnenmarkt für Arzneimittel noch immer nicht existiert.[309]
Erst 1997 sprach die Europäische Vereinigung der pharmazeutischen Großhändler auf einer Konferenz unter Vorsitz Martin Bangemanns[310] auch von der Vervollständigung des
einheitlichen Pharmaziemarktes. Klare Regelungen für die Handelskette Hersteller-Großhändler-Apotheker seien wesentliche Voraussetzung für den freien und sicheren Handel mit Arzneimitteln in der Europäischen Union.[311] Am Rande wird bereits hier erwähnt, dass der Versuch, nationale Vertriebssysteme gegen Änderungen, insbesondere solche, die der E-Commerce mit sich bringen wird, zu schützen, wenig Erfolg versprechend ist.[312] Es sei auch klar, dass E-Commerce unvermeidlich kommen werde, die Antwort könne daher nur lauten, ihn klug zu nutzen. Über seine Bedeutung gerade, aber nicht nur, für die

---

[305] *Streinz/Ritter* in: *Dauses*, Band 1, C.V, S. 2, Rdz. 2

[306] So bei *Gassner*, ZfSH/SGB 1995, S. 483; wiederholt bei *Schwanenflügel*, EuR 1998, S. 210.

[307] *Mey*, in: *Kleist*, Pharma-Recht, 1993, S. 23f; *Thier*, EG-Arzneimittelmarkt, 1990, S. 50f; *Bangemann* in: *Schwarze*, Unverfälschter Wettbewerb, 1998, S. 91

[308] *Friedrich*, EUmagazin 11/2001, S. 10

[309] *Bundesverband der Pharmazeutischen Industrie*, Pharma Daten 2000, Broschüre, August 2000, S. 22, unter: http://www.bpi.de/internet/download/pharmadaten_2000.pdf

[310] Martin Bangemann war 1997 EU-Kommissar für Industriepolitik, Informationstechnik und Telekommunikation.

[311] Punkt 4: *„Strengthening of the Pharmacist's Role: acknowledging the pharmacy-monopoly"* aus: Statement of GIRP on the Second Round Table 'Completing the Single Pharmaceutical Market', 1997, unter: http://www.girp.org/main3d.htm. *GIRP* ist eine Vereinigung europäischer pharmazeutischer Großhändler (Groupement International de la Répartition Pharmaceutique Européenne / European Pharmaceutical Wholesaler Association).

[312] *Bangemann*, The Role of the Commission in Stimulating and Sustaining High Tech Growth Industries in Europe, 30.06.1998, S. 10; unter: http://pharmacos.eudra.org/F2/pharmacos/docs/Berlinsp.pdf; so wird Bangemann auch zitiert bei: *Diefenbach* in: *Meurer*, Rechtliche Veränderungen des Wettbewerbs am europäischen Pharmamark, 2000, S. 63

Vertriebskette müsse weiter nachgedacht werden.[313] 1998 wurde der Begriff des *Freien Warenverkehrs für Arzneimittel* verwendet.[314]

Die Kommission spricht in ihrer *Mitteilung zum Binnenmarkt für Arzneimittel 1998*[315] von den Besonderheiten des Sektors Arzneimittel, *der ein auf Forschung basierender und gewinnorientierter Industriezweig* sei. Zugleich müsse die Aufteilung der *nationalen Nachfrage zwischen Patient, verschreibendem Arzt und den Sozialversicherungsträgern* berücksichtigt werden, weshalb es sich gerade im Pharmasektor um einen *wenig privaten Markt* handele. Der Verbraucher habe die hohe Erwartungshaltung, *zu erschwinglichen Preisen Zugang zu den Wohltaten des medizinischen Fortschritts* zu erhalten.[316] Es werden fünf Ziele formuliert, denen die Politik der Gemeinschaft in Zukunft Rechnung tragen soll: u.a. sei ein stabiles und vorhersehbares Umfeld, mithin die Vollendung des Binnenmarkts im Arzneimittelsektor, wichtig, *um die Gesundheit der Patienten zu schützen, raschen Marktzugang sicherzustellen und therapeutische Innovationen zu fördern.*[317] Andererseits müsse der Pharmasektor *weiterhin reguliert werden, damit Sicherheit, Qualität und Wirksamkeit der Arzneimittel sichergestellt sind.*[318] Angedacht werden drei mögliche Mechanismen, die zur Vollendung des Binnenmarktes im Pharmasektor in Betracht kommen[319]:

* Man könnte die derzeitige Situation sich selbst überlassen und lediglich Überwachungsmaßnahmen durch die Kommission -etwa bei Verstößen der Mitgliedstaaten gegen den EGV- einplanen. Dafür wird angeführt, dass der Status Quo bereits ein hohes Maß an Sozial- und Gesundheitsschutz für die Bevölkerung gewährleiste. Dieser Ansatz wird letztlich abgelehnt, da Überwachungsmaßnahmen nicht einfach seien und sich die globale Wettbewerbsfähigkeit der europäischen pharmazeutischen Industrie so nicht gewährleisten lasse.

---

313 *Bangemann*, Conclusions of Round Table, Frankfurt, 08.12.1997

314 *Bangemann*, 3rd Round Table on Completing the Single Market in Pharmaceuticals, Paris 7th December 1998, S. 30, spricht auf S. 28 von *Free movement of drugs* und auf S. 29 von *Free movement of medicines in the EU*;
unter: http://pharmacos.eudra.org/F2/smarket/pdf/Roundt3.pdf

315 *Europäische Kommission*, Binnenmarkt für Arzneimittel, 25.11.1998, KOM (1998) 588 endg.; dazu schon Fn. 284 dieser Arbeit.

316 KOM (1998) 588 endg., S. 3; dazu schon Fn. 284

317 KOM (1998) 588 endg., S. 2 und 11; dazu schon Fn. 284

318 KOM (1998) 588 endg., S. 11; dazu schon Fn. 284

319 KOM (1998) 588 endg. S. 13f; dazu schon Fn. 284; *Streinz/Ritter* in: *Dauses*, C. V, S. 32, Rdz. 113e - i

* Eine vollständige Integration insbesondere durch ein zentrales Preisverfahren würde Spannungen abbauen und die Preiskonvergenz im Binnenmarkt fördern. Dies wird aber für nicht realisierbar gehalten, sei mit dem Subsidiaritätsprinzip nicht vereinbar und würde langfristig zu verminderten Ausgaben für Forschung und Entwicklung führen.
* Einen Mittelweg zwischen diesen beiden Wegen wird favorisiert. Es müsse zwischen den einzelnen Marktsegmenten unterschieden werden. Normale Marktmechanismen seien -wo möglich- einzubauen, ohne den Zugang von Patienten zu erschwinglichen Arzneimitteln und die Einhaltung der öffentlichen Haushalte durch die Mitgliedstaaten zu beeinträchtigen. Markttransparenz, offener Wettbewerb und mündige Patienten seien die Basis dafür.

Im Januar 2001 hat die Europäische Kommission dann ein Diskussionsdokument zur Revision der pharmazeutischen Gesetzgebung vorgelegt, das sieben Ziele herausarbeitet.[320] Ziel 4 fordert zur *Vollendung des Binnenmarktes für pharmazeutische Erzeugnisse unter Berücksichtigung des Globalisierungserfordernisses* auf. Ziel 5 schließt inhaltlich daran an und spricht von der *Erarbeitung eines rechtlichen Rahmens, der die Wettbewerbsfähigkeit der europäischen Industrie stärkt*. Auf den E-Commerce mit Arzneimitteln wird hier nicht eingegangen.

Damit stellt sich die Frage nach aktuellen europaweiten Regelungen für den Pharmabereich. Hier soll zunächst eine Darstellung der relevanten Vorschriften des EGV gegeben werden, um die Kompetenz der EU für das Arzneimittelrecht herauszuarbeiten. Dem folgt ein Überblick über das europäische Arzneimittelrecht unter dem Gesichtspunkt bereits erreichter Harmonisierung.
Anschließend werden vorhandene EU-Regelungen für den Bereich des E-commerce untersucht, wobei der Verbraucherschutz beim Vertragsschluss über das Internet im Mittelpunkt stehen soll.
Schließlich wird nach Regelungsansätzen für den Schnittpunkt dieser beiden Bereiche, den E-commerce mit Arzneimitteln, gesucht.

---

[320] *Europäische Kommission*, Revision der pharmazeutischen Gesetzgebung - Diskussionsdokument, 22.01.2001, die deutsche Fassung unter: http://pharmacos.eudra.org/F2/review/doc/reviewrp_de.pdf. Dieses Diskussionsdokument verarbeitet ein Audit, das Anfang 2000 von C. Mc Kenna und Andersen Consulting im Auftrag der Europäischen Kommission durchgeführt wurde.

3. Für den Gesundheitsschutz relevante Vorschriften des EGV

a) Gesundheitsschutz

Bis zum in Kraft treten des Maastrichter Vertrages 1992 kannte der EGV keine ausdrückliche Zuständigkeit für gesundheitspolitische Maßnahmen.[321]
Seit dem Maastrichter Vertrag anerkennen die Mitgliedstaaten nunmehr die Bedeutung europaweiter Gesundheitspolitik, indem sie in dem Gesundheitswesen einen eigenständigen Politikbereich sehen.[322] Die Erreichung eines hohen Gesundheitsschutzniveaus ist daher seit 1992 gemäß Art. 3 (p) i.V.m. Art. 2 EGV[323] eine der Aufgaben der Gemeinschaft. Auch die Kommission geht gemäß Art. 95 III EGV[324] bei ihren Vorschlägen zum Erreichen und Funktionieren des Binnenmarktes von einem hohen Schutzniveau im Bereich Gesundheit aus. Art. 95 VIII EGV verpflichtet die Kommission, in schon harmonisierten Bereichen auf spezielle Gesundheitsprobleme nach Verlangen eines Mitgliedstaates unverzüglich einzugehen.
Neben diesen Kompetenzen, die die Gemeinschaft zu bestimmten Einzelaktionen ermächtigen[325], ist die Generalnorm des Art. 152 EGV von besonderer Bedeutung. Die Formulierung durch den Amsterdamer Vertrag unterscheidet sich von der Maastricht-Fassung durch detailliertere Ziele und ermächtigt den Rat zur Setzung bestimmter Standards[326].[327] Die Kommission geht in ihren an die Neufassung des Art. 152 EGV anschließenden Kommunikationen zur öffentlichen Gesundheit davon aus, dass die Rolle der Gemeinschaft im Gesundheitsbereich von ständig wachsender Bedeutung ist.[328]
Gemäß Art. 152 I Satz 2 soll die Tätigkeit der Gemeinschaft die Politik der Mitgliedstaaten ergänzen und *ist auf die Verbesserung der Gesundheit der Bevölkerung, die Verhütung von Humankrankheiten und die Beseitigung von Ursachen für die Gefährdung der menschlichen Gesundheit gerichtet*. Diese

---

[321] *Bleckmann*, Europarecht, 6. Aufl. 1997, S. 983, Rdz. 271; *Oppermann*, Europarecht, 2. Aufl. 1999, S. 891, Rdz. 2050

[322] *Schmidt am Busch* in: *Grabitz/Hilf*, Art. 152 EGV, Rdz. 3

[323] Art. 3 (p) EGV ist mit Art. 3 (o) EGV in der Fassung des Vertrages von Maastricht wortidentisch.

[324] Art. 95 III ist mit Art. 100a III EGV in der Fassung des Vertrages von Maastricht *insofern* wortidentisch.

[325] *Oppermann*, Europarecht, 2. Auflage 1999, S. 893, Rdz. 2056

[326] Dies betrifft gemäß Art. 152 IV EGV Qualitäts- und Sicherheitsstandards für Organe und Substanzen menschlichen Ursprungs, Blut und Blutderivate.

[327] *Craig/de Burca*, EU Law, 1998, S. 37 und 38

[328] Hierzu *SATS* - Study on the Use of Advanced Telecommunications Services by Health Care Establishments and Possible Implications for Telecommunications Regulatory Policy of the European Union, Oktober 2000, S. I und III, dazu schon Fn. 287.

Formulierung und die zugehörigen Materialien machen deutlich, dass die Gemeinschaftstätigkeit auf Förderungs- und Präventionsmaßnahmen ausgerichtet sein soll.[329] Denkbar sind Maßnahmen im Bereich der öffentlichen Gesundheit, des Verbraucherschutzes, der Umwelt und Forschung, aber auch im Rahmen des Binnenmarktes.[330]

Neben Richtlinien und Verordnungen zur Rechtsangleichung kann die Kommission ihrer Aufgabe gerade im Gesundheitsbereich auch durch verschiedene Aktionsprogramme und Empfehlungen nachkommen.[331]

Allerdings werden diese Handlungsmöglichkeiten auf Gemeinschaftsebene zum einen durch Art. 5 EGV[332] begrenzt. Das dort normierte Prinzip der Subsidiarität verpflichtet die Gemeinschaft, nur tätig zu werden, *sofern und soweit die Ziele der in Betracht gezogenen Maßnahmen nicht ausreichend auf Ebene der Mitgliedstaaten erreicht werden können und daher... besser auf Gemeinschaftsebene verwirklicht werden können.*[333] Dies gilt für die Bereiche, in denen die Gemeinschaft tätig werden kann, aber keine ausschließlichen Kompetenzen besitzt. Es findet auch in der Formulierung „die Gemeinschaft ergänzt...", die in Art. 152 EGV mehrfach verwendet wird, seinen Ausdruck.

Nach Art. 152 IV c) sind dem Rat Fördermaßnahmen nur *unter Ausschluss jeglicher Harmonisierungsmaßnahmen der Rechts- und Verwaltungsvorschriften der Mitgliedstaaten* gestattet.

Art. 152 V EGV stellt zum anderen auch klar, dass die Verantwortung der Mitgliedstaaten für die Organisation des Gesundheitswesens und die

---

[329] Während Gesundheitssicherung üblicherweise Prävention, Heilung und Rehabilitation erfasst, ist hier nur der erstgenannte Bereich relevant; *Schwanenflügel*, EuR 1998, S. 211; *Oppermann*, Europarecht, 2. Auflage 1999, S. 891, Rdz. 2051; *Bleckmann*, Europarecht, 6. Auflage 1997, S. 983, Rdz. 2711; *Schmidt am Busch* in: *Grabitz / Hilf*, Art. 152, Rdz. 7

[330] *Schmidt am Busch* in: *Grabitz/Hilf*, Art. 152 EGV, Rdz. 5. In Betracht kommt beispielsweise die Unterstützung der Erforschung von Krankheitsursachen, eine Einflussnahme auf Konsum- oder Freizeitverhalten durch gesundheitliche Aufklärung, aber auch sport-, erziehungs- oder ausbildungsrelevante Tätigkeiten.

[331] Beispielsweise das Aktionsprogramm zur Gesundheitsförderung, -aufklärung, -erziehung und -ausbildung, KOM (1993) 559 endg. vom 24.11.1993; das Aktionsprogramm zur Suchtprävention, Beschluss Nr. 102/97/EG vom 16.12.1996; das Aktionsprogramm betreffend die Verhütung von Verletzungen, Beschluss Nr. 372/1999/EG vom 08.02.1999; das Aktionsprogramm betreffend durch Umweltverschmutzung bedingte Krankheiten, Beschluss Nr. 1296/1999/EG vom 29.04.1999; „Europa gegen Krebs" (ABl. Nr. L 137, 30.05.1990, S. 31 und ABl. Nr. C 015, 18.01.1994, S.1), „Europa gegen Aids" (ABl. Nr. L 175, 04.07.1991, S. 26 und ABl. Nr. C 015 18.01.1994, S.4) oder der Antidoping-Verhaltenskodex im Sport (Abl. Nr. C 329 vom 31.12.1990 S. 4f); ausführlich dazu *Oppermann*, Europarecht, 2. Auflage 1999, S. 894f, Rdz. 2058-2060.

[332] Art. 5 EGV ist mit Art. 3b EGV in der Fassung des Vertrages von Maastricht wortidentisch.

[333] Zur Entwicklung des Subsidiaritätsprinzips: *Taupitz*, Rechtsvereinheitlichung, 1993, S.56f.

medizinische Versorgung in vollen Umfang gewahrt bleibt.[334] Art. 152 V EGV ist zugleich eine Konsequenz der trotz Harmonisierungsbemühungen immer noch sehr unterschiedlichen Gesundheitssysteme der Mitgliedstaaten, die ihrerseits Teil der jeweiligen unterschiedlichen Sozialordnungen sind.[335] Die Gesundheitsversorgung, ihre Organisation, Verwaltung und Finanzierung[336], sind als *Schlüsselelement sozialer Solidarität*[337] zu sehen und können damit naturgemäß nur im Zusammenhang mit der nationalen Ausgabenpolitik geregelt werden. Zugleich wird die Gewährleistung des Gesundheitsschutzes als Erfüllung einer grundlegenden staatlichen Schutzpflicht verstanden.[338] Eine Gemeinschaftskompetenz für Maßnahmen im kurativen und Versorgungsbereich[339] sowie zur Regelung nationaler Sicherungssysteme[340] einschließlich der gesetzlichen Krankenversicherungen besteht daher nicht.[341] Daneben ist aber auch der Zweck des Art. 152 IV c) EGV zu berücksichtigen. Die Vorschrift soll den Mitgliedstaaten die politische Option offen halten, durch nationale Regelungen ein Optimum an Gesundheitsschutz zu gewährleisten, indem eine Harmonisierung auf ein niedriges gemeinschaftsrechtliches Niveau ausgeschlossen wird.[342]

---

334 *Oppermann*, Europarecht, 2. Auflage 1999, S. 891, Rdz. 2051 und S. 892, Rdz. 2053; *Schmidt am Busch* in: *Grabitz/Hilf*, Art. 152 EGV, Rdz. 17; *Taupitz*, RPG 2001, S. 15; *Hanika*, MedR 2000, S. 207; *Fischer* in: *Lenz*, EG-Vertrag, 1999, Art. 152, Rdz. 17; auch der Rat betonte dies anlässlich der Tagung „Binnenmarkt", 25.11.1998, KOM (1998) 588 endg., dazu schon Fn. 284 dieser Arbeit.

335 *Oppermann*, Europarecht, 2. Auflage 1999, S. 892, Rdz. 2053; *Schwanenflügel*, EuR 1998, S. 214

336 *Europäische Kommission*, Mitteilung der Kommission über den Binnenmarkt für Arzneimittel, 25.11.1998, KOM (1998) 588 endg. S. 9, dazu schon Fn. 284 dieser Arbeit.

337 *Hanika*, MedR 2000, S. 70

338 *Streinz/Ritter* in: *Dauses*, 1. Band, C. V, S. 2, Rdz. 2

339 *Schwanenflügel*, EuR 1998, S. 211

340 *Brunner*, Pharmazeutische Zeitung 21/2001, vom 22.05.2001, der Rupert Scholz zitiert, unter: http://www.pharmazeutische-zeitung.de/pza/2001-21/editor.htm.

341 *Oppermann*, Europarecht, 2. Auflage 1999, S. 893, Rdz. 2053; die Kommission kann lediglich zu harmonisierenden Maßnahmen auffordern, beispielsweise 1999: *Wirtschaftsreform: Bericht über die Funktionsweise der gemeinschaftlichen Produkt- und Kapitalmärkte*: „... Im Pharmasektor zum Beispiel könnten die Mitgliedstaaten prüfen, inwieweit nationale Maßnahmen ...bei der Gesundheitsfürsorge besser mit der integrierenden Wirkung harmonisierender Maßnahmen auf dem Binnenmarkt in Einklang gebracht werden könnten." unter: http://europa.eu.int/comm/internal_market/en/update/economicreform/cardiff99de.pdf

342 *Nolte*, NJW 2000, S. 1147; *Taupitz*, Verbot des „Fremd- und Mehrbesitzes", 1998, S. 99; *Willms* in: *Groeben u.a.*, EU-/EG-Vertrag, 1999, Art. 152, Rdz. 7

Die systematische Stellung des Art. 152 IV c) EGV nach a) und b)[343] lässt darauf schließen, dass kein umfassendes Harmonisierungsverbot gewollt war, sondern dieses auf andere *Förder*maßnahmen beschränkt bleiben soll.[344]
In der Literatur wird deshalb auch vorgeschlagen, die Stellung des Art. 152 IV c) innerhalb des Art. 152 EGV so zu verstehen, dass schon deshalb kein umfassendes Harmonisierungsverbot gewollt war, weil man ja ansonsten diese Regelung in den allgemeinen Art. 152 V EGV hätte integrieren können.[345]

b) Verbraucherschutz

Vergleichbar den Vorschriften zur Gesundheit ist auch der Verbraucherschutz erst seit dem Maastrichter Vertrag von 1992 im EGV als Aufgabe der Gemeinschaft verankert.[346] Die Vorschrift des Art. 153 EGV schließt an den Gesundheitsschutz in Art. 152 EGV an, auch sie ist als Generalklausel ausgestaltet.[347] Beide Bereiche weisen wesentliche Überschneidungspunkte auf[348] und sind im EGV ähnlich gewichtet.
Es ist die Aufgabe der Gemeinschaft, einen Beitrag zur Verbesserung des Verbraucherschutzes zu leisten, Art. 3 (t) EGV[349]. Anders als bei den oben dargestellten Nennungen in Bereich Gesundheit fällt auf, dass der EGV die Formulierung „hohes Schutzniveau" *hier* nicht verwendet. Laut Art. 95 III EGV[350] geht die Kommission bei ihren Vorschlägen zur Erreichung und zum Funktionieren des Binnenmarktes aber doch von einem hohen Schutzniveau im Bereich Verbraucherschutz aus. Rechtsgrundlage für Richtlinien zum Verbraucherschutz ist in aller Regel Art. 95 EGV[351], auf den Art. 153 III a) EGV verweist.
Art. 153 unterscheidet sich von der Formulierung des Maastricht-Vertrages[352] schon durch die Definition der Aufgaben der Gemeinschaft: Die Gemeinschaft

---

[343] Art. 152 IV a) und b) schließen Harmonisierungsmaßnahmen für bestimmte Bereiche aus.

[344] *Nolte*, NJW 2000, S. 1147

[345] *Nolte*, NJW 2000, S. 1147

[346] *Bleckmann*, Europarecht, 6. Auflage 1997, S. 985, Rdz. 2717; *Oppermann*, Europarecht, 2. Auflage 1999, S. 887, Rdz. 2042

[347] *Oppermann*, Europarecht, 2. Auflage 1999, S. 886, Rdz. 2040

[348] *Schwanenflügel*, EuR 1998, S. 216

[349] Diese Formulierung ist mit Art. 3 (t) EGV in der Fassung des Vertrages von Maastricht wortidentisch.

[350] Art. 95 III ist mit Art. 100a III EGV in der Fassung des Vertrages von Maastricht *insofern* wortidentisch.

[351] *Arndt*, Europarecht, 5. Auflage 2001, S. 134

[352] Art. 129a EGV in der Fassung des Vertrages von Maastricht spricht nur vom *Beitrag der Gemeinschaft zur Erreichung eines hohen Verbraucherschutzniveaus.*

leistet *einen Beitrag zum Schutz der Gesundheit, der Sicherheit und der wirtschaftlichen Interessen der Verbraucher sowie zur Förderung ihres Rechts auf Information, Erziehung und Bildung von Vereinigungen zur Wahrung ihrer Interessen.*[353] Gewährleistet werden soll ein hohes Verbraucherschutzniveau. Neben Maßnahmen zur Rechtsangleichung kann die Gemeinschaft auch allgemeine Maßnahmen zur Unterstützung, Ergänzung oder Überwachung des Verbraucherschutzes in den Mitgliedstaaten durchführen.[354] Hier gilt natürlich ebenfalls das allgemeine Prinzip der Subsidiarität gemäß Art. 5 EGV.

c) Fazit

Durch die Einführung eigener Titel für Gesundheits- und Verbraucherschutz haben diese Bereiche eine eigene Rechtsgrundlage erhalten. Sie sind dadurch auch anderen Politikbereichen gleichgestellt, die Einflussmöglichkeiten der Gemeinschaft sind größer.[355] Art. 95 IV und V EGV[356]sowie Art. 153 V EGV gestatten es den Mitgliedstaaten aber auch, trotz Harmonisierungsmaßnahmen durch Rat oder Kommission, strengere Vorschriften beizubehalten oder sogar neu einzuführen.[357] Das Beibehalten einer nationalen Bestimmung muss sich gemäß Art. 95 IV EGV u.a. an Art. 30 EGV messen lassen, ist also beispielsweise zum Schutz der Gesundheit von Menschen denkbar.[358] Die strengere, nationale Vorschrift würde von der Kommission dann noch danach überprüft, dass sie kein Mittel zur willkürlichen Diskriminierung darstellt, keine verschleierte Beschränkung des Handels zwischen den Mitgliedstaaten ist und sie das Funktionieren des Binnenmarktes nicht behindert.[359] Nach wie vor ermöglicht dies aber nationale Alleingänge. Solche Vorschriften stellen daher Fremdkörper[360] dar und behindern ein Bestreben zur Rechtsangleichung.

---

[353] Die Vorschrift nimmt damit nunmehr -abgesehen von der ausdrücklichen Nennung des Rechts auf Schadenswiedergutmachung- die grundlegenden Verbraucherrechte wiederauf, die bereits im ersten Verbraucherschutzprogramm 1975 durch den Rat formuliert wurden. Hierzu ABl. 1975, C 290, S. 1ff und *Oppermann*, Europarecht, 2. Auflage 1999, S. 855f, Rdz. 2039f.

[354] Art. 153 III b EGV

[355] *Schwanenflügel*, EuR 1998, S. 210, dort noch zu Art. 129 EGV in der Fassung des Maastricht-Vertrages.

[356] Gemäß Art. 95 V EGV kann trotz Harmonisierungsmaßnahmen eine nationale Bestimmung neu eingeführt werden, wenn der Mitgliedstaat sie aufgrund neuer wissenschaftlicher Erkenntnisse für erforderlich hält.

[357] *Oppermann*, Europarecht, 2. Auflage 1999, S. 887, Rdz. 2041 spricht von *Verstärkungsklauseln*.

[358] *Taupitz*, JZ 1993, S. 537

[359] Art. 95 VI EGV

[360] *Arndt*, Europarecht, 5. Auflage 2001, S. 134

Art. 152 und 153 EGV betonen beide den unterstützenden und ergänzenden Charakter[361] der Gemeinschaftstätigkeit in den Bereichen Gesundheits- und Verbraucherschutz. Für den Gesundheitsschutz sind harmonisierende Gemeinschaftstätigkeiten durch die ausdrückliche Ausklammerung[362] in Absatz V in wesentlich stärkerem Maße begrenzt. Für eine Harmonisierung der unterschiedlichen Gesundheitssysteme gibt es also formal keine Rechtsgrundlage.[363] Dies wurde bereits mit der besonderen Bindung des Gesundheitswesens an nationale Gegebenheiten begründet.[364] Es bedeutet aber zugleich, dass das Gemeinschaftsrecht auch nur einen Mindeststandard an Schutzmaßnahmen normieren kann.[365] In der Literatur wird die Ansicht vertreten, dass das Prinzip der Subsidiarität dazu geführt hat, dass der anfängliche Enthusiasmus der Gemeinschaft gerade für den Verbraucherschutz einer eher zurückhaltenden Position beim Vorschlag neuer konkreter Regelungen gewichen ist.[366] Daher gebe es heute auch nur fragmentarisch Richtlinien für einzelne Bereiche des Verbraucherschutzes, aber keinen einheitlichen Regelungskörper. Diese Aussage kann angesichts der geringeren Kompetenzen der Gemeinschaft in noch stärkerem Maße auch für das Gesundheitswesen gelten.

4. Einheitliche pharmazeutische Regelungen - spezieller Gesundheitsschutz

a) Entstehungsgründe

Das EU-Arzneimittelrecht ist einer der Eckpfeiler der europäischen Gesundheitspolitik.[367]
Erste Harmonisierungsmaßnahmen auf dem Arzneimittelsektor begannen bereits Anfang der 60er Jahre und lassen sich vorrangig auf integrationspolitische und verbraucherschutzpolitische Erwägungen zurückführen.[368] Alle bisher auf Gemeinschaftsebene ergangenen Rechtsakte tragen daher dem Umstand Rechnung, dass es sich bei Arzneimitteln um Waren besonderer Art[369] handelt.

---

[361] *Weatherill/Beaumont*, EU Law, 1999, S. 1049

[362] *Schmidt am Busch* in: *Grabitz/Hilf*, Art. 152, Rdz. 17

[363] *Hanika*, MedR 2000, S. 207

[364] Siehe dazu III. 3. a) dieser Arbeit.

[365] *Taupitz*, JZ 1993, S. 537

[366] *Weatherill/Beaumont*, EU Law, 1999, S. 27 und 1050; allgemein dazu auch: *Oppermann*, Europarecht, 2. Aufl. 1999, S. 530, Rzd. 1315

[367] *Friedrich*, EUmagazin 11/2001, S. 10

[368] *Thier*, EG-Arzneimittelmarkt, 1990, S. 37

[369] Siehe hierzu bereits I. 3. b) und Fn. 77ff dieser Arbeit.

Denn hier kann es nicht nur um schnelle Markteroberungen und maximale Umsätze gehen.[370] Vielmehr muss ein Gesetzgeber immer auch den Gesundheitsschutz der Bevölkerung bedenken. Zudem spielen verbraucherschutzrelevante Aspekte eine Rolle.

Regulierungen betreffend Arzneimittel und andere medizinische Produkte erfolgen auf Gemeinschaftsebene vor allem durch Richtlinien[371] und Verordnungen. Gemäß Art. 249 EGV ist eine Richtlinie fristgerecht in nationales Recht umzusetzen. Hierbei sind die inhaltlichen Vorgaben der Richtlinie im Hinblick auf die beabsichtigten Rechtswirkungen einzuhalten, Form und Mittel ihrer Umsetzung bleiben aber der Wahl jedes Mitgliedstaates überlassen.[372] Grundsätzlich begründet eine Richtlinie für den Bürger daher keine unmittelbaren Rechte oder Pflichten. Bei nicht fristgerechter oder inhaltlich unvollständiger Umsetzung kann sie aber sehr wohl unmittelbare Geltung erlangen, sofern die fraglichen Bestimmungen der Richtlinie inhaltlich unbedingt und hinreichend genau sind.[373]

b) Allgemeiner Überblick über bestehende Regelungen

EU-Regelungen für das Arzneimittelrecht sind zahlreich, zur Zeit gibt es etwa 30 Richtlinien und Verordnungen[374], sie betreffen Human- und Tierarzneimittel[375]. Hier soll nun ein kurzer Überblick über EU-Regelungen für das Arzneimittelrecht gegeben werden, um die europarechtlichen Rahmenbedingungen zu klären, innerhalb derer sich der im Folgenden näher untersuchte E-Commerce mit Arzneimitteln bewegen kann.

Im Juni 1999 legte die Europäische Kommission den Vorschlag eines *Gemeinschaftskodexes für Humanarzneimittel*[376] vor, der wesentliche gemeinschaftsrechtliche Regelungen für Humanarzneimittel in einem

---

[370] Joint Statement from *CP* (Standing Committee of European Doctors) and *PGEU* (Pharmaceutical Group of the European Union - hierzu I. 5. f) dieser Arbeit), Prescription-Only Medicines should not be advertised directly to the Public, unter: http://www.apotheker.at.

[371] *Streinz/Ritter* in: *Dauses*, Band 1, C.V, S. 2, Rdz. 5; *Taupitz*, JZ 1993, S. 536; *Ashurst Morris Crisp/Executive Perspective S.A.*, Impact of Electronic Commerce on the European Pharmaceutical Sector - An Overview-, 1998, S. 38

[372] *Arndt*, Europarecht, 4. Auflage 1999, S. 53

[373] Hierzu ausführlich: *Arndt*, Europarecht, 4. Auflage 1999, S. 55ff.

[374] Eine Zusammenstellung auf der EbsSite der Europäische Kommission - Pharmazeutische Erzeugnisse, unter: http://europa.eu.int/scadplus/leg/de/s06016.htm#MEDICAMENTS

[375] Letzteres ist nicht Gegenstand dieser Arbeit.

[376] KOM (1999) 315 endg.

einheitlichen Gesetzeswerk zusammenfasst. Dies soll zu einem wirksamen Gesundheitsschutz beitragen und kann als weiterer Schritt auf dem Weg zu einem Binnenmarkt für Arzneimittel gesehen werden kann. Eine übersichtliche Zusammenstellung erscheint im Interesse der Klarheit und Transparenz des Gemeinschaftsrechts gerade angesichts der zahlreichen Änderungen bestehender Richtlinien erforderlich. Die Bundesregierung bezeichnet den Gemeinschaftskodex als bedeutsamen Beitrag für die Vereinfachung, Klarheit und Auffindbarkeit des Gemeinschaftsrechts im Sinne des *Europas der Bürger*.[377]
Im November 2001 wurde der Gemeinschaftskodexes für Humanarzneimittel[378] verabschiedet, er ist am 18.12.2001 in Kraft getreten. Da diese Richtlinie nur formelle Änderungen vornimmt und den materiellen Inhalt der bisherigen Richtlinien vollständig beibehält, muss sie von den Mitgliedstaaten nicht umgesetzt werden.[379]
Die erste und zweite Begründungserwägung der Richtlinien 65/65/EWG[380] und 78/25/EWG[381] besagen, dass alle Rechts- und Verwaltungsvorschriften auf dem Gebiet der Herstellung und des Vertriebs von Arzneimitteln in erster Linie dem Schutz der öffentlichen Gesundheit dienen müssen. Dieses Ziel müsse jedoch mit Mitteln erreicht werden, die die Entwicklung der pharmazeutischen Industrie und den Handel mit pharmazeutischen Erzeugnissen innerhalb der Gemeinschaft nicht hemmen können.[382]

(aa) Ausbildung der Apotheker

Kurz vor Unterzeichnung der EEA[383] im Februar 1986 mit dem Ziel, den europäischen Binnenmarkt zu verwirklichen[384], wurden bereits zwei wichtige

---

[377] BT-Drucksache 14/8565 vom 13.03.2002, S. 21

[378] Richtlinie 2001/83/EG des Europäischen Parlaments und des Rates vom 6. November 2001 zur Schaffung eines Gemeinschaftskodexes für Humanarzneimittel, Abl. L 311, vom 28.11.2001, S. 67 - 128, der deutsche Text auch unter: http://europa.eu.int/eur-lex/pri/de/oj/dat/2001/l_311/l_31120011128de00670128.pdf.

[379] Im Folgenden soll aus Gründen der Verständlichkeit auch die Zitierung der darin zusammengefassten, bisherigen Richtlinien angegeben werden.

[380] Siehe dazu bereits II. 3. b) dieser Arbeit.

[381] Richtlinie 78/25/EWG vom 12.12.1977 des Rates zur Angleichung der Rechtsvorschriften der Mitgliedstaaten über die Stoffe, die Arzneimitteln zum Zwecke der Färbung hinzugefügt werden dürfen

[382] Dies wird auch vom EuGH in jüngeren Entscheidungen noch zitiert, etwa bei EuGH Slg. 1996, S. 5819, Entscheidungsgrund 3 (Rs. C-201/94) (The Queen v. Smith & Nephew Pharmaceuticals Ltd).

[383] Die Einheitliche Europäische Akte EEA ist am 01.07.1987 in Kraft getreten, dazu schon Fn. 293.

[384] Art. 13 der EEA verpflichtet zur Errichtung eines Binnenmarktes bis zum 31.12.1992.

Richtlinien für das europäische Arzneimittelrecht erlassen. Die Voraussetzungen für den Zugang zum Beruf des Apothekers und die Modalitäten seiner Ausübung sind Gegenstand der Koordinierungsrichtlinie 85/432/EWG[385], auch die gegenseitige Anerkennung der Diplome, Prüfungszeugnisse und sonstigen Befähigungsnachweise ist seit der am gleichen Tag verabschiedeten Richtlinie 85/433/EWG sichergestellt.[386] Die Bedingungen des Zugangs und der Ausübung der Tätigkeiten des Apothekers sind damit Gegenstand mehrerer Koordinierungs- oder Harmonisierungsrichtlinien.

In Art. 47 III EGV heißt es, dass *die schrittweise Aufhebung der Beschränkungen für die ärztlichen, zahnärztlichen und pharmazeutischen Berufe ... die Koordinierung der Bedingungen für die Ausübung dieser Berufe in den einzelnen Mitgliedstaaten* voraussetzt.[387] Die hiermit vorgegebene Rangfolge von vorheriger Koordinierung und nachfolgender Aufhebung der Beschränkung in den Mitgliedstaaten ist nach überwiegender Ansicht deshalb heute gegenstandslos, weil die wesentlichen Koordinierungsmaßnahmen auf dem Gebiet der medizinischen Berufe mittlerweile getroffen sind.[388]

Hieraus folgt für das Pharmazierecht, dass ein in einem anderen Mitgliedstaat zugelassener Apotheker für die Zwecke des freien Dienstleistungsverkehrs als ebenso qualifiziert anerkannt werden muss wie ein im Inland zugelassener Apotheker.[389]

Mit einer Entschießung hat der Rat die Kommission aufgefordert, die Lage bei der gegenseitigen Anerkennung der ärztlichen Verschreibungen in den Mitgliedstaaten zu untersuchen und weiter zu verbessern.[390] Diese Entschließung berührt ausdrücklich nicht die Vorschriften für die Finanzierung bzw. die Erstattung von Arzneimitteln durch die nationalen Sozialversicherungssysteme sowie die Verschreibung von Suchtmitteln bzw. psychotropen Stoffen.

Der EuGH geht schon seit 1989 davon aus, dass die zunehmende Vereinheitlichung der Ausbildung der Ärzte und Apotheker in der EU

---

[385] Richtlinie 85/432/EWG des Rates vom 16.09.1985 zur Koordinierung der Rechts- und Verwaltungsvorschriften über bestimmte pharmazeutische Tätigkeiten, ABl. L 253, S. 34

[386] Richtlinie 85/433/EWG des Rates vom 16.09.1985 über die gegenseitige Anerkennung der Diplome, Prüfungszeugnisse und sonstigen Befähigungsnachweise des Apothekers und über Maßnahmen zur Erleichterung der tatsächlichen Ausübung des Niederlassungsrechts für bestimmte pharmazeutische Tätigkeiten, ABl. L 253, S. 37

[387] Art. 47 III EGV ist wortidentisch mit Art. 57 III EGV in der Fassung des Vertrages von Maastricht.

[388] So *Troberg* in: *Groeben u.a.*, EU-/EG-Vertrag, 5. Aufl. 1999, Art. 57, Rdz. 7

[389] Auf § 2 II ApoG, wonach sich ein ausländischer Apotheker nur dann in Deutschland niederlassen darf, wenn er eine seit mindestens drei Jahren betriebene Apotheke übernimmt, wird noch einzugehen sein.

[390] Entschließung des Rates vom 20.12.1995 über die gegenseitige Anerkennung der Gültigkeit ärztlicher Verschreibungen in den Mitgliedstaaten, ABl. C 350, S. 5

gewährleistet, dass Arzneimittel in allen Mitgliedstaaten ordnungsgemäß verschrieben und verabreicht werden.[391]

(bb) Zulassungsverfahren

Gemäß der Richtlinie 65/65/EWG[392] dürfen Arzneimittel in einem Mitgliedstaat nicht ohne Genehmigung in den Verkehr gebracht werden. Diese wird auf der Grundlage eines Antrags erteilt, der Angaben über die Zusammensetzung des Erzeugnisses, seinen Gebrauch und seine Wirkungen sowie über die Kontrollen, denen seine Herstellung unterliegt, enthalten muss. Die Mitgliedstaaten müssen die Genehmigung versagen oder widerrufen, wenn die Arzneispezialität bei bestimmungsgemäßem Gebrauch schädlich ist, wenn ihre therapeutische Wirksamkeit fehlt oder nicht begründet worden ist oder wenn die vorgesehenen Kontrollen nicht durchgeführt werden.

Seit Januar 1995 hat ein Pharmaunternehmen die Wahl zwischen einem zentralisierten und einem dezentralisierten Verfahren, so dass gegenwärtig zwei Zulassungsverfahren nebeneinander existieren. Das zentralisierte Verfahren, das eine wissenschaftliche Beurteilung durch die Europäische Agentur EMEA miteinschließt, ermöglicht eine europaweit einheitliche, also in der gesamten Gemeinschaft geltende Zulassung (einheitliche Gemeinschaftszulassung). Dieses Verfahren findet zwingend bei bestimmten Arzneimitteln statt, die unter Einsatz biotechnologischer Verfahren entwickelt wurden, es kann auch bei einigen anderen Arzneimittelklassen, beispielsweise solche, die neue Wirkstoffe enthalten, oder für ein völlig neues Anwendungsgebiet vorgesehen sind, durchgeführt werden.

Daneben besteht nach wie vor die Möglichkeit des dezentralisierten Verfahrens, das auf der gegenseitigen Anerkennung der einzelstaatlichen Zulassungen beruht[393]. Diese Harmonisierung ist beim gegenwärtigen Stand des Gemeinschaftsrechts noch nicht vollauf erreicht, beispielsweise kann ein Arzneimittel aufgrund einer alten Zulassung oder strengeren nationalen Vorschriften in einem Mitgliedstaat zugelassen sein, nicht aber in einem oder mehreren anderen.[394]

---

[391] EuGH Slg. 1989, S. 617ff, Rdz. 20, (Rs. C-215/87) (Schumacher); *Hiltl/Schroeder*, in: *Kleist*, Pharma-Recht, 1993, S. 110

[392] Richtlinie 65/65/EWG des Rates vom 26.01.1965 zur Angleichung der Rechts- und Verwaltungsvorschriften über Arzneispezialitäten, ABl. L 22, S. 369 ihrer seit der Richtlinie 89/341/EWG des Rates vom 03.05.1989, ABl. L 142, S. 11, geltenden Fassung; nunmehr: Art. 8ff des Gemeinschaftskodex für Humanarzneimittel.

[393] Hierbei kann ein in einem Mitgliedstaat zugelassenes Arzneimittel in den anderen Mitgliedstaaten im Wege eines verkürzten Verfahrens zugelassen werden, solange keine Mitgliedstaat protestiert. Dazu auch: *Thier*, EG-Arzneimittelmarkt, 1990, S. 48f.

[394] So auch der EuGH, Slg. 1989, S. 617ff, Rdz. 15, (Rs. C-215/87) (Schumacher).

Gleichwohl wurde bereits diese Möglichkeit gegenseitiger Anerkennung als ein erster großer Schritt hin zu einem europäischen Zulassungssystem gewertet.[395] Der EuGH folgert daraus, dass man jedenfalls bei Arzneimitteln, die im Ausfuhr- und im Einfuhrmitgliedstaat zugelassen sind und die bestimmungsgemäß verwendet werden, nicht mehr davon ausgehen kann dass sie für die öffentliche Gesundheit gefährlich sind.[396]

(cc) Klassifizierung der Arzneimittel

Die Anforderungen an die Abgabe von Arzneimitteln hängen in jeder Rechtsordnung wesentlich von der Einstufung als freiverkäufliches, apothekenpflichtiges oder rezeptpflichtiges Arzneimittel oder Betäubungsmittel ab. Die Anforderungen daran sind in den Mitgliedstaaten noch unterschiedlich. Die Richtlinie 92/26/EWG zur Einstufung bei der Abgabe von Humanarzneimitteln[397] strebte nur eine schrittweise Angleichung der Rechts- und Verwaltungsvorschriften der Mitgliedstaaten an. Art. 3 sieht allgemeine Kriterien für die Einstufung eines Arzneimittels als verschreibungspflichtig vor, die konkrete Entscheidung darüber, ob ein Arzneimittel in diese Kategorie fällt, trifft aber jeder Mitgliedstaat selbst, Art. 5. Hierzu erstellen die zuständigen Behörden ein jährlich zu aktualisierendes Verzeichnis der Arzneimittel, für deren Abgabe im eigenen Hoheitsgebiet eine ärztliche Verschreibung erforderlich ist. Zudem können nationale Regelungen gemäß Art. 3 IV davon abweichen, insbesondere strenger sein.
Die Europäische Kommission geht davon aus, dass alle Mitgliedstaaten Umsetzungsvorschriften erlassen haben und das in der Richtlinie festgelegte Einstufungssystem anwenden. Demzufolge werden Arzneimittel in allen Mitgliedsstaaten danach unterscheiden, ob sie der Verschreibungspflicht unterliegen oder nicht.[398]

Kriterien für die Einstufung eines Arzneimittels als apothekenpflichtig oder freiverkäuflich sind bisher nicht Gegenstand einer Harmonisierungsrichtlinie.

---

[395] *Hanika*, MedR 2000, S. 65

[396] EuGH Slg. 1992, S. 2575, Rdz. 14f (Rs. C-62/90); *Koenig*, Internet-Auftritt, 2000, S. 43

[397] Richtlinie 92/26 EWG des Rates zur Einstufung bei der Abgabe von Humanarzneimitteln, 31.03.1992, ABl. Nr. L 113, S. 5ff; nunmehr Art. 70 - 75 des Gemeinschaftskodex für Humanarzneimittel.

[398] Bericht - KOM (1997) 581 endg., bisher nicht veröffentlicht, auf der WebSite der EU, unter: http://europa.eu.int/scadplus/leg/de/lvb/l21142.htm; *Blasius/Cranz*, Arzneimittel und Recht in Europa, 1998, S. 121; *Schöffski*, Regulierung des deutschen Apothekenwesens, 1995, S. 271f

Auch das Apothekenmonopol bleibt der Zuständigkeit der Mitgliedstaaten überlassen.[399]

(dd) Etikettierung und Verpackung

Harmonisierungen bei Etikettierung[400] und Packungsbeilage sind Gegenstand der Richtlinie 92/27/EWG[401]. Demzufolge müssen auf der äußeren Umhüllung bzw. der Primärverpackung eines Humanarzneimittels u.a. folgende Angaben gemacht werden: der Name des Arzneimittels sowie seine gebräuchliche Bezeichnung; die qualitative und quantitative Zusammensetzung der Wirkstoffe; Darreichungsform und Inhalt nach Gewicht, Volumen oder Dosierungseinheiten; Art und Weg der Verabreichung; Verfallsdatum; Warnhinweise und Vorsichtsmaßnahmen. Zudem sind Name und Anschrift der zum Inverkehrbringen berechtigten Person, die Nummer der Genehmigung für das Inverkehrbringen und die Nummer der Herstellungscharge anzugeben.
Jedes Arzneimittel muss zusammen mit der Verpackung eine Packungsbeilage[402] zur Information des Verbrauchers enthalten, Art. 6. Darin sind neben den schon auf der Verpackung zu machenden und in der Packungsbeilage zu wiederholenden Angaben zusätzlich Angaben erforderlich, u.a. zu Gegenanzeigen und Wechselwirkungen; Anweisungen zur Dosierung; Art, Weg und Häufigkeit der Verabreichung und das Datum der letzten Überarbeitung der Packungsbeilage, Art. 7.
Alle diese Angaben müssen gut lesbar, klar verständlich und unauslöschlich sein, Art. 4 I und Art. 8 Satz 1.
Gemäß Art. 4 II S. 1 und Art. 8 Satz 1 sind die Angaben der Etikettierung und Packungsbeilage in den Amtssprachen aller Mitgliedstaaten zu machen, in denen das Arzneimittel in Verkehr gebracht werden soll.
Seit 1994 werden nur solche Arzneimittel zugelassen, die die o.g. Anforderungen erfüllen.[403] Damit ist sichergestellt, dass heute in allen Mitgliedstaaten nur solche Arzneimittel in Verkehr gebracht werden, die die o.g. umfassenden Verbraucherinformationen bereithalten.[404]

---

[399] *Leßmann*, in: *Meurer*, Rechtliche Veränderungen des Wettbewerbs am europäischen Pharmamark, 2000, S. 79

[400] Art. 1 der Richtlinie 92/27/EWG definiert die *Etikettierung* als die auf der äußeren Umhüllung oder der Primärverpackung angebrachten Hinweise.

[401] Richtlinie 92/27/EWG des Rates vom 31.03.1992 über die Etikettierung und die Packungsbeilage von Humanarzneimitteln, ABl. Nr. L 113 vom 30.4.1992, S. 8, nunmehr Art. 54 - 69 des Gemeinschaftskodex für Humanarzneimittel.

[402] Art. 1 der Richtlinie 92/27/EWG definiert die *Packungsbeilage* als der dem Arzneimittel beigefügte Beipackzettel für den Verbraucher.

[403] *Blasius/Cranz*, Arzneimittel und Recht in Europa, 1998, S. 106

[404] *Blasius/Cranz*, Arzneimittel und Recht in Europa, 1998, S. 107

Beachtlich sind ferner noch Art. 5 und Art. 9, wonach die Mitgliedstaaten das Inverkehrbringen von Arzneimitteln in ihrem Hoheitsgebiet grundsätzlich nicht aus Gründen, die mit der Etikettierung oder der Packungsbeilage zusammenhängen, untersagen oder verhindern dürfen.

(ee) Vertrieb

Gegenstand von Rechtsangleichung ist bisher nur der Großhandelsvertrieb von Arzneimitteln. Maßgeblich ist die Richtlinie 92/25/EWG[405], wonach jeder, der Großhandel mit Arzneimitteln betreibt, einer Genehmigung bedarf.[406] Ziel der sog. *Großhandelsrichtlinie* ist es, das Vertriebsnetz im Arzneimittelbereich umfassend von der Herstellung bzw. Einfuhr in die EU bis hin zur Abgabe der Medikamente an die Öffentlichkeit zu kontrollieren.[407] Geregelt werden aber nur Aufbewahrung, Transport und Handhabung von Arzneimitteln durch Arzneimittelgroßhändler. So müssen u.a. Listen über alle Ein- und Ausgänge erstellt und kontrolliert werden, Räumlichkeiten müssen für die Lagerung von Arzneimittel geeignet und für Kontrollen zugänglich sein und es müssen Notstandspläne für die Rücknahme von Arzneimitteln erarbeitet werden.
Diese Anforderungen an den Arzneimittelgroßhandel sind durch die *Leitlinie für die Gute Vertriebspraxis von Humanarzneimitteln*[408] weiter konkretisiert worden.
Jeder Arzneimittelgroßhändler kann, sobald er von dem Mitgliedstaat, in dem er ansässig ist, eine entsprechende Genehmigung erhalten hat, gemäß dem Prinzip der gegenseitigen Anerkennung seine Tätigkeit in der gesamten Gemeinschaft ausüben.
Damit ist für den pharmazeutischen Großhandel eine weitgehende Rechtsvereinheitlichung in der EU geschaffen worden.[409]

---

[405] Richtlinie 92/25/EWG des Rates vom 21.03.1992 über den Großhandelsvertrieb von Humanarzneimitteln, ABl. L 113 vom 30.4.1992, nunmehr Art. 76 - 85 des Gemeinschaftskodex für Humanarzneimittel.

[406] Art. 2 II der Richtlinie 92/25/EWG und Art. 1 Nr. 17 des Gemeinschaftskodex für Humanarzneimittel definieren den *Großhandelsvertrieb von Arzneimitteln* als: jede Tätigkeit, die in der Beschaffung, der Lagerung, der Lieferung oder der Ausfuhr von Arzneimitteln besteht, mit Ausnahme der Abgabe von Arzneimitteln an die Öffentlichkeit; diese Tätigkeiten werden über Hersteller oder deren Kommissionäre, Importeure oder sonstige Großhändler oder aber über Apotheker und Personen abgewickelt, die in dem betreffenden Mitgliedstaat zur Abgabe von Arzneimitteln an die Öffentlichkeit ermächtigt oder befugt sind.

[407] Erwägungsgrund 35 des Gemeinschaftskodex für Humanarzneimittel

[408] *EG-Kommission*, Leitlinien für die gute Vertriebspraxis von Humanarzneimitteln ABl. C 63 vom 01.03.1994

[409] *Blasius/Cranz*, Arzneimittel und Recht in Europa, 1998, S. 118

Für den Vertrieb im Einzelhandel, also in der örtlichen Apotheke, hat bisher keine Rechtsharmonisierung stattgefunden.

(ff) Preisregulierung

Bedeutsam für die Preisregulierung ist vor allem die sog. Transparenz-Richtlinie 89/105/EWG[410], derzufolge ein Arzneimittel nur dann in Verkehr gebracht werden darf, wenn der betreffende Mitgliedstaat den Preis genehmigt hat. Es werden bestimmte Anforderungen festgelegt, die die Mitgliedstaaten erfüllen müssen, wenn sie Regelungen zu Arzneimittelpreisen erlassen. Kriterien der Mitgliedstaaten für die Preisfestsetzung (Festbeträge, Positivlisten etc.) und die Kostenerstattung müssen überprüfbar und objektivierbar sein. Solche Maßnahmen sind grundsätzlich mit Gemeinschaftsrecht vereinbar, müssen aber in angemessenem Verhältnis zu dem damit verfolgten Zweck stehen.[411]
Die Arzneimittelpreisbildung ist bisher nicht Gegenstand einer Richtlinie und somit in den Mitgliedstaaten weiterhin unterschiedlich geregelt.[412] Dies wurde bereits mit der Einbindung der Kostenerstattung in die sozialen Sicherungssysteme und der sehr weitgehenden einzelstaatlichen Kompetenz begründet.[413]

(gg) Werbung

Von besonderer Bedeutung ist hier die Richtlinie 92/28/EWG über die Werbung für Humanarzneimittel[414], die als wichtigste Regelung die Öffentlichkeitswerbung für verschreibungspflichtige Arzneimittel verbietet, Art. 3.[415] Untersagt wird auch die kostenlose Abgabe von Arzneimitteln, Geschenken und Prämien an die Öffentlichkeit. Die Mitgliedstaaten können darüber hinaus ein Werbeverbot für erstattungsfähige Arzneimittel vorsehen, Art. 3 III.
Soweit Werbung stattfindet, sind strenge Anforderungen an die Gestaltung zu beachten. So muss der Werbecharakter deutlich zum Ausdruck kommen und das Produkt klar als Arzneimittel dargestellt werden. Es muss ausdrücklich dazu

---

[410] Richtlinie 89/105/EWG des Rates vom 21.12.1988 betreffend die Transparenz von Maßnahmen zur Regelung der Preisfestsetzung bei Arzneimitteln für den menschlichen Gebrauch und ihre Einbeziehung in die staatlichen Krankenversicherungssysteme, ABl. L 040 vom 11.02.1989, S. 8ff

[411] *Hanika*, MedR 2000, S. 67

[412] *Korzilius*, Deutsches Ärzteblatt 51-52/2000, S. A 3465

[413] Hierzu ausführlich unter III. 3. a) dieser Arbeit.

[414] Richtlinie 92/28/EWG des Rates vom 31.03.1992 über die Werbung für Humanarzneimittel, ABL. Nr. L 113 vom 30.04.1992, S. 13 - 18; Berichtigung: ABl. Nr. L 32 vom 11.02.1995, S. 26; nunmehr Art. 86 - 100 des Gemeinschaftskodex für Humanarzneimittel.

[415] Untersagt ist daneben auch die Öffentlichkeitswerbung für psychotrope Substanzen und Suchtstoffe im Sinne der internationalen Übereinkommen.

aufgefordert werden, das Etikett und die Packungsbeilage zu lesen. Die Werbung muss einerseits alle für die sinnvolle Verwendung des Arzneimittels unerlässlichen Informationen enthalten, andererseits aber alle Elemente vermeiden, die mit der sinnvollen Verwendung des Arzneimittels unvereinbar wären. Für Werbung bei beruflich im Gesundheitswesen tätigen Personen gelten andere Regelungen.[416] Zudem untersagt schon Art. 14 I der EU-Fernsehrichtlinie von 1989[417] die Fernsehwerbung für Arzneimittel und ärztliche Behandlungen, die in dem Mitgliedstaat, dessen Rechtshoheit der Fernsehveranstalter unterworfen ist, nur auf ärztliche Verordnung erhältlich sind.
Die Rahmenbedingungen für die Öffentlichkeitswerbung für Arzneimittel sind damit europaweit festgelegt worden.[418]

c) Fazit zu den pharmazeutischen Regelungen

Die EU spricht davon, dass seit 1993 die technischen Anforderungen an Versuche und Herstellung von Arzneimitteln, die Bestimmungen für Kennzeichnung, Werbung, Großhandelsvertrieb und Abgabe auf ärztliche Verschreibung sowie die Transparenz der nationalen Maßnahmen betreffend die Festsetzung der Arzneimittelpreise vollständig harmonisiert sind.[419] Darüber hinaus findet eine Rechtsvereinheitlichung auch bei der Zulassung von Human- und Tierarzneimitteln statt.[420] Auch der *Bundesverband der Pharmazeutischen Industrie* (Deutschland) sieht die Harmonisierung einzelstaatlicher Vorschriften in den Bereichen Sicherheit, Qualität und Wirksamkeit der in der EU in den Verkehr gebrachten Arzneimittel weit vorangekommen.[421] Handlungsbedarf sieht man vor allem bei der Diskrepanz zwischen harmonisierten Zulassungsbedingungen einerseits und den national voneinander abweichenden Preisbildungssystemen andererseits.[422]

---

[416] Ausführlich dazu: *Blasius/Cranz*, Arzneimittel und Recht in Europa, 1998, S. 111f.

[417] Richtlinie 89/552/EWG des Rates zur Koordinierung bestimmter Rechts- und Verwaltungsvorschriften der Mitgliedstaaten über die Ausübung der Fernsehtätigkeit (EU-Fernsehrichtlinie) vom 03.10.1989, ABl. Nr. L 298, vom 17.10.1989, S. 23ff

[418] *Blasius/Cranz*, Arzneimittel und Recht in Europa, 1998, S. 111

[419] Einleitung zu Technische Harmonisierung, Darstellung auf der WebSite der EU, unter: http://europa.eu.int/scadplus/leg/de/lvb/l21133.htm

[420] *Borries*, in: *Schwarze*, Unverfälschter Wettbewerb, 1998, S. 53; *Fischer* in: *Lenz*, EG-Vertrag, 1999, Art. 153, Rdz. 11

[421] *BDI*, Pharma Daten 2000, Broschüre, August 2000, S. 22f, siehe bereits Fn. 309.

[422] Diese Diskrepanz wird als Hauptursache für Parallel- und Re-Importe genannt. *BPI*, Pharma Daten 2000, Broschüre, August 2000, S. 22, siehe bereits Fn. 309.

Eine vollständige Harmonisierung hat nicht stattgefunden.[423] Zusammenfassend kann man feststellen, dass die Anforderungen an die Ware Arzneimittel viel weitgehender harmonisiert sind als die Umstände ihres Vertriebes.[424] Die Regelungen zur Zulassung, Klassifizierung und Verpackung/Etikettierung haben trotz Gestaltungsmöglichkeiten der Mitgliedstaaten bei Detailfragen doch eine europaweit vergleichbare Situation geschaffen. Für die Frage des Vertriebs von Arzneimitteln lässt sich eine Harmonisierung aber nur begrenzt auf den Bereich des Großhandels feststellen. Auch die einschlägigen Bestimmungen des Krankenversicherungsrechts sind nicht harmonisiert.[425]

5. Einheitliche Regelungen für den E-Commerce - spezieller Verbraucherschutz

a) Entstehungsgründe

Da sich der Warenverkehr zunehmend internationalisiert[426], sind international einheitliche Regelungen zum Schutzes des Verbrauchers erforderlich. Ursächlich für diese Entwicklung ist insbesondere der rasante technische Fortschritt und die damit einhergehende Etablierung neuer Vertriebswege neben dem direkten Händler-Kunde-Kontakt.[427] Der Verbraucher hat hier nicht mehr die Möglichkeit, die vor ihm liegende Ware direkt zu prüfen oder den Händler von Angesicht zu Angesicht zu befragen oder sich bei ihm zu beschweren. Neben den allgemeinen verbraucherschützenden Erwägungen, die das Ungleichgewicht zwischen dem einzelnen Kunden und dem Unternehmen auszugleichen suchen, sind also spezielle Regelungen gerade für den Schutz des Verbrauchers in Fernabsatz und Internet erforderlich.
Die EU-Kommission sieht in dem Versandhandel eine der ersten für den Verbraucher sichtbaren Aktionen auf dem Weg zur Verwirklichung des Binnenmarktes.[428] Auch Erwägungsgrund 3 der Fernabsatzrichtlinie bezeichnet den Fernabsatz als einen der Bereiche des Binnenmarktes, der für den Verbraucher am greifbarsten ist.

---

[423] *Hiltl/Schroeder*, in: *Kleist*, Pharma-Recht, 1993, S. 111

[424] So auch *Taupitz*, RPG 2001, S. 14

[425] *Borries*, in: *Schwarze*, Unverfälschter Wettbewerb, 1998, S. 53

[426] *Taupitz* in: *Deutsch/Taupitz*, Dienstleistungsberufe, 1993, S. 11, der bei der Frage der Erforderlichkeit von Rechtsangleichungsmaßnahmen eine unterschiedliche Betrachtung der Bereiche Warenverkehr und Dienstleistungsverkehr befürwortet.

[427] *Weatherill/Beaumont*, EU Law, 1999, S. 1040

[428] KOM (1991) 41 endg., Mitteilung der Europäischen Kommission, Auf dem Wege zu einem Binnenmarkt für den Handel, 01.03.1991; dazu auch *Pützhoven*, Europäischer Verbraucherschutz, 2001, S. 11f

Zugleich sollen die neuen Wirtschaftsbereiche gefördert werden. Die EU geht davon aus, dass ein möglichst breites Waren- und Dienstleistungsangebot in einem kompetitiven Umfeld den Interessen der Verbraucher am besten dient.[429]

b) Allgemeiner Überblick

(aa) betreffend E-Commerce allgemein

Besonderes Interesse gilt zur Zeit den Sicherheitsfragen im Internet, vor allem Verschlüsselungstechniken und der digitalen Signatur. Die im Dezember 1999 verabschiedete EU-Richtlinie über *gemeinsame Rahmenbedingungen für elektronische Signaturen*[430] ist eine Antwort auf die in den USA bereits erfolgte Gesetzgebung. Es soll sichergestellt werden, dass eine digitale Unterschrift die gleiche rechtliche Würdigung erfährt wie eine Unterschrift auf Papier.
Relevant werden könnte die digitale Signatur eventuell bei der Frage der elektronischen Übermittlung von Rezepten oder dem noch weitergehenden *e-prescribing*.[431] Weiterhin dienen sichere Übermittlungstechniken auch dem Recht des Patienten auf Schutz seiner medizinischen Daten. Zudem werden sichere Techniken, zum Beispiel bei der Übermittlung einer Kreditkartennummer, zur Akzeptanzsteigerung für den E-Commerce generell beitragen.

(bb) betreffend verbraucherschützende Aspekte

Neben den für jeden Verbrauchervertrag geltenden Richtlinien zu Preisangaben, Klauseln und Haftung für fehlerhafte Produkte gab es in den letzten Jahren mehrere Richtlinien, die den Verbrauchervertrag im E-Commerce betreffen.
Wichtigste Instrumentarien jedes Verbraucherschutzrechtes sind das Recht auf Information und das Recht auf Widerruf.[432] Ein Grundsatz der europäischen Verbraucherschutzvorschriften ist damit auch das Informationsrecht des Verbrauchers. Man unterscheidet Information, die vor Vertragsschluss gegeben werden muss und solche, die anschließend erfolgen kann. Die Abgrenzung von Werbung und Information, die vor Vertragsschluss vorliegen muss, ist oft nicht einfach. Es wird vorgeschlagen, danach zu unterscheiden, ob eine bestimmte Information einen wesentlichen Einfluss auf den Entschluss des Verbrauchers hat, den Vertrag abzuschließen.[433]

---

[429] *Maennel*, MMR 1999, S. 187

[430] Richtlinie 1999/93/EG des Europäischen Parlaments und des Rates vom 13.12.1999 über gemeinschaftliche Rahmenbedingungen für elektronische Signaturen, ABl. L 13, S. 12ff

[431] Dazu bereits II. 5. a) (aa) dieser Arbeit.

[432] *Weatherill* in: *Heusel*, New European Contract Law, 1999, S. 119

[433] *OECD, DSTI/CP*(2000)5/FINAL, Inventory of Consumer Protection Laws, Policies and Practices applied to Electronic Commerce, 28.02.2001, S. 93, Fn. 143;
unter: http://www.olis.oecd.org/olis/2000doc.nsf/LinkTo/DSTI-CP(2000)5-FINAL

c) Fernabsatzrichtlinie

Die Richtlinie 97/7/EG über den Verbraucherschutz bei Vertragsabschlüssen im Fernabsatz[434] wollte dem Umstand Rechnung tragen, dass zu diesem Zeitpunkt einige Mitgliedstaaten bereits unterschiedliche oder abweichende Verbraucherschutz-bestimmungen für den Fernabsatz erlassen hatten. Darin sah man negative Auswirkungen auf den Wettbewerb zwischen den Unternehmen im Binnenmarkt und hielt es für geboten, auf Gemeinschaftsebene eine Mindestzahl gemeinsamer Regeln in diesem Bereich einzuführen. Einheitliche Regelungen hält man auch deshalb für erforderlich, weil die Verbraucher mit der Einführung neuer Technologien einen immer besseren Überblick über das Angebot in der ganzen Gemeinschaft erhalten und zahlreiche neue Möglichkeiten haben, um Bestellungen zu tätigen.[435]

(aa) Anwendungsbereich

Der Anwendungsbereich der Fernabsatzrichtlinie sollte bewusst offen gehalten werden, da man erkannt hat, dass aufgrund der ständigen Weiterentwicklung die in Frage kommenden Techniken nicht in einer erschöpfenden Liste erfasst werden können.[436] Die Richtlinie möchte daher brauchbare Prinzipien für verschiedenen Techniken festlegen, die dadurch gekennzeichnet sind, dass sie ohne gleichzeitige Anwesenheit des Verkäufers oder Dienstleistungserbringers und des Verbrauchers eingesetzt werden.[437] Ein *Vertragsabschluß im Fernabsatz* ist jeder zwischen einem Lieferer und einem Verbraucher geschlossene, eine Ware oder eine Dienstleistung betreffenden Vertrag, der im Rahmen eines für den Fernabsatz organisierten Vertriebs- bzw. Dienstleistungssystems zustande kommt. Dabei wird für den Vertrag bis zu dessen Beendigung einschließlich des Vertragsabschlusses selbst ausschließlich eine oder mehrere Fernkommunikationstechniken verwendet, Art. 2 Nr. 1.

Ausgenommen sind u.a. Grundstücksgeschäfte und Finanzdienstleistungen[438]. Nicht anwendbar sind die Anforderungen der Richtlinie auch auf Online-Angebote mit einem Warensortiment des täglichen Bedarfs, soweit die Waren

---

[434] ABl. Nr. L 144 vom 04.06.1997, S. 19 - 27

[435] Erwägungsgrund 4 der Fernabsatzrichtlinie

[436] Die Liste in Anhang I der Fernabsatzrichtlinie ist gemäß Art. 2 Nr. 4 beispielhaft, also nicht abschließend.

[437] Erwägungsgrund 9 der Fernabsatzrichtlinie

[438] *Dickie*, Internet and Electronic Commerce Law, 1999, S. 93f, sieht diese Ausnahme einzig als Folge des Lobbying der Finanzindustrie. Einerseits seien für diesen Sektor, wie für andere Bereiche auch, spezielle Vorschriften erforderlich. Andererseits sei dieser Bereich genauso anfällig für verbraucherschutzrechtliche Probleme.

im Rahmen häufiger und regelmäßiger Fahrten an den Verbraucher geliefert werden.

(bb) Verbraucherschutzrelevante Vorschriften

Die Fernabsatzrichtlinie normiert mit der Informationspflicht des Unternehmers und dem Widerrufsrecht des Verbrauchers die klassischen Instrumente des Verbraucherschutzes[439].
Art. 12 sieht zudem die Unabdingbarkeit dieser Rechte vor.

(1) Informationsrecht

Der Verbraucher muss rechtzeitig vor Abschluss eines Vertrags im Fernabsatz über zahlreiche, in Art. 4 I näher aufgelistete Informationen verfügen können. Hierüber muss er rechtzeitig eine Bestätigung während der Erfüllung des Vertrags, bei nicht zur Lieferung an Dritte bestimmten Waren spätestens zum Zeitpunkt der Lieferung. Dies hat schriftlich oder auf einem anderen für ihn verfügbaren dauerhaften Datenträger zu geschehen, soweit ihm diese Informationen nicht bereits vor Vertragsabschluß schriftlich oder auf einem anderen für ihn verfügbaren dauerhaften Datenträger erteilt wurden, Art. 5 I.

(2) Widerrufsrecht

Art. 6 I der Fernabsatz-Richtlinie räumt dem Verbraucher das Recht ein, den Vertrag ohne Angabe von Gründen und ohne Strafzahlung innerhalb einer Frist von 7 Werktagen aufzulösen. Die einzigen Kosten, die ihm infolge der Ausübung seines Widerrufsrechts auferlegt werden können, sind die unmittelbaren Kosten der Rücksendung der Waren, Art. 6 II.
Die Frist für die Wahrnehmung dieses Rechts beginnt bei ordnungsgemäßer Belehrung mit dem Tag des Eingangs der Ware beim Verbraucher.
Eine Ausnahme vom Widerrufsrecht ist u.a. für solche Waren vorgesehen, die nach Kundenspezifikationen angefertigt werden, die eindeutig auf die persönlichen Bedürfnisse zugeschnitten sind, die aufgrund ihrer Beschaffenheit nicht für eine Rücksendung geeignet sind, die schnell verderben können oder deren Verfallsdatum überschritten wurde, Art. 6 III.
Der Anbieter demgegenüber hat die Bestellung innerhalb von spätestens 30 Tagen ab dem Tag der Bestellung auszuführen.

---

[439] *Arndt*, Europarecht, 5. Aufl. 2001, S. 166; die Bundesregierung zum Entwurf eines Gesetzes über Fernabsatzverträge und andere Fragen des Verbraucherrechts sowie zur Umstellung von Vorschriften auf Euro, 09.02.2000, BT-Drucksache 14/2658, S. 37, unter: http://dip.bundestag.de/btd/14/026/1402658.pdf

(cc) Art. 14

Wichtig für den E-Commerce mit Arzneimittel ist insbesondere Art. 14 der Richtlinie:

> Art. 14, Mindestklauseln, lautet:
> *Die Mitgliedstaaten können in dem unter diese Richtlinie fallenden Bereich mit dem EG-Vertrag in Einklang stehende strengere Bestimmungen erlassen oder aufrechterhalten, um ein höheres Schutzniveau für die Verbraucher sicherzustellen. Durch solche Bestimmungen können sie im Interesse der Allgemeinheit den Vertrieb im Fernabsatz für bestimmte Waren und Dienstleistungen,* ***insbesondere Arzneimittel****, in ihrem Hoheitsgebiet unter Beachtung des EG-Vertrags verbieten.*[440]

Art. 14 gestattet den Mitgliedstaaten, für ihre Verbraucher ein höheres Schutzniveau sicherzustellen. Der Richtlinie lässt sich daher lediglich ein Mindeststandard für den Verbraucherschutz entnehmen.[441]
Damit ist sichergestellt, dass nationale Vorschriften, die den Fernabsatz von Arzneimitteln beschränken oder verbieten, in Einklang mit der Richtlinie stehen und bei ihrer Umsetzung nicht geändert werden müssen. Die Bundesregierung ist zudem der Ansicht, dass eine ausdrückliche Konkurrenzregel zum Vertrieb von Arzneimitteln und Medizinprodukten im Fernabsatz nicht notwendig ist, da die diesbezüglichen nationalen Vorschriften gegebenenfalls den Regelungen des Fernabsatzes als lex specialis vorgehen. Dies folge daraus, dass die nationalen Vorschriften jedenfalls ein erhöhtes Schutzniveau gegenüber den Bestimmungen der Fernabsatzrichtlinie begründen und daher aus Art. 30 oder Art. 55 i.V. mit Art. 46 EGV im Interesse der Allgemeinheit gerechtfertigt seien.[442]

d) E-Commerce-Richtlinie

Während die Fernabsatzrichtlinie noch alle Fernabsatzmittel betrifft, ist die Reichweite der Richtlinie über *bestimmte rechtliche Aspekte der Dienste der Informationsgesellschaft, insbesondere des elektronischen Geschäftsverkehrs*

---

[440] Hervorhebung durch die Verfasserin.

[441] *Härting*, Fernabsatzgesetz, 2000, S. 158, Rdz. 47, der darauf hinweist, dass umstritten ist, ob durch die Vorschrift ein erweiterter Verbraucherschutz in einzelnen Mitgliedstaaten nur auf Verbotsgesetze beschränkt ist, oder ob auch anderer Fragen des Fernabsatzes geregelt werden können. Diese Frage ist hier aber deshalb nicht relevant, weil es im Weiteren gerade um ein solches Verbotsgesetz, das Versandverbot nach § 43 I AMG, geht.

[442] Die Bundesregierung zum Entwurf eines Gesetzes über Fernabsatzverträge und andere Fragen des Verbraucherrechts sowie zur Umstellung von Vorschriften auf Euro, 09.02.2000, BT-Drucksache 14/2658, S. 37, dazu schon Fn. 439 dieser Arbeit.

(E-Commerce-Richtlinie)[443] auf den elektronischen Geschäftsverkehr begrenzt.[444] Sie ist mit ihrer Veröffentlichung am 17.07.2000 in Kraft getreten und war gemäß Art. 22 I bis zum 17.01.2002 in nationales Recht der Mitgliedstaaten umzusetzen. Die Richtlinie soll sowohl Rechtssicherheit für den Anbieter als auch effektiven Schutz für den Verbraucher gewährleisten; zugleich verfolgt sie das Ziel, einen funktionierenden Binnenmarkt für den neuen Wirtschaftssektor E-Commerce herzustellen.
Auffällig ist die hohe Anzahl von 65 Erwägungsgründen, die wesentlich unfangreicher sind als die 24 Artikel, die die Mitgliedstaaten umzusetzen haben.[445]

(aa) Anwendungsbereich

Die E-Commerce-Richtlinie schließt an die Fernabsatzrichtlinie an und ergänzt das Gemeinschaftsrecht im Hinblick auf die *Dienste der Informationsgesellschaft*. Dieser Begriff ist bereits in früheren Richtlinien definiert worden, als *eine Dienstleistung der Informationsgesellschaft, d. h. jede in der Regel gegen Entgelt elektronisch im Fernabsatz und auf individuellen Abruf eines Empfängers erbrachte Dienstleistung.*[446] Hierauf nimmt die E-Commerce-Richtlinie in Art. 2 a) ausdrücklich Bezug. Eine Dienstleistung erfolgt im Fernabsatz, wenn sie ohne gleichzeitige physische Anwesenheit der Vertragsparteien erbracht wird; sie erfolgt elektronisch, wenn sie *mittels Geräten für die elektronische Verarbeitung (einschließlich digitaler Kompression) und Speicherung von Daten am Ausgangspunkt gesendet und am Endpunkt empfangen wird und sie vollständig über Draht, über Funk, auf optischem oder anderem elektromagnetischem Wege gesendet, weitergeleitet und empfangen wird.* Die Dienstleistung erfolgt schließlich auf individuellen Abruf eines Empfängers, wenn sie *durch die Übertragung von Daten auf individuelle Anforderung erbracht* wird. Das Anbieten und Verkaufen von

---

[443] Richtlinie 31/2000/EG des Europäischen Parlaments und des Rates vom 08.06.2000 über bestimmte rechtliche Aspekte der Dienste der Informationsgesellschaft, insbesondere des elektronischen Geschäftsverkehrs, im Binnenmarkt („Richtlinie über den elektronischen Geschäftsverkehr"), ABl. Nr. L 178, 17.07.2000, S. 1 - 16; unter: http://www.internetrecht-info.de/rechtsn/ecomrili.pdf
Diese Richtlinie wird im Folgenden als E-Commerce-Richtlinie bezeichnet.

[444] Für eine Definition des Begriffes *E-Commerce* siehe schon Fn. 1 dieser Arbeit.

[445] *Hanika*, Bism@rck geht online, S. 9;
unter: http://www.pfaelzer-aerzte.de/download/ka/Bismarck.pdf

[446] Diese Definition findet sich erstmals in Art. 1 der Richtlinie 98/34/EG des Europäischen Parlaments und des Rates vom 22..06.1998 über ein Informationsverfahren auf dem Gebiet der Normen und technischen Vorschriften, ABl. Nr. L 204, 22.06.1998, S. 37 - 48.

Waren über das Internet ist damit erfasst.[447] In Betracht kommen allerdings nur gewerbliche, berufliche oder geschäftliche Tätigkeiten.[448]
Eine Beispielliste der *nicht* unter diese Definition fallenden Dienste findet sich in Anhang V der Richtlinie 98/34/EG[449]. Ausgeschlossen ist dadurch zum einen eine Anwendung der E-Commerce-Richtlinie auf eine Dienstleistung, bei deren Erbringung der Anbieter und
der Empfänger gleichzeitig physisch anwesend sind, selbst wenn dabei elektronische Geräte benutzt werden. Beispielhaft genannt wird die Untersuchung oder Behandlung in der Praxis eines Arztes mit Hilfe elektronischer Geräte, aber in Anwesenheit des Patienten.[450] Ausgeschlossen vom Anwendungsbereich ist auch die Konsultation eines elektronischen Katalogs in einem Geschäft in Anwesenheit des Kunden[451] sowie nicht *elektronisch* erbrachte Dienste, also solche, die nicht über elektronische Verarbeitungs- und Speicherungssysteme erbracht werden, beispielsweise die medizinische Beratung per Telefon/Telefax.[452] Konsequenterweise ist damit auch die Beratung durch einen Arzt oder Apotheker über Internet und Email nicht erfasst.
Die konsolidierte Fassung der E-Commerce-Richtlinie bietet in Art. 2 e) eine Definition des Begriffs *Verbraucher*, die eigens eingeführt wurde, sich aber an die Definition verschiedener anderer Richtlinien anlehnt.

(bb) Reglementierte Berufe

Art. 8 befasst sich mit den reglementierten Berufen, wozu gemäß Art. 2 g) i.V.m. Art. 1 d) der Richtlinie 89/48/EWG[453] auch der des Apothekers zählt.
Gemäß Art. 8 I hat jeder Mitgliedstaat dafür Sorge zu tragen, dass ein von einem Angehörigen eines reglementierten Berufs angebotener Dienst der

---

[447] Hierzu schon Erwägungsgrund 18 der E-Commerce-Richtlinie. Demnach erfassen die Dienste der Informationsgesellschaft einen weiten Bereich von wirtschaftlichen Tätigkeiten, die online vonstatten gehen können. Diese Tätigkeiten können insbesondere im Online-Verkauf von Waren bestehen. Auch Erwägungsgrund 21 nennt ausdrücklich Online-Informationsdienste, Online-Werbung, Online-Verkauf und Online-Vertragsschluss. Auch *Meyer*, E-Commerce mit Arzneimitteln, 2000, S. 25, geht davon aus, dass der Internethandel mit Arzneimittel in den Anwendungsbereich der Richtlinie fällt.

[448] Erwägungsgrund 18 der E-Commerce-Richtlinie

[449] Hierzu Fn. 446 dieser Arbeit.

[450] Hierzu auch Erwägungsgrund 18 der E-Commerce-Richtlinie.

[451] Anhang V. 1. a) der Richtlinie 98/34/EG; hierzu Fn. 446.

[452] Anhang V. 2. d) der Richtlinie 98/34/EG; hierzu Fn. 446.

[453] Richtlinie 89/48/EWG des Rates vom 21.12.1988 über eine allgemeine Regelung der Anerkennung der Hochschuldiplome, die eine mindestens dreijährige Berufsausbildung abschließen, ABl. Nr. L 019 vom 24.01.1989, S. 16 - 23

Informationsgesellschaft die berufsrechtlichen Regeln, insbesondere zur Wahrung von Unabhängigkeit, Würde und Ehre des Berufs, des Berufsgeheimnisses und eines lauteren Verhaltens gegenüber Kunden und Berufskollegen, einhält. Damit ist sichergestellt, dass die E-Commerce-Richtlinie die Selbstverwaltungsautonomie von Berufsvereinigungen und -organisationen, insbesondere deren Verhaltenskodizes, nicht berührt.[454]
Art. 5 I f) erfordert in diesem Zusammenhang, dass ein Internet-Auftritt eines Angehörigen eines reglementierten Berufs bestimmte Informationen bereithält. So sind u.a. anzugeben: der Berufsverband und die Kammer, dem der Anbieter angehört; die Berufsbezeichnung und der Mitgliedstaat, in der sie verliehen worden ist; eine Verweisung auf die im Mitgliedstaat der Niederlassung anwendbaren berufsrechtlichen Regeln und Angaben dazu, wie diese zugänglich sind.

(cc) Vertragsschluss

Entgegen dem ersten Entwurf zur E-Commerce-Richtlinie beabsichtigt die verabschiedete Fassung keine Rechtsangleichung im Hinblick auf den Mechanismus und den Zeitpunkt des Vertragsschlusses.[455] Art. 11, der den Vertragsschluss anspricht, geht nach überwiegender Ansicht nur von der seltenen Situation aus, dass auf der WebSite schon ein rechtlich bindendes Angebot abgegeben werden soll.[456] Nach anderer Ansicht lässt die Formulierung des Art. 11 es bewusst offen, ob durch das Anpreisen einer Ware auf einer WebSite nur eine invitatio ad offerendum oder ein verbindliches Angebot abgegeben wird.[457] Letzterem ist zuzustimmen, da eben keine Regelung der Vertragsschlussmechanismen gewollt ist und es den Mitgliedstaten überlassen bleiben soll, die erforderlichen Maßnahmen in ihr jeweiliges System umzusetzen.
Stattdessen wird der Anbieter nämlich verpflichtet, alle zum Vertragsschluss erforderlichen Schritte zu beschreiben, so dass für den Verbraucher kein Zweifel mehr daran bestehen kann, wann er eine rechtsverbindliche Erklärung abgibt. Nach Vertragsschluss muss der Anbieter die Bestellung unverzüglich auf elektronischem Wege bestätigen.
Art. 11 II fordert schließlich dazu auf, dem Verbraucher angemessene, wirksame und zugängliche technische Mittel zur Verfügung zu stellen, mit denen er

---

[454] *Tettenborn*, K&R 2000, S. 62; kritisch zur Formulierung von Art. 8 I: *Hoeren*, MMR 1999, S. 197.

[455] Die ursprüngliche Fassung sah hier noch ein kompliziertes System von Angebot, Annahme, und doppelter Bestätigung vor, *Arndt/Köhler*, EWS 2001, S. 108f.

[456] *Hoffmann*, NJW-Beilage zu Heft 14/2001, S. 7; *Loock-Wagner*, Das Internet und sein Recht, 2000, S. 49; *Ernst*, VuR 1999, S. 404

[457] *Lehmann*, EuZW 2000, S. 519

Eingabefehler erkennen und korrigieren kann. Dies kann ein Anbieter etwa dadurch sicherstellen, dass er dem Kunden vor dem letztlichen Anklicken eines „Bestellen"-Buttons eine Zusammenfassung seiner Bestellung anzeigt.

(dd) Elektronische Form

Ein Hauptanliegen der E-Commerce-Richtlinie ist es, die elektronische Form der Papierform rechtlich anzugleichen. Jeder Mitgliedstaat ist daher aufgefordert, alle diejenigen Rechtsvorschriften zu ändern, die die Verwendung elektronisch geschlossener Verträge behindern könnten; dies gilt insbesondere für Formerfordernisse.[458] Die Prüfung der anpassungsbedürftigen Rechtsvorschriften soll systematisch erfolgen und sämtliche Phasen des Vertragsabschlusses umfassen, einschließlich der Archivierung des Vertrages. Das wichtigste Mittel ist dabei die elektronische Signatur, die die Authentifizierung und Integritätsprüfung in gleichem oder sogar besserem Maße wie bei der Papierform ermöglichen soll.[459] Die E-Commerce-Richtlinie ist daher in engem Zusammenhang mit der Richtlinie 1999/93/EG über gemeinschaftliche Rahmenbedingungen für elektronische Signaturen zu sehen.[460]

(ee) Informationspflichten

Art. 5, 6, 7 und 10 betreffen zahlreiche Informationspflichten, die über die schon gemäß der Fernabsatzrichtlinie zu machenden Angaben und Umstände hinausgehen und den besonderen Anforderungen des Internets Rechnung tragen wollen. Insofern findet eine Ergänzung statt.[461] Dazu zählen beispielsweise Angaben zur Email-Adresse, zur Eintragung in ein Handelsregister und zur zuständige Aufsichtsbehörde. Diese Angaben sind Minimalanforderungen.[462] Der Verbraucher soll auch in die Lage versetzt werden, beispielsweise vor dem Kauf und Download einer bestimmten Software die Kompatibilität mit seinem PC zu überprüfen.[463]
Vertragsbedingungen und AGB sind den Kunden zur Verfügung zu stellen, Art. 10 III. Zudem muss über die für den Vertragsabschluss zur Verfügung stehenden Sprachen informiert werden. Gemäß Art. 5 sind die vorvertraglichen

---

[458] Erwägungsgrund 34 der E-Commerce-Richtlinie

[459] *Maennel*, MMR 1999, S. 190

[460] Richtlinie 1999/93/EG des Europäischen Parlaments und des Rates vom 13.12.1999 über gemeinschaftliche Rahmenbedingungen für elektronische Signaturen, ABl. Nr. L 013 vom 19.01.2000 S. 12 - 20; dazu Erwägungsgrund 34 der E-Commerce-Richtlinie.

[461] *Tettenborn*, K&R 2000, S. 60

[462] *Sack*, WRP 2001, S. 1423

[463] *Salaün*, Computer Law & Security Report 1999, S. 162

Informationen dem Verbraucher schriftlich oder auf einem dauerhafter Datenträger zu überlassen, was schon gemäß dem Sinn der Richtlinie, die elektronische Form zu fördern, nicht zwingend die Papierform meint.[464]

(ff) Herkunftslandprinzip

Die zentrale Vorschrift[465] der E-Commerce-Richtlinie ist Art. 3, der das Herkunftslandprinzip[466] normiert. Danach müssen Anbieter von Waren und Dienstleistungen über das Internet grundsätzlich nur diejenigen Vorschriften beachten, die in ihrem jeweiligen Herkunftsland gelten. Hintergrund ist die Überlegung ist, dass Internet-Dienste EU-weit angeboten werden können, ohne die Rechtsvorschriften aller Mitgliedstaaten berücksichtigen zu müssen. Damit hat sich die Richtlinie gegen die Anwendung des Territorialprinzips entscheiden, demnach das Recht des Staaten anzuwenden wäre, in dessen Gebiet der Dienst erbracht wird.
Der Anhang zu Art. 3 i.V.m. Art. 3 III sieht allerdings wichtige Ausnahmen vom Herkunftslandprinzip vor. Damit soll es für die Mitgliedstaaten möglich bleiben, den E-Commerce in ihrem Land zu steuern.
Das Herkunftslandprinzip findet demnach keine Anwendung für die Besteuerung, das Urheberrecht und den Bereich der vertraglichen Schuldverhältnisse in Bezug auf Verbraucherverträge.
Schließlich können die Mitgliedstaaten auch gemäß Art. 3 IV a) i) Maßnahmen ergreifen, die im Hinblick auf einen bestimmten Dienst der Informationsgesellschaft den freien Verkehr aus einem anderen Mitgliedstaat einschränken, wenn dies u.a. zur Durchsetzung strafrechtlicher, polizeirechtlicher, verbraucherschutzrechtlicher, jugendschutzrechtlicher oder gesundheitlicher Anforderungen nötig ist.[467] Diese Maßnahme muss jedoch einen bestimmten Dienst der Informationsgesellschaft betreffen, welcher beispielsweise die öffentliche Gesundheit beeinträchtigt oder eine ernsthaft und schwerwiegende Gefahr darstellt, sowie in einem angemessenen Verhältnis zum Schutzziel stehen.

---

[464] *Salaün*, Computer Law & Security Report 1999, S. 162

[465] So *Spindler*, MMR-Beilage 7/2000, S. 7.

[466] In der Literatur wird auch vom *Ursprungslandprinzip* gesprochen, z.B. bei *Schmittmann/Busemann*, AfP 1999, S. 240

[467] Ausführlich hierzu: *Sack*, WRP 2001, S. 1421f.

(gg) Fazit zur E-Commerce-Richtlinie

(1) Allgemeine Bewertung der Richtlinie

An der E-Commerce-Richtlinie wird kritisiert, sie habe vor allem die Marktliberalisierung im Blickpunkt, nicht aber Antworten auf spezielle Charakteristiken und Gefahren des E-Commerce aus Verbrauchersicht.[468] Tatsächlich bringt sie die Verbraucherrechte nicht wesentlich voran. Dass gewisse Informationen dargeboten werden müssen, war für einen seriösen Internetanbieter ohnehin schon selbstverständlich, für andere Anbieter besteht immer die Möglichkeit, außerhalb der EU zu agieren.
Das Herkunftslandprinzip ist damit die einzige wesentliche Änderung, die die Richtlinie mit sich bringt. Und dieses ist gerade aus Sicht der Verbraucher als schwierig zu beurteilen. Die Literatur führt dies auch darauf zurück, dass der Richtlinienentwurf nicht vom Verbraucherschutzdirektorat der Kommission, sondern vom Direktorat für Internal Market kam.[469] Allen verbraucherschutzrechtlichen Richtlinien ist gemein, dass sie es den Mitgliedstaaten freistellen, strengere Schutzvorschriften beizubehalten oder einzuführen.

(2) Bewertung gesundheitsspezifischer Aspekte

(i) *Anwendbarkeit auf den E-Commerce mit Arzneimitteln*

Art. 2 h definiert den *koordinierten Bereich*, also den Anwendungsbereich der E-Commerce-Richtlinie. Geregelt wird demnach die Aufnahme (Qualifikation, Genehmigung, Anmeldung) und die Ausübung (Qualität und Inhalt des Dienstes, Werbung, Verantwortlichkeit) eines Dienstes der Informationsgesellschaft. Damit sind alle Anforderungen an die Waren als solche (Sicherheitsnormen, Kennzeichnungspflichten, haftungsrechtliche Vorschriften) und an deren Beförderung und Lieferung vom Regelungsbereich ausgenommen.[470] Onlinebezogene Aktivitäten, insbesondere die Verkaufsanbahnung durch Werbung, Sponsoring etc., und der Vertragsabschluss werden geregelt. Spezifische Anforderungen bezüglich der jeweiligen Ware, also auch Vertriebsbeschränkungen im Bestimmungsland, greifen aber weiterhin

---

[468] *Dickie*, Internet and Electronic Commemrce Law, 1999, S. 101. Dickie ist der Ansicht ist, dass der rechtliche Rahmen für E-Commerce besser von den Gerichten als von gesetzgeberischer Seite her geschaffen werden könne, da nur so dem dynamischen Charakter des elektronischen Marktes angemessen Rechnung getragen werden könne, S. 103.

[469] *Dickie*, Internet and Electronic Commerce Law, 1999, S. 102

[470] Art. 2 h) ii) der E-Commerce-Richtlinie, ausgenommen sind auch Dienste, die nicht auf elektronischem Wege erbracht werden; *Tettenborn*, K&R 2000, S. 61.

dann ein, wenn sich die Aktivität *materialisiert*, also physisch in Form der bestellten Ware auftritt.[471]

Auf Art. 2 h, der den Anwendungsbereich der Richtlinie definiert, bezieht sich auch Erwägungsgrund 21, welcher wie folgt lautet:

> *Eine künftige gemeinschaftliche Harmonisierung auf dem Gebiet der Dienste der Informationsgesellschaft und künftige Rechtsvorschriften, die auf einzelstaatlicher Ebene in Einklang mit dem Gemeinschaftsrecht erlassen werden, bleiben vom Geltungsbereich des koordinierten Bereichs unberührt. Der koordinierte Bereich umfasst nur Anforderungen betreffend Online-Tätigkeiten, beispielsweise Online-Informationsdienste, Online-Werbung, Online-Verkauf und Online-Vertragsabschluß;* ***er betrifft keine rechtlichen Anforderungen der Mitgliedstaaten bezüglich Waren,*** *beispielsweise Sicherheitsnormen, Kennzeichnungs-pflichten oder Haftung für Waren, und keine Anforderungen der Mitgliedstaaten bezüglich der Lieferung oder Beförderung von Waren,* ***einschließlich der Lieferung von Humanarzneimitteln****...*[472]

Damit wird klargestellt, dass beispielsweise der Transport nicht unter den Anwendungsbereich der E-Commerce-Richtlinie fallen soll.
Eine solche Formulierung fand sich in der ursprünglichen Fassung[473] der Richtlinie noch nicht. Sie ist auf ausdrücklichen Wunsch Deutschlands aufgenommen worden mit dem Ziel, das nationale Versandhandelsverbot auch weiterhin gegenüber Drittstaaten der EU durchsetzen zu können.[474] Die *Bundesvereinigung Deutscher Apothekerverbände (ABDA)* beschreibt diese Ergänzung des Richtlinientextes als wesentlichen Erfolg eigener Politik, durch die die zuständigen deutschen Ministerien zur Intervention in der zuständigen europäischen Ratsarbeitsgruppe gewonnen werden konnten.[475]

Zugleich lässt sich diesem Erwägungsgrund aber auch entnehmen, dass der Arzneimittel*handel* als solcher eben nicht vom Anwendungsbereich ausgenommen sein soll.

---

[471] Tettenborn, K&R 2000, S. 61

[472] Hervorhebungen durch die Verfasserin.

[473] Alte Fassung KOM (1998) 586 endg.;
unter: http://europa.eu.int/comm/internal_market/en/ecommerce/com586de.pdf

[474] *Tettenborn*, K & R 2000, S. 61 sowie Fn. 16; *Koenig*, Internet-Auftritt, 2000, S. 19; *Ernst*, WRP 2001, S. 898, Fn. 87

[475] *ABDA*, Jahresbericht 1999/2000, S. 8,
unter: http://www.abda.de/ABDA/download/allgemeines/Jahresbericht_99_2000.pdf

Diese Differenzierung wird verständlicher, wenn man die E-Commerce-Richtlinie und die Fernabsatzrichtlinie als Teile eines Regelungssystems sieht. Die Bereiche Werbung und Vertragsschluss sind durch die E-Commerce-Richtlinie geregelt. Der Bereich der Lieferung wird von der Fernabsatzrichtlinie erfasst, die in Art. 14 ausdrücklich die Möglichkeit vorsieht, dass Mitgliedstaaten im Interesse der Allgemeinheit den Vertrieb im Fernabsatz für bestimmte Waren und Dienstleistungen, insbesondere Arzneimittel, verbieten können.

Dennoch bleibt unklar, wie eine Abgrenzung vorgenommen werden kann, wenn einerseits das Anbieten und der Verkauf eines Arzneimittels im Wege des E-Commerce von der Richtlinie geregelt und als ein Dienst der Informationsgesellschaft erlaubt und gefördert wird, die Auslieferung der Ware an den Besteller aber nach nationalem Recht eines Mitgliedstaates verboten bleiben kann.
Folge und Zweck der Umsetzung des Herkunftslandprinzips in nationales Rechts wäre es schließlich, dass ein in einem Mitgliedstaat erlaubter Handel nicht auf der Grundlage des Rechtes eines anderen Staates verboten werden könnte.[476] Hierbei zwischen der erlaubten Bestellung einerseits und der verbotenen Lieferung andererseits zu trennen, wäre lebensfremd und ist nicht praktikabel. Zwar ist die rechtliche Trennung von Verpflichtungs- und Erfüllungsgeschäft gerade dem deutschen Recht nicht fremd. Eine solche gegensätzliche rechtliche Bewertung von Verpflichtungs- und Erfüllungsgeschäft kann aber nicht zu einer Stärkung der Akzeptanz von Diensten der Informationsgesellschaft und des Internet generell beitragen und läuft daher dem Ziel der E-Commerce-Richtlinie zuwider. Dieser Aspekt der E-Commerce-Richtlinie bietet somit Anlass für Klärung durch den Gesetzgeber.

(ii) *Ausnahmen vom Herkunftslandprinzip*

Art. 1 III der E-Commerce-Richtlinie lautet:

> *Diese Richtlinie ergänzt das auf die Dienste der Informationsgesellschaft anwendbare Gemeinschaftsrecht und läßt dabei das Schutzniveau insbesondere für die öffentliche Gesundheit und den Verbraucherschutz, wie es sich aus Gemeinschaftsrechtsakten und einzelstaatlichen Rechtsvorschriften zu deren Umsetzung ergibt, unberührt, soweit die Freiheit, Dienste der Informationsgesellschaft anzubieten, dadurch nicht geschränkt wird.*

Damit wird klargestellt, dass bereits bestehende Gemeinschaftsregelungen u.a. zum Schutz der Gesundheit und der Verbraucher unberührt bleiben.[477]

---

[476] *Schäfers/Kaesbach*, Die BKK 2001, S. 207

[477] *Spindler*, MMR-Beilage 7/2000, S. 6

Ein Mitgliedstaat kann zudem gemäß Art. 3 IV a)i) Maßnahmen ergreifen, die im Hinblick auf einen bestimmten Dienst der Informationsgesellschaft den freien Verkehr aus einem anderen Mitgliedstaat einschränken, wenn dies beispielsweise zum Schutz der öffentlichen Gesundheit erforderlich ist. Diese Maßnahme muss, wie bereits allgemein dargestellt[478], einen bestimmten Dienst der Informationsgesellschaft betreffen, welcher beispielsweise die öffentliche Gesundheit beeinträchtigt oder eine ernsthafte und schwerwiegende Gefahr darstellt. Damit ist es also grundsätzlich möglich, gesundheits- oder verbraucherpolitische Regelungen vom Herkunftslandprinzip auszunehmen.[479] Eine Ausnahmeregelung muss aber auch in einem angemessenen Verhältnis zum Schutzziel stehen und steht damit unter dem Vorbehalt der Prüfung der Kommission auf ihre Verhältnismäßigkeit. Welche Anforderungen an diese Verhältnismäßigkeitsprüfung zu stellen sind, wird nicht näher geregelt und bleibt damit unklar.[480] Jedenfalls macht die Formulierung des Art. 3 IV deutlich, dass nicht schon der Schutzzweck, beispielsweise der Schutz der öffentlichen Gesundheit, als solcher eine Abweichung vom Herkunftslandprinzip rechtfertigen kann.[481] Art. 3 IV a) ii) und iii), Art. 3 IV b), V und VI stellen weitere Anforderungen u.a. an die Unterrichtung des betroffenen Mitgliedstaates und der Kommission.

e) Sprachenproblematik

(aa) Allgemeine Anforderungen

Die gemäß der Fernabsatzrichtlinie und der E-Commerce-Richtlinie bestehenden Informationspflichten wurden bereits dargestellt. Jeder Anbieter, der zur Information des Verbrauchers verpflichtet ist, muss eine Sprache wählen, deren Verständnis er vom Adressaten erwarten kann.[482] Bei dem Angebot einer Ware oder Dienstleistung über das Internet stellt sich für einen Anbieter immer das Problem, dass seine WebSite weltweit sichtbar ist, mithin Kunden aus allen Ländern bestellen könnten. Er hat damit die Wahl, entweder von vornherein zum Ausdruck zu bringen, dass er nur in bestimmte Länder liefert, also in solche, deren Anforderungen er erfüllen kann, oder er formuliert

---

[478] Siehe bereits II. 5. d) (ee) dieser Arbeit.

[479] *Hanika*, Bism@rck geht online, S. 14; dazu schon Fn. 445 dieser Arbeit.

[480] *Hoeren*, MMR 1999, S. 196

[481] *Hanika*, Die BKK 2001, S. 123, der für dieses Verfahren eine ähnliche Zukunft vorhersieht wie für das Freistellungsverfahren im europäischen Kartellrecht. Die Kommission sei kaum in der Lage, die erforderlichen Prüfungen durchzuführen, was letztlich zu einem Gruppenfreistellungsverfahren ähnlich dem des Kartellrechts führen könnte.

[482] *Rott*, ZVglRWiss 98 (1999), S. 405; *Waldenberger*, K&R 1999, S. 348

die erforderlichen Angaben in allen Amtssprachen der EU, so dass er jedenfalls europaweit liefern kann.
Gemäß Erwägungsgrund 8 der Fernabsatzrichtlinie fällt die Frage, welche Sprachen bei Vertragsabschlüssen im Fernabsatz zu verwenden sind, in die Zuständigkeit der Mitgliedstaaten. Nach Art. 10 I d) der E-Commerce-Richtlinie muss der Anbieter jedenfalls verpflichtet werden, über die zum Vertragsabschluss zur Verfügung stehenden Sprachen zu informieren.[483]

(bb) Arzneimittelspezifische Aspekte

Alle Angaben der Etikettierung und der Packungsbeilage von Humanarzneimitteln müssen gut lesbar, klar verständlich und unauslöschlich sein, Art. 4 I und Art. 8 Satz 1 der Richtlinie 92/27/EWG[484]. In der Literatur wird aus der Gesamtschau der EU-Richtlinien zum Verbraucherschutz ein *gemeinschaftsrechtliches Verständlichkeitsgebot* ableitet.[485]
Interessant sind in diesem Zusammenhang Art. 4 II S. 1 und Art. 8 Satz 1 der Richtlinie 92/27/EWG, die es erlauben, die Angaben der Etikettierung und Packungsbeilage in den Amtssprachen aller Mitgliedstaaten zu machen, in denen das Arzneimittel in Verkehr gebracht wird, sofern jeweils die selben Angaben gemacht werden. Ziel ist immer die Gewährleistung eines hohen Verbraucherschutzniveaus durch klare und unmissverständliche Verbraucherinformation.[486]
In Anlehnung an diese Regelung wäre auch eine entsprechende gesetzliche Lösung für Anforderungen an die Gestaltung eines Internetangebotes für Arzneimittel denkbar.

f) Fazit zu den Regelungen für den E-Commerce

Die Fernabsatzrichtlinie und die E-Commerce-Richtlinie erforderten die Umsetzung detaillierter Regelungen zu Information und Widerrufsrecht für Verbraucher, also der klassischen Verbraucherschutzinstrumentarien. Allerdings wird eine Harmonisierung des Vertragsschlusses selbst, der ja Basis für die Geltung aller daran anknüpfenden Informationspflichten und des den Vertrag rückgängig machenden Widerrufsrechts ist, nicht in Angriff genommen.
Die Differenzierung zwischen der Anwendbarkeit der E-Commerce-Richtlinie auf den Vertragsschluss und ihre Nichtanwendbarkeit auf die Lieferung

---

[483] *Grigoleit*, WM 2001, S. 603

[484] Richtlinie 92/27/EWG des Rates vom 31.03.1992 über die Etikettierung und die Packungsbeilage von Humanarzneimitteln, ABl. Nr. L 113 vom 30.4.1992, S. 8; dazu bereits III. 4. b) (dd) dieser Arbeit.

[485] *Rott*, ZVglRWiss 98 (1999), S. 400f

[486] *Streinz/Ritter* in: *Dauses*, Band 1, C.V, S. 10, Rdz. 35

insbesondere von Humanarzneimitteln erscheint widersprüchlich. Unklar bleiben auch die Anwendbarkeit des Herkunftslandprinzips auf den E-Commerce mit Arzneimitteln und insbesondere die Anforderungen, die an die Verhältnismäßigkeit nationaler Ausnahmeregelungen zu stellen sind.[487]

6. Regelungsansätze für den E-Commerce mit Arzneimitteln

Nachdem ein Überblick über die europäischen Arzneimittel- und E-Commerce-Regelungen gegeben wurde, stellt sich nun die Frage, ob einheitliche Regelungen für den E-Commerce mit Arzneimitteln auf Gemeinschaftsebene denkbar sind und ob Ansätze dafür schon ersichtlich sind.
Es wurde bereits festgestellt, dass weder der Vertrieb von Arzneimitteln im Einzelhandel noch die einschlägigen Bestimmungen des Krankenversicherungsrechts harmonisiert sind.[488]
Es ist daher zu prüfen, ob etwaige Wettbewerbsverzerrungen für den E-Commerce mit Arzneimitteln durch unterschiedliche nationale Bestimmungen zum Vertrieb von Arzneimitteln im Einzelhandel und zum Krankenversicherungsrecht durch Harmonisierungsmaßnahmen auf Gemeinschaftsebene beseitigt werden können und welche Gesichtspunkte sich vor dem Hintergrund der bereits weitreichenden Rechtsangleichung im E-Commerce-Recht ergeben.

a) EGV und Europäische Kommission

Der EGV enthält keine Vorschriften zur Rolle neuer Kommunikationstechniken im Gesundheitswesen.
Eine von der Europäischen Kommission 1998 in Auftrag gegebene Studie kam zu dem Schluss, dass der elektronischen Handel zu einem effizienteren Arzneimittelvertrieb beitragen und somit zu sinkenden Kosten führen kann.[489]
Die Europäische Kommission hat dies in ihrer *Mitteilung zum Binnenmarkt für Arzneimittel 1998*[490] aufgegriffen. Dort ist unter der Überschrift *Spezifische Maßnahmen* ein Kapitel dem elektronischen Handel und der Patientenaufklärung gewidmet. Man sieht insbesondere Einsparpotentiale als

---

[487] *Hoeren*, MMR 1999, S. 196

[488] Hierzu bereits III. 4. c) dieser Arbeit.

[489] *Ashurst Morris Crisp/Executive Perspective S.A.*, Impact of Electronic Commerce on the European Pharmaceutical Sector - An Overview-, 1998

[490] *Europäische Kommission*, Binnenmarkt für Arzneimittel, 25.11.1998, KOM (1998) 588 endg.; dazu bereits Fn. 287. Allgemein hierzu bereits III. 2. b) dieser Arbeit. Dazu auch der Artikel *The implications of e-commerce for community pharmacies*, Pharmaceutical Journal 2000, Vol. 265, S. 580.

Anlass, nach neuen Systemen für die Abgabe von Arzneimitteln zu suchen. Elektronischer Handel sei sowohl für den Großhandel, wo er zu weiterer Konsolidierung beitragen werde, als auch für den Verkauf an den Patienten von Bedeutung. Wichtig sei hierbei, dass die Unbedenklichkeit nicht leide, wenn im Interesse der öffentlichen Gesundheit eine ärztliche Überwachung von Verordnung und Verwendung bestimmter Arzneimittel erforderlich sei. Als rechtliches Problem sieht die Kommission vorrangig die in Europa verbotene, direkt an den Verbraucher gerichtete Werbung, die etwa in den USA erlaubt sei und dort rechtmäßig im Internet platziert werde.[491]

Die an den Amsterdamer Vertrag anschließenden Veröffentlichungen der Kommission in den Jahren 1999 und 2000 sprechen dies nicht an.[492] Im Mai 2000 hat die Kommission mit der *Mitteilung über die gesundheitspolitische Strategie der Europäischen Gemeinschaft* ein Programm für Gemeinschaftshandeln im Bereich öffentliche Gesundheit vorgelegt, welches für die Jahre 2001 - 2006 angelegt ist und die bis dahin europaweit angestrebten allgemeinen Ziele und grundsätzlichen Aufgaben beschreibt.[493] Hauptziel ist es, neuen Herausforderungen und Prioritäten im Gesundheitsbereich, insbesondere im Zusammenhang mit der EU-Erweiterung, den höheren Anforderungen an die Gesundheitsdienstleistungen und dem demographischen Wandel zu begegnen. Der Aufbau eines Gesundheitsinformationssystems wird angestrebt, weshalb die elektronische Kommunikation zur Sammlung von Daten für Statistiken und zum Austausch und gemeinsamen Nutzung von Gesundheitsdaten weiterentwickelt werden soll.[494] Es wird anerkannt, dass das Internet enorme Möglichkeiten für die Bereitstellung maßgeblicher und verständlicher Informationen über den Gesundheitsschutz und die Gesundheitsförderung sowie über Arzneimittel bietet.[495] Die Nutzung des Internets speziell für den Arzneimittelhandel wird darin nicht angesprochen.

Die Europäische Kommission hat sich nach der Fernabsatzrichtlinie abwartend geäußert.[496]

Im Bericht der Arbeitsgruppe *Pharmaceuticals and Public Health* vom 28.03.2000 wird der E-Commerce mit Arzneimitteln nur am Rande

---

[491] KOM (1998) 588 endg., S. 20f, dazu bereits Fn. 284.

[492] *SATS* - Study on the Use of Advanced Telecommunications Services by Health Care Establishments and Possible Implications for Telecommunications Regulatory Policy of the European Union, Oktober 2000, S. I, dazu bereits Fn. 287.

[493] KOM (2000) 285 endgültig, der deutsche Text unter: http://www.europa.eu.int/comm/health/ph/general/policynew_de.pdf

[494] KOM (2000) 285 endgültig, S. 39, siehe dazu bereits Fn. 493.

[495] KOM (2000) 285 endgültig, S. 20, siehe dazu bereits Fn. 493.

[496] So die Antwort auf die Schriftliche Anfrage Nr. 2146/98 von José Valverde Lopez zum Verkauf von Arzneimitteln über das Internet, ABl. Nr. C 096 vom 08.04.1999, S. 46.

angesprochen.[497] Gesundheitsinformationen im Internet müssten objektiv, verlässlich, von hoher Qualität und verständlich für den jeweiligen Adressaten dargeboten werden. Diese Aspekte seien auch zu berücksichtigen, wenn man über den E-Commerce spreche.[498]

Die Europäische Kommission startete am 08.12.1999 die Initiative *eEurope* mit dem Ziel, moderne Kommunikations- und Informationsstrukturen in Europa zu fördern und allen Bürger Europas den Internetzugang zu ermöglichen.[499] Alle Bürger und Verbraucher sollen die Vorteile des Internets nutzen können, zugleich soll die New Economy gestärkt werden.
Der Europäische Rat von Feira billigte im Juni 2000 den *Aktionsplan eEurope 2002 - eine Informationsgesellschaft für Alle.*[500] Kapitel 8 ist überschreiben mit *Gesundheitsfürsorge über das Netz* und fordert die Mitgliedstaaten auf, Infrastrukturen für benutzerfreundliche, gesicherte und interoperative Systeme für die Bereiche Gesundheitserziehung, Prävention und kurative medizinische Versorgung aufzubauen. Es komme wesentlich darauf an, die neue Informationstechnologie so zu nutzen, dass sie es den europäischen Bürgerinnen

---

[497] *Pharmaceuticals and Public Health in the EU: Proposals to the High Level Committee on Health for Policies and Actions in the Framework of the Treaty of Amsterdam*, unter: http://www.europa.eu.int/comm/health/ph/key_doc/ke02_en.pdf

[498] *Pharmaceuticals and Public Health in the EU: Proposals to the High Level Committee on Health for Policies and Actions in the Framework of the Treaty of Amsterdam*, S. 8, dazu schon Fn. 497 dieser Arbeit.

[499] *eEurope* ist eine Initiative der Europäischen Kommission mit dem Ziel, jeden Bürger, jede Schule und jedes Unternehmen in Europa so schnell als möglich den Internetzugang zu ermöglichen. Die Initiative baut dabei auf dem bestehenden rechtlichen Rahmen auf und konzentriert sich auf den Abbau von Hindernissen, die der schnellen Aufnahme digitaler Technologien im Wege stehen. Dazu auch: *Holznagel u.a.*, International Journal of Communications Law and Policy, Issue 5, 2000, Web-Doc 5-5-2000, S. 4f

[500] *Europäische Kommission*, eEurope 2002: Eine Informationsgesellschaft für alle, vorbereitet von Rat und Europäischer Kommission zur Vorlage auf der Tagung des Europäischen Rates am 19./20. Juni 2000 in Feira, den deutschen Text unter: http://europa.eu.int/information_society/eeurope/action_plan/pdf/actionplan_de.pdf.
Die 10 *eEuro*pe Aktionsziele sind:
1. Die Jugend Europas in das digitale Zeitalter führen (European youth into digital age)
2. Ein billigerer Internetzugang (Cheaper Internet access)
3. Ein schnelles Internet für Forscher und Studenten (Fast Internet for researchers and students)
4. Smart Cards für einen sicheren elektronischen Zugang (Smart cards for secure electronic access) 5. Risikokapital für High-Tech-Unternehmen (Risk capital for high-tech SME' s)
6. Teilnahme am Internet auch für Behinderte (eParticipation for the disabled)
7. Gesundheitsfürsorge über das Netz (Healthcare online)
8. Intelligenter Transport (Intelligent transport) 9. Regierungen im Internet (Government online) 10. Digitale Inhalte für ein globales Netz (Digital content for a global network)

und Bürgern ermögliche, eine aktive Rolle beim Umgang mit ihrer Gesundheit wahrzunehmen, und dass sie die Qualität der gesundheitlichen Versorgung insgesamt verbessere und gleichzeitig eine für alle · zugängliche Gesundheitsinformation gewährleiste.
Die Europäische Kommission geht in diesem Aktionsplan davon aus, dass *in der Branche der Telematik im Gesundheitswesen jedoch große Unsicherheit* herrsche *über Fragen der Verantwortung und des Datenschutzes sowie darüber, ob ärztliche Ratschläge, Information über Arzneimittel und das Anbieten von Arzneimitteln über das Netz rechtlich zulässig* sind.[501]

In einem vergleichbaren Aktionsplan zur *eEconomy*[502] wird die Notwendigkeit von rechtlicher Harmonisierung auf verschiedensten Ebenen angesprochen. Auffälligstes Beispiel sei das Gesundheitswesen, wo weiterhin starke nationale Unterschiede in rechtlicher und ethischer Sicht zwischen Industrie, Gesundheitsfürsorgern, Sszialen Sicherungssystemen und Patienten bestünden.[503] Die Beziehungen zwischen pharmazeutischer Industrie, Sozialen Sicherungssystemen und Ärzten böten in zahlreichen Bereichen ein Wachstumspotential für das E-Business (e-clinical applications, e-research, e-customer relations management, etc.). Rechtliche Hindernisse basierten vor allem auf dem Stückwerk nationaler rechtlicher Maßnahmen zur Regulierung von Produktinformationen, Preisen, Kostenersatz, Produktwahl und Vertrieb.

Eine Richtlinie für den Versandhandel mit Arzneimitteln gibt es nicht. Bestehende Richtlinien nehmen diesen Bereich zum Teil ausdrücklich aus. So erlaubt die Fernabsatzrichtlinie den Mitgliedstaaten ausdrücklich, ein Verbot des Versandes von Arzneimitteln beizubehalten und auch die E-Commerce-Richtlinie grenzt ihren Anwendungsbereich davon ab. Auf diese Regelungen wurde bereits im Einzelnen eingegangen.
Immerhin werden Internet-Apotheken als separater Bereich des E-Commerce angesehen, den es auch gesondert zu regeln gelte.[504]

---

[501] *Europäische Kommission*, eEurope 2002 - Aktionsplan, Brüssel 14.06.2000, S. 23, dazu schon Fn. 500.

[502] *Europäische Kommission*, The e-Economy in Europe: Its potential Impact on EU enterprises and policies, e-Economy conference, Brussels, 1 and 2 March, 2001, unter: http://europa.eu.int/comm/enterprise/events/e-economy/doc/e_economy_report.pdf

[503] *Europäische Kommission*, The e-Economy in Europe: Its potential Impact on EU enterprises and policies, e-Economy conference, Brussels, 1 and 2 March, 2001, S. 19, dazu schon Fn. 502.

[504] *Europäische Kommission*, Issue paper - Working Group Manufacturing „Consumer Goods Industries", 01.-02.3.2001, S. 2, unter: http://europa.eu.int/comm/enterprise/events/e-economy/doc/manufacturing2_paper.pdf

b) Rechtliche Voraussetzungen für eine Richtlinie

(aa) Das Erfordernis einer Kompetenz

Das Bedürfnis für eine europäische Richtlinie zum E-Commerce mit Arzneimitteln ist hiermit deutlich geworden.
Die Gemeinschaft hat keine unbeschränkte Kompetenz zur Rechtsvereinheitlichung, vielmehr ist jedes Handeln der Gemeinschaft geprägt durch das Prinzip der begrenzten Einzelermächtigung, Art. 5 EGV.[505] Danach darf die Gemeinschaft nur innerhalb der ihr durch den EGV zugewiesenen Befugnisse und Ziele tätig werden. Die Gemeinschaft besitzt keine Kompetenz-Kompetenz, sie darf sich also ihre Rechtsetzungsbefugnis auch nicht selbst verschaffen. Nach ständiger Rechtsprechung des EuGH muss sich im Rahmen des Zuständigkeitssystems der Gemeinschaft die Wahl der Rechtsgrundlage für einen Rechtsakts auf *objektive*, gerichtlich nachprüfbare Umstände gründen. Zu diesen Umständen gehören insbesondere das Ziel und der Inhalt des Rechtsakts.[506] Maßgeblich ist also die objektive Sachnähe des Rechtsaktes zum Regelungsinhalt einer Kompetenznorm.[507] Nicht maßgeblich ist, welches nach der *Überzeugung eines Organs* das angestrebte Ziel ist.[508]

Damit stellt sich die Frage, ob die Gemeinschaft für eine Richtlinie zum E-Commerce mit Arzneimitteln die erforderliche Kompetenz hätte.

Es wurde bereits dargestellt, dass die Kompetenzen der Gemeinschaft in den Bereichen Gesundheits- und Verbraucherschutz jeweils durch das Prinzip der Subsidiarität begrenzt sind. Für den Gesundheitsschutz ist zudem die ausdrückliche Ausklammerung der Bereiche *Kostenerstattung* und *Organisation* des Gesundheitswesens zu beachten.[509] Eine Kompetenz zur Angleichung der Gesundheitssysteme fehlt der Gemeinschaft daher.[510]
In der Literatur wird daraus zum Teil gefolgert, dass es auch für das Angebot ärztlicher und medizinischer Dienstleistungen über elektronische Medien

---

505 *Taupitz* in: *Deutsch/Taupitz*, Dienstleistungsberufe, 1993, S. 11; *Zulegg* in: *Groeben* u.a., Kommentar zum EU/EG-Vertrag, 1999, Art. 3b, Rdz. 2f; *Schroeder*, EuR 1999, S. 455; dieses Prinzip wird in Art. 7, 8, 9, 202, 211 und 249 EGV sowie in Art. 2, 3 und 5 EUV erwähnt und ist zudem in Art. 5 I EGV als Strukturprinzip verankert.

506 EuGH Slg. 1997, S. 2405, Rdz. 12 (Rs. C-233/94) = EWS 1997, S. 198; Slg. 1996, S. 6177 (Rs. C-268/94), Rdz. 22; Slg. 1993, S. 939, Rdz. 7 (Rs. C-155/91); Slg 1992, S. 4193, Rdz. 13 (Rs. C-295/90); Slg. 1991, S. 2867 (Rs. C-300/89), Rdz. 10

507 *Fischer* in: *Lenz*, EG-Vertrag, 1999, Art. 152, Rdz. 18

508 EuGH, Slg. 1991, S. 2862

509 Hierzu schon II, 1. b) dieser Arbeit.

510 *Emmerich-Fritsche*, EWS 2001, S. 369; *Hanika*, MedR 2000, S. 207

mangels ausreichender Rechtsgrundlage zur Zeit keine Harmonisierung auf Gemeinschaftsebene geben kann.[511]

Betroffen ist beim Internethandel mit Arzneimitteln aber in gleicher Weise auch der freie Warenverkehr im europäischen Binnenmarkt. Da der E-Commerce mit Arzneimitteln in einigen Mitgliedstaaten der Europäischen Gemeinschaft erlaubt ist und stattfindet, in den anderen Mitgliedstaaten nicht, sind die Unternehmen in den Mitgliedstaaten unterschiedlichen Situationen ausgesetzt. Hier von Wettbewerbsverzerrungen zu sprechen, ist naheliegend.

Eine klare Abgrenzung wäre also für die Ermittlung der Rechtsgrundlage von großer Bedeutung. Allerdings ist eine solche gerade beim E-Commerce mit Arzneimitteln naturgemäß nicht möglich, da dieser die Schnittstelle zwischen dem Pharmazie- und dem E-Commerce-Recht belegt.
Welche Rechtsgrundlage bei einer Überschneidung im Hinblick auf unterschiedliche Kompetenzen heranzuziehen ist, ist allgemein umstritten:

(bb) Das Spannungsfeld zwischen Gesundheitsschutz und Freiem Warenverkehr

In Betracht kommt grundsätzlich entweder eine Kombination von Kompetenzen mit der sich anschließenden Frage, wie das Zusammenspiel hierbei aussehen sollte, oder der Vorrang einer der beiden konkurrierenden Kompetenzen.

(1) Mehrheit von Kompetenzgrundlagen

Eine ausschließliche Kompetenz mit der Folge, dass auch das Subsidiaritätsprinzip nicht zu beachten ist, läge nur vor, wenn die Mitgliedstaaten unabhängig vom konkreten Tätigwerden der Gemeinschaft nicht handlungsbefugt wären.[512] Dies ist vorliegend aber nicht ersichtlich.

(i) *Schwerpunkt der Maßnahme*

Der EuGH fragte in mehreren Entscheidungen, in denen sich Kompetenzkonflikte aufzeigten, danach, wo der Schwerpunkt oder der Hauptzweck des Gemeinschaftshandelns liegt.[513] Diesen soll man nach Ziel, Inhalt und Wirkung der Maßnahme bestimmen, wie sie sich nach objektiver Betrachtung darstellen.[514]

---

[511] *Hanika*, MedR 2000, S. 208

[512] *Stein*, EWS 2001, S. 16

[513] EuGH, Slg. 1991, S. 4529, Rdz. 17 (Rs. C-70/88) (Kontamination von Lebensmitteln); EuGH, Slg. 1994, S. 2857, Rdz. 25f (Rs. C-187/93) (Verbringung von Abfällen); *Schroeder*, EuR 1999, S. 455; *ders.* EuR 1991, S. 356; ablehnend: *Stein*, EWS 2001, S. 15

[514] EuGH, Slg. 1991, S. 4564, Rdz. 9 (Rs. C-70/88)

Ein Schwerpunkt scheint beim E-Commerce mit Arzneimitteln nicht feststellbar. Sowohl der Einsatz des Internet als Kommunikations- und Vertriebsmittel ist wesentlich, ja charakteristisch, ebenso aber auch die gesteigerte Schutzbedürftigkeit des Verbrauchers beim Kauf der besonderen Ware Arzneimittel. Eine Maßnahme auf europäischer Ebene würde somit in jedem Fall sowohl der Verwirklichung des Binnenmarktes als auch dem Gesundheitsschutz dienen wollen.[515]

Die hier immer bestehenden Abgrenzungsschwierigkeiten bilden den Hauptkritikpunkt an einer Einordnung nach dem Schwerpunkt der Maßnahme. Das Kriterium des Hauptzweckes einer Maßnahme ist nach in der Literatur vorherrschender Ansicht grundsätzlich nicht praktikabel[516] und im vorliegenden Fall offensichtlich nicht durchführbar.

(ii) *Vorrang des Art. 152 EGV*

Für einen Vorrang des Art. 152 EGV, der zentralen Vorschrift zum Gesundheitswesen im EGV, lässt sich anführen, dass ansonsten eine Umgehung insbesondere des in Art. 152 IV c) EGV normierten Verbots von Harmonisierungsmaßnahmen im Bereich Gesundheit droht.[517] Auch der EuGH gibt in neuerer Rechtsprechung dem Art. 152 EGV den Vorrang, wenn eine *Maßnahme nur nebenbei eine Harmonisierung der Marktbedingungen in der Gemeinschaft* bewirkt.[518]
Andererseits besteht dabei die Gefahr, dass sich Mitgliedstaaten bei einem Vorrang des Gesundheitsschutzes hinter gesundheitsrelevanten Argumenten verschanzen und damit den Binnenmarkt aushöhlen.[519]

---

[515] Dies macht schon die bisher eindeutigsten Aussagen Europas zum E-Commerce mit Arzneimitteln im Rahmen der Initiative eEurope 2000, deutlich; dazu bereits III. 6. a) dieser Arbeit.

[516] *Schmidt am Busch* in: *Grabitz/Hilf*, Art. 152, Rdz. 57

[517] *Wägenbaur*, EuZW 2000, S. 551

[518] EuGH Slg. 1994, S. 2857, Rdz. 24f (Rs. C-187/93) (Verbringung von Abfällen), Rdz. 25 lautet: „Es ist nämlich ständige Rechtsprechung, dass die bloße Tatsache, dass die Errichtung oder das Funktionieren des Binnenmarktes betroffen ist, nicht genügt, damit Artikel 100a EWG-Vertrag anwendbar wird, und dass der Rückgriff auf diesen Artikel nicht gerechtfertigt ist, wenn die vorzunehmende Handlung nur nebenbei eine Harmonisierung der Marktbedingungen innerhalb der Gemeinschaft bewirkt."

[519] Dieses Argument in Anlehnung an *Wrede*, EWS 2001, S. 374, dort zum Spannungsfeld Warenverkehr - Umweltschutz.

(iii) *Vorrang des Art. 95 EGV*

Eine andere Möglichkeit wäre es -etwa in Analogie zur vergleichbaren Problematik im Umweltrecht[520]- Art. 95 EGV als alleinige Rechtsgrundlage heranzuziehen. Bei binnenmarktrelevanten Maßnahmen könnte die Gemeinschaft somit in der *vollen Breite der Gesundheitspolitik*[521] tätig werden. Die beim E-Commerce mit Arzneimitteln bestehenden Wettbewerbsverzerrungen wurden bereits angesprochen. Der EuGH lässt es dabei ausreichen, wenn solche Hemmnisse wahrscheinlich entstehen können.[522]
Maßnahmen, die den Abbau von Handelshemmnissen durch unterschiedliche Wettbewerbsbedingungen für den Binnenmarkt bezwecken, werden grundsätzlich auf Art. 95 EGV gestützt.[523] Denn dies ist die speziell auf die Vollendung des Binnenmarktes zugeschnittenen Bestimmung.[524] Jede Maßnahme zur Rechtsangleichung muss hier verhältnismäßig sein und darf nur soweit in die Rechtsetzungskompetenz der Mitgliedstaaten eingreifen, als dies zur Erreichung des Zieles erforderlich und angemessen ist.[525] Die Kompetenz der Gemeinschaft ist hier also ungleich umfassender als im Bereich des Gesundheitswesens.

In einem Urteil zur Tabakwerbeverbotsrichtlinie[526] hat der EuGH im Oktober 2000 eine Richtlinie, mit der die Werbung für Tabakerzeugnisse in der Presse, im Rundfunk und im Internet verboten werden sollte, für nichtig erklärt.[527] Entgegen der Begründung der Richtlinie, dass sie der Beseitigung von Handelshemmnissen im Binnenmarkt dienen solle, sah der EuGH ihren Zweck vielmehr im Gesundheitsschutz. Entstehungsgeschichte, Inhalt und Ziel der

---

[520] In der Entscheidung Titandioxid, EuGH Slg. 1991, S. 2867, Rdz. 22 (Rs. 300/89) = EuZW 1991, S. 473 befand der EuGH, dass eine Maßnahme der Gemeinschaft nicht bereits deshalb unter Artikel 130s (a.F.) falle, weil mit ihr auch Ziele des Umweltschutzes verfolgt werden.

[521] *Oppermann*, Europarecht, 2. Auflage 1999, S. 893f, Rdz. 2056

[522] EuGH, Urteil vom. 05.10.2000, C-376/98, Slg. 2000, S. 0, Rdz. 96; *Stiess/Hellert*, ZUM 2000, S. 1039

[523] Hierzu schon III. 2. a) dieser Arbeit; Art. 95 I EGV entspricht dem Wortlaut des Art. 100a I EWG-Vertrags a.F.; *Taupitz* in: *Deutsch/Taupitz*, Dienstleistungsberufe, 1993, S. 11, dort zu Art. 100a EWG-Vertrag.

[524] EuGH Slg. 1991, S. 2867, Rdz. 24 (Rs. 300/89) (Titandioxid) = EuZW 1991, S. 473

[525] *Taupitz* in: *Deutsch/Taupitz*, Dienstleistungsberufe, 1993, S. 11, dort zu Art. 100a EWG-Vertrag

[526] Richtlinie 98/43/EG des Europäischen Parlaments und des Rates vom 06.07.1998 zur Angleichung der Rechts- und Verwaltungsvorschriften der Mitgliedstaaten über Werbung und Sponsoring zugunsten von Tabakerzeugnissen, ABl. 1998, L 213, S. 9ff

[527] EuGH Urteil vom. 05.10.2000, Slg. 2000, S. 8419ff (Rs. C-376/98) (Bundesrepublik Deutschland/ Parlament und Rat), NJW 2000, S. 3701 = EuZW 2000, S. 694

Richtlinie zeigten unmissverständlich, dass ihr Schwerpunkt im Schutz der öffentlichen Gesundheit liege. Die Richtlinie könne schon deshalb nicht auf Art. 95 EGV gestützt werden, weil dem Verbot von Werbung *keinerlei* den Binnenmarkt fördernde Wirkung zukäme.[528] Die Gemeinschaft habe eben keine genuine Kompetenz zur Gesundheitspolitik.[529] Der EuGH wies darauf hin, dass der EGV eine Harmonisierung der Vorschriften der Mitgliedstaaten zum Schutz und zur Förderung der menschlichen Gesundheit ausschließt.
Es sei aber andererseits damit nicht ausgeschlossen, dass Harmonisierungsmaßnahmen, die auf der Grundlage anderer Bestimmungen erlassen werden, Auswirkungen auf den Bereich des Gesundheitsschutzes haben dürfen. Denn die Erfordernisse im Bereich des Gesundheitsschutzes gemäß Art. 152 seien auch Bestandteil der übrigen Politiken der Gemeinschaft.[530]

Demzufolge kann eine Richtlinie trotz Auswirkungen auf den Gesundheitsbereich auf Art. 95 EGV gestützt werden, wenn es gilt, konkrete Hemmnisse für den Freien Warenverkehr oder spürbare Wettbewerbsverzerrungen zu beseitigen.[531]

Die beschriebene Rechtsprechung lässt sich auf eine Richtlinie zum E-Commerce mit Arzneimitteln nicht direkt übertragen, da es dort um das gänzliche *Verbot* der Werbung für Tabakerzeugnisse ging, hier aber die Reglementierung einer grundsätzlichen *Erlaubnis*, sogar Förderung des Arzneimittelhandels in Frage steht. Gleichwohl lassen sich aus dieser Rechtsprechung wichtige Anhaltspunkte dafür ziehen, dass eine entsprechende Richtlinie durchaus auf Art. 95 EGV gestützt werden könnte.
Wenn man hier nur Art. 95 EGV heranziehen würde, besteht gleichwohl die Gefahr, dass Art. 152 IV c) EGV umgangen wird.[532]

(iv) *Art. 308 EGV*

Als Rechtsgrundlage könnte auch Art. 308 EGV in Betracht kommen, nach dem die Entscheidungen einstimmig zu fällen sind. Art. 308 EGV kann als Rechtsgrundlage aber überhaupt nur dort herangezogen werden, wo andere Kompetenznormen fehlen. Art. 308 EGV setzt die Erforderlichkeit und eine

---

528 *Stein*, EWS 2001, S. 15

529 *Reich*, VuR 2001, S. 206

530 EuGH Urteil vom. 05.10.2000, Slg. 2000, S. 8419ff, Leitsatz 1 und Rdz. 78 (Rs. C-376/98) (Bundesrepublik Deutschland/ Parlament und Rat)

531 So auch *Fischer* in: *Lenz*, EG-Vertrag, 1999, Art. 152, Rdz. 18, der dann ausschließlich Art. 95 EGV anwenden will; *Dörr/Zorn*, NJW 2001, S. 2841

532 *Wägenbaur*, EuZW 2001, S. 551

Regelungslücke voraus.[533] Neben Art. 152 EGV oder Art. 95 EGV kommt ein Rückgriff auf Art. 308 EGV aber nicht in Betracht.[534] Vorliegend stellt sich nämlich nicht die Frage, ob überhaupt eine Rechtsgrundlage vorhanden ist, sondern welche unter mehreren möglichen Rechtsgrundlagen Anwendung finden soll.

(v) *Gesetzgebungsgenese*

Schließlich wird noch überlegt, die jeweilige Gesetzgebungsgeschichte miteinzubeziehen und darauf zu achten, durch welchen Kommissar oder welchen Ausschuss des Parlamentes und welchen beschließenden Ministerrat die fragliche Maßnahme behandelt wurde.[535] Dagegen wird eingewandt, dass solche Prioritäten rein subjektiver Art seien, und politische Erklärungen im Gesetzgebungsverfahren durch den Gerichtshof nicht berücksichtigt werden müssten.[536] Politische Motive können für die Beurteilung der Rechtsgrundlage einer Maßnahme schon deshalb nicht maßgebend sein, weil damit keinerlei objektive Kriterien mehr gegeben sind[537] und eine Nachprüfung durch den EuGH praktisch ausgeschlossen wäre.

(vi) *Kombination von Rechtsgrundlagen*

Der EuGH lehnt eine Kombination mehrerer Rechtsgrundlagen generell ab. Wenn ein Rechtsakt durch zwei oder mehr Kompetenzgrundlagen abgestützt würde, seien erhebliche Probleme für das Gesetzgebungsverfahren zu erwarten.[538] Der Grundsatz der qualifizierten Einzelermächtigung, Art. 5 EGV, werde missachtet.

(2) Fazit und Anwendung auf den E-Commerce mit Arzneimitteln

Da somit weder das alleinige Heranziehen von Art. 95 oder Art. 152 EGV überzeugen, noch das Abstellen auf den Schwerpunkt der Maßnahme beim E-Commerce mit Arzneimitteln wirklich praktikabel erscheint, ist die Kombination beider Rechtsgrundlagen vorzugswürdig. Ansonsten bestünde

---

[533] Dazu auch: *Taupitz* in: *Deutsch/Taupitz*, Dienstleistungsberufe, 1993, S. 12, dort zu Art. 235 EWGV a.F.

[534] *Willms* in: *Groeben u.a.*, EU-/EG-Vertrag, Art. 129, Rdz. 4, noch für Art. 235 EGV a.F.

[535] *Stein*, EWS 2000, S. 15; der auch vom einem Schwerpunkt der Maßnahme im weiteren Sinne spricht.

[536] So Rdz. 75 der verbundenen Schlussanträge des Generalanwalts Fennelly vom 15.06.2000 zur Klage gegen die Tabakwerbeverbotsrichtlinie, EuGH Slg. 2000, S. 8419 (Rs. C-74/99).

[537] *Nolte*, NJW 2000, S. 1145f

[538] EuGH Slg. 1991, S. 2867, Rdz. 19ff (Rs. 300/89) (Titandioxid) = EuZW 1991, S. 473; *Schroeder*, EuZW 2001, S. 493

immer die Gefahr der Umgehung einer einschlägigen Rechtsgrundlage, indem eine Maßnahme auf die Rechtsgrundlage mit geringeren Anforderungen gestützt wird.
Nur durch eine Kombination kann man vorliegend auch erreichen, dass beide Ziele -Freier Warenverkehr und Gesundheitsschutz- gleichrangig behandelt werden und kein Bereich zugunsten eines anderen vernachlässigt wird.
Dafür spricht auch die Existenz des Art. 95 III EGV, wonach die Kommission bei ihren Vorschlägen zur Verwirklichung des Binnenmarktes von einem hohen Schutzniveau im Bereich Gesundheit auszugehen hat. Diese Bestimmung weist somit ausdrücklich darauf hin, dass die in Art. 152 EGV genannten Ziele des Gesundheitsschutzes mit nach Art. 95 EGV erlassenen Harmonisierungsmaßnahmen wirksam verfolgt werden können.[539] Würde man mit dem EuGH Art. 152 EGV in Abgrenzungsfällen vorziehen, käme dem Art. 95 III EGV aber keine Bedeutung mehr zu.[540]
Die Frage kann daher nur lauten, wie das nach Art. 95 III EGV erlaubte Maß an Gesundheitsschutz einerseits mit dem Verbot jeglicher Harmonisierung im Bereich Gesundheitsschutz nach Art. 152 IV EGV andererseits in Einlage gebracht werden kann.[541]
Es ist davon auszugehen, dass die Verwirklichung des Binnenmarktes das zentrale Anliegen der Gemeinschaft ist.[542] Die gesamte Entwicklung des EGV ist daran orientiert. Dann ist es auch konsequent, in Bereichen, die zumindest auch den Freien Warenverkehr wesentlich betreffen, der Gemeinschaft weite Handlungsbefugnisse einzuräumen und diese nicht durch die alleinige Anwendung weniger weitreichender Kompetenzen anderer, mitbetroffener Bereiche indirekt einzuschränken. Andererseits darf auch die Aufwertung des Gesundheitsschutzes durch den Vertrag von Amsterdam nicht missachtet werden. Es wurde bereits dargestellt, dass es der Hauptzweck des Art. 152 IV EGV ist, politische Optionen für die Mitgliedstaaten offen zu halten und ein national höheres Schutzniveau zuzulassen.[543]

Gerade beim E-Commerce mit Arzneimitteln ist eine Kombination auch gut durchführbar: Eine Richtlinie, die hier den Freien Warenverkehr auch über das Internet fördern will, also den E-Commerce mit Arzneimitteln gestattet, und andererseits die Gesundheit der Bevölkerung durch geeignete Regulierungen schützt, trägt beiden Zielen Rechnung. Vergleichbar dem im deutschen Recht bekannten Prinzip der *praktischen Konkordanz* könnten so beiden Zielen

[539] EuGH Slg. 1991, S. 2867, Rdz. 24 (Rs. 300/89) (Titandioxid) = EuZW 1991, S. 473
[540] *Schmidt am Busch* in: *Grabitz/Hilf*, Art. 152, Rdz. 57
[541] So auch *Nolte*, NJW 2000, S. 1145
[542] *Schmidt am Busch* in: *Grabitz/Hilf*, Art. 152, Rdz. 57
[543] Hierzu bereits III. 3. a) dieser Arbeit.

Grenzen gezogen werden, die andererseits beiden Bereichen eine möglichst weite Geltung verschaffen.[544]

Probleme beim Gesetzgebungserfahren sind auch nicht zu erwarten, da das Verfahren nach Art. 251 EGV in beiden Fällen Anwendung finden kann.[545] Sowohl Art. 95 I S. 2 als auch Art. 152 IV EGV verweisen für Maßnahmen zur Verwirklichung der jeweiligen Ziele auf das Verfahren des Art. 251.[546]
Es spricht daher hier alles für eine Kombination beider Rechtsgrundlagen.

c) EuGH - Rechtsprechung

Der EuGH hatte in der Vergangenheit vielfach über gesundheitsrelevante Fragen zu entscheiden. Generell ist in den letzten Jahren eine Zunahme der Rechtsprechung des EuGH im Gesundheitsbereich zu beobachten.[547] Als problematisch erweist sich dabei vor allem die Reichweite und die Bedeutung des Gemeinschaftsrechts für die Ausgestaltung nationale Sicherungssysteme durch die Mitgliedstaaten.
Im Folgenden soll dargestellt werden, welche Tendenz diese Rechtsprechung des EuGH einnimmt. Hierbei soll der Schwerpunkt auf solche Urteile gelegt werden, die auch für den Arzneimittelhandel von Bedeutung sind.

(aa) Die Freie Apothekenwahl - ein europäisches Verbraucherrecht

Die wohl wichtigste Entscheidung für das Apothekenwesen hat der EuGH 1989 im Fall *Schumacher* [548] getroffen.

> Herr Schumacher, ein deutscher Staatsbürger, bestellte in einer französischen Apotheke ein nicht verschreibungspflichtiges Arzneimittel, das in Frankreich hergestellt und in der Bundesrepublik Deutschland zugelassen war. Die Zollverwaltung lehnte die Abfertigung der betreffenden Sendung mit Hinweis auf die damalige Fassung des § 73 I Nr. 1 AMG ab. Danach durften zulassungs- oder registrierungspflichtige Arzneimittel aus einem Mitgliedstaat nach Deutschland nur eingeführt werden, wenn u.a. der Empfänger der Sendung ein pharmazeutischer Unternehmer, Großhändler oder Tierarzt war oder eine Apotheke betrieb; Privatpersonen waren damit generell ausgeschlossen.

---

[544] *Wrede*, EWS 2001, S. 376, für die Konkurrenz zwischen Freiem Warenverkehr und Umweltschutz.

[545] Anders: *Schroeder*, EuZW 2001, S. 493, für Art. 95 und Art. 133 EGV.

[546] Zudem ist die Anhörung des Wirtschafts- und Sozialausschusses bzw. des Ausschusses der Regionen erforderlich.

[547] *Hanika*, Die BKK 2001, S. 124

[548] EuGH Slg. 1989, S. 617ff, (Rs. C-215/87) (Schumacher)

Der EuGH sah dieses vollständige Verbot der Einfuhr durch Privatperson als *nicht* zum Schutz der Bevölkerung erforderlich an. Eine nationale Regelung, die einer Privatperson verbiete, ein zugelassenes und ohne ärztliches Rezept erhältliches Arzneimittel, das in einem anderen Mitgliedstaat in einer Apotheke gekauft worden sei, für ihren persönlichen Bedarf einzuführen, beschränke den innergemeinschaftlichen Handel, ohne dass dies zum Schutz der öffentlichen Gesundheit gerechtfertigt wäre. Der Kauf des Arzneimittels in einer Apotheke in einem anderen Mitgliedstaat biete nämlich eine Garantie, die derjenigen gleichwertig sei, die auf dem Verkauf des Arzneimittels durch eine Apotheke in dem Mitgliedstaat beruhe, in den das Arzneimittel eingeführt werde. Dies gelte umso mehr, als die Voraussetzungen für den Zugang zum Beruf des Apothekers und die Bedingungen für die Ausübung dieses Berufs in Gemeinschaftsrichtlinien geregelt seien.[549]

In einer folgenden Entscheidung[550] hat der EuGH klargestellt, dass das soeben für zugelassene Arzneimittel Gesagte auch für verschreibungspflichtige Arzneimittel gilt. Es sei nicht mit Gemeinschaftsrecht zu vereinbaren, wenn eine Vorschrift verbietet, ein verschreibungspflichtiges Arzneimittel, das in einem anderen Mitgliedstaat durch einen Arzt verschrieben und in einer Apotheke gekauft worden ist, selbst in einer dem üblichen persönlichen Bedarf entsprechenden Menge einzuführen.
Kontrollen seien aber zulässig, soweit der Schutz des Arztgeheimnisses und weiterer Persönlichkeitsrechte gewahrt bleibe.
Auch die Europäische Kommission ist der Ansicht, dass die Einfuhr von Arzneimitteln durch Privatpersonen für deren persönlichen Bedarf frei sein muss, wenn diese Arzneimittel in einem anderen Mitgliedstaat ordnungsgemäß verschrieben und abgegeben worden sind.[551]

Der EuGH hat mit der Schumacher-Rechtsprechung klargestellt, dass der innergemeinschaftliche Kauf eines Arzneimittels erlaubt ist, es also jedem EU-Bürger gestattet ist, Medikamente aus jedem EU-Land zu beziehen.
In der Literatur wird mittlerweile von der freien Apothekenwahl als europäischem Verbraucherrecht gesprochen.[552]

---

[549] EuGH Slg. 1989, S. 617ff, Leitsätze, (Rs. C-215/87) (Schumacher)

[550] EuGH Slg. 1992, S. 2575, (Rs. C-62/90) (Kommission/BRD)

[551] Antwort auf die schriftliche Anfrage Nr. 2640/85 des Europaabgeordneten Rogalla, Slg. 1986, S. 44 C 182; EuGH Slg. 1992, S. 2575, Rdz. 4 (Rs. C-62/90)

[552] Der Artikel *Medikamente per Internet: weltweite Zunahme*, Berliner Morgenpost, 08.08.2000; *Hohenthal*, Medikament und Meinung 6/2000

(bb) Die Beeinflussung sozialer Sicherungssysteme durch das Gemeinschaftsrecht

Die Zurückhaltung der EU bei der Rechtsvereinheitlichung für den Vertrieb der Arzneimittel im Einzelhandel wurde bereits mit der sehr unterschiedlichen Gestaltung der sozialen Sicherungssysteme in den Mitgliedstaaten und den darauf basierend begrenzten Kompetenzen im EGV begründet.
Auch der EuGH geht in ständiger Rechtsprechung davon aus, dass das Gemeinschaftsrecht die Zuständigkeit der Mitgliedstaaten zur Ausgestaltung ihrer Systeme der sozialen Sicherheit unberührt lässt.[553] Gleichwohl hat der EuGH in jüngster Zeit mehrfach entschieden, dass die Mitgliedstaaten bei der Ausübung dieser Befugnisse das Gemeinschaftsrecht beachten müssen.

(1) Die Rechtsprechung des EuGH

**In der frühen Entscheidung *Duphar*[554] bestätigte der EuGH schon 1984 in Bezug auf eine niederländische Regelung zur Senkung der Erstattung für Arzneimittel den Grundsatz, dass das Gemeinschaftsrecht die Befugnis der Mitgliedstaaten nicht berührt, ihre Systeme der sozialen Sicherheit auszugestalten und insbesondere zur Erhaltung des finanziellen Gleichgewichts ihrer Krankenversicherungssysteme Maßnahmen zur Regulierung des Arzneimittelverbrauchs zu treffen.
Der EuGH hatte damals schon, insbesondere für den innergemeinschaftlichen Arzneimittelhandel, entschieden, dass ein Mitgliedstaat Maßnahmen, die mit der Organisation und dem Funktionieren seines Sozialversicherungssystems zusammenhängen, auch dann treffen darf, wenn diese Maßnahmen sich auf den Handel mit Arzneimitteln beschränkend auswirken. Dies darf nur keinen ungerechtfertigten Schutz der inländischen Erzeugnisse mit sich bringen.

Richtungweisend sind die Entscheidungen des EuGH in den Fällen *Kholl* und *Decker*, die beide im Jahr 1998 ergangen sind und die Position des EuGH für seine folgende Rechtsprechung klargestellt haben.

** In der Entscheidung *Decker*[555]
hatte der EuGH über eine nationale Regelung zu entscheiden, die die pauschale Kostenerstattung durch den Träger der sozialen Sicherheit für den Erwerb medizinischer Erzeugnisse in einem anderen Mitgliedstaat von einer vorherigen

---

[553] EuGH, Urteil vom 12.07.2001, Rdz. 44, (Rs. C-157/99) (Smits und Peerbooms); Slg. 1984, S. 523ff, Rdz. 16, (Rs. C-238/82) (Dupha); Slg. 1997, S. 3395ff, Rdz. 27, (Rs. C-70/95) (Sodemare u. a.); Slg 1998, I, 1931ff, Rdz 17, (Kholl/Union de caisse de maladie); Slg. 1992, S. 2575, Rdz. 10 (Rs. C-62/90)

[554] EuGH Slg. 1984, S. 523 (Rs. C-238/82) (Duphar)

[555] EuGH Slg. 1998, I, 1831ff, (=RIW 1998, S. 544ff; EWS 1998, S. 223ff), (Decker/Caisse de maladie des employés privés)

Genehmigung abhängig machte. Die Krankenkasse eines Luxemburger Staatsangehörigen hatte diesem die Kostenerstattung für eine in einem anderen Mitgliedstaat gekaufte Brille versagt.

Der EuGH hat darin einen Verstoß gegen die Warenverkehrsfreiheit, Art. 28 EGV, gesehen und festgestellt, dass rein wirtschaftliche Gründe eine Beschränkung diese elementaren Grundsatzes nicht rechtfertigen können. Eine solche Beschränkung könne zwar durch zwingende Gründe des Gemeinwohls gerechtfertigt werden, wenn eine erhebliche Gefährdung des finanziellen Gleichgewichts des Systems sozialer Sicherheit zu befürchten sei. Dies sei in diesem Fall aber nicht ersichtlich.

** In der Entscheidung *Kholl*[556]

hatte der EuGH im Wege der Vorabentscheidung über eine ähnliche nationale Regelung Luxemburgs zu entscheiden. Ein Luxemburger Staatsangehöriger hatte bei seiner Luxemburger Krankenkasse erfolglos beantragt, seiner minderjährigen Tochter eine Zahnregulierung bei einem Zahnarzt in Trier, Deutschland, zu genehmigen.

Die fragliche Vorschrift[557] sah vor, dass sich Versicherte, sofern es sich nicht um eine dringende Behandlung im Fall einer im Ausland aufgetretenen Krankheit oder eines dort eingetretenen Unfalls handelt, nur nach vorheriger Genehmigung des zuständigen Trägers der sozialen Sicherheit im Ausland behandeln lassen konnten. Die in einem anderen Mitgliedstaat erbrachten Krankheitskosten sollten also nur nach vorheriger Genehmigung nach den Tarifen der zuständigen Krankenkasse erstattet werden.

Luxemburg hatte geltend gemacht, dass in Ermangelung einer Harmonisierung auf Gemeinschaftsebene jeder Mitgliedstaats selbst bestimme, unter welchen Voraussetzungen ein Anspruch auf eine Leistung durch ein System der sozialen Sicherheit bestehe. Das finanzielle Gleichgewicht dieses Systems der sozialen Sicherheit sei ein zwingender Grund des Gemeinwohls, da die Gesundheitskosten kontrollierbar bleiben müssten.

Der EuGH hat hier anerkannt, dass das Ziel, eine ausgewogene, allen zugängliche ärztliche und klinische Versorgung aufrechtzuerhalten, zwar eng mit der Finanzierung des Systems der sozialen Sicherheit verbunden ist. Es könne auch zu den Ausnahmen aus Gründen der öffentlichen Gesundheit zählen, soweit es zur Erreichung eines hohen Gesundheitsschutzes beiträgt.[558] Im Fall

---

[556] EuGH Slg 1998, I, 1931ff (=RIW 1998, S. 547ff; EWS 1998, S. 220ff) (Kholl/Union de caisse de maladie)

[557] Die luxemburgische Krankenkasse berief sich auf Art. 20 des luxemburgischen *Code des assurances sociales* sowie auf ihre Satzung.

[558] EuGH Slg 1998, I, 1931ff, Rdz 50 (Kholl/Union de caisse de maladie)

sah der EuGH in einer solchen Regelung jedoch einen Verstoß gegen die Grundfreiheit des freien Dienstleistungsverkehrs, Art. 49 EGV.[559] Als Rechtfertigung komme nur eine wirkliche Gefahr der Störung des finanziellen Gleichgewichts des Systems der sozialen Sicherheit in Betracht.[560] Rein wirtschaftliche Gründe könnten eine Beschränkung des elementaren Grundsatzes des freien Dienstleistungsverkehrs nicht rechtfertigen.[561] Für das Vorliegen eines Ausnahmetatbestandes haben die Mitgliedstaaten den Nachweise zu erbringen.[562] Der EuGH sah es vorliegend nicht als nachgewiesen an, dass die fragliche Regelung erforderlich sei, um eine ausgewogene, allen zugängliche ärztliche und klinische Versorgung sicherzustellen.[563]

** In dem Fall *Ferlini*[564] hatte sich der EuGH wieder mit einer Detailfrage für ein Krankenversicherungssystem zu beschäftigen.

> Herrn Ferlini, einem in Luxemburg wohnender Beamten der Kommission der Europäischen Gemeinschaften, wurden für den Aufenthalt seiner Ehefrau in der Entbindungsabteilung eines Luxemburger Krankenhauses Kosten in Rechnung gestellt, die nach der für diese Beamte geltenden Gebührentabelle berechnet waren. Er hatte danach um 71 % mehr zu zahlen als nach der Gebührenordnung für Pflichtversicherte der luxemburgischen Krankheits- und Mutterschaftsversicherung, der er nicht angehörte.

Die Kommission sah darin einen Verstoß gegen das Diskriminierungsverbot.
Der EuGH stimmte dem zu, und sah in dem vom Verband der luxemburgischen Krankenhäuser verwendeten Merkmal (der Zugehörigkeit zum nationalen System der sozialen Sicherung), auf dem die Anwendung unterschiedlicher Gebührensätze für die gleichen ärztlichen und Krankenhausleistungen beruhte, eine mittelbare Diskriminierung aufgrund der Staatsangehörigkeit. Dies folge daraus, dass Personen, die nicht dem nationalen System der sozialen Sicherung angeschlossenen seien, aber im luxemburgischen Staatsgebiet ärztliche und Krankenhausleistungen in Anspruch nehmen, ganz überwiegend Staatsangehörige anderer Mitgliedstaaten seien. Andererseits seien die im Inland wohnhaften luxemburgischen Staatsangehörigen ganz überwiegend dem nationalen System der sozialen Sicherheit angeschlossen.

---

559 Konkret betroffen war die passive Dienstleistungsfreiheit, also die Freiheit, Dienstleistungen grenzüberschreitend in Anspruch zu nehmen.

560 EuGH Slg 1998, I, 1931ff, Rdz 39 (Kholl/Union de caisse de maladie)

561 EuGH Slg 1998, I, 1931ff, Rdz 41 (Kholl/Union de caisse de maladie)

562 *Krombacher-Bachern/Fischer*, Die Sozialversicherung 2001, S. 255; EuGH Slg 1998, I, 1931ff, Rdz 52 (Kholl/Union de caisse de maladie)

563 EuGH Slg 1998, I, 1931ff, Rdz 52 (Kholl/Union de caisse de maladie)

564 EuGH Slg. 2000, S. 8081ff (Rs. C-411/98) (Ferlini/Centre hospitalier de Luxembourg)

** Auch in der Entscheidung *Vanbraeckel*[565] befand der EuGH, dass die Vorschriften des EGV über die Freizügigkeit als Grundprinzipien der Gemeinschaftsrechtsordnung auch für die Dienstleistungen des Gesundheitssektors und den Absatz medizinischer Erzeugnisse gelten, obgleich diese den Maßnahmen unterworfen sind, die die Mitgliedstaaten auf der Grundlage ihres Sozialversicherungsrechts erlassen.[566]

** In der Entscheidung *Smits/Peerbooms*[567] hingegen sah der EuGH den Nachweis durch den Mitgliedsstaat, die Niederlande, als erbracht an.

> Frau Smits, eine niederländische Versicherte, unterzog sich in Deutschland einer Parkinson-Behandlung. Herr Peerbooms, ebenfalls in den Niederlanden versichert, erhielt eine Koma-Behandlung in Österreich, die in den Niederlanden nur für Personen unter 25 Jahren auf Versuchsbasis verfügbar war. In den Niederlanden ist die Inanspruchnahme von Nicht-Vertragspartnern von der Einholung einer vorherigen Genehmigung abhängig, die in beiden Fällen versagt wurde. Der EuGH stellt fest, dass medizinische Leistungen der Dienstleistungsfreiheit nach Art. 49 EGV unterliegen. Zur Erhaltung der Finanzierbarkeit des Gesundheitswesens und um eine allen zugängliche medizinische Versorgung sicherzustellen, sei ein Genehmigungsvorbehalt aber zulässig.

Damit ist der EuGH dem Argument *nicht* mehr gefolgt, dass die wesentlichen Strukturprinzipien, die die Erbringung von Leistungen der medizinischen Versorgung regeln, deshalb zur Ausgestaltung der Systeme der sozialen Sicherheit gehörten und nicht unter die vom EGV gewährleisteten Grundfreiheiten fallen[568], weil die Beteiligten nicht selbst über Inhalt, Art und Ausmaß einer Leistung und deren Vergütung entscheiden könnten.[569]
Die wird noch darauf bestanden, dass die Inanspruchnahme von Gesundheitsleistungen in einem anderen Mitgliedstaat weiterhin einer Genehmigung durch die nationale Krankenkasse bedarf. Dies sei als sowohl notwendig als auch angemessen.[570]

Noch einen Schritt weiter geht der EuGH schließlich in der jüngsten einschlägigen Entscheidung in de Rechtssache *Müller-Fauré* und *Van Riet*[571], die die Erstattung von in einem anderen Mitgliedstaat erbrachte

---

565 EuGH, Urteil vom 12.07.2001 (Rs. C-368/98) (Vanbraekel)

566 EuGH, Urteil vom 12.07.2001, Rdz. 35 und 41ff (Rs. C-368/98) (Vanbraekel)

567 EuGH, Urteil vom 12.07.2001 (Rs. C-157/99) (Smits und Peerbooms)

568 *Krombacher-Bachern/Fischer*, Die Sozialversicherung 2001, S. 255

569 EuGH, Urteil vom 12.07.2001, Rdz. 51f (Rs. C-157/99) (Smits und Peerbooms)

570 EuGH, Urteil vom 12.07.2001, Rdz. 80 (Rs. C-157/99) (Smits und Peerbooms)

571 EuGH, Urteil vom 13.05.2003 (Rs. C-385/99) (Müller-Fauré und Van Riet)

Krankenhausleistungen in zwei Fällen betrifft.[572] Hiernach muss eine Krankenversicherung die Kosten der ärztlichen Behandlung in Deutschland übernehmen, denn der Grundsatz der Dienstleistungsfreiheit werde durch einen Genehmigungs-vorbehalt der Krankenversicherung zumindest bei ärztlichen Behandlungen außerhalb eines Krankenhauses verletzt. Der EuGH ist der Auffassung, dass sich auf Grund der Sprachbarrieren, der räumlichen Entfernung sowie der Kosten eines Auslandsaufenthaltes nicht derart viele Patienten in einen anderen Mitgliedsstaat begeben werden, dass dies das finanzielle Gleichgewicht des jeweiligen Gesundheitssystemes aus dem Gleichgewicht bringen könnte.[573]

(2) Fazit zur Rechtsprechung des EuGH

Diese Urteile, insbesondere die Entscheidungen *Kholl* und *Decker*, sind umstritten und im Einzelnen viel diskutiert worden. Dabei steht die Frage der Unterscheidung zwischen dem Sachleistungs- und dem Kostenerstattungsprinzip im Mittelpunkt. Für den ambulanten Bereich steht nach diesen Urteilen jedenfalls fest, dass der Kostenerstattungsanspruch territorial nicht auf das Versicherungsland beschränkt ist.[574] Wesentlich für die hier relevante Frage ist aber vor allem die Kernaussage des EuGH, dass die sozialen Sicherungssysteme nicht außerhalb des Gemeinschaftsrechts stehen und somit auch eine Beeinträchtigung des Freien Warenverkehrs mit einem generellen Hinweis auf die Gefährdung dieser Systeme alleine nicht gerechtfertigt werden kann. Vielmehr muss eine erhebliche Gefährdung dargelegt werden.[575] Der EuGH hat damit klargestellt, dass die Ausgestaltung der nationalen Sicherungssysteme noch immer der Kompetenz der Mitgliedstaaten vorbehalten ist, bei der Wahrnehmung dieser Befugnis aber zugleich das Gemeinschaftsrecht in vollem Umfang beachtet werden muss.[576] Zwar erscheint es fraglich, ob man der vereinzelt getroffenen Aussage einer *faktischen Entgrenzung der Sozial- und Gesundheitssysteme*[577] heute bereits zustimmen kann. Von einer *Erosion der ausschließlich nationalstaatlichen Handlungskompetenzen*[578] und einem *Beitrag zur Harmonisierung im Gesundheitswesen*[579] darf aber gesprochen werden. Die

---

[572] Ausführlicher dazu: *Danner*, KrV 2000, S. 153

[573] EuGH, Urteil vom 13.05.2003, Rdz. 95 (Rs. C-385/99) (Müller-Fauré und Van Riet)

[574] *Stewens*, in: *Stein*, Perspektiven, 2002, S. 11

[575] *Emmerich-Fritsche*, EWS 2001, S. 368

[576] *Emmerich-Fritsche*, EWS 2001, S. 367; EuGH Slg. 1998, 1931ff, Rdz. 21 (Kholl/Union de caisse de maladie)

[577] So zitiert bei *Hovermann*, Die BKK 2001, S. 178.

[578] *Danner*, KrV 2000, S. 154

[579] Der Artikel *Arzneimittel per Mausklick*, Euro Pharma 1/2000, S. 2

Bemühungen um einen Binnenmarkt werden diese Urteile in jedem Fall unterstützen.[580]
Die Europäische Kommission schließt aus diesen Urteilen, dass Arzneimittel nicht allein aufgrund der Tatsache, dass sie innerhalb der nationalen Gesundheitssysteme verwendet und erstattet werden, von den Regeln des Binnenmarktes freigestellt sind.[581]
Es wird zudem deutlich, dass auch Bereiche, in denen keine Gemeinschaftskompetenz zur Rechtsangleichung besteht, entweder einer Harmonisierung bedürfen oder als besonders schützenswert eingestuft werden müssen.[582] Der Gemeinschaftsgesetzgeber ist auf spezielle, begrenzte Harmonisierungsmaßnahmen beschränkt.[583]

d) Fazit zum E-Commerce mit Arzneimitteln

Dass der Bezug von Arzneimitteln aus anderen europäischen Mitgliedstaaten keine besondere Gefährdung der Gesundheit des Endverbrauchers bedeutet, wurde durch den EuGH bereits in der Schumacher-Entscheidung festgestellt.
Wenn also durch die Grundfreiheiten der innergemeinschaftliche Handel garantiert ist und durch das Schumacher-Urteil klargestellt ist, dass auch der innergemeinschaftliche Handel mit Arzneimitteln erlaubt ist, solange die Abgabe der Medikamente durch Apotheker erfolgt, ist auch eine Richtlinie zum E-Commerce mit Arzneimitteln denkbar, deren Zweck vorrangig die Beseitigung von Wettbewerbsverzerrungen zwischen den Mitgliedsstaaten ist.

Gerade die Entscheidung des EuGH zur Tabakwerbeverbotsrichtlinie zeigt, dass dann, wenn die unterschiedliche Rechtslage in den Mitgliedstaaten zu erheblichen Wettbewerbsverzerrungen für die beteiligten Unternehmen führt, auf der Grundlage von Art. 95 EGV eine Richtlinie zur Harmonisierung ergehen kann, auch wenn sie Auswirkungen auf das Gesundheitswesen hat. Nach der hier vertretenen Ansicht ist auch die Kombination der Rechtsgrundlagen Art. 95 und Art. 152 EGV praktikabel. Dies erscheint vorzugswürdig, um der Aufwertung des Gesundheitsschutzes durch den Vertrag von Amsterdam gerecht zu werden. So könnte auch der Besonderheit einer möglichen Richtlinie zum E-Commerce mit Arzneimitteln Rechnung getragen werden, die Regelungen zur

---

[580] Diese Ansicht zur Entscheidung des EuGH im Fall Kholl vertrat *Bangemann*, The Role of the Commission in Stimulating and Sustaining High Tech Growth Industries in Europe, 30.06.1998, S. 9f; unter: http://pharmacos.eudra.org/F2/pharmacos/docs/ Berlinsp.pdf

[581] *Europäische Kommission*, Binnenmarkt für Arzneimittel, KOM (1998) 588 endg. S. 7; dazu bereits Fn. 284.

[582] *Streinz/Ritter* in: *Dauses*, Band 1, C.V, S. 3, Rdz. 9

[583] *Reich*, VuR 2001, S. 206

Vermeidung von Wettbewerbsverzerrungen und zum Gesundheitsschutz in vergleichbarem Maße enthalten müsste.
Die Urteile zu *Kholl* und *Decker* zeigen, dass einer solchen Regelung mittelbare Auswirkungen auf nationale Sicherungssysteme nicht entgegengehalten werden könnten. Diese Entscheidungen bezogen sich auf nationale Regelungen, die mit Gemeinschaftsrecht nicht zu vereinbaren waren, sie zeigen aber auch eine Tendenz in der Rechtsprechung des EuGH. Das angestrebte hohe Gesundheitsschutzniveau ist letztlich auf EU-Ebene anders nicht zu erreichen.[584]
Eine Richtlinie für den Versandhandel mit Arzneimitteln gibt es nicht und ist entgegen vereinzelter Hoffnungen der Literatur[585] nach einer Durchsicht der dargestellten Kommissionspläne wohl in nächster Zukunft auch nicht zu erwarten.

Gleichwohl sollten die oben beschriebenen Regelungen für die Bereiche Pharmazierecht und E-Commerce im Blickfeld des Lesers bleiben.
2000 wurde der Entwurf für eine Richtlinie für den Fernabsatz mit Finanzprodukten vorgelegt[586]. Grundlage war der Wunsch, den Verbraucher - dort bei der Verwaltung seines Vermögens- zu schützen und gleichzeitig einen neuen Geschäftsbereich zu fördern. Diese Gründe können auch auf den Versandhandel mit Arzneimitteln übertragen werden. Die nachfolgende Darstellung der unterschiedlichen Regelungen in Deutschland und Großbritannien lassen eine Rechtsvereinheitlichung in diesem Bereich umso notwendiger erscheinen.

---

[584] *Reich*, VuR 2001, S. 206

[585] *Stebner*, ApoR 2001, S. 110

[586] Richtlinie über den Fernabsatz von Finanzdienstleistungen an Verbraucher vom 14.10.1998, KOM (1998), 468 endg., Abl. C 385 vom 11.12.1998; geänderter Vorschlag: KOM (1999) 385 endg. ABl. C 177 E vom 27.06.2000

IV. Deutschland

1. Überblick über das deutsche Apothekenwesen

Hier sollen zunächst einige Zahlen und Fakten zur aktuellen Situation des Arzneimittelmarktes in Deutschland dargestellt werden, um eine Vorstellung von seiner wirtschaftlichen Bedeutung zu gewinnen.

a) Der Pharmaziemarkt

Die Gesundheitsausgaben hatten im Jahr 1998 in Deutschland einen Wert von € 190 Mrd. und damit einen 10,4%igen Anteil am Bruttoinlandsprodukt.[587] Davon hatten die Arzneimittelausgaben in der gesetzlichen Krankenversicherung im Jahr 2000 einen Wert von € 20,13 Mrd., was einem 15,1%igen Anteil an den gesamten Gesundheitsausgaben für diesen Zeitraum entspricht.[588]
Allein im Jahr 2000 setzten die Apotheken Medikamente im Wert von mehr als € 25 Mrd. um. Der Anteil der Selbstmedikation betrug daran etwa € 4 Mrd.[589] Im Jahr 2001 stieg der Apothekenumsatz auf ca. € 29 Mrd.[590], davon lagen ca. € 21 Mrd. im Bereich der gesetzlichen Krankenkassen.[591] Im Durchschnitt gibt jeder Bundesbürger fast € 400 im Jahr für Arzneimittel aus.[592]
In Deutschland werden etwa 21 600 öffentliche Apotheken betrieben, jede versorgt etwa 3800 Einwohner.[593] Apotheken beschäftigten im Jahr 2000 114 500 Menschen, darunter ca. 46 000 Apotheker.[594]

---

[587] *Eschenbach*, Europäische Gesundheitssysteme, 1998, S. 5; 1997 waren es 10,7 %.

[588] *BPI*, PharmaDaten 2001, S. 35, unter: http://www.bpi.de/internet/download/ pharmadaten _2001.pdf; *Lehner*, Konsumentenschutz, 1999, S. 56; dazu auch die Übersicht bei *Anlauf*, Krankenversicherung etc., 2001, S. 15.

[589] *BPI*, Pharma Daten 2001, S. 74, dazu schon Fn. 588.

[590] *Diener*, Pharmazeutische Zeitung 20/2002 vom 14.05.2002, unter: http://www.pharmazeutische-zeitung.de/pza/2002-20/titel.htm

[591] Der Artikel *Unruhe im Paradies der Arzneiverkäufer - Unklare Rechtslage in der Europäischen Union*, Die Welt, 25.07.2002, S. 16

[592] *Gersdorff*, Die Welt, 25.07.2002, S. 16

[593] *ADBA*, Arzneimittelversorgung in der GKV, Stand Dezember 2000, S. 2ff, unter: http://www.abda.de/ABDA/download/allgemeines/Arzneimittelversorgung.pdf; *Europäische Kommission*, Binnenmarkt für Arzneimittel, 25.11.1998, KOM (1998) 588 endg., S. 36, Anhang 11, dazu bereits Fn. 284; *Diener*, Pharmazeutische Zeitung 20/2002 vom 14.05.2002, dazu bereits Fn. 590

[594] *BPI*, Pharma Daten 2001, Berlin, September 2001, S. 4, dazu schon Fn. 588; im Jahr 1999 waren es 113 000 Beschäftigte, darunter 46 000 Apotheker, *BPI*, PharmaDaten 2000, Broschüre, August 2000, S. 6 und 31, unter: http://www.bpi.de/internet/download/pharma daten_2000.pdf; *Eschenbach*, Europäische Gesundheitssysteme, 1998, S. 21, gibt für 1998 die genauen Zahlen mit 120 776 Beschäftigten in der Pharmaindustrie und 45 534 Apothekern an.

Jährlich werden etwa 900 Mio. Packungen Arzneimittel an gesetzlich Versicherte verordnet und weitere etwa 600 Mio. Packungen Arzneimittel im Wege der Selbstmedikation an Kunden abgegeben.[595]
Der Endverbraucherpreis für ein Arzneimittel setzt sich aus 56,3 % für den Hersteller[596], 4,1 % für den Großhandel[597], 25,7 % für den Apotheker und 13,9 % für den Fiskus zusammen.[598] Vertriebskosten machen dabei 30 %[599], nach anderen Angaben bis zu 38 % des Arzneimittelpreises aus.[600] Anders als Nahrungsmittel, Fütterungsarzneien und Zeitungen, für die der ermäßigte Mehrwertsteuersatz von zur Zeit 7 % gilt, unterliegen Arzneimittel grundsätzlich dem vollen Mehrwertsteuersatz von zur Zeit 16 %, der in den Endverbraucherpreis einzuberechnen ist.[601]

b) Relevante Aspekte des deutschen Gesundheitssystems

Im deutschen Krankenversicherungssystem gibt es zwei Gruppen von Versicherten: gesetzlich und freiwillig oder privat Versicherte. Arbeitnehmer bis zu einer bestimmten Einkommensgrenze, ihre Familienangehörigen sowie Rentner und Arbeitslose sind in der gesetzlichen Krankenversicherung (GKV) versichert. Wer die Einkommensgrenze überschreitet, kann freiwilliges Mitglied

---

595 *Schulte*, Arbeit und Sozialpolitik 2001, S. 43; *Diener*, Pharmazeutische Zeitung 20/2002 vom 14.05.2002, dazu bereits Fn. 590.

596 Es gibt in Deutschland etwa 1100 Arzneimittelhersteller; *Eschenbach*, Europäische Gesundheitssysteme, 1998, S. 25.

597 Es gibt etwa zwei Dutzend pharmazeutische Großhändler; so *Eschenbach*, Europäische Gesundheitssysteme, 1998, S. 25; dazu auch: *Molitor*, Absatzsystem, Wettbewerb..., 2000, S. 15f.

598 Diese Zahlen findet man bei: *Sachverständigenrat für die Konzertierte Aktion im Gesundheitswesen*, Bedarfs-gerechtigkeit und Wirtschaftlichkeit: Zur Steigerung von Effizienz und Effektivität der Arzneimittelversorgung in der gesetzlichen Krankenversicherung (GKV), Addendum zum Gutachten 2000/2001(=BT-Drucksache 14-8205 vom 05.02.2002), S. 8. Die Angaben hierzu sind jedoch nicht einheitlich: *Schäfers/Kaesbach*, Die BKK 2000, S. 203f, die sich auf *GIRP*, European Pharmaceutical Data 1997, beziehen, nennen: 62 % für den Hersteller, 10 % für den Großhandel und 28 % für den Apotheker; die Mehrwertsteuer ist in diese Zahlen nicht miteingerechnet. Davon unterscheiden sich auch die Angaben des *BPI*, PharmaDaten 2000, Broschüre, August 2000, S. 18, siehe Fn. 594: demnach setzt sich der Einzelhandelspreis aus 50 % für den Hersteller und 50 % für pharmazeutischen Großhandel, Apotheken und Staat zusammen.

599 *Sachverständigenrat für die Konzertierte Aktion im* Gesundheitswesen, Bedarfs-gerechtigkeit und Wirtschaftlichkeit: Zur Steigerung von Effizienz und Effektivität der Arzneimittelversorgung in der gesetzlichen Krankenversicherung (GKV), Addendum zum Gutachten 2000/2001(=BT-Drucksache 14-8205 vom 05.02.2002), S. 8

600 *Europäische Kommission*, Binnenmarkt für Arzneimittel, vom 25.11.1998, KOM (1998) 588 endg., Anhang 12, dazu bereits Fn. 284.

601 *BPI*, PharmaDaten 2001, S. 16, siehe schon unter Fn. 588.

der GKV bleiben oder zu einer privaten Krankenkasse wechseln.[602] Selbstständige und Beamte sind meist privat versichert.[603] Etwa 90 % der Deutschen gehören der GKV an. Für die Mitgliedschaft in einer gesetzlichen Krankenkasse sind vom versicherten Arbeitnehmer und von seinem Arbeitgeber hälftig Beiträge zu zahlen, deren Höhe zur Zeit je nach Kasse zwischen etwa 11 - 15 % des Einkommens liegt. Die Beitragshöhe ist somit von der Höhe des Einkommens abhängig. Private Krankenkassen haben Festbeträge. Für die Inanspruchnahme von Leistungen der GKV, beispielsweise der Versorgung mit Arznei-, Heil- und Hilfsmitteln, muss ein gesetzlich Versicherter sich selbst mit Zuzahlungen beteiligen, deren Höhe sich an der Packungsgröße orientiert. Die gesetzliche Krankenkasse hat in Deutschland ein Volumen von etwa € 125 Mrd.[604], die Ausgaben für Arzneimittel beliefen sich 1997 auf etwa € 16 Mrd., im Jahr 2000 auf etwa € 19 Mrd. und 2001 auf etwa € 21 Mrd.[605] Arzneimittelausgaben haben an den Gesamtausgaben der Kassen einen Anteil von 14,5 %[606] und an allen Gesundheitsausgaben einen Anteil von etwa 9 %.[607] Nachdem die finanzielle Lage der Krankenkassen sich verschlechtert und Zuzahlungen gesetzlich Versicherter reduziert werden, ist davon auszugehen, dass der Druck auf die Arzneimittelpreise weiter steigen wird.[608] Auch vor diesem Hintergrund ist das Argument der Befürworter des E-Commerce mit Arzneimitteln, es bestünden beachtliche Einsparmöglichkeiten, zu sehen.[609]

c) Der Beruf des Apothekers[610]

Da zahlreiche Argumente für und gegen den E-Commerce mit Arzneimitteln am Verständnis vom Beruf des Apothekers ansetzen, soll hier zunächst ein Überblick über den rechtlichen Rahmen gegeben werden. Die nachfolgende

---

602 Diese Beitragsbemessungsgrenze lag im Januar 2001 erstmals einheitlich für Ost- und Westdeutschland bei 6.525.-DM und liegt 2002 bei € 3375.-.

603 *Eschenbach*, Europäische Gesundheitssysteme, 1998, S. 20

604 *Brech* in: *Taupitz/Brewe*, Biomedizin, 2001, S. 81

605 *Reichert* in: *Stein*, Perspektiven, 2002, S. 24f

606 *Kieselbach*, Die Welt, 12.06.2001, S. 16

607 *ADBA*, Arzneimittelversorgung in der GKV, Stand Dez. 2000, S. 7, dazu bereits Fn. 593.

608 *Eschenbach*, Europäische Gesundheitssysteme, 1998, S. 19; einen Überblick zu Reformbestrebungen des Gesetzgebers für die gesetzlichen Krankenkassen gibt: *Brech*, in: *Taupitz/Brewe*, Biomedizin 2001, S. 79ff.

609 Einen Überblick der rechtlichen Voraussetzungen für eine Kostenerstattung durch die gesetzlichen Krankenkassen bei dem Bezug eines Arzneimittels über eine im Ausland ansässige Internet-Apotheke geben: *Krombacher-Bachern/Fischer*, Die Sozialversicherung 2001, S. 253ff.

610 Eine ausführliche Darstellung der geschichtlichen Entwicklung des Apothekerberufes findet man bei *Taupitz*, Standesordnungen, 1991, S. 332ff.

Betrachtung soll bereits vor dem Hintergrund der anschließend zu erörternden Frage der Zulässigkeit des E-Commerce mit Arzneimitteln nach deutschem Recht erfolgen.

(aa) Die Arzneimittel und das Apothekenmonopol

Bevor auf den Beruf des Apothekers eingegangen werden kann, ist zunächst die Frage zu klären, was genau das deutsche Recht unter einem Arzneimittel versteht, und welche Unterscheidungen dabei zu machen sind.
Die Definition in § 2 AMG erfolgt in Anlehnung an die Richtlinie 65/65/EWG, ist aber wesentlich ausführlicher. Ein Arzneimittel ist demzufolge grundsätzlich ein Stoff oder eine Zubereitung aus Stoffen, die dazu bestimmt sind, durch Anwendung am oder im menschlichen oder tierischen Körper Krankheiten, Leiden, Körperschäden oder krankhafte Beschwerden zu heilen, zu lindern, zu verhüten oder zu erkennen, § 2 I Nr. 1.[611] Ausgenommen werden Lebensmittel, Tabakerzeugnisse, kosmetische Mittel, Futtermittel etc., § 2 III AMG.

Der Gesetzgeber unterscheidet zwischen freiverkäuflichen und apothekenpflichtigen Arzneimitteln:
Apothekenpflichtige Arzneimittel dürfen nur in Apotheken abgegeben werden, in Deutschland zählen dazu etwa 45.000 Präparate.[612] Bestimmte apothekenpflichtige Arzneimittel wiederum dürfen nur nach Vorlage einer ärztlichen, zahnärztlichen oder tierärztlichen Verschreibung an Verbraucher abgegeben werden, sind also verschreibungspflichtig, § 48 I AMG.[613] Etwa 67 % der im Jahr 2000 in Apotheken abgegebenen Arzneimittel waren verschreibungs-

[611] Art. 2 I AMG enthält weitere Definitionen:
2. die Beschaffenheit, den Zustand oder die Funktionen des Körpers oder seelische Zustände erkennen zu lassen,
3. vom menschlichen oder tierischen Körper erzeugte Wirkstoffe oder Körperflüssigkeiten zu ersetzen,
4. Krankheitserreger, Parasiten oder körperfremde Stoffe abzuwehren, zu beseitigen oder unschädlich zu machen oder
5. die Beschaffenheit, den Zustand oder die Funktionen des Körpers oder seelische Zustände zu beeinflussen oder der Erkennung von Krankheitserregern zu dienen

[612] *Sterzel/Wassener*, Arbeit und Sozialpolitik 2001, S. 14

[613] § 48 I AMG regelt die Verschreibungspflicht und lautet:
Arzneimittel, die durch Rechtsverordnung nach Absatz 2 Nr. 1 bestimmte Stoffe, Zubereitungen aus Stoffen oder Gegenstände sind oder denen solche Stoffe oder Zubereitungen aus Stoffen zugesetzt sind, dürfen nur nach Vorlage einer ärztlichen, zahnärztlichen oder tierärztlichen Verschreibung an Verbraucher abgegeben werden. Das gilt nicht für die Abgabe zur Ausstattung von Kauffahrteischiffen durch Apotheken nach Maßgabe der hierfür geltenden gesetzlichen Vorschriften.

pflichtig.[614] Um welche Arzneimittel es sich dabei im Einzelnen handelt, wird durch Rechtsverordnung nach § 48 II Nr. 1 bestimmt.[615] Im heutigen Arzneimittelmarkt sind fast ausschließlich Fertigarzneimittel von Bedeutung. Ein vom Apotheker selbst zubereitetes Arzneimittel wird nur noch in etwa 1 % aller Fälle verordnet oder nachgefragt.[616]

Daneben werden in Apotheken auch freiverkäufliche Arzneimittel und Produkte des sog. apothekenüblichen Rand- oder Nebensortiments angeboten, beispielsweise Verbandsmittel, Hygiene- und Körperpflegeprodukte, diätische Lebensmittel, Tees, Fruchtsäfte, Mineralwässer, Hustenbonbons, Nahrungsergänzungsstoffe, Raucherentwöhnungsmittel, etc.[617] Welche Arzneimittel freiverkäuflich sind, ist in §§ 43 und 44 AMG, der *Verordnung über die Zulassung von Arzneimitteln für den Verkehr außerhalb der Apotheken*[618], der *Verordnung über den Ausschluss von Arzneimitteln vom Verkehr außerhalb der Apotheken*[619] und der *Verordnung über apothekenpflichtige und freiverkäufliche Arzneimittel*[620] geregelt. Ein freiverkäufliches Arzneimittel darf auch im Einzelhandel, also beispielsweise in Supermärkten, Drogerien oder eben im Wege des Versandhandels abgegeben werden, wenn eine sachgerechte Lagerung gesichert ist und der Unternehmer bzw. die mit dem Verkauf beauftragte Person über die erforderliche Sachkenntnis verfügt, § 50 AMG. Die vorausgesetzte Sachkundeprüfung ist vor einem Prüfungsausschuss einer Industrie- und Handelskammer abzulegen[621], sie ist bei einigen freiverkäuflichen Fertigarzneimitteln entbehrlich. Schätzungen zufolge machen frei verkäufliche Arzneimittel etwa 7 -

---

614 *Sachverständigenrat für die Konzertierte Aktion im* Gesundheitswesen, Bedarfsgerechtigkeit und Wirtschaftlichkeit: Zur Steigerung von Effizienz und Effektivität der Arzneimittelversorgung in der gesetzlichen Krankenversicherung (GKV), Addendum zum Gutachten 2000/2001 (=BT-Drucksache 14-8205 vom 05.02.2002), S. 10. *Lehner*, Konsumentenschutz, 1999, S. 55, nennt 75 %.

615 Die *Verordnung über apothekenpflichtige und freiverkäufliche Arzneimittel* in der Neufassung vom 24.11.1988, BGBl. I 1988, S. 2150 - 2164, zuletzt geändert am 20.07.2000, BGBl. I 1045, eine ausführliche Darstellung der Systematik findet man bei *Reuter*, Einzelhandel, 1998, S. 48ff.

616 *Sterzel/Wassener*, Arbeit und Sozialpolitik 2001, S. 14

617 Eine ausführlichere Aufzählung von Beispielen findet man bei *Ring*, NJW 1997, S. 771.

618 *Verordnung über die Zulassung von Arzneimitteln für den Verkehr außerhalb der Apotheken* vom 19.09.1969, BGBl. I S. 1651, in der z. Z. geltenden Fassung

619 *Verordnung über den Ausschluß von Arzneimitteln vom Verkehr außerhalb der Apotheken* vom 19.09.1969, BGBl. I S. 1662, in der z. Z. geltenden Fassung

620 *Verordnung über apothekenpflichtige und freiverkäufliche Arzneimittel*, siehe schon Fn. 615 dieser Arbeit.

621 *Verordnung über den Nachweis der Sachkenntnis im Einzelhandel mit freiverkäuflichen Arzneimitteln* vom 20.06.1978, BGBl. I S. 753, zuletzt geändert: 06.08.1998, BGBl. I S. 2044

8 % des Umsatzes aus.[622] Während Apotheken mit diesen Produkten im Jahr 2000 0,7 Mrd. Mark umsetzten, wurde im gleichen Zeitraum mit 1,3 Mrd. Mark Umsatz fast das Doppelte in Supermärkten, Drogerien oder Tankstellen verkauft.

(bb) Das Apothekenmonopol als Konsequenz des Versorgungsauftrages

Der selbstständige Apotheker ist Betreiber eines Handelsgewerbes gemäß § 1 II HGB und wird den sog. Freien Berufen[623] und dort den Freien Heilberufen[624] zugerechnet. § 1 I ApoG[625] und § 1 BApoO[626] verpflichten ihn zur ordnungsgemäßen Versorgung der Bevölkerung mit Arzneimitteln. Hauptsächlich werden von der pharmazeutischen Industrie hergestellte Medikamente an die Verbraucher abgegeben.
Ihr Versorgungsauftrag verpflichtet eine Apotheke zur flächendeckenden, umfassenden Versorgung der Bevölkerung. Sie muss daher auch solche, insbesondere preiswerte Präparate abgeben, die sich unter betriebswirtschaftlichen Gesichtspunkten nicht lohnen. Die Arzneimittelpreisverordnung[627] regelt die Rohverdienstspanne der Apotheken und zwingt dabei zur Mischkalkulation.[628]

---

[622] *Ring*, NJW 1997, S. 771

[623] Apotheker zählen gemäß ihres verfassungsmäßig gebilligten Berufsbildes (z. B. BVerfGE 17, 232) und der eigenen Selbsteinschätzung nach zu den Freien Berufen. Zur Definition des Freien Berufes siehe ausführlich *Taupitz*, Standesordnungen, 1991, S. 18ff. In der Legaldefinition des §1 II PartGG werden sie allerdings nicht aufgezählt, da die für Apotheker einzig zulässigen Kooperationsformen die OHG und die GbR sind, § 8 ApoG. Zu Begründung für und Kritik an dieser Ausnahme siehe *Lenz* in: *Meilicke/Graf v. Westphalen, Hoffmann/Lenz*, PartGG, 1995, § 1, Rdz. 33 und 45.

[624] *Taupitz*, Standesordnungen, 1991, S. 86 und 93; das BVerfG spricht von der Zugehörigkeit der Apotheker zu den *höheren freien Berufen des Gesundheitswesens*, BVerfGE 5, 25, 29f; 17, 232, 239. Weitere Freie Heilberufler sind der Arzt, Zahnarzt und Tierarzt.

[625] *Gesetz über das Apothekenwesen (ApoG)* in der Fassung der Bekanntmachung vom 15.10.1980, BGBl. I S. 1993, zuletzt geändert durch Artikel 1 des Gesetzes vom 27.08.2002, BGBl. I S. 3352

[626] *BundesApothekerordnung (BApoO)* in der Fassung der Bekanntmachung vom 19.07.1989, BGBl. I S. 1478, 1842, zuletzt geändert durch Artikel 6 des Gesetzes vom 23.03.1992, BGBl. I S. 719

[627] *Arzneimittelpreisverordnung (AMPreisV)* vom 14.11.1980, BGBl I S. 2147ff, zuletzt geändert durch die Verordnung vom 15.04.1998, BGBl. I S. 721ff. Die AMPreisV soll garantieren, dass Kunden in jeder Apotheke den gleichen Preis zu zahlen haben und nicht benachteiligt werden.

[628] Da die in der AMPreisV festgelegten Spannen für Großhandel und Apotheke nicht den tatsächlichen Kosten entsprechen, die pro Packung anfallen, macht ein Apotheker bei preiswerten Arzneimitteln ein Minus, das durch einen vergleichsweise hohen Rohertrag bei hochpreisigen Arzneimitteln ausgeglichen wird; *Rücker*, Pharmazeutische Zeitung 25/2001 vom 19.06.2001, unter: http://www.pharmazeutische-zeitung.de/pza/2001-25/pol1.htm

Eine Apotheke ist verpflichtet, bestimmte Arzneimittel vorrätig zu halten. Für andere, näher bezeichnete Arzneimittel muss gewährleistet sein, dass nicht vorrätige Arzneimittel kurzfristig beschafft werden können, § 15 I und II ApBetrO[629]. Schätzungen gehen davon aus, dass etwa jede zehnte Arzneimittel-Verordnung nicht unmittelbar von einer Apotheke beliefert werden kann.[630] Durch den Großhandel ist eine unverzügliche Belieferung der Apotheke gesichert, dies kann meist bis zu dreimal täglich erfolgen.[631] Schließlich besteht gemäß § 12 I ApBetrO i.V.m. § 5 AMG die Pflicht, nicht in der Apotheke hergestellte Fertigarzneimittel stichprobenweise zu überprüfen[632]; i.d.R. geht diese Pflicht aber nicht über eine Sinnesprüfung hinaus, wenn keine Zweifel an der ordnungsgemäßen Qualität des Arzneimittels bestehen.

Dem Apotheker kommt zudem gemäß § 20 ApBetrO die Aufgabe zu, den Kunden sachverständig zu beraten, für eine ordnungsgemäße Auswahl und Anwendung des Arzneimittels zu sorgen und dem Heilmittelmissbrauch entgegenzuwirken.[633] Mit jedem Kunden und jedem vorgelegten Rezept soll er sich individuell befassen und dabei das gegenseitige Vertrauensverhältnis zum Kunden wahren.[634] Grundsatz ist dabei der *direkte Kontakt* zwischen Apotheker und Kunde, nur so ist nach der Vorstellung des Gesetzgebers eine sachverständige Information und Beratung möglich. Diese umfangreiche Beratungsfunktion wird heute vielfach als prägend für das Berufsbild des Apothekers gesehen, während die bloße Abgabe der weitgehend industriegefertigten Arzneimittel in den Hintergrund tritt.[635] Allerdings darf durch die Beratung keine Kritik an der ärztlichen Diagnose oder Verschreibung erfolgen, denn der Apotheker darf die Therapie des verordnenden Arztes nicht beeinträchtigen.[636]
Wesentliche Bedeutung erlangt die Beratung durch den Apotheker gerade im Bereich der Selbstmedikation.[637] Dieser Beratungs- und Kontrollfunktion liegt

---

[629] Um welche Arzneimittel es sich hierbei im Einzelnen handelt, ist in den Anlagen 2, 3 und 4 zur ApBetrO bestimmt.

[630] *Schäfers/Kaesbach*, Die BKK 2001, S. 208

[631] *Sterzel/Wassener*, Arbeit und Sozialpolitik 2001, S. 15

[632] *Molitor*, Absatzsystem, Wettbewerb..., 2000, S. 13

[633] BVerfGE 9, 73ff (Apothekenurteil); 17, 232, 238f; *Taupitz*, Standesordnungen, 1991, S. 90

[634] BVerfGE 75, 166, 178; *Taupitz*, Standesordnungen, 1991, S. 92

[635] *Schäfers/Kaesbach*, Die BKK 2001, S. 491

[636] *Sterzel/Wassener*, Arbeit und Sozialpolitik 2001, S. 15

[637] *Richard/Schleert*, Die BKK 1995, S. 16

die Vorstellung zugrunde, dass es sich bei Arzneimitteln um erklärungsbedürftige Waren besonderer Art[638] handelt.
Seit dem 23.02.2002 hat der Apotheker auch verstärkt Einfluss auf die Auswahl eines verordneten Arzneimittels. Gemäß den neuen Substitutionsregeln *Aut idem* ist er verpflichtet, bestimmte Medikamente gegen andere, preiswertere Medikamente auszutauschen, wenn der verordnende Arzt dies nicht ausdrücklich auf dem Rezept ausschließt.[639] Insbesondere soll der Apotheker ein kostengünstigeres, wirkstoffidentisches Arzneimittel abgeben.[640]

Die Wahrnehmung dieser Aufgaben ist durch ein gesetzliches Monopol gesichert, wonach ein verschreibungspflichtiges Arzneimittel im Wege des Einzelhandels nur in einer Apotheke in den Verkehr gebracht werden darf, § 43 I AMG.[641] Die Apotheke ist damit vom sonstigen Einzelhandel abgegrenzt und vor dem Wettbewerb anderer Berufe geschützt.[642] Zugleich wird so über das vorhandene Apothekennetz eine flächendeckende Verfügbarkeit von Arzneimitteln für den Verbraucher garantiert.[643] Dieses Apothekenmonopol ist eine der zentralen Bestimmungen des deutschen Arzneimittelrechtes und geprägt von dem traditionellen apothekenrechtlichen Leitbild *des Apothekers in seiner Apotheke*.[644] Nur er kann aufgrund seiner besonderen Ausbildung in umfassender Weise die Sicherheit der Arzneimittel gewährleisten.[645] Das Bundesverfassungsgericht hat daher auch schon früh von einem *natürlichen Monopol* der Apotheken für die Abgabe von Arzneimitteln gesprochen.[646] Es dient dem Schutz der Gesundheit von Mensch und Tier und sichert zugleich die Existenzgrundlage der Apotheke als Einrichtung des Gesundheitswesens.[647]

---

638 *Cyran/Rotta*, ApBetrO, Stand Juli 1993, § 17 Rdz. 7; BVerfG DAZ 1964, S. 215; BVerfGE 17, 232, 238f; *Leßmann*, in: *Meurer*, Rechtliche Veränderungen des Wettbewerbs am europäischen Pharmamarkt, 2000, S. 74

639 Arzneimittel-Ausgabenbegrenzungsgesetz (AABG), BGBl. vom 22.02.2002, S. 684ff

640 Bei verschreibungspflichtigen Arzneimitteln hatte der Apotheker bisher keinen Einfluss auf die Auswahl des Arzneimittels; zur bisherigen Rechtslage: *Richard/Schleert*, Die BKK 1995, S. 16

641 BVerfG, Beschluss vom 22.03.19961, BvR 744/88 1519/91, Rdz. 3

642 *Ring*, NJW 1997, S. 770

643 *Molitor*, Absatzsystem, Wettbewerb..., 2000, S. 13

644 *Cyran/Rotta*, ApBetrO, Stand Juli 1993, § 17 Rdz. 7

645 *Kloesel/Cyran*, 70. EL, A 1.0 § 43, Blatt 72 k; *Schöffski*, Regulierung des deutschen Apothekenwesens, 1995, S. 38, der von einem *Zuständigkeitsmonopol zum Schutze des Verbrauchers* spricht.

646 BVerfGE 7, 377ff, 431 (Apothekenurteil)

647 *Meyer*, E-Commerce mit Arzneimitteln, 2000, S. 9

Dieses Apothekenmonopol ist nach allgemeiner Ansicht verfassungsrechtlich nicht zu beanstanden, da nur so eine sachverständige Beratung hinsichtlich Auswahl und Anwendung eines Arzneimittels gewährleistet, einer Tablettensucht vorgebeugt, die sachgemäße Prüfung der abzugebenden Arzneimittel sichergestellt und der Apotheke ihre Existenzgrundlage gesichert werden kann.[648]

(cc) Die Abgabe der Arzneimittel

Die gesetzlichen Anforderungen an die Lagerung und Abgabe von Arzneimitteln sind zahlreich und detailliert.
Zunächst stellt § 1 III ApoG klar, dass Arzneimittel nur *in* den Apothekenbetriebsräumen abgegeben werden dürfen. Gemäß § 52 I AMG dürfen Arzneimittel mit Ausnahme von einigen Fertigarzneimitteln, Verhütungsmitteln und Desinfektionsmitteln nicht durch Automaten oder durch andere Formen der Selbstbedienung in Verkehr gebracht werden. Ebenso bestimmt § 17 III ApBetrO, dass ein Apothekenleiter apothekenpflichtige Arzneimittel nicht im Wege der Selbstbedienung in den Verkehr bringen darf. § 17 ApBetrO entspricht § 1 III ApoG, wonach der Betrieb einer Apotheke, also auch die Abgabe der Arzneimitteln, an die Betriebsräume gebunden ist.[649]
Das BVerwG hat 1998 entschieden, dass auch die Abgabe von Arzneimitteln über den an einer Apotheke eingerichteten Autoschalter unzulässig ist.[650] Entscheidend sei die im konkreten Fall fehlende Überwachungsmöglichkeit durch den Apotheker. Es sei erforderlich, dass sich auch der Empfänger des Arzneimittels *in* den Apothekenbetriebsräumen befinde.

Gemäß § 4 V ApBetrO müssen die Betriebsräume von anderweitig gewerblich oder freiberuflich genutzten Räumen sowie von öffentlichen Verkehrsflächen und Ladenstraßen durch Wände oder Türen abgetrennt sein. Ziel ist es, so dem wesentlich erhöhten Beratungsbedarf Rechnung zu tragen.[651]
In diesem Zusammenhang ist das Urteil des BGH zu Verkaufsschütten vor einer Apotheke von Bedeutung.[652] In dem zugrundeliegenden Fall wurden apothekenübliche Waren des Rand- und Nebensortiments in sog. Verkaufsschütten angeboten, die auf der Verkehrsfläche *vor* der Apotheke aufgestellt waren. Hierzu hat der BGH entscheiden, dass § 17 I ApBetrO verfassungswidrig und nichtig ist, soweit er dem Inverkehrbringen apotheken-

---

[648] BVerfGE 17, 232ff; *Sander*, AMG, Stand August 1988, § 43, Rdz. 7

[649] *Cyran/Rotta*, ApBetrO, Stand Juli 1993, § 17 Rdz. 7

[650] BVerwG, Urteil vom 22.01.1998, NJW 1998, S. 881f

[651] BGH, Urteil vom 22.01.1998, NJW 1998, S. 881, 882, die Verfassungswidrigkeit beruht auf Verstößen gegen Art. 12 und Art. 3 GG.

[652] BGH, Urteil vom 11.02.1999, I ZR 18/97, NJW 1999, S. 3406 = GewArch. 1999, S. 372

üblicher Waren und freiverkäuflicher Arzneimittel außerhalb der Apothekenbetriebsräume entgegensteht.[653] Dieses Verbot sei zur Sicherstellung der ordnungsgemäßen Arzneimittelversorgung der Bevölkerung und zur Wahrung des Vertrauens der Bevölkerung in die berufliche Integrität der Apotheker nicht erforderlich, denn auch bei Verkaufsschütten sei ein unkontrollierter Zugriff auf Arzneimittel nicht möglich.

§ 4 ApBetrO benennt Anforderungen an den Apothekenbetriebsraum. Dieser muss u.a. nach Art, Größe, Zahl, Lage und Einrichtung geeignet sein, einen ordnungsgemäßen Apothekenbetrieb, insbesondere die einwandfreie Entwicklung, Herstellung, Prüfung, Lagerung, Verpackung sowie eine ordnungsgemäße Abgabe der Arzneimittel und die Information und Beratung über Arzneimittel zu gewährleisten. Er ist zudem in einwandfreiem hygienischen Zustand zu halten.

Von besonderer Bedeutung ist auch § 4 II S. 2 a.E. ApBetrO, wonach der Apothekenbetriebsraum so eingerichtet sein soll, dass die Vertraulichkeit der Beratung gewahrt werden kann.

Bestimmte Arzneimittel müssen zur Sicherstellung einer ordnungsgemäßen Arzneimittelversorgung der Bevölkerung vorrätig gehalten werden, andere sind kurzfristig zu beschaffen, § 15 ApBetrO.

Auch an die Lagerung werden detaillierte Anforderungen gestellt. Arzneimittel, Ausgangsstoffe, apothekenübliche Waren und Prüfmittel sind übersichtlich und so zu lagern, dass ihre Qualität nicht nachteilig beeinflusst wird und Verwechslungen vermieden werden, § 16 I ApBetrO. Zudem muss eine Lagerhaltung unterhalb einer Temperatur von 20° C möglich sein.

(dd) Lieferservices

In der Praxis sind Bring- oder Lieferservices durch Apotheken gang und gäbe, beispielsweise wenn ein Arzneimittel bei dem Besuch des Kunden nicht vorrätig ist und erst bestellt werden muss. Häufig wird dem Kunden dann angeboten, sich das Arzneimittel durch den Apotheker nach Hause liefern zu lassen.

Schätzungen zufolge bieten bereits heute mehr als 40 % der Apotheken einen Lieferdienst an, wenn ein gewünschtes Arzneimittel nicht vorrätig war.[654] Eine Apotheke beliefert dann durchschnittlich 30 Kunden pro Woche.[655]

---

[653] Weiterführend zu den Möglichkeiten eines Apothekers bei Märkten, Messen und Leistungsschauen aufzutreten: *Tisch,* in: *ders*, Apotheke im Wettbewerb, 2000, S. 54 - 56. Demnach darf eine *Messe-Apotheke* nicht betrieben werden, Präsentationen der vielfältigen Dienstleistungsangebote des Berufsstandes, beispielsweise das Blutdruckmessen oder Bestimmten des Cholesterinspiegels an Messebesuchern sind aber gestattet, wenn sie nur vereinzelt und ohne Bezug auf eine bestimmte Apotheke erfolgen.

[654] *Schäfers/Kaesbach*, Die BKK 2001, S. 489

[655] *Sterzel/Wassener*, Arbeit und Sozialpolitik 2001, S. 16

Nach § 17 II ApBetrO ist die Zustellung durch Boten nur im begründeten Einzelfall zulässig. Diese Vorschrift wird von der Rechtsprechung verfassungskonform so ausgelegt, dass sie freiverkäufliche Arzneimittel und das apothekenübliche Randsortiment nicht erfasst.[656]
Einige Berufsordnungen für Apotheker enthalten Vorschriften, wonach der Hinweis auf einen Zustelldienst innerhalb und außerhalb der Apotheke nicht erlaubt ist.[657]
Es muss sich jedenfalls um einen Boten handeln, der zum Personal der Apotheke gehört, da nur so die Verantwortung beim Apotheker verbleibt.[658]

(ee) Beschränkungen durch das Fremd- und Mehrbesitzverbot

Die Verpflichtung zur persönlichen Leitung der Apotheke in eigener Verantwortung gemäß § 7 ApoG erfordert nicht nur die formale Erfüllung pharmazeutischer Pflichten, sondern verlangt, dass der Apotheker auch in uneingeschränkter wirtschaftlicher Verantwortung seine Apotheke leitet.[659] § 8 S. 2 ApoG untersagt demzufolge Beteiligungen an einer Apotheke in Form einer Stillen Gesellschaft und Vereinbarungen, bei denen die Vergütung für dem Erlaubnisinhaber gewährte Darlehen oder sonst überlassene Vermögenswerte am Umsatz oder am Gewinn der Apotheke ausgerichtet ist.
Darüber hinaus kann aus dem Zusammenspiel mehrerer Vorschriften ein Mehrbesitz-verbot abgeleitet werden, demzufolge ein Apotheker nur eine Apotheke betreiben darf:
§ 1 II ApoG statuiert die Erlaubnispflicht für den Betrieb einer Apotheke, gemäß § 1 III ApoG wird die Erlaubnis nur für die in der Erlaubnisurkunde bezeichneten Räume erteilt. Schließlich erlischt diese Erlaubnis, wenn dem Inhaber die Erlaubnis zum Betrieb einer anderen Apotheke, die keine Zweigapotheke ist[660], erteilt wird, § 3 Nr. 5 ApoG
Das Fremd- und Mehrbesitzverbot[661] ist Teil der freiberuflichen Orientierung des Apothekerberufes in Deutschland. Der Gesetzgeber möchte erreichen, dass sich der Apotheker nur auf eine Apotheke konzentriert. Dies soll der Arzneimittel-

---

[656] OLG Bamberg, Urteil vom 30.06.1999, WRP 2000, S. 426; zu § 17 II ApBetrO im Folgenden noch ausführlich unter IV. 3. b) (dd) dieser Arbeit.

[657] Hierzu im Folgenden bei der Frage der Werbung für den Versandhandel unter: IV. 3. e) dieser Arbeit.

[658] *Schiedermair/Pohl*, Gesetzeskunde für Apotheker, 11. Aufl. 1987, S. 98

[659] *Schiedermair/Pieck*, Kommentar zum Apothekengesetz, 3. Aufl. 1981, § 7, Rdz. 19

[660] Der Betrieb einer Zweigapotheke ist nur für den Fall vorgesehen, dass infolge des Fehlens einer Apotheke ein Notstand in der Arzneimittelversorgung eintritt, § 16 ApoG.

[661] Richtigerweise besteht ein Fremd- und Mehr*betriebs*verbot, *Taupitz*, Verbot des „Fremd- und Mehrbesitzes", 1998, S. 12f und 15f.

Versorgung und dem Schutz der Bevölkerung vor den Gefahren einer unsachgemäßen Arzneimittel-Anwendung dienen.[662]

Apothekenketten kann es nach geltendem Recht in Deutschland angesichts des Fremd- und Mehrbesitzverbotes von Apotheken nicht geben.[663] Eine Marktkonzentration auf wenige Anbieter wie sie zum Beispiel in den USA[664] sehr ausgeprägt, aber auch in Großbritannien zunehmend zu beobachten ist, ist in Deutschland daher nicht abzusehen.

Vielfach wird behauptet, dass die Einführung des Versandhandels mit Arzneimittel auch dazu führen wird, dass das Fremd- und Mehrbesitzverbot fällt.[665]
Formal kann das Mehrbesitzverbot auch bei der Internet-Apotheke aufrecht erhalten werden, wenn man beispielsweise einen Anbieter mit seiner Homepage als einen Apotheker definiert. Allerdings ist es dabei möglich, dass die Zahl der Kunden eines Apotheker ansteigt, so dass der für ihn alleine überschaubare Rahmen überschritten wird mit der Folge, dass der gesetzgeberische Zweck des Fremd- und Mehrbesitzverbotes so nicht mehr erreicht werden kann.

(ff) Der Internetauftritt des Apothekers

(1) Aktuelle Situation

Schon heute informieren viele deutsche Apotheken auf einer eigenen Homepage beispielsweise über Öffnungszeiten, vor Ort angebotene Dienstleistungen, Notdienst-kalender, Neuigkeiten des Arzneimittelmarktes oder Selbsthilfegruppen. Einige bieten auch bereits Waren des Randsortiments, z.B. Kosmetikprodukte, und solche Arzneimittel an, die gemäß §§ 44, 45 AMG für den Verkehr außerhalb der Apotheke freigeben sind.[666] Damit trainiere man, um für einen Internet-Auftritt am *Tag X* gerüstet zu sein.[667]

---

[662] Zur Frage der Vereinbarkeit des Fremd- und Mehrbesitzverbots mit Grundgesetz und Europarecht siehe ausführlich: *Taupitz*, Verbot des „Fremd- und Mehrbesitzes“, 1998.

[663] *Taupitz*, Verbot des „Fremd- und Mehrbesitzes“, 1998, S. 7; *Schlicht*, Medikament und Meinung 4 / 1999

[664] Für einen Überblick über die Situation in den USA siehe I, 4. a) (aa) dieser Arbeit.

[665] *Hoffritz*, Die Zeit, 6/2002,
unter: http://www.zeit.de/2002/06/Wirtschaft/200206_apotheken.html

[666] Eine Zusammenstellung der Apotheken mit eigener Homepage in Deutschland findet sich unter: http://pharma.seiten.de/apotheken/index.html

[667] *Paoli*, Financial Times Deutschland, 04.04.1002, der Prof. Gerd Glaeske, Uni Bremen zitiert, dazu schon Fn. 120 dieser Arbeit.

Mit *Aponet*[668] ist 2002 ein neues Internetangebot geschaffen worden, mit dem die Apotheker das Internet auch in der Arzneimittelversorgung nutzbar machen wollen, ohne die Risiken des Arzneimittelversandes.[669] Neben allgemeinen Gesundheits- und Arzneimittelinformationen (z.B. ein Heilpflanzenlexikon) wird ein Apothekenfinder angeboten, mit dem der Nutzer seine Apotheke mit Anschrift, Telefon-, Faxnummer und, falls vorhanden, Email- oder Homepage-Adresse per Internet suchen kann. Anschließend kann der Kunde dort rezeptpflichtige Medikamente online vorbestellen, um sie später persönlich und gegebenenfalls mit Rezept abzuholen.[670]
Die dargestellte Präsenz der Apotheken im Internet ist Ausdruck des auch in der Literatur angemahnten Versuchs, die Frage des Arzneimittelversandes von den Einsatzmöglichkeiten des Internets zu Informations- und Beratungszwecken zu trennen.[671]

(2) Rechtliche Mindestanforderungen

Es besteht Einigkeit darüber, dass die Einrichtung einer Homepage auch den Angehörigen der sogenannten Freien Berufe[672] gestattet ist.[673] Grundsätzlich würde ein Auftrittsverbot in den Schutzbereich des Grundrechtes auf freie Berufsausübung gemäß Art. 12 I GG eingreifen. Es bedarf daher einer gesetzlichen Grundlage, muss durch vernünftige Gemeinwohlerwägungen gerechtfertigt und verhältnismäßig sein.[674] Fraglich und umstritten ist für alle Freien Berufe, wie eine Internetpräsentation im einzelnen aussehen darf. Einem Arzt untersagt die Berufsordnung beispielsweise, Patientenaussagen einzubeziehen oder Werbung für Arznei-, Heil- oder Hilfsmittel zu machen. Grundsätzlich ist eine nur auf Werbeeffekte zielende Darstellung nicht zulässig.

---

[668] http://www.aponet.de; dieses *offizielle Gesundheitsportal der deutschen ApothekerInnen* wird von der Bundesvereinigung Deutscher Apothekerverbände (ABDA) gestaltet.

[669] *Reichert* in: *Stein*, Perspektiven, 2002, S. 23

[670] Das gewünschte Medikament kann über eine Freitext-Eingabe vorbestellt werden. Aponet fragt zusätzlich die wesentlichen, zur Beratung notwendigen Daten des Nutzers ab und leitet diese per Email oder Fax an die ausgesuchte Apotheke weiter. So kann der Apotheker einschätzen, ob die Einnahme des bestellten Medikaments eventuelle Risiken birgt, und den Kunden bei der Abholung persönlich beraten. Dieser Service kann doppelte Wege ersparen. Denn mit dem Medikamenten-Vorbestellsystem wird sichergestellt, dass auch selten verordnete Arzneimittel direkt beim ersten Gang zur Apotheke vorrätig sind. Um dieses Angebot nutzen zu können, ist eine Registrierung erforderlich, der Kunde erhält einen Login-Namen und ein Passwort. Dazu: *Reichert* in: *Stein*, Perspektiven, 2002, S. 21

[671] *Zuck*, NJW 2001, S. 2059; *Reichert* in: *Stein*, Perspektiven, 2002, S. 23

[672] Dazu bereits Fn. 623 dieser Arbeit.

[673] *Freitag*, Standesgemäße Selbstdarstellung im Internet, NET-Investor 8/1998

[674] Auf diese Frage wird beim Versandverbot noch ausführlich einzugehen sein.

Der Internetauftritt unterliegt auch für Apotheker strengen Regelungen u. a. des Heilmittelwerbegesetzes und der Berufs-ordnungen der Apotheker.[675]

Bei Umsetzung der E-Commerce-Richtlinie hat der Gesetzgeber u.a. im *Teledienstegesetz (TDG)*[676] Anforderungen an die Gestaltung einer Homepage normiert. Damit soll eine Orientierung unter der Vielzahl von Anbietern ermöglicht und Transparenz hergestellt werden.
Von besonderer Bedeutung ist § 6 TDG, welcher allgemeine Informationspflichten regelt, also die Mindestangaben, die auf jeder Homepage dargestellt sein müssen.[677]

> § 6 I TDG lautet:
> *Diensteanbieter haben für geschäftsmäßige Teledienste mindestens folgende Informationen leicht erkennbar, unmittelbar erreichbar und ständig verfügbar zu halten:*
> *1. den Namen und die Anschrift, unter der sie niedergelassen sind, bei juristischen Personen zusätzlich den Vertretungsberechtigten,*
> *2. Angaben, die eine schnelle elektronische Kontaktaufnahme und unmittelbare Kommunikation mit ihnen ermöglichen, einschließlich der Adresse der elektronischen Post,*
> *3. soweit der Teledienst im Rahmen einer Tätigkeit angeboten oder erbracht wird, die der behördlichen Zulassung bedarf, Angaben zur zuständigen Aufsichtsbehörde,*
> *4. das Handelsregister, Vereinsregister, Partnerschaftsregister oder Genossenschaftsregister, in das sie eingetragen sind, und die entsprechende Registernummer*
> *5. soweit der Teledienst in Ausübung eines [reglementierten Berufs im Sinne der* EG-*Richtlinie] angeboten oder erbracht wird, Angaben über*
> *a) die Kammer, welcher die Diensteanbieter angehören,*
> *b) die gesetzliche Berufsbezeichnung und den Staat, in dem die Berufsbezeichnung verliehen worden ist,*
> *c) die Bezeichnung der berufsrechtlichen Regelungen und dazu, wie diese zugänglich sind,*
> *6. in Fällen, in denen sie eine Umsatzsteueridentifikationsnummer nach § 27a des Umsatzsteuergesetzes besitzen, die Angabe dieser Nummer.*

Diese Informationspflichten treffen jeden, der Teledienste im Sinne des TDG auf seiner Homepage anbietet. Teledienste sind gemäß § 2 II Nr. 2 TDG u.a.

---

[675] Auf Details des Standesrechts der Apotheker soll hier nicht eingegangen werden. Weiterführend: *Taupitz*, Standesordnungen, 1991, 332ff und 916ff.

[676] *Gesetz über die Nutzung von Telediensten (Teledienstegesetz - TDG)* vom 22.07.1997, BGBl I Nr. 52, 1870, zuletzt geändert durch Art. 1 und 4 I des Gesetzes vom 14.12.2001, BGBl. I S. 3721

[677] In der Praxis werden diese Angaben auf der Homepage meist unter der Überschrift *Impressum* oder *Pflichtangaben* gemacht.

Angebote zur Information oder Kommunikation, z. B. Informationen über Waren und Dienstleistungs-angebote. Damit sind auch Apotheker erfasst, die im Internet über ihr Dienstleistungs-angebot mit Öffnungszeiten, Notfallkalender, Gesundheitsratschlägen etc. informieren.
Die Pflichten bestehen unabhängig davon, ob die Nutzung der Teledienste ganz oder teilweise unentgeltlich oder nur gegen Entgelt möglich ist, § 2 III TDG. Daher muss auch ein nicht kommerzielles Informationsangebot den Anforderungen entsprechen.
Neben den allgemeinen Angaben zur Identität bestehen für *Angehörige eines reglementierten Berufes* zusätzliche Informationspflichten, § 6 I Nr. 5 TDG. Damit sind diejenigen Berufe gemeint, die eine besondere, wenigstens dreijährige akademische Ausbildung voraussetzen, also zum Beispiel Freiberufler wie Ärzte, Zahnärzte, Apotheker, Rechtsanwälte oder Steuerberater. Erforderlich sind nunmehr auch folgende Informationen:
* die zuständige Aufsichtsbehörde, die sich im Falle eines Apothekers nach Landesrecht bestimmt,
* die Kammer, der der Apotheker angehört, also die jeweilige Landesapothekerkammer,
* die gesetzliche Berufsbezeichnung *Apotheker*,
* der Staat, in dem diese Bezeichnung verliehen worden ist und
* die für den Apotheker einschlägige Berufsordnung, also die Berufsordnung der jeweiligen Landesapothekerkammer, und Angaben dazu, wie dieser Text zugänglich ist.
Die Nichtbeachtung dieser Vorschrift ist eine Ordnungswidrigkeit, die mit einer Geldbuße bis zu € 50.000.-- geahndet werden kann, § 12 TDG. Zudem drohen wettbewerbsrechtliche Abmahnungen zum Beispiel durch Mitbewerber oder Verbraucherschutzverbände.

d) Fazit

Zusammenfassend lassen sich vier wesentliche Ziele des Gesetzgebers bei der Regelung des Apothekerberufs festhalten:

* die Gewährleistung des Gesundheitsschutzes der Bevölkerung durch die qualifizierte Beratung durch den Apotheker,

* die Einhaltung der Rezeptpflicht,

* die Qualität der abgegebenen Arzneimittel,

* die Sicherung der Apotheke als Institution.[678]

Im Folgenden wird ganz wesentlich darauf einzugehen sein, ob diese Ziele auch beim Betrieb einer Internet-Apotheke erreicht werden können.

---

[678] *Kloesel/Cyran*, 70. EL, A 1.0 § 43, Blatt 72 k

2. Verbraucherschutzrelevante Aspekte des Online-Vertragsschlusses

Jedem Arzneimittelerwerb, auch dem im Wege des E-Commerce, liegt ein Kaufvertrag zugrunde. Im Folgenden soll zunächst die grundsätzliche Systematik des Vertragsschlusses über das Internet dargestellt werden. Die angesprochenen Vorschriften zum E-Commerce und zum Fernabsatz stehen bei dieser Betrachtung jeweils unter dem Vorbehalt, dass der Einsatz des Internets zu Anbahnung und Abschluss eines Kaufertrages überhaupt zulässig ist[679], was im Anschluss daran für den Kauf von Arzneimitteln untersucht werden soll.
Daher soll die nachfolgende Untersuchung auch schon mit Blick auf einen Verbraucher, der über das Internet ein Medikament erwerben möchte, erfolgen.

a) Die Anwendung der Allgemeinen Vorschriften des BGB

Für den Vertragsschluss über das Internet und den Verbraucherschutz gelten grundsätzlich die allgemeinen Vorschriften des BGB. Einzelgesetze wie das AGBG oder das FernAbsG sind durch das Gesetz zur Modernisierung des Schuldrechts in das Zweite Buch des BGB integriert worden, welches das Recht der Schuldverhältnisse regelt.[680] Der Gesetzgeber beabsichtigt damit, die Zersplitterung des Rechtsstoffes aufzuheben, dem Rechtsanwender die Arbeit mit dem Gesetz zu erleichtern, Wertungswidersprüchen vorzubeugen und Querverbindungen zwischen den besonderen Vertriebsformen und anderen Schuldverhältnissen aufzeigen.[681]

---

[679] So die Begründung der Bundesregierung zum Entwurf des FernAbsG, BT-Drucksache 14/2658, vom 09.02.2000, S. 37f,
auch unter: http://dip.bundestag.de/btd/14/026/1402658.pdf; *Fuchs*, ZIP 2000, S. 1276

[680] Das *Gesetz zur Modernisierung des Schul*drechts vom 26.11.2001, BGBl. 2001, S. 3138 - 3218 dient neben der grundlegenden Modernisierung des Schuldrechts der Umsetzung
*der Richtlinie 1999/44/EG vom 25.05.1999 zu bestimmten Aspekten des Verbrauchsgüterkaufs und der Garantien für Verbrauchsgüter (ABl. EG Nr. L 171 S. 12),
*der Richtlinie 2000/35/EG 29.06.2000 zur Bekämpfung von Zahlungsverzug im Geschäftsverkehr (ABl. EG Nr. L 200 S. 35) und
* von Artikel 10, 11 und 18 der Richtlinie 2000/31/EG vom 8.06.2000 über bestimmte rechtliche Aspekte der Dienste der Informationsgesellschaft, insbesondere des elektronischen Geschäftsverkehrs, im Binnenmarkt („Richtlinie über den elektronischen Geschäftsverkehr", ABl. EG Nr. L 178 S. 1).
Die am 1. Januar 2002 in Kraft getretenen Änderungen betreffen vor allem das Recht der Verjährung, der Leistungsstörungen, das Kauf- und Werkvertragsrecht sowie die Integration von bisher in Nebengesetzen geregelten Materien wie zum Beispiel das Recht der Allgemeinen Geschäftsbedingungen und des Verbraucherkreditgesetzes.

[681] BT-Drucksache 14/6040 vom 14.05.2001, S. 166,
auch unter: http://dip.bundestag.de/btd/14/060/1406040.pdf

b) Der Online-Vertragsschluss nach deutschem Recht

(aa) Die Bedeutung der EU-Richtlinien für das deutsche Vertragsrecht

Die Fernabsatzrichtlinie enthält keine Regelungen zum Abschluss eines Vertrages, Änderungen des deutsche Vertragsrechtes sind durch ihre Umsetzung daher auch nicht eingetreten.[682] Beachtlich sind aber Art. 9 bis 11 der E-Commerce-Richtlinie[683]. Der Gesetzgeber hat diese und andere Richtlinien mit dem Gesetz zur Modernisierung des Schuldrechts in deutsches Recht umgesetzt, welches in wesentlichen Teilen am 01.01.2002 in Kraft getreten ist.[684]
Angesichts der bei der folgenden Darstellung des Online-Vertragsschlusses nach deutschem Recht noch bestehenden Zweifel und Streitfragen kommt Art. 10 I Nr. a) der E-Commerce-Richtlinie besondere Bedeutung zu. Hiernach müssen die einzelnen technischen Schritte, die zu einem Vertragsabschluss führen, dem Verbraucher klar, verständlich und unzweideutig vor jedem Vertragsschluss erklärt werden.

(bb) Der Vertragsschluss

Voraussetzung eines wirksamen Vertragsschlusses sind zwei übereinstimmende Willenserklärungen. Dabei wird eine Willenserklärung per Email oder Mausklick heute unproblematisch als eine menschliche Erklärung angesehen, unabhängig davon, ob der Computer lediglich die Erklärung technisch übermittelt oder ob die Erklärung als solche automatisiert hergestellt und elektronisch übermittelt wird.[685] In letzterem Fall ist sie dann allerdings nicht notwendig dem Programmierer der Software, der ja in der Regel ein nur dafür zuständiger Experte sein wird, zuzurechnen, sondern dem, für den die Programmierung erfolgt ist und der letztlich Betreiber der WebSite ist.[686] Schließlich macht dieser sich die Erklärung zu eigen, indem er sie durch eine

---

[682] Das *Gesetz über Fernabsatzverträge und andere Fragen des Verbraucherrechtes sowie zur Umstellung von Vorschriften auf Euro* vom 27.06.2000 ist in wesentlichen Teilen am 30.06.2000 in Kraft getreten (BGBl. S. 897, Berichtigung auf S. 1139). Es setzt die Fernabsatzrichtlinie und die Richtlinie 98/27/EG über Unterlassungsklagen zum Schutz der Verbraucherinteressen (ABl. EG Nr. L 166, S. 51 - 55) um.

[683] Dazu III. 5. d) (cc) dieser Arbeit. Die E-Commerce-Richtlinie musste bis 17.01.2002 umgesetzt werden.

[684] Dazu bereits Fn. 682; zur Bedeutung der Schuldrechtsmodernisierung für Fernabsatz und E-Commerce ausführlich: *Micklitz*, EuZW 2001, 132ff.

[685] *Scherer/Butt*, DB 2000, S. 1012; *Strömer*, Online-Recht, 1999, S. 107; *Palandt/Heinrichs*, BGB-Kommentar, 61. Aufl. 2002, Einf § 116, Rdz. 1; *Köhler/Arndt*, Recht des Internet, 2000, S. 28, Rdz. 87; *Koch*, Internet-Recht, 1998, S. 137; *Bierekoven*, Vertragsabschluß, 2001, S. 21; *Loock-Wagner*, Das Internet und sein Recht, 2000, S. 48

[686] *Palandt/Heinrichs*, BGB-Kommentar, 61. Aufl. 2002, Einf § 116, Rdz. 1; *Köhler/Arndt*, Recht des Internet, S. 28, Rdz. 87

von ihm veranlasste und gebilligte Programmierung in den Rechtsverkehr gelangen lässt.[687]

(1) Das Angebot

Die WebSite eines Anbieters stellt im Zweifel lediglich eine invitatio ad offerendum, also eine an den Nutzer gerichtete Aufforderung zur Abgabe eines Angebotes dar, welcher keine eigene rechtliche Bindungswirkung zukommt.[688] Dieser beispielsweise für Printkataloge oder Schaufensterauslagen im deutschen Recht anerkannten Rechtsauf-fassung liegt der Gedanke zugrunde, dass sich niemand, der eine Ware bewirbt, allen potentiellen Kunden gegenüber verpflichten will und kann, etwa weil die Bonität des Kunden erst noch geprüft werden soll oder weil die zur Verfügung stehende Warenmenge begrenzt ist.[689] Dies muss umso mehr für den Anbieter im Internet gelten, da sich der Anbieter hier einer prinzipiell nicht begrenzten Anzahl von Kunden gegenüber sieht. Zudem mag ein Anbieter vielleicht auch nicht mit Kunden aus allen Länder einen Vertrag abschließen, etwa weil er die dortige Rechtssituation nicht kennt oder er dorthin nicht liefern kann.
Ein Angebot ist damit erst in der Bestellung des Kunden zu sehen, welche entweder durch das Klicken des Bestellbuttons oder durch das Senden einer Email erfolgt.[690]

Wenn neben einem örtlichen Geschäft vom Inhaber auch zugleich die Bestellmöglichkeit über das Internet angeboten wird, gibt er damit nach Ansicht der Rechtsprechung noch nicht zu erkennen, dass die Ware auch vor Ort vorrätig ist, vielmehr muss der Kunde hinnehmen, wenn er beim Besuch des Geschäftes mit leeren Händen nach Hause geht und auf die Bestellmöglichkeit über das

---

[687] *Köhler/Arndt*, Recht des Internet, 2000, S. 28f, Rdz. 88, die die unterschiedlichen Begründungsansätze der Literatur, also konkreter Geschäftswille, genereller Handlungswille des Betreibers, allgemeiner Handlungswille, oder allgemeines Erklärungsbewusstsein, darstellen; *ders.* EWS 2001, S. 108

[688] *Palandt/Heinrichs*, BGB-Kommentar, 61. Aufl. 2002, § 145, Rdz. 2 und Ergänzungsband, 2002, § 312 b, Rdz. 4; *Taupitz/Kritter*, JUS 1999, S. 840; *Köhler/Arndt*, Recht des Internet, 2000, S. 30, Rdz. 93; *Hoeren*, Rechtsfragen, 1998, S. 119, Rdz. 281; *ders*, Internetrecht 2002, S. 221f; *Hoffmann*, NJW-Beilage zu Heft 14/2001, S. 7; *Koch*, Internet-Recht, 1998, S. 135; OLG Oldenburg, CR 1993, 558; anders sieht dies aber *Mehring*, MMR 1998, S. 31f, der in einer WebSite ein rechtsverbindliches Angebot sieht. Dieser Ansicht wird mit der ganz herrschenden Meinung in der Literatur aber nur im Einzelfall und nur dann zu folgen sein, wenn die besondere Gestaltung einer WebSite Anlass für eine solche Beurteilung gibt.

[689] *Strömer*, Online-Recht, 1999, S. 125

[690] Möglich ist es natürlich auch, dass der Kunde, nachdem er sich auf einer WebSite informiert hat, telefonisch oder per Fax oder Brief bestellt, also sein Angebot zum Abschluss eines Kaufvertrages abgibt. Dazu *Palandt/Heinrichs*, Ergänzungsband, 2002, § 312b, Rdz. 4.

Internet verwiesen wird.[691] Diese Rechtsprechung könnte für eine örtliche Apotheke relevant werden, deren Inhaber *auch* die Bestellmöglichkeit über das Internet anbietet. Wenn er damit aber zugleich eine Abholmöglichkeit anbietet, also nicht versendet, wird man von ihm dennoch verlangen müssen, dass das Arzneimittel zum vereinbarten Abholtermin auch vor Ort ist.

(2) Die Annahme

Ein Kaufvertrag kommt mit der Annahme des Angebots zustande, § 147 BGB. Diese kann grundsätzlich ausdrücklich durch eine Bestätigung erfolgen oder stillschweigend gemäß § 151 BGB, indem die bestellte Ware an den Kunden übersendet wird.
Die E-Commerce-Richtlinie sieht in Art. 11 vor, dass der Eingang einer Bestellung auf elektronischem Weg zu bestätigen ist. Wenn man das Anbieten einer Ware auf einer WebSite lediglich als invitatio ad offerendum versteht und der Kunde folglich mit seiner Bestellung ein Angebot abgibt, so kann diese Empfangsbestätigung nur als Erfordernis einer ausdrücklichen Annahmeerklärung verstanden werden. § 312e I S. 1 Nr. 3 BGB bestimmt demzufolge, dass eine Bestellung unverzüglich zu bestätigen ist und verpflichtet den Unternehmer damit, seine Annahme ausdrücklich zu erklären.

Ergänzend soll noch erwähnt werden, dass auch bei der Online-Kommunikation eine irrtumsbedingte Willenserklärung zur Anfechtung nach § 119 BGB berechtigt, wobei die Rechtsfolge des § 122 BGB in gleicher Weise eingreift; bei einer technischen Falschübermittlung kann § 120 BGB Anwendung finden.[692]

(3) Der Zugang

Der Zugang ist jeweils Voraussetzung für das Wirksamwerden der empfangsbedürftigen Willenserklärungen Angebot und Annahme, § 130 BGB, für die Rechtzeitigkeit der Annahme, § 146 BGB, und für die Wirksamkeit eines Erklärungswiderrufes, § 130 I S. 2 BGB. Bis zum Zugang trägt der Absender das Verlustrisiko, anschließend ist der Empfänger für die ordnungsgemäße Funktion seiner Hard- und Software verantwortlich.[693]
Das BGB unterscheidet Willenserklärungen zwischen An- und Abwesenden. Eine Willenserklärung unter Anwesenden wird sofort wirksam, sobald sie vernommen wird, eine Willenserklärung unter Abwesenden aber erst in dem Zeitpunkt, indem sie dem Erklärungsempfänger zugeht. Fraglich ist daher, wie

---

[691] OLG Frankfurt/Main, MMR 1998, S. 538; *Strömer*, Online-Recht, 1999, S. 125

[692] *Ernst*, NJW-CoR 1007, S. 167

[693] *Scherer/Butt*, DB 2000, S. 1010

sich der Online-Vertragsschluss, der per Email oder per Mausklick über die WebSite eines Anbieter erfolgen kann, hier einordnet und welche Anforderungen sich daraus für den Zugang der Willenserklärung ergeben.

Der Vertragsschluss per Email wird wegen der fehlenden Verhandlungsmöglichkeit in aller Regel als Vertragsschluss unter Abwesenden qualifiziert.[694] Dies hat zur Folge, dass eine Annahme des Angebotes bis zu dem Zeitpunkt erfolgen kann, in dem der Antragende den Eingang der Antwort unter regelmäßigen Umständen erwarten darf, § 147 II BGB.
Wenn über das Internet eine Erklärung per Mausklick abgegeben wird, könnte eine differenziertere Betrachtung angebracht sein. Von einer Willenserklärung unter Anwesenden gemäß § 147 I S. 2 BGB könnte man deshalb sprechen, weil zwischen den Computern eine direkte Verbindung besteht, das Internet also als Kommunikationsmedium technisch vergleichbar einem Fernsprecher genutzt wird. Nach der Vernehmenstheorie geht eine Willenserklärung unter Anwesenden im Zeitpunkt der akustisch richtigen Vernehmung zu.[695] Entscheidend für die Unterscheidung zwischen einer Willenserklärung unter An- oder Abwesenden ist es aber, ob zwischen Erklärendem und Empfänger ein Dialog möglich ist[696], woran es hier ersichtlich fehlt.[697]
Folglich muss auch die Erklärung per Mausklick als eine solche unter Abwesenden qualifiziert werden.
Bei der Nutzung des Internets wird ein Unternehmen in der Regel eine Datenverarbeitungsanlage oder einen elektronischen Briefkasten installiert haben, so dass es an einer Erklärung von Person zu Person fehlt. Nach der allgemeinen Regel des BGB geht eine Willenserklärung einem Abwesenden dann zu, wenn sie derart in den Machtbereich des Empfängers gelangt ist, dass die Kenntnisnahme möglich und nach der Verkehrsauffassung zu erwarten ist.[698] Fraglich ist, wo dieser Machtbereich des Empfängers im Internet beginnt.

---

[694] So die einheitliche Behandlung in der Literatur: *Palandt/Heinrichs*, BGB-Kommentar, 61. Aufl. 2002, § 130, Rdz. 7a; *Taupitz/Kritter*, JUS 1999, S. 841; *Eichhorn*, Internet-Recht, 2000, S. 72; *Bierekoven*, Vertragsabschluß, 2001, S. 25f

[695] *Palandt/Heinrichs*, BGB-Kommentar, 61. Aufl. 2002, § 130, Rdz. 14

[696] *Koch*, Internet-Recht, 1998, S. 140; *Eichhorn*, Internet-Recht, 2000, S. 71; *Micklitz*, Fernabsatzrichtlinie, 1998, S. 38

[697] Denkbar ist auch, dass ein Vertragsschluss im Rahmen eines Chat stattfindet, bei dem zwischen den Vertragspartnern tatsächlich ein direkter Kontakt mit Verhandlungsmöglichkeit besteht. Hier wird man von Erklärungen unter Anwesenden sprechen müssen. Die rechtliche Folge wäre aber nicht wesentlich anders, da dann § 130 BGB anlog zur Anwendung käme; *Taupitz/Kritter*, JUS 1999, S. 841. Diese Konstellation ist aber für den Online-Kaufvertrag die Ausnahme und beim E-Commerce mit Arzneimitteln nicht relevant.

[698] *Palandt/Heinrichs*, BGB-Kommentar, 61. Aufl. 2002, § 130, Rdz. 5; *Koch*, Internet-Recht, 1998, S. 139; BGHZ 67, 271 (275); BGH NJW 1983, S. 929 (930)

Eine Email kann technisch rund um die Uhr eintreffen. Bei einer Willenserklärung, die per Email abgegeben wird, wird der Zugang daher nach überwiegender Ansicht bei jemandem, der im Rechtsverkehr mit seiner Email-Adresse auftritt, dann angenommen, wenn die Email die Schnittstelle beim Unternehmen passiert hat, denn dann ist das Angebot in den Machtbereich des Empfänger gelangt. Der Zugang hängt aber auch davon ab, wann mit der Kenntnisnahme zu rechnen ist. Halten Unternehmen elektronische Einrichtungen zum Empfang von Willenserklärungen vor, so müssen diese auch regelmäßig daraufhin kontrolliert werden, ob Erklärungen angekommen sind. Der elektronische Briefkasten ist daher mindestens einmal täglich zu leeren, so dass mit einem Zugang spätestens am nächsten Tag gerechnet werden darf.[699]
Bei einer direkten elektronischen Übermittlung, die beispielsweise durch das Klicken eines Buttons auf einer Homepage eingeleitet wird, werden die Erklärungen jedoch in einem automatisierten Verfahren bearbeitet. Sie gelangen mit dem Passieren der Schnittstelle der Anlage des Empfängers in dessen Machtbereich[700]. Der Zugang erfolgt hier nur Bruchteile von Sekunden nach Abschicken der Nachricht. Ein Widerruf der Willenserklärung, der gemäß § 130 Abs. 2 BGB bis zum Zugang möglich ist, ist daher praktisch ausgeschlossen.[701]
§ 312 e I S. 2 BGB schafft hierfür eine gesetzliche Fiktion, wonach die Bestellung, also das Angebot, und die Empfangsbestätigung dann als zugegangen gelten, wenn die Partei, für die sie bestimmt sind, sie unter gewöhnlichen Umständen abrufen kann.

(cc) Formerfordernisse

Der Abschluss von Verträgen ist im Internet grundsätzlich formfrei. Formerfordernisse bestehen bei solchen Rechtsgeschäften, die auch bei *normalem* Abschluss einer Form bedürfen, etwa die Schriftform bei der Bürgschaft eines Nichtkaufmannes oder die notarielle Beurkundung beim Grundstückskauf.[702] Es ist gerade das wesentliche Anliegen der Fernabsatz- und E-Commerce-Richtlinien, einem über das Internet abgeschlossenen Vertrag rechtliche Wirksamkeit nicht allein deshalb zu verweigern, weil er online abgeschlossen wurde.
Ein Kaufvertrag, beispielsweise über Arzneimittel, kann demnach formfrei abgeschlossen werden.

---

[699] *Palandt/Heinrichs*, BGB-Kommentar, 61. Aufl. 2002, § 130, Rdz. 7a, der bei Eingang einer Email zur Unzeit von einem Zugang erst am folgenden Tag ausgeht.; *Scherer/Butt*, DB 2000, S. 1013

[700] *Scherer/Butt*, DB 2000, S. 1013;

[701] *Hoeren*, Rechtsfragen, 1998, der davon ausgeht, dass für diesen Fall das in § 130 I S. 2 BGB verankerte Widerrufsrecht bedeutungslos ist.

[702] Formerfordernisse gemäß § 766 BGB, § 350 HGB bzw. § 313 BGB

Das Erfordernis, beim Kauf eines verschreibungspflichtigen Arzneimittels ein Rezept vorzulegen, ist keine Frage, die die Wirksamkeit des Kaufvertrages als solchen berührt.[703]
Auf Formerfordernisse bei bestimmten Informationspflichten des Anbieters wird im Folgenden noch einzugehen sein. Diese betreffen aber auch nicht die Wirksamkeit des Vertragsschlusses.

c) Allgemeine verbraucherschutzrechtliche Aspekte

Jeder Kaufvertrag stellt Anforderungen an den Verbraucherschutz. Ziel ist es, den Verbraucher in die Lage zu versetzen, mit seinem Vertragspartner, einem Unternehmen, auf gleicher Ebene über den Vertragsschluss zu verhandeln und den Vertrag abzuwickeln. Hier zeigt sich in besonderem Maße der Einfluss der europäischen Richtlinien auf das deutsche Verbraucherschutzrecht. Zuletzt sind die Fernabsatzrichtlinie im Wesentlichen durch das am 30.06.2000 in Kraft getretene Fernabsatzgesetz und Art. 10 und 11 der E-Commerce-Richtlinie mit dem EGG vom 01.01.2002 in deutsches Recht umgesetzt worden.[704]

Mit § 13 ist die Definition des Begriffs *Verbrauchers* nunmehr in das BGB integriert worden. Verbraucher ist demnach

> *jede natürliche Person, die ein Rechtsgeschäft zu einem Zwecke abschließt, der weder ihrer gewerblichen noch ihrer selbständigen beruflichen Tätigkeit zugerechnet werden kann.*

Dies ist auf Art. 2 II der Fernabsatzrichtlinie zurückzuführen, der diese Definition vorgibt.[705] Ein Patient, der für seinen privaten Gebrauch ein Arzneimittel kauft, fällt demnach problemlos unter den Verbraucherbegriff mit der Folge, dass die für jeden Verbraucher geltenden Schutzvorschriften auch ihm gegenüber zu beachten sind.

Die wichtigsten Aspekte des Verbraucherschutzes bei Kaufverträgen sind dabei das Recht auf Information und das Recht auf Widerruf, welche wesentlich zunächst durch das Fernabsatzgesetz geregelt waren, nunmehr ins BGB integriert sind und durch die Umsetzung der E-Commerce-Richtlinie erweitert

---

[703] Zur diesem Erfordernis siehe bereits die Funktionsweise einer Internet-Apotheke unter II. 3. c) (bb) dieser Arbeit; zum elektronischen Rezept: dort und II. 2 dieser Arbeit.

[704] Damit dürfte auch der bisher umstrittenen Frage, ob das Haustürwiderrufsgesetz auf den Vertragsschluss im Internet Anwendung findet, keine Bedeutung mehr zukommen. Die herrschende Meinung lehnte eine Anwendung ab, weil im Internet keine Verhandlungen *wie an der Haustür* geführt werden, andere sahen den Verbraucher in einer vergleichbar schutzbedürftigen Situation; dazu: *Scheffler/Dressel*, CR 2000, S. 380f.

[705] Dazu III. 5. d) (aa) dieser Arbeit; Zweifel an der Notwendigkeit solcher Definitionen äußert: *Hensen*, ZIP 2000, S. 1151.

wurden. Im Folgenden soll dargestellt werden, wie diese Rechte beim online abgeschossenen Kaufvertrag zu berücksichtigen sind und welche Besonderheiten sich daraus für den Kauf eines Arzneimittels über das Internet ergeben.

Dabei sind zunächst Ausnahmen vom Anwendungsbereich zu klären:

(aa) Ausnahmen vom Anwendungsbereich der §§ 312ff BGB

Gemäß § 312b I BGB[706] sind die Vorschriften zum Fernabsatz nur anwendbar, wenn das Geschäft im Rahmen eines für den Fernabsatz organisierten Vertriebs- oder Dienstleistungssystems erfolgt. Ausgenommen ist damit der Kauf bei einem Anbieter, der nur hin und wieder Bestellungen über das Internet entgegennimmt.[707] Hierbei bleibt unklar, wie hoch der Anteil der Online-Geschäfte am Gesamtumsatz sein muss, um §§ 312ff BGB auf einen Anbieter anzuwenden.[708] Relevant werden könnte diese Frage beispielsweise für einen Apotheker, der neben der Arzneimittelabgabe in der örtlichen Apotheke *auch* über das Internet anbieten will. Dabei wird dann auf den Umfang der Fernabsatztätigkeit abzustellen sein.
Vom Anwendungsbereich der Regelungen für Fernabsatzverträge ausgenommen sind ferner Verträge *über die Lieferung von Lebensmitteln, Getränken und sonstigen Haushaltsgegenständen des täglichen Bedarfs, die am Wohnsitz, am Aufenthaltsort oder am Arbeitsplatz eines Verbrauchers von Unternehmern im Rahmen häufiger und regelmäßiger Fahrten geliefert werden*, § 312b III Nr. 5 BGB[709]. Für eine häufige, regelmäßige Lieferung kämen möglicherweise auch online bestellte Arzneimittel für einen chronisch Kranken in Betracht. Erfasst werden durch die Vorschrift jedoch nur solche Gegenstände, die im Haushalt ge- oder verbraucht werden, also u.a. das gesamte Sortiment eines Supermarktes.[710] Damit fallen verschreibungspflichtige Arzneimittel sicher nicht unter diese Norm. Auch sonstige apothekenpflichtige Arzneimittel zählen natürlich nicht zum Sortiment eines Supermarktes. Inwieweit freiverkäufliche Arzneimittel unter den Ausnahmetatbestand fallen, wird die Rechtsprechung zeigen müssen.

---

706 Bisher § 1 I FernAbsG

707 *Palandt/Heinrichs*, Ergänzungsband, 2002, § 312b, Rdz. 11; *Strömer*, Fernabsatzgesetz: Gesetzliche Regelungen fürs Internet-Shopping, NetLaw Mai/Juni 2001, unter: http://www.netlaw.de/newsletter/news0103/fernabsatz.htm

708 *Strömer*, Fernabsatzgesetz: Gesetzliche Regelungen fürs Internet-Shopping, siehe schon Fn. 709, der auch darauf hinweist, dass ein Verbraucher zunächst davon ausgehen darf, dass ihn das FernAbsG schützt; dafür, dass er ihn üblicherweise nur über herkömmliche Vertriebswege verkauft, ist der Anbieter beweispflichtig.

709 Bisher § 1 III Nr. 5 FernAbsG

710 *Palandt/Heinrichs*, Ergänzungsband, 2002, § 312b, Rdz. 15

Zweck dieser Regelung ist es, die Lieferung von Waren des täglichen Bedarfs, bei der beide Parteien ein Interesse an der schnellen und unkomplizierten Abwicklung des Geschäftes haben und Informationspflichten nur hinderlich wären, nicht unnötig zu belasten.[711] Vor diesem Hintergrund ist davon auszugehen, dass Arzneimittel nicht unter § 312b III Nr. 5 BGB fallen mit der Folge, dass die Vorschriften über Fernabsatzverträge grundsätzlich anwendbar sind.

(bb) Informationspflichten

Jeder Verkäufer ist zu bestimmte Informationen über seine Ware verpflichtet. Gegenüber einem Verbraucher obliegen einem Unternehmer zusätzliche Informationspflichten. Schließlich muss ein Internet-Anbieter dem Nutzer noch weitergehende Angaben machen. Darüber hinaus ergeben sich Informationspflichten auch aus der Besonderheit der Ware Arzneimittel.
Jeder Verkäufer hat seinen Vertragspartner über die essentialia negotii, insbesondere den Vertragsgegenstand, zu informieren.
Informationspflichten bestehen für den Anbieter im Fernabsatz nach § 312c BGB und für den Anbieter im E-Commerce zusätzlich nach § 312e BGB.

Soweit sich Informationspflichten aufgrund verschiedener Gesetze überschneiden, ist davon auszugehen, dass diese einander nicht verdrängen, sondern nebeneinander treten.[712] Ein anderes Ergebnis würde dem Ziel eines umfassenden Verbraucherschutzes zuwiderlaufen und wäre auch mit dem Zweck beispielsweise der Regelungen zum E-Commerce unvereinbar, die gerade die Rechte des Verbrauchers im Internet nicht abschließend regeln, sondern ergänzen und stärken wollen.

Da ein im E-Commerce zustande gekommener Vertrag regelmäßig auch als Fernabsatzvertrag i.S. von § 312b BGB zu qualifizieren ist, sollen die jeweiligen Informationspflichten nachstehend zusammen dargestellt werden.
Dabei unterscheidet das BGB in § 312c I und II zwischen vorvertraglichen und vertraglichen Informationen.[713]

---

[711] *Härting*, Fernabsatzgesetz, 2000, S. 113, Rdz. 126

[712] *Meents*, Verbraucherschutz, 1998, S. 231

[713] Durch die Neuformulierung der bisherigen § 2 II und III FernAbsG soll die Unterscheidung zwischen vorvertraglichen Informationspflichten und nach Vertragsschluss bestehenden Unterrichtungspflichten deutlicher gemacht werden, inhaltliche Änderungen wurden dabei nicht vorgenommen.

(1) Vorvertragliche Informationen

Frühestens bei der ersten Kontaktaufnahme und spätestens vor dem Abschluss des Kaufvertrages muss der Verbraucher in die Lage versetzt werden, eine informierte Entscheidung zu treffen, ohne durch zu kurze Überlegungsfristen unter Druck gesetzt zu werden.[714] § 312c I Nr. 1 BGB i.V.m. der Informationspflichtenverordnung[715] verpflichtet jeden Anbieter im Fernabsatz daher zu detaillierter Aufklärung des Verbrauchers, indem zahlreiche Informationen aufgelistet werden, die der Anbieter bereithalten muss.[716] Der deutsche Gesetzgeber hat dabei die Vorgaben der Fernabsatzrichtlinie detailgenau umgesetzt.[717]

Dazu zählen Identität und Anschrift des Anbieters, die wesentlichen Merkmale der Ware oder Dienstleistung und der Preis einschließlich aller Steuern und sonstigen Preisbestandteile, beispielsweise der anfallenden Versandkosten. Die Pflicht zur Angabe des Endpreises im Handel folgt auch aus § 1 I i.V.m. § 4 PAngV[718], eine Vorschrift, die nach allgemeiner Meinung auch auf den E-Commerce anzuwenden ist.[719] Insbesondere hat der Gesetzgeber 1997 den Anwendungsbereich der PAngV auch auf Warenangebote auf Bildschirmen ausgeweitet, § 4 IV PAngV.[720] Ein Verstoß kann nach § 1 UWG als Wettbewerbsverstoß verfolgt werden.

Die vorvertragliche Informationspflicht bezieht sich also im Wesentlichen auf die sog. essentialia negotii[721], welche vor jedem Vertragsschluss bekannt sein

---

[714] *Härting*, Fernabsatzgesetz, 2000, S. 162f, Rdz. 57 und 60; *Meents*, Verbraucherschutz, 1998, S. 149

[715] Diese Informationspflichtenverordnung beruht auf Art. 240f EGBGB, die darin aufgelisteten Punkte waren bisher von § 2 II Nr. 1 bis Nr. 10 FernAbsG erfasst; der Gesetzgeber wollte mit der Ausgliederung des Informationspflichtenkatalogs eine besseren Lesbarkeit erreichen. Zudem kann flexibler auf neue Anforde-rungen reagiert werden, da eine Verordnung ohne Zustimmung des Bundestages geändert werden kann. Es bleibt fraglich, wie diese *Auslagerung* zwecks Übersichtlichkeit mit dem eigentlichen Ziel einer *Integration* der Sondergesetze ins BGB zu vereinbaren ist. Ausführlich: *Tettenborn u.a.*, K&R Beilage zu 12/2001, S. 15ff

[716] *Härting*, Fernabsatzgesetz, 2000, S. 143, Rdz. 3; eine ausführlich Erklärung der Anforderungen bei: *Micklitz*, Fernabsatzrichtlinie, 1998, S. 18ff

[717] *Micklitz*, EuZW 1999, S. 138

[718] Preisangabenverordnung (PAngV) vom 14. März 1985, in der Bekanntmachung der Neufassung vom 28.07.2000, BGBl. I, S. 1244ff.

[719] LG Köln, Beschluss vom 24.06.1997 - 31 O 517/97 - (Preisangabeverordnung); *Meents*, Verbraucherschutz, 1998, S. 159f; *Ernst*, VuR 1999, S. 401f

[720] § 4 IV PAngV lautet: Waren, die nach Katalogen oder Warenlisten oder auf Bildschirmen angeboten werden, sind dadurch auszuzeichnen, daß die Preise unmittelbar bei den Abbildungen oder Beschreibungen der Waren oder in mit den Katalogen oder Warenlisten im Zusammenhang stehenden Preisverzeichnissen angegeben werden.

[721] *Fuchs*, ZIP 2000, S. 1276; *Micklitz*, Fernabsatzrichtlinie, 1998, S. 35

müssen. Diese gesetzlichen Anforderungen hat ein Anbieter damit schon bei der Gestaltung seiner WebSite, seiner invitatio ad offerendum[722], zu bedenken.[723] Hierbei erfordert es § 1 III Nr. 2 der Informationspflichtenverordnung, dass eine Postadresse des Anbieters angegeben wird. Zweck dieser Regelung ist es, dem Kunden eine Adresse zu geben, an die er gegebenenfalls Erklärungen abgeben kann, deren Zugang er durch ein Einschreiben mit Rückschein nachweisen kann. Es gilt zu verhindern, dass der Unternehmer sich der Verfolgung von Rechtsverstößen durch eine Flucht in die Anonymität[724] entzieht. Für einen Internetanbieter wird es sogar für erforderlich gehalten, eine vollständige ladungsfähige Anschrift anzugeben, da dies die Kommunikation nicht übermäßig behindere und gemäß § 6 TDG[725] und § 6 MDStV[726] ohnehin die Pflicht zur Anbieterkennzeichnung besteht.[727] Nicht ausreichend ist also eine Email-Adresse oder die Nummer einer Telefonhotline.[728]

Die Modalitäten der Zahlung und Lieferung einschließlich etwaiger zusätzlicher Kosten für den Transport müssen ebenso vor Vertragsschluss offenbart werden.

Der Kunde muss auch deutlich erkennen können, zu welchem Zeitpunkt ein Vertragsschluss zustande kommt, also ob er etwa durch Anklicken eines bestimmten Buttons nunmehr ein verbindliches Angebot abgibt, das der Anbieter nun nur noch annehmen muss. Art. 10 der E-Commerce-Richtlinie erfordert daher, dass die einzelnen technischen Schritte, die zu einem Vertragsabschluss führen, klar, verständlich und unzweideutig erklärt werden; dieses Erfordernis übernimmt § 312e I Nr. 2 BGB i.V. m. § 3 Nr. 1 der Informationspflichtenverordnung.[729]

Bei einer WebSite wird den Anforderungen des § 312c I BGB, den Verbraucher in einer dem eingesetzten Fernkommunikationsmittel entsprechenden Weise klar und verständlich zu informieren, durch die Abrufbarkeit der dargestellten

---

[722] Hierzu schon IV. 2. c) (bb) (1) dieser Arbeit.

[723] *Fuchs*, ZIP 2000, S. 1276

[724] *Härting*, Fernabsatzgesetz, 2000, S. 149, Rdz. 24 zu § 2 III Nr. 2 FernAbsG.

[725] Hierzu ausführlich unter: IV. 1. d) (ff) (2) dieser Arbeit.

[726] *Staatsvertrag über Mediendienste (Mediendienste-Staatsvertrag)* vom 20.1. bis 10.4.1997, beispielsweise GBl. BW S. 181, zuletzt geändert durch Art. 7 des Fünften Rundfunkänderungsstaatsvertrags vom 6.7. bis 7.8.2000, beispielsweise GBl. BW S. 753.

[727] *Härting*, Fernabsatzgesetz, 2000, S. 149f, Rdz. 26

[728] Diese Anforderung war nach einer Überprüfung von 27 Anbietern von Online-Apotheken durch die Verbraucherzentrale Baden-Württemberg bei der Mehrheit der Anbieter nicht erfüllt; Pressemitteilung der Verbraucherzentrale BaWü, *Verbraucherzentrale überprüft Anbieter: Online-Apotheken verstoßen gegen Fernabsatzgesetz*, vom 09.04.2001, unter: http://www.verbraucherzentrale-bawue.de

[729] Diese Vorschrift der Informationspflichtenverordnung beruht auf Art. 241 EGBGB.

Pflichtangaben über einen entsprechenden Link genügt, denn die Benutzung von Links zum Abruf von Informationen ist jedem Internetnutzer bekannt.[730]

(2) Vertragliche Informationen

Spätestens bis zur Lieferung der Ware[731] muss der Unternehmer dem Verbraucher die nach § 312c I Nr. 1 i.V.m. § 1 I der Informationspflichtenverordnung erforderlichen Angaben in Textform, also beispielsweise in einer Urkunde, einem Fax, auf einer Diskette oder CD-Rom[732], zur Verfügung stellen, § 312c II[733] i.V.m. § 126 b BGB. Auch das Schicken einer Email kommt in Betracht und dürfte bei den gängigen Online-Kaufverträgen mittlerweile die gebräuchlichste, einfachste und ökonomischste[734] Form sein. Auf besonders bedeutsame Angaben, die zum Teil über das nach § 312c I Nr. 1 i.V.m. § 1 I der Informationspflichtenverordnung Erforderliche hinausreichen, muss der Verbraucher zudem in einer hervorgehobenen und deutlich gestalteten Form aufmerksam gemacht werden. Dazu gehören nach § 312c II i.V.m § 1 III der Informationspflichtenverordnung die vollständige Anschrift des Unternehmers, Kundendienst, Gewährleistungs- und Garantiebedingungen, Kündigungsbedingungen und das Widerrufs- und Rückgaberecht. Auf dieses wird im Weiteren noch genauer einzugehen sein. Damit soll der Verbraucher in die Lage versetzt werden, sich jederzeit über den konkreten Vertragsinhalt informieren zu können und entscheiden zu können, ob er am Vertrag festhalten will oder nicht.[735]

(cc) Die Einbeziehung von AGB

Allgemeine Geschäftsbedingungen (AGB), also vorformulierte Vertragsbedingungen, die eine Vertragspartei der anderen bei Vertragsschluss stellt, werden heute bei nahezu jedem Vertrag, den ein Unternehmen mit einem Verbraucher abschließt, verwendet.

---

[730] *Härting*, Fernabsatzgesetz, 2000, S. 164f, Rdz. 63

[731] § 312c II BGB spricht von der *vollständigen Erfüllung des Vertrages*. Nach einhelliger Ansicht ist dabei auf die Erfüllung der Pflichten des Unternehmers, also beispielsweise die vollständige Lieferung, abzustellen und nicht auf den Verbraucher, der seine Pflichten erst mit Bezahlung erfüllt hat; *Härting*, Fernabsatzgesetz, 2000, S. 212, Rdz. 208.

[732] *Palandt/Heinrichs*, Ergänzungsband, 2002, § 312 c, Rdz. 7

[733] Bisher § 2 II Nr. 1 bis Nr. 8 FernAbsG, dort wurde noch der Begriff *dauerhafter Datenträger* verwendet.

[734] *Härting*, Fernabsatzgesetz, 2000, S. 286, Rdz. 81

[735] *Fuchs*, ZIP 2000, S. 1278

(1) Die Anwendbarkeit des AGBG

Weder die Fernabsatzrichtlinie noch die E-Commerce-Richtlinie sprechen die Einbeziehung von AGB in den Online-Vertrag ausdrücklich an. Diese Richtlinien gehen vielmehr davon aus, dass es Sache des nationalen Gesetzgebers ist, für eine angemessene Regelung zu sorgen.
Die §§ 305ff BGB zur Gestaltung rechtsgeschäftlicher Schuldverhältnisse durch Allgemeine Geschäftsbedingungen[736] sind anwendbar, wenn der Vertrag dem deutschen Recht unterliegt. Aus § 306 a BGB folgt zudem, dass diese Regelungen nicht abbedungen oder umgangen werden können.

(2) Die Einbeziehung von AGB beim Online-Vertrag

AGB sind vertragliche Bestimmungen, über ihre Einbeziehung müssen sich die Parteien also geeinigt haben. Dies setzt voraus, dass sie der anderen Seite spätestens bei Vertragsschluss bekannt sind. Das BGB unterscheidet bei den Anforderungen an eine wirksame Einbeziehung zwischen Privatpersonen und Unternehmern, § 310 I BGB[737]. Gegenüber einem Verbraucher, der für seinen privaten Gebrauch beispielsweise ein Arzneimittel kaufen möchte, werden AGB nur dann Vertragsbestandteil, wenn drei Voraussetzungen erfüllt sind: der Verwender muss zunächst ausdrücklich oder durch deutlich sichtbaren Aushang am Ort des Vertragsschlusses auf seine AGB hinweisen und er muss zudem der anderen Vertragspartei die Möglichkeit verschaffen, in zumutbarer Weise vom Inhalt der AGB Kenntnis zu nehmen, § 305 II Nr. 2 BGB[738];[739] schließlich muss der Kunde auch mit der Geltung der AGB einverstanden sein.

Der Hinweis auf die AGB hat, da er naturgemäß bei einem Vertragsschluss unter Abwesenden nicht mündlich erfolgen kann, so gestaltet zu sein, dass er von einem Durchschnittskunden auch bei nur flüchtiger Betrachtung nicht übersehen werden kann.[740] Der Kunde muss dabei erkennen können, welche Klauseln Vertragsinhalt werden sollen und dass ein Vertrag nur damit zustande kommen soll.[741] Im Internet ist ein solcher ausdrücklicher Hinweis auf der

---

[736] Bisher *Gesetz zur Regelung des Rechts der Allgemeinen Geschäftsbedingungen, (AGBG)* vom 09.12. 1976, BGBl. I, S. 3317, in der Fassung der Bekanntmachung vom 29.06.2000, BGBl. I, S. 946

[737] Bisher § 24 i.V. mit § 2 I AGBG

[738] Bisher § 2 I Nr. 1 und Nr. 2 AGBG

[739] *Bernstorff*, RIW 2000, S. 15; *Strömer*, Online-Recht, 1999, S. 121f

[740] *Palandt/Heinrichs*, Ergänzungsband, 2002, § 305, Rdz. 31ff; *Eichhorn*, Internet-Recht, 2000, S. 75; so auch schon BGH NJW - RR 1987, S. 2159 für den Bildschirmtext btx.

[741] *Palandt/Heinrichs*, Ergänzungsband, 2002, § 305, Rdz. 29; *Eichhorn*, Internet-Recht, 2000, S. 75

WebSite des Anbieters problemlos möglich, § 305 II Nr. 1, 1. Alt. BGB[742].[743] Auf den Text seiner AGB kann ein Anbieter beispielsweise durch einen Button hinweisen, so dass ihn der Kunde durch Mausklick einfach erreichen kann. Von einem den Anforderungen genügenden Hinweis ist dabei etwa dann auszugehen, wenn er dem Bestell-Button direkt vorangestellt ist oder er in das Bestellformular integriert ist.[744] Nicht ausreichend ist dagegen ein Hinweis, den der Kunde nur auf der Startseite[745] oder im Hauptmenu[746] einer Homepage findet. Möglich ist es aber auch, den kompletten Text der AGB dem Bestellformular voranzustellen, so dass ihn der Kunde zwangsweise über den Bildschirm laufen lassen muss, bevor er seinen Bestellvorgang beginnen oder fortsetzen kann.[747] Bestellt er dann, erklärt er sich auch mit den AGB einverstanden.

Neben dem Hinweis auf die AGB muss jeder Anbieter Anforderungen an deren optische Gestaltung beachten. Für gedruckte AGB hat die Rechtsprechung auf eine Mindestgröße der gewählten Schrift[748] sowie eine gute Lesbarkeit und Kontrastierung des Druckbildes Wert gelegt.[749] Ein Internetanbieter muss daher seine Website-Gestaltung entsprechend ausrichten und beispielsweise seine Farbgestaltung angemessen wählen. Zugleich hat er zu bedenken, dass der Kunde äußeren Einflüssen wie geringer Bildschirmqualität ausgesetzt sein kann.[750]

Zur Frage der wirksamen Einbeziehung von AGB beim Online-Vertragsabschluss gibt es bisher keine Urteile deutscher Gerichte. Allerdings hatten Gerichte mehrfach über die Einbeziehung von AGB beim früher gebräuchlichen Bildschirmtext (Btx) zu entscheiden. Die Möglichkeit zumutbarer Kenntnisnahme setzt dabei voraus, dass es sich um relativ kurze Texte handelt, die übersichtlich gegliedert sind und sich problemlos abrufen lassen.[751] Hier hielt es die Rechtsprechung in konkreten Fällen für erforderlich, den zulässigen Umfang von AGB auf maximal 3 Seiten Text bzw. 7 Seiten mit

---

[742] Bisher § 2 I Nr. 1, 1. Alt. AGBG

[743] *Scherer/Butt*, DB 2000, S. 1014; *Köhler/Arndt*, Recht des Internet, 2000, S. 33, Rdz. 107; *Kaiser/Voigt*, K&R 1999, S. 450

[744] *Eichhorn*, Internet-Recht, 2000, S. 75f; *Taupitz/Kritter*, JUS 1999, S. 844

[745] *Eichhorn*, Internet-Recht, 2000, S. 75

[746] *Scherer/Butt*, DB 2000, S. 1014

[747] *Eichhorn*, Internet-Recht, 2000, S. 76; Formulierungsbeispiele finden sich bei *Ernst*, NJW-CoR 1997, S. 163

[748] BGH NJW - RR 1986, S. 1311

[749] OLG Hamburg, NJW - RR 1988, S. 944

[750] *Eichhorn*, Internet-Recht, 2000, S. 76, Fn. 2

[751] LG Aachen NJW 1991, S. 2159; LG Bielefeld, NJW-RR 1992, S. 955

15 Ziffern[752] zu begrenzen, da ein eingeblendeter Text nur in maximal dieser Länge vom Leser kritisch geprüft werden könne.[753] 12 Seiten wurden als überraschend i.S. des § 305c I BGB angesehen.[754]
Da das Internet dem Nutzer aber die Möglichkeit bietet, Text auszudrucken[755], im Cache seines Computers zu speichern und später offline zu lesen oder nach einem Download dauerhaft zu speichern, kann man davon ausgehen, dass derart strenge Anforderungen an die Einbeziehung von AGB beim Online-Vertragsabschluss nicht zu stellen sind. Auch umfangreichere AGB können damit wirksam einbezogen werden.[756] Gemäß § 312e I BGB müssen AGB dem Nutzer so zur Verfügung gestellt werden, dass er sie speichern und reproduzieren kann. Letztlich muss man hier auf die Darstellung auf der jeweiligen WebSite und die Umstände des Einzelfalles abstellen. Eine Pflicht, die AGB auf einem dauerhaften Datenträger bzw. in Textform kostenlos zur Verfügung zu stellen, besteht grundsätzlich nicht[757], sofern etwa der Download durch den Kunden selbst unentgeltlich erfolgen kann.[758] Anderes gilt aber, sobald die AGB Klauseln enthalten, die solche Informationen betreffen, die gemäß § 312c II BGB vertragliche Informationen sind. Diese Informationen müssen, wie bereits dargestellt, dem Kunden auf einem dauerhaften Datenträger zur Verfügung gestellt werden, § 312c II BGB.
Da im Streitfall der Anbieter für die wirksame Einbeziehung und den Inhalt seiner AGB zum Zeitpunkt des Vertragsschlusses darlegungs- und beweispflichtig ist[759], wird er auch frühere Fassungen seiner AGB speichern. Ansonsten

---

[752] OLG Köln, CR 1998, S. 244, 245; LG Köln NJW-RR 1998, S. 1277

[753] LG Freiburg, NJW - RR 1992, S. 1688

[754] LG Wuppertal, NJW-RR 1991, S. 1148f zu § 3 AGBG

[755] *Ernst*, NJW-CoR 1997, S. 167

[756] *Bernstorff*, RIW 2000, S. 16; *Palandt/Heinrichs*, Ergänzungsband, 2002, § 305, Rdz. 38, der darauf abstellt, ob der Kunde die Möglichkeit hat, die AGB kostenlos zu kopieren; *Köhler*, NJW 1998, S. 189; *Hoeren*, Internetrecht 2002, S. 253; *Hoffmann*, NJW-Beilage zu Heft 14/2001, S. 11; *Merkel* in: *Hoeren/Queck*, Informationsgesellschaft, 1999, S. 168; anders beispielsweise *Köhler/Arndt*, Recht des Internet, 2000, S. 34, Rdz. 112, die diese Rechtsprechung zum Bildschirmtext btx auf das Internet für übertragbar halten.

[757] *Palandt/Heinrichs*, Ergänzungsband, 2002, § 305, Rdz. 38; *Strömer*, Online-Recht, 1999, S. 122

[758] Dabei spielt es keine Rolle, dass der Nutzer selbstverständlich Internet-Benutzungs- und Telefongebühren zu zahlen hat, denn diesen Weg des Vertragsschlusses über das Internet hat er selbst so gewählt; so auch *Köhler/Arndt*, Recht des Internet, 2000, S. 34, Rdz. 113; *Kaiser/Voigt*, K&R 1999, S. 450.

[759] *Strömer*, Online-Recht, 1999, S. 126; *Köhler/Arndt*, Recht des Internet, 2000, S. 35, Rdz. 115

muss er damit rechnen, dass nur ein Vertrag ohne Einbeziehung der AGB zustande kommt.[760]

(dd) Widerrufsrecht

(1) Geltung und Inhalt

Grundsätzlich kann ein geschlossener, nicht zu beanstandender Kaufvertrag nicht rückgängig gemacht werden. Dennoch kann jeder, der über das Internet eine Ware bestellt, diese Bestellung ohne Angabe von Gründen innerhalb von zwei Wochen widerrufen, § 312 d i.V.m. § 355 BGB.[761] Sinn der Vorschriften ist es, dem Nachteil zu begegnen, dass der Verbraucher bei Geschäften, bei denen sich Unternehmer und Verbraucher nicht körperlich gegenüberstehen, die Ware vor dem Vertragsschluss in der Regel nicht in Augenschein nehmen kann. Ein solcher Widerruf kann schriftlich erfolgen. Um dies zu ermöglichen, ist der Anbieter u.a. verpflichtet, eine Postadresse bereit zu halten, die dem Kunden bereits vorvertraglich bekannt sein muss.[762] Ein Widerruf kann auch durch eine Erklärung auf einem dauerhaften Datenträger oder konkludent durch Rücksendung erfolgen.
Der Beginn der 14-tägigen Widerrufsfrist ist abweichend von der allgemeinen Regelung des § 355 II S. 1 BGB geregelt. Sie beginnt erst zu laufen, wenn der Anbieter die ihm obliegenden Informationspflichten erfüllt hat, frühestens aber mit dem Tag, an dem die Ware an den Kunden geliefert wird, § 312d II BGB[763]. Wenn die Belehrung über das gesetzliche Widerrufsrecht oder sonstige Informationen nicht erfolgt ist, verlängert sich das Widerrufsrecht des Kunden, es erlischt gemäß § 355 III BGB jedoch spätestens sechs Monate nach Abschluss des Kaufvertrages[764]. Zur Wahrung der Frist genügt die rechtzeitige Absendung der Widerrufserklärung oder die Rücksendung der Ware selbst.

---

760 *Eichhorn*, Internet-Recht, 2000, S. 75; ganz anders *Erman/Hefermehl*, BGB, 9. Auflage 1993, § 2 AGBG, Rdz. 11, der wegen des Flüchtigkeit des Mediums Internet und der Möglichkeit, Veränderungen vorzunehmen, davon ausgeht, dass AGB bei online abgeschlossenen Verträgen gar nicht wirksam einbezogen werden können.

761 Bisher § 3 II Nr. 1 FernAbsG

762 Dazu bereits IV. 2. c) (bb) (1) dieser Arbeit.

763 Bisher § 3 I S. 2 FernAbsG

764 Der bisherige § 3 I S. 3, Nr. 1 FernAbsG sah eine Frist von 4 Monaten nach Erhalt der Ware vor, die Änderung erfolgte zur Vereinheitlichung und zur Schaffung von Rechtssicherheit.

(2) Arzneimittelspezifische Aspekte

Es stellt sich die Frage, ob dieses Widerrufsrecht auch auf den E-Commerce mit Arzneimitteln uneingeschränkt Anwendung finden kann. § 312 d IV Nr. 1 BGB[765] sieht vor, dass das Widerrufsrecht für solche Waren ausgeschlossen ist, *...die aufgrund ihrer Beschaffenheit nicht für eine Rücksendung geeignet sind oder schnell verderben oder deren Verfalldatum überschritten würde.*
Damit ist das Widerrufsrecht beispielsweise für Lebensmittel ausgeschlossen[766], wobei dies für verschlossene, länger haltbare Lebensmittel wie Wein oder Konserven nicht gelten dürfte.
Für Arzneimittel könnte diese Ausnahme beispielsweise dann relevant werden, wenn Medikamente bestellt wurden, bei deren Rücksendung das Verfallsdatum überschritten würde.[767]
Problematisch sind auch solche Arzneimittel, die leicht verderblich sind und einer besonderen Transportvorrichtung, beispielsweise einer Kühlung bei Impfstoffen, bedürfen. Die Literatur geht davon aus, dass bei freiverkäuflichen Arzneimitteln eine Rücksendung wegen der Gefahr des Verderbs in der Regel ausgeschlossen ist.[768] Zu beachten ist aber auch, dass die Rücksendung nicht schon alleine deshalb ausgeschlossen sein darf, weil Transportschwierigkeiten bestehen.[769]
Sofern man den Anwendungsbereich der Vorschriften über Fernabsatzverträge wegen der regelmäßigen Lieferung freiverkäuflicher Medikamente nicht ohnehin schon nicht als eröffnet ansieht[770], sind demnach wohl einige Arzneimittel vom Widerrufsrecht des Verbrauchers ausgenommen.[771]

Was für freiverkäufliche Arzneimittel gilt, muss erst recht für apothekenpflichtige Arzneimittel gelten. Denn der Gesetzgeber schließt das Widerrufsrecht auch für den Fall aus, dass Waren versendet wurden, die aufgrund ihrer Beschaffenheit für eine Rücksendung nicht in Betracht kommen. Fraglich ist, ob damit auch Aspekte der Arzneimittelsicherheit erfasst sind. Bedenklich ist ein Widerrufsrecht für den Verbraucher nämlich auch deshalb,

---

765 Bisher § 3 II Nr. 1 FernAbsG

766 Soweit hier die Vorschriften zum Fernabsatz nach § 312 b III Nr. 5 BGB zunächst grundsätzlich anwendbar sind.

767 Liegt die Haltbarkeit unter 3 Jahren, muss ein Verfallsdatum, also das Datum, nachdem das Arzneimittel nicht mehr eingenommen werden soll, zum 30.06. oder 31.12. eines Jahres angeben sein. Bei weiniger als einem Jahr werden monatliche Verfallsdaten verwendet.

768 *Palandt/Heinrichs*, Ergänzungsband 2002, § 312 d, Rdz. 9

769 *Härting*, Fernabsatzgesetz, 2000, S. 242f, Rdz. 72

770 Vergleiche hierzu bereits IV. 2. c) (aa) dieser Arbeit.

771 *Härting*, Fernabsatzgesetz, 2000, S. 244, Rdz. 77

weil er ein Arzneimittel dann einmal in Händen hielt und dieses anschließend zurückschickt.
Wenn eine Apotheker dieses Produkt an einen anderen Verbraucher verkaufen wollte, müsste er sich zunächst fragen, ob das Arzneimittel noch verkehrsfähig ist. Daran wird es regelmäßig deshalb fehlen, weil das Arzneimittel durch den Versand den Apothekenbetriebsraum verlassen hat, und somit einer ordnungsgemäßen Lagerung entzogen wurde.
Andererseits kann der Apotheker jedes Arzneimittel auf seine Qualität zu prüfen, § 12 ApBetrO.[772] Dabei darf gemäß § 12 I S. 2 ApBetrO von einer über die Sinnesprüfung hinausgehenden Prüfung abgesehen werden, wenn sich keine Anhaltspunkte ergeben haben, die Zweifel an der ordnungsgemäßen Qualität des Arzneimittels begründen. Der Apotheker müsste also zumindest eine Überprüfung der Packung auf ihre Unversehrtheit hin vornehmen.
Vielfach wird der dazu erforderliche Aufwand aber zu groß sein oder sogar den Wert des Arzneimittels übersteigen. Wenn die nach § 12 ApBetrO erforderliche Überprüfung aus wirtschaftlichen Gründen nicht erfolgt, kann das zurückgenommene Arzneimittel daher nicht wieder abgeben werden. Zulässig muss daher jedenfalls eine Klausel in den AGB eines Anbieters sein, wonach ein Arzneimittel nur unversehrt, in einwandfreiem Zustand und in der Originalverpackung zurückgeschickt werden kann.[773]

Davon zu unterscheiden ist das Recht des Käufers, eine mangelhafte Sache zurückzugeben, § 437 BGB. In diesem Fall besteht ein Anspruch auf Erstattung des Kaufpreises. Ein Arzneimittel ist beispielsweise dann mangelhaft, wenn das Verfallsdatum zum Zeitpunkt des Gefahrübergangs überschritten ist oder das Verfallsdatum in den Zeitraum der therapiegerechten Anwendungsdauer fällt.

(3) Abweichungen durch AGB - Praxisbeispiele

Oftmals finden sich Ausgestaltungen des Widerrufsrechts in den AGB eines Anbieters. Regelungen in AGB, die mit geltenden Recht unvereinbar sind, sind unwirksam. So bestimmt § 312 f BGB, dass eine zum Nachteil des Verbrauchers von den Vorschriften des BGB zu Besonderen Vertriebsformen abweichende Vereinbarung unwirksam ist.

---

[772] § 12 I ApBetrO lautet: Fertigarzneimittel, die nicht in der Apotheke hergestellt worden sind, sind stichprobenweise zu prüfen. Dabei darf von einer über die Sinnesprüfung hinausgehenden Prüfung abgesehen werden, wenn sich keine Anhaltspunkte ergeben haben, die Zweifel an der ordnungsgemäßen Qualität des Arzneimittels begründen.

[773] Das Widerrufsrecht besteht daneben auch nicht, wenn die Leistung bei Abschluss der Verhandlungen sofort erbracht und bezahlt wird und das Entgelt 40 Euro nicht übersteigt, § 312 II Nr. 2 BGB. Allerdings kann bei Arzneimitteln, die körperliche Waren sind und daher geliefert werden müssen, eine sofortige Erfüllung -anders als bei der Übertragung von Daten-nicht erfolgen.

* Klausel 4 a. der AGB der Internet-Apotheke DocMorris bestimmt beispielsweise, dass der Kunde zur Abnahme der Medikamente verpflichtet ist, sofern die Lieferung der Bestellung entspricht. Lediglich für den Fall, dass die zugestellten Waren während der Zustellung beschädigt wurden oder nicht der Bestellung entsprechen, ist in Klausel 4 b. eine kostenfreie Rückgabe innerhalb von 30 Tagen vorgesehen.[774]
Ein 14-tägiges Widerrufsrecht wird nicht eingeräumt und die Bestimmung ist auch nicht auf schnell verderbliche Medikamente beschränkt. Sie ist daher gemäß § 312 d, 312 f BGB unwirksam.

* Der deutsche Anbieter gefion[775] gewährt für sein Sortiment gemäß Klausel 8 seiner AGB ein 14-tägiges Rücktrittsrecht, nimmt aber generell Arzneimittel aus, da diese aus Gründen der Arzneimittelsicherheit nicht wieder zu verwenden seien. Ausgenommen werden auch Lebensmittel sowie Artikel aus dem Warensortiment, bei denen im Falle einer Rücksendung Mängel bzw. Fehler nicht ohne weiteres erkennbar sind, wie Kosmetika ohne plombierten oder versiegelten Verschluss oder Nahrungsergänzungsmittel.[776] Unproblematisch zulässig erscheint dabei nur die Ausnahme der Lebensmittel gemäß § 312 d IV Nr. 1 BGB.

---

[774] Diese Klausel 4 lautet:
a. Der Besteller ist zur Abnahme der bestellten Waren verpflichtet, es sei denn, die Zustellung entspricht nicht der Bestellung.
b. Für den Fall, dass die zugestellten Waren während der Zustellung beschädigt wurden oder nicht der Bestellung entsprechen, können die betreffenden Artikel innerhalb von 30 Tagen nach Erhalt in Abstimmung mit dem Servicepersonal der Apotheke kostenfrei zurückgegeben werden.

[775] http://www.gefion.de; zum Versand angeboten werden lediglich freiverkäufliche Arzneimittel, beispielsweise bestimmte Vitamin- und Mineralstoffe, Nahrungsergänzungsmittel, Erkältungsmittel, Schuppenshampoos, etc.

[776] Diese Klausel 8 lautet: *Ausgenommen vom Widerrufsrecht sind generell Arzneimittel (aus Gründen der Arzneimittelsicherheit sind diese Artikel für den Verkäufer nicht wieder zu verwenden), Lebensmittel sowie Artikel aus dem Warensortiment, bei denen im Falle einer Rücksendung Mängel bzw. Fehler nicht ohne weiteres erkennbar sind (Beispiel: Kosmetika ohne plombierten oder versiegelten Verschluss oder Nahrungsergänzungsmittel)*;
unter: http://www.gefion.de/agb.htm

3. Der E-Commerce mit Arzneimitteln

Nachdem dargestellt wurde, wie ein Kaufvertrag online zustande kommt und welche Informationen dem Verbraucher geboten werden müssen, kann nun die Frage nach der Zulässigkeit des Online-Kaufes der besonderen Ware Arzneimittel gestellt werden.
Die folgende Untersuchung möchte die u.a. in mehreren entgegengesetzten Urteilen deutscher Gerichte und in zwei sich widersprechenden Gutachten vorgetragenen Argumente darstellen und bewerten. In Zentrum steht dabei § 43 AMG. Diese Vorschrift soll auch im Hinblick auf ihre Konformität mit europarechtlichen Bestimmungen untersucht werden.

a) Das Versandverbot nach § 43 I AMG[777]

§ 43 Apothekenpflicht, Inverkehrbringen durch Tierärzte, lautet:

(1) Arzneimittel im Sinne des § 2 Abs. 1 oder Abs. 2 Nr. 1, die nicht durch die Vorschriften des § 44 oder der nach § 45 Abs. 1 erlassenen Rechtsverordnung für den Verkehr außerhalb der Apotheken freigegeben sind, dürfen außer in den Fällen des § 47 berufs- oder gewerbsmäßig für den Endverbrauch nur in Apotheken und ***nicht im Wege des Versandes*** *in den Verkehr gebracht werden.* ***Außerhalb der Apotheken*** *darf außer in den Fällen des Absatzes 4 und des § 47 Abs. 1 mit den nach Satz 1 den Apotheken vorbehaltenen Arzneimitteln kein Handel getrieben werden.*[778]

...

(3) Auf Verschreibung dürfen Arzneimittel im Sinne des § 2 Abs. 1 oder Abs. 2 Nr. 1 nur in Apotheken abgegeben werden. § 56 Abs. 1 bleibt unberührt.

Gemäß dem klaren Wortlaut des § 43 I AMG dürfen apothekenpflichtige Arzneimittel grundsätzlich berufs- oder gewerbsmäßig für den Endverbraucher nur in Apotheken und nicht im Wege des Versandes in den Verkehr gebracht werden. § 43 I AMG normiert damit zum einen die Apothekenpflicht, zum anderen ein Versandverbot. Außerhalb der Apotheke darf außer in den Fällen des Absatzes IV[779] und des § 47 I mit apothekenpflichtigen Arzneimitteln kein Handel getrieben werden. Neben dem Vertrieb an den Endverbraucher ist damit auch der Versand an Fachkreise wie Gesundheitsämter oder sonstige Großabnehmer untersagt.[780]

---

[777] Dieser Arbeit liegt das Gesetz über den Verkehr mit Arzneimitteln *(Arzneimittelgesetz) AMG* in der Fassung der Bekanntmachung vom 11.12.1998, BGBl. I S. 3586, zugrunde, zuletzt geändert durch Artikel 1 des Zweiten Gesetzes zur Änderung schadensersatzrechtlicher Vorschriften vom 19.07.2002, BGBl. I S. 2674.

[778] Hervorhebungen durch die Verfasserin

[779] § 43 IV betrifft Arzneimittel, die zur Anwendung bei Tieren bestimmt sind.

[780] *Doepner*, HWG-Kommentar, 2. Aufl. 2000, § 8, Rdz. 11

Dieses Verbot ist strafbewehrt, § 96 II Nr. 10 AMG[781], und von der Rechtsprechung als Schutzgesetz i.S. des § 823 II BGB anerkannt[782]. Wer gegen das Verbot verstößt, kann daher auf Schadenersatz in Anspruch genommen werden. Zudem ist § 43 I AMG eine wertbezogene Vorschrift im Sinne von § 1 UWG, sie dient dem Gesundheitsschutz der Bevölkerung und muss als sittlich-rechtlich fundiert[783] angesehen werden. Ein Verstoß gegen § 43 I AMG stellt daher zugleich einen Wettbewerbsverstoß dar und kann einen Unterlassungsanspruch nach sich ziehen. Zudem sind berufsrechtliche Konsequenzen zu erwarten.

(aa) Entwicklung der Vorschrift[784]

§ 43 AMG wurde zuletzt durch die 8. AMG-Novelle vom 07.09.1998[785] geändert, mit welcher der Deutsche Bundestag die weitere Verbesserung der Arzneimittelsicherheit und Arzneimittelüberwachung bezweckte.[786] Damit erst hat auch das Versandverbot ausdrücklichen Eingang in das AMG gefunden.
Zuvor enthielt die Formulierung der Vorschrift den Begriff *Einzelhandel*.[787] Darunter verstand man jede berufs- oder gewerbsmäßige, auf die unmittelbare

---

[781] § 96 II Nr. 10 AMG lautet: „Ordnungswidrig handelt auch, wer vorsätzlich oder fahrlässig ... entgegen § 43 Abs. 1, 2 oder 3 Satz 1 Arzneimittel berufs- oder gewerbsmäßig in den Verkehr bringt oder mit Arzneimitteln, die ohne Verschreibung an Verbraucher abgegeben werden dürfen, Handel treibt oder diese Arzneimittel abgibt".
Das Urteil des LG Frankfurt, K&R 2001, S. 153ff (Internetapotheke I), das der niederländischen Apotheke den Versand nach Deutschland untersagt, ist mit einem Ordnungsgeld von 500 000 DM oder Ordnungshaft bewehrt. Es kann in den Niederlanden von der zuständigen Behörde im Wege der Rechtshilfe vollstreckt werden. Rechtsgrundlage dafür ist das *Brüsseler EWG-Übereinkommen über die gerichtliche Zuständigkeit und die Vollstreckung gerichtlicher Entscheidungen in Zivil- und Handelssachen*, insbesondere §§ 26ff, 31ff EuGVÜ; *Spielberg*, Ärzte Zeitung, 20.11.2000, die Hilko J. Meyer zitiert, dazu schon Fn. 121.

[782] BGHZ 23, 184; dort noch unter Bezug auf §28 AMG (1961); *Sander*, AMG, Stand August 1988, § 43, Rdz. 7

[783] *Baumbach/Hefermehl*, Wettbewerbsrecht, 21. Aufl. 1999, S. 786f, Rdz. 615f

[784] Hier soll nur auf die für das Versandverbot relevanten Änderungen eingegangen werden. Für eine ausführliche Darstellung der Entstehungsgeschichte und Entwicklung der Norm siehe: *Cyran/Kloesel*„ 70.EL, A 1.0, § 43, Blatt 73 - 73a.

[785] BT-Drucksache 13/9996 vom 03.03.1998, unter: http://dip.bundestag.de/btd/13/099/1309996.pdf, sowie BGBl. 1998, Nr. 61 vom 10.09.1998

[786] BT-Drucksache 13/9996 vom 03.03.1998, S. 1, dazu Fn. 785; einen zusammenfassenden Überblick gibt *Lippert*, NJW 1999, S. 837f; *Stewens* in: *Stein*, Perspektiven, 2002, S. 9f

[787] Vor dem 8. Änderungsgesetz lautete § 43 I AMG wie folgt:
Arzneimittel im Sinne des § 2 I oder II Nr. 1, die nicht durch die Vorschriften des § 44 oder der nach § 45 I erlassenen Rechtsverordnung für den Verkehr außerhalb der Apotheken freigegeben sind, dürfen im Einzelhandel nur in Apotheken in Verkehr gebracht werden.

Versorgung des Endverbrauchers gerichtete Tätigkeit.[788] Von der Rechtsprechung ist dies so ausgelegt worden, dass neben der Überlassung von Arzneimitteln zur Ersten Hilfe und aus Gefälligkeit unter Bekannten auch eine unentgeltliche Abgabe durch Ärzte oder Zahnärzte generell zulässig sei.[789] Die Bundesregierung interpretierte die damalige Rechtslage anders, sah jedenfalls schon 1997 das qualifizierte Beratungsangebot, das funktionierende Apothekennetz und das bewährte Versorgungssystem gefährdet und sprach sich gegen den Versandhandel aus.[790]
Durch die Änderung in § 43 I S. 1 AMG wollte der Gesetzgeber daher klarstellen, dass apothekenpflichtige Arzneimittel im Einzelhandel nur über Apotheken in Verkehr gebracht werden dürfen und eine unentgeltliche Abgabe über die Notfallversorgung hinaus nicht zulässig ist.[791] Diese begriffliche Präzisierung[792] ist von allen Seiten weitgehend begrüßt worden.[793]
Der Zusatz *berufs- oder gewerbsmäßig* dient daher der Abgrenzung zur rein privaten Gefälligkeit und zur Verabreichung eines Arzneimittels im Notfall.[794] Dem Absatz I wurde Satz 2 neu angefügt, um klarzustellen, dass andere Personen als die am Arzneimittelverkehr Beteiligten apothekenpflichtige Arzneimittel auch dann nicht abgeben dürfen, wenn dies nicht berufs- oder gewerbsmäßig geschieht.[795]

Dies erfolgte auch als Reaktion auf die Fernabsatzrichtlinie[796], die -wie bereits dargestellt- in Art. 14 den Mitgliedstaaten ein nationales Versandverbot

---

[788] *Kloesel/Cyran*, 70. EL, A 1.0 § 43, Blatt 72 j

[789] *Kloesel/Cyran*, 70. EL, A 1.0 § 43, Blatt 72 g

[790] So die Antwort der Parlamentarischen Staatssekretärin Sabine Bergmann-Pohl vom 12.11.1997 auf die schriftliche Frage eines Abgeordneten, BT-Drucksache 13/9118 vom 21.11.1997, Frage Nr. 72.

[791] *Lippert*, NJW 1999, S. 837; *Kloesel/Cyran*, 70. EL, A 1.0 § 43, Blatt 72 g

[792] *Koenig/Müller/Trafkowski*, EWS 2000, S. 99

[793] *Rücker*, Pharmazeutische Zeitung 15/1998, der den Verband Forschender Arzneimittelhersteller, den Bundesverband des pharmazeutischen Großhandels Phagro und den Sprecher der ABDA mit zustimmenden Äußerungen zitiert; unter: http://www.pharmazeutische-zeitung.de/pza/1998-15/pol1.htm; *Leßmann*, in: *Meurer*, Rechtliche Veränderungen des Wettbewerbs am europäischen Pharmamark, 2000, S. 77, der von einem *Signal des Gesetzgebers gegen diese gefährliche Betriebsform* spricht.

[794] *Meyer*, E-Commerce mit Arzneimitteln, 2000, S. 9

[795] BT-Drucksache 13/9996 vom 03.03.1998, S. 16 dazu schon Fn. 786. Laut dem Bericht des Abgeordneten Dr. Dieter Thomae, BT-Drucksache 13/11020, S. 23, geht es insbesondere um ... *ein Versandverbot für apothekenpflichtige Arzneimittel verbunden mit der Klarstellung, dass der Handel mit Arzneimitteln nur durch befugte Personen, insbesondere Apotheker erfolgen darf*; unter: http://dip.bundestag.de/btd/13/110/1311020.pdf.

[796] *Meyer*, E-Commerce mit Arzneimitteln, 2000, im Vorwort

ausdrücklich ermöglicht. Der Deutsche Bundestag begründet die Änderung des deutschen Rechts damit, dass der Versand von Arzneimittel im Hinblick auf die Beratung durch den Apotheker keine adäquate Abgabeform sei.[797] Ein Apotheker könne seine Beratungspflicht gegenüber dem Endverbraucher nur bei der persönlichen Abgabe an den Kunden erfüllen.[798]

Durch die Umsetzung der Fernabsatzrichtlinie in deutsches Recht zum 30.06.2000 ergaben sich für das Versandverbot keine Änderungen mehr. § 312 c IV BGB macht deutlich, dass weitergehende Einschränkungen bei der Verwendung von Fernkommunikationsmitteln aufgrund anderer Vorschriften unberührt bleiben; hierunter fällt auch § 43 AMG.[799]

(bb) Verfassungsmäßigkeit des Verbotes

§ 43 I AMG untersagt es dem Apotheker, Arzneimittel im Wege des Versandes in Verkehr zu bringen. Fraglich ist, ob diese Norm verfassungsgemäß und infolgedessen wirksam ist.[800] In Betracht kommen ein Verstoß gegen Art. 12 GG, Art. 14 GG und Art. 3 GG.

(1) Art. 12 GG - Die Berufsfreiheit

Die Art. 12 I und II GG normieren nach allgemeiner Auffassung ein einheitliches Grundrecht der Berufsfreiheit.[801] Jeder Eingriff in dieses Grundrecht bedarf einer gesetzlichen Grundlage, muss durch vernünftige Gemeinwohlerwägungen gerechtfertigt und verhältnismäßig sein.[802] Der Gesetzesvorbehalt ergibt sich aus Art. 12 I 2 GG. Die vom BVerfG im sog. Apothekenurteil[803] entwickelte Stufenlehre unterscheidet zwischen der Berufsausübung und den subjektiven und objektiven Zulassungsvoraussetzungen. Diese Stufen zunehmender Eingriffsintensität[804]

---

797 BT-Drucksache 13/9996 vom 03.03.1998, S. 6 und 16; dazu Fn. 785 dieser Arbeit.

798 *Lippert*, NJW 1999, S. 837; OLG Frankfurt, GRUR-RR 2001, S. 250, 252

799 *Palandt/Heinrichs*, Ergänzungsband, 2002, § 312c, Rdz. 11, die Vorschrift entspricht § 2 I S. 3 FernAbsG.

800 Untersucht werden soll hier nur die Verfassungsmäßigkeit des Versandverbotes. Das Apothekenmonopol ist durch das BVerfG mehrfach bestätigt worden. Als legitime Zwecke des Gesetzgebers wurden dabei die Vorbeugung drohenden Heilmittelmissbrauchs, die Fachkunde des Apothekers und die Hebung und Erhaltung der wirtschaftlichen Leistungsfähigkeit der Apotheken anerkannt, BVerfG NJW 1959, S. 667f; BVerfGE 7, 377 = NJW 1958, 1035f.

801 *Tettinger* in: *Sachs*, GG-Kommentar, 1996, Art. 12, Rdz. 55

802 *Taupitz*, NJW 1992, S. 937

803 BVerfGE 7, 377, 405ff (Apothekenurteil)

804 *Pieroth/Schlinck*, Grundrechte Staatsrecht II, 17. Aufl. 2001, S. 232, Rdz. 911

korrespondieren mit der abnehmenden Gestaltungsfreiheit des Gesetzgebers. Je stärker ein Eingriff, desto höhere Anforderungen sind an seine Rechtfertigung zu stellen.
Vorliegend kann es sich bei dem Versandverbot schon deshalb nicht um eine objektive Zulassungsbeschränkung handeln, weil die Tätigkeit als Apotheker nicht untersagt oder der Zugang beschränkt wird. Es handelt sich nicht um ein objektives, dem Einfluss des Berufswilligen entzogenes, von seiner Qualifikation unabhängiges Kriterium.[805] Die Frage, ob sich ein Versandverbot möglicherweise deshalb als objektive Zulassungskriterium auswirkt, weil einem Ausländer, der in Deutschland Arzneimittel abgeben möchte, dies außer im Wege des Versandes gemäß § 2 II ApoG nur möglich ist, wenn er eine deutsche Apotheke übernehmen kann, stellt sich hier schon deshalb nicht, weil Art. 12 GG I die Berufsfreiheit als sog. Bürgergrundrecht[806] nur für Deutsche gewährt.
Ein Berufsbild alleine des *Versand*apothekers gibt es nicht, so dass auch unter diesem Gesichtspunkt keine objektive Zulassungsbeschränkung vorliegen kann. Das BVerfG spricht nur vom *Berufsbild des Apothekers*, das nicht Selbstzweck sein kann, sondern zum Schutz der Volksgesundheit entwickelt wurde und aufrechterhalten wird.[807] In der Rechtsprechung wird das Versandverbot auch damit gerechtfertigt, dass es dem *Verhindern der Veränderung des Berufsbildes durch Versandapotheken* diene.[808]
Auch eine subjektive Zulassungsbeschränkung liegt nicht vor, denn ein Versandverbot normiert keine Zulassungsvoraussetzung, die an die Wahl des Berufs persönliche Eigenschaften und Fähigkeiten, Kenntnisse und Erfahrungen oder erworbene Abschlüsse und erbrachte Leistungen knüpft.[809] Es handelt sich vielmehr um eine Berufsausübungsregelung, womit teils objektiv, teils subjektiv ausgestaltete Bedingungen gemeint sind, die die Modalitäten, in denen sich die berufliche Tätigkeit vollzieht, regeln. Das BVerfG hat auch das Verbot des Mehrbetriebs von Apotheken[810] als Berufsausübungsregelung eingestuft, da es die Wahl des Apothekerberufs nicht beschränke.[811] Die Berufsausübungsfreiheit, die die Bestimmung über Form, Mittel und Umfang der beruflichen Tätigkeit umfasst, ist hier dadurch beeinträchtigt, dass von jedem zugelassenen Apotheker

---

[805] BVerfGE 7, 377 (Apothekenurteil)

[806] *Tettinger* in *Sachs*, GG-Kommentar, 1996, Art. 12, Rdz. 18

[807] BVerfGE 75, 166, 181; *Taupitz*, Standesordnungen, 1991, S. 916f.

[808] OVG NRW, Urteil vom 26.08.1999, Az. 13 A 202/99, ApoR 2000, S. 79, 84 (Impfstoffversand u.a. an Gesundheitsämter)

[809] BVerfGE 13, 97 (Handwerksordnung)

[810] Dazu bereits unter IV. 1. c) (ee) dieser Arbeit.

[811] BVerfGE 17, 232, 241 (3. Apothekenurteil); *Taupitz*, Verbot des „Fremd- und Mehrbesitzes“, 1998, S. 21

verlangt wird, apothekenpflichtige Arzneimittel *nur* in der Apotheke und *nicht* im Wege des Versandes in Verkehr zu bringen.
Auf dieser Stufe ist ein Eingriff nach der Rechtsprechung des BVerfG bereits dann gerechtfertigt, wenn Gesichtspunkte der Zweckmäßigkeit zur Sicherung vernünftiger Erwägungen für das Allgemeininteresse angeführt werden können.[812] Wie bereits dargestellt, begründet der Gesetzgeber das Versandverbot mit dem Erfordernis zusätzlicher Kontrolle der Arzneimittel durch den Apotheker, der Beratung des Patienten, der Wahrung der Rezeptpflicht und der Sicherstellung der Arzneimittelversorgung der Bevölkerung. Dem Gesetzgeber kommt auf dieser Stufe ein bedeutsamer Einschätzungs- und Gestaltungsspielraum zu[813], der sowohl die Bestimmung eines Regelungszweckes als auch die Wahl des geeigneten und angemessenen Mittels betrifft. Die hierbei durch die Verfassung gestellten Anforderungen nähern sich mit zunehmender Entfernung von der Berufswahlfreiheit und entsprechender Annäherung zur Berufsausübungsfreiheit immer mehr einem bloßen Willkürverbot.[814] Aus diesem Grund hat die Rechtsprechung bisher allgemein nur wenige Erwägungen als nicht sachgerecht angesehen.[815]

Deutsche Gerichte haben die Verfassungsmäßigkeit des Versandverbotes in § 43 AMG bisher nicht beanstandet. In Rechtsprechung und Literatur ist das Versandverbot bisher nur insofern verfassungsrechtlichen Bedenken ausgesetzt gewesen, als es um das ebenfalls von § 43 I AMG erfasste Verbot des Versandes aus der Apotheke an Ärzte geht. Dabei herrscht in der Rechtsprechung Einigkeit über die Verfassungsmäßigkeit der Norm.[816] Auch die Literatur geht im Ergebnis davon aus, dass durch die o.g. Gründe, insbesondere die Gewährleistung qualifizierter Beratung durch den Apotheker, auch ein generelles Versandverbot gerechtfertigt ist.[817] Denn der Gesetzgeber könne in einer abstrakten Norm niemals alle Einzelfälle bedenken und sei durchaus zu pauschalisierender Betrachtung und Verallgemeinerung berechtigt.[818] Gegen die Entscheidung des

---

[812] BVerfGE 7, 377, 402, 405; BVerfGE 16, 286, 297; *Taupitz*, NJW 1992, S. 937; *Tettinger* in: *Sachs*, GG-Kommentar, 1996, Art. 12, Rdz. 101

[813] *Taupitz*, NJW 1992, S. 939

[814] *Taupitz*, NJW 1992, S. 940

[815] *Tettinger* in: *Sachs*, GG-Kommentar, 1996, Art. 12, Rdz. 101f

[816] BVerwG, Urteil vom 19.10.2000, Az: 3 C 32.99, ApoR 2001, S. 58 (Impfstoffversand an Ärzte); BGH Urteil vom 06.04.2000, Az: ZR 294/97, NJW 2001, 896 - 900 (= ApoR 2001, S. 50 - 53) (Impfstoffversand an Ärzte); OVG Saarlouis, Beschluss vom 13.01.1998, NJW 1999, S. 883, 884

[817] *Kloesel/Cyran*, 70. EL, A 1.0 § 43, Blatt 72m

[818] OVG NRW, Urteil vom 26.08.1999, Az. 13 A 202/99, ApoR 2000, 79, 84 (Impfstoffversand an Gesundheitsämter u.a.)

BGH in einem solchen Fall ist mittlerweile Verfassungsbeschwerde eingelegt worden.[819]
Das in dieser Arbeit nur untersuchte Verbot des Versandes an den Endverbraucher kann demnach jedenfalls als verfassungsgemäß gelten.

(2) Art. 14 GG - Der eingerichtete und ausgeübte Gewerbebetrieb

Art. 14 GG schützt das Eigentum im Sinne einer vermögenswerten Position, die dem Berechtigten von der Rechtsordnung zugewiesen ist. Auch der eingerichtete und ausgeübte Gewerbebetrieb, also beispielsweise die Apotheke eines Apothekers, fallen nach ganz herrschender Ansicht unter den Schutzbereich des Art. 14 GG.[820] Geschützt wird alles, was den wirtschaftlichen Wert des Betriebes ausmacht, mithin seine wirtschaftliche Grundlage, beispielsweise *bestehende* Geschäftsverbindungen, ein erworbener Kundenstamm oder eine Marktstellung. In Abgrenzung zum Schutzbereich des Art. 12 GG wird von Art. 14 GG aber keine Erwerbs*aussicht*, beispielsweise die Möglichkeit einer Betriebserweiterung[821], und keine Erwartung oder Chance geschützt. Die Eröffnung eines neuen Betriebs oder die Erweiterung eines bestehenden durch den Einsatz neuer Vertriebsformen ist jedoch keine bereits erworbene Rechtsposition und daher schon nicht vom Eigentumsbegriff des Art. 14 GG erfasst.[822]

(cc) Anwendbarkeit auf den E-Commerce mit Arzneimitteln

§ 43 I untersagt in S. 1 das Inverkehrbringen im Wege des Versandes und in S. 2 den Handel mit apothekenpflichtigen Arzneimitteln außerhalb der Apotheke.
Ein Arzneimittel *in Verkehr bringt*, wer es zum Verkauf oder zu sonstiger Abgabe vorrätig hält, es feilhält, an andere feilbietet oder abgibt, § 4 Abs. 17 AMG (Legaldefinition). *Abgabe* ist dabei das Einräumen von Verfügungsgewalt durch körperliche Überlassung an einen anderen[823], maßgeblich ist also der Besitzwechsel. Die Verfügungsgewalt über das Produkt erhält der Kunde nicht schon bei der Übergabe durch den Anbieter an das Transportunternehmen, z.B. die Post, sondern erst dann, wenn es an seinem Wohnort eintrifft.[824]

---

[819] So bei *Zuck*, NJW 2001, S. 2059

[820] *Pieroth/Schlinck*, Grundrechte, 17. Aufl. 2001, S. 247f, Rdz. 972f

[821] BGHZ 98, 341, 342

[822] Zu Art. 14 GG unter dem Gesichtpunkt des Mehrbesitzverbots für Apotheken siehe *Taupitz*, Verbot des „Fremd- und Mehrbesitzes", 1998, S. 23.

[823] *Schiedermair/Pohl*, Gesetzeskunde für Apotheker, 11. Aufl. 1987, S. 174; *Sander*, Entscheidungssammlung zum Arzneimittelrecht, § 43/Nr. 4, S. 4; *Horn*, NJW 1977. S. 2330; *Kloesel/Cyran*, 63. EL, A 1.0, § 4, zu Absatz 17, Rdz. 57

[824] LG Frankfurt/Main, K&R 2001, S. 153, 155, (Internetapotheke I)

Sowohl der Abschluss des schuldrechtlichen Kaufvertrages als auch das Versenden des bestellten Produkts an den Kunden sind als Inverkehrbringen eines Arzneimittels einzuordnen.[825] Die Abgabe erfolgt *in Apotheken*, wenn das Arzneimittel die Apotheke, also einen Raum der den Anforderungen des § 4 ApBetrO entspricht, körperlich berührt[826]
Handel treiben i.S. des § 43 S. 2 AMG bezeichnet gleichfalls nicht erst die Abgabe des gehandelten Produkts, sondern auch den schuldrechtlichen Vertrag.[827] Der Handel findet immer dann *außerhalb der Apotheke* statt, wenn der Kunde nicht persönlich im Betriebsraum anwesend ist, das Arzneimittel also nicht zuvor dort angeboten und gekauft wurde.[828] Dies trifft auf jeden Handel im Wege des Fernabsatzes i.S. des § 312 b BGB zu, also auch auf den E-Commerce. Sowohl das Inverkehrbringen als auch der Handel finden bei einer Internet-Apotheke damit außerhalb der Apotheke statt.[829]

Bei alleiniger Betrachtung des § 43 I S. 2 AMG könnte man die Vorschrift so verstehen, dass es ihr Regelungszweck ist, sicherzustellen, dass nur Apotheker mit den ihnen vorbehaltenen Arzneimitteln Handel treiben, der Gesetzgeber also nur klarstellen wollte, dass dies anderen Personen untersagt ist.[830] Bei einer solchen Auslegung wäre dann auch der Handel durch eine Internet-Apotheke, bei der der Kunde nicht in der Apotheke anwesend ist, erlaubt, wenn diese durch einen Apotheker betrieben wird. Für eine solche Auslegung spricht immerhin der Wille des Gesetzgebers, der die entgeltliche Arzneimittelabgabe durch Nichtapotheker verhindern wollte, auch wenn diese nicht gewerbsmäßig handeln.[831] Allerdings spricht die Systematik der Norm gegen eine solche Auslegung, da der Satz 2 im Zusammenhang mit Satz 1 gelesen werden muss. Ihm kommt neben Satz 1, der den Versandhandel ausdrücklich untersagt, insofern wohl keine eigenständige Bedeutung zu.[832]

---

[825] *Horn*, NJW 1977, S. 2331 bezeichnet Vorrätig halten, feilhalten und feilbieten als „uneigentliches" Inverkehrbringen bzw. als Stufen auf dem Weg des eigentlichen Inverkehrbringens.

[826] *Sander*, AMG-Kommentar, Stand August 1988, C Erl. § 43, 6.

[827] *Koenig*, Internet-Auftritt, 2000, S. 18

[828] LG Frankfurt/Main, K&R 2001, S. 153, 155, (Internetapotheke I)

[829] So auch KG, K&R 2001, S. 640, 642

[830] *Koenig*, Internet-Auftritt, 2000, S. 18

[831] So die amtliche Begündung zum 8. AMG-Ändeurngsgesetz, BT-Drucksache 13/9996, vom 03.03.1998, S. 16; *Kloesel/Cyran*, Arzneimittelrecht, 1999, § 43 AMG; Rdz. 9; *Koenig*, Internetauftritt, 2000, S. 18

[832] *Koenig*, Internet-Auftritt, 2000, S. 18

Auch die Untersagung gerade *berufs- oder gewerbsmäßigen* Inverkehrbringens bietet keinen Ansatz für die Zulässigkeit der Internetapotheke. Berufs- oder gewerbsmäßig handelt, wer mit Gewinnerzielungsabsicht anbietet. Ein Indiz kann die an den potentiellen Kunden gerichtete Werbung sein, denn wer beispielsweise seine Produkte als besonders günstig anpreist, möchte dadurch möglichst viele Kunden zur Bestellung bewegen. Eine kommerzielle WebSite bietet daher zweifellos gewerbsmäßig an.
Das Angebot einiger Anbieter, aus *reiner Gefälligkeit* für den Kunden in Deutschland einen Kurierdienst zur Abholung aus dem Ausland nach Deutschland zum Wohnort des Kunden zu organisieren, ändert nichts an der gewerbsmäßigen Ausrichtung des Verkaufes als solchem. Zudem erfolgt auch der Kurierdienst nicht kostenlos.
Auf die rechtliche Bewertung dieses Abholdienstes wird noch eingegangen.

§ 43 AMG ist daher auf die Internet-Apotheke anwendbar[833] und verbietet sowohl den Versand eines apothekenpflichtigen Arzneimittels als auch den darauf gerichteten Vertragsabschluss.

b) Ausnahmen vom Versandverbot des § 43 AMG

Es stellt sich damit die Frage, ob Ausnahmen vom Versandverbot bestehen und ob diese auf den Internethandel Anwendung finden können.
Denkbar sind zunächst eine Ausnahme von der Apothekenpflicht und eine Ausnahme vom Verbot des Versandes.

(aa) Ausnahmen von der Apothekenpflicht

Unproblematisch zulässig ist nach § 43 I der Versand von nicht apothekenpflichtigen, also freiverkäuflichen Arzneimitteln. Denn diese fallen schon nicht unter den Anwendungsbereich der Norm.[834]

Das Gesetz sieht drei Ausnahmen von der Apothekenpflicht des § 43 I AMG vor:
§§ 44 erlaubt den Verkauf außerhalb der Apotheke für Arzneimittel, *die von dem pharmazeutischen Unternehmer ausschließlich anderen Zwecken als zur Beseitigung oder Linderung von Krankheiten, Leiden, Körperschäden oder krankhaften Beschwerden zu dienen bestimmt sind.* Freigegeben sind ferner auch beispielsweise Heilwässer, Heilerden, Zubereitungen zur Herstellung von Bädern oder Seifen, § 44 II AMG.

---

[833] LG Frankfurt/Main, K&R 2001, S. 153, 155 (Internetapotheke I)
[834] *Eichler*, K&R 2001, S. 145

§ 45 I AMG ermächtigt das Bundesgesundheitsministerium unter bestimmten Voraussetzungen durch Rechtsverordnung weitere Ausnahmen von der Apothekenpflicht zuzulassen. Für diese Produkte schreibt der Gesetzgeber keinen besonderen Vertriebsweg vor, sie können demzufolge auch im Wege des E-Commerce verkauft und versendet werden.[835]

Nach § 47 AMG darf der pharmazeutische Großhandel in bestimmten Fällen apothekenpflichtige Arzneimittel, beispielsweise Impfstoffe, an andere pharmazeutische Unternehmer und Großhändler sowie unter dort näher benannten Voraussetzungen an Krankenhäuser, Ärzte, Zahnärzte, Gesundheitsämter, anerkannte Impfzentren, Veterinärbehörden, Tierärzte, zentrale Beschaffungsstellen, Forschungseinrichtungen und Hochschulen abgeben. § 47a AMG enthält eine weitere Ausnahme von § 43 AMG und betrifft Arzneimittel, die zur Vornahme eines Schwangerschaftsabbruches zugelassen sind. Diese Ausnahmen finden auf den Verbraucher als Arzneimittelkäufer im Sinne dieser Arbeit keine Anwendung, denn dieser ist weder pharmazeutischer Großhändler noch Unternehmer, solange eine Internet-Apotheke jeweils nur geringe Mengen eines Arzneimittels versendet und der Kunde nur in seinem persönlichen Bedarf entsprechenden Mengen bestellt.[836]

Eine generelle Ausnahme aller versendeten Arzneimittel von der Apothekenpflicht ist damit nicht ersichtlich. Dies ist aber auch nicht erforderlich, denn das Versenden eines Arzneimittels verstößt nicht zwingen gegen das Apothekenmonopol, wenn gewährleistet ist, dass der Internet-Anbieter selbst eine Apotheke betreibt.[837]

(bb) Botendienst statt Versand

Möglicherweise ist eine andere Beurteilung des E-Commerce mit Arzneimitteln dann angebracht, wenn eine Internet-Apotheke ausdrücklich erklärt, dem Kunden den Versand nur zu vermitteln und in seinem Auftrag einen Botendienst zu organisieren. Dies könnte eine Selbstabholung *durch* den Kunden anstelle der Lieferung *an* den Kunden darstellen, so dass schon begrifflich kein Versand vorliegt.

---

[835] *Mevissen*, Pharmazeutische Zeitung 27/2000, S. 26f, auch unter: http://www.offizin.de/pza/2000-27/pol3.htm; zur Apothekenpflichtigkeit der Arzneimittel auch schon unter IV. 1. c) (aa) dieser Arbeit.

[836] LG Frankfurt/Main, Urteil vom 09.11.2000, K&R 2001, S. 153, 155f (Internetapotheke I)

[837] So ist beispielsweise DocMorris eine in den Niederlanden zugelassene Apotheke, die zudem auch vor Ort besucht werden kann.

(1) Meinungsstreit

Die AGB des niederländischen Anbieters DocMorris enthalten als Reaktion auf die einstweilige Verfügung des LG Frankfurt beispielsweise nun die Klausel, dass die Zustellung der Arzneimittel im Auftrage des Patienten erfolge. Auf die Anforderungen an eine wirksame Einbeziehung von AGB wurde schon eingegangen.[838]
Die Formulierung lautet hier:

> *Die Übergabe erfolgt durch Abholung in der Apotheke 0800DocMorris. Die Abholung kann persönlich oder durch einen vom Besteller beauftragten Botendienst erfolgen.*[839]

Dies könnte man hier durchaus so verstehen, dass der Kunde, vermittelt durch einen Boten, also mittelbar, sich das Arzneimittel in der örtlichen Apotheke selbst abholt.
So hat auch das LG Berlin in seiner Entscheidung, mit der eine einstweilige Verfügung gegen den Anbieter Doc Morris abgelehnt wurde, zwischen gewerblichem Versandhandel und gewerblicher Vermittlung unterschieden.[840]

Nach anderer Ansicht entspricht das Organisieren der Abholung wertungsmäßig dem Versenden.[841] Da der Kunde erst dann die Verfügungsgewalt über das Produkt erhalte, wenn es an seinem Wohnort eintreffe, seien sämtliche zuvor stattfindende Handlungen dem Anbieter zuzurechnen.[842] Hierbei sei es dann auch unerheblich, ob der Kunde mit den Kosten des Versandes belastet werde oder nicht. Abzustellen sei allein auf die tatsächlichen Gegebenheiten.[843]

(2) Stellungnahme

Aus § 17 II ApBetrO[844], der die Bezeichnungen *Versendung aus der Apotheke* und *Zustellung durch Boten* nebeneinander verwendet, könnte man schließen, dass die Formulierung des § 43 AMG, der den Botendienst eben nicht erwähnt, diesen auch nicht verbieten will. Andererseits macht diese Formulierung des § 17 II ApBetrO, der beide Ausdrücke nebeneinander

---

838 Hierzu ausführlich unter: IV. 2. c) (cc) dieser Arbeit.

839 Ziffer 2a der AGB; die gesamten AGB von DocMorris können unter: http://www.0800DocMorris.com eingesehen werden.

840 LG Berlin, Urteil vom 07.11.2000, K&R 2001, S. 168, 169f (aufgehoben durch KG Berlin, 29.05.2001, Az. 5 U 10150/00, = GRUR-RR 2001, S. 244ff)

841 *Ernst*, WRP 2001, S. 894

842 LG Frankfurt/Main, K&R 2001, S. 153,155 (Internetapotheke I); *Meyer*, ApoR 2001, S. 39

843 LG Frankfurt/Main, K&R 2001, S. 153, 155 (Internetapotheke I)

844 Der Text der Vorschrift im Folgenden unter IV. 3. b) (dd) dieser Arbeit.

verwendet und beiden damit die gleiche Rechtsfolge beimisst, aber auch deutlich, dass der Gesetzgeber zwischen diesen beiden Möglichkeiten keinen Unterschied sieht und sie daher grundsätzlich rechtlich gleich behandeln will. Dass § 43 AMG den Botendienst nicht erwähnt, kann auch so verstanden werden, dass der Gesetzgeber den Versand als Überbegriff aufgefasst hat.

Die Argumentation des LG Berlin überzeugt auch deshalb nicht, weil es immer in der Hand des Anbieters liegt, darüber zu entscheiden, ob und was versendet wird.[845] Er sucht den Boten, also den Lieferdienst, aus und belastet den Kunden mit den Kosten dafür.[846] Schließlich erhält der Kunde auch bei der Übergabe an einen Boten genauso wenig bereits zu diesem Zeitpunkt die Verfügungsgewalt über das Arzneimittel wie bei der Übergabe an die Post oder ein sonstiges Transportunternehmen.[847]

Wenn in der Literatur unter *Versenden* jeder Transport verstanden wird, der nicht durch den Apotheker oder das Apothekenpersonal erfolgt, liegt dies also immer dann vor, wenn eine selbständig handelnde Person oder Institution dazwischen geschaltet wird.[848] Dies ist dann auch unabhängig davon, ob diese Person oder Institution von Seiten des Anbieters oder von Seiten des Kunden beauftragt worden ist.

Grundsätzlich ist ein Apotheker nämlich gerade kein Vermittler eines Botendienstes, sondern direkter Lieferant seines Kunden. Dies folgt schon daraus, dass es einem Pharmaunternehmen untersagt ist, direkt an den Endverbraucher zu liefern.[849]

Würde man anders entscheiden, würde man den in § 43 I AMG deutlich zum Ausdruck kommenden Willen des Gesetzgebers, den Versand zu verbieten, umgehen. Nahezu jeder Versand könnte in diese Konstruktion des Botendienstes umgewandelt werden.

(cc) § 73 II Nr. 6a AMG

Eine Ausnahme könnte aber aus § 73 II Nr. 6a AMG folgen.

§ 73 - Verbringungsverbot, lautet:

(1) Arzneimittel, die der Pflicht zur Zulassung oder zur Registrierung unterliegen, dürfen in den Geltungsbereich dieses Gesetzes, ausgenommen in andere Zollfreigebiete als die Insel Helgoland, nur verbracht werden, wenn sie zum Verkehr im Geltungsbereich dieses Gesetzes zugelassen oder registriert oder von der Zulassung oder der Registrierung freigestellt sind und ...

---

[845] *Ernst*, WRP 2001, S. 894

[846] LG Frankfurt, K&R 2001, S. 160, 163 (Internetapotheke II)

[847] LG Frankfurt, K&R 2001, S. 153, 155 (Internetapotheke I)

[848] *Kloesel/Cyran*, 75. EL, A 1.0 § 43, Blatt 73

[849] *Eichler*, K&R 2001, S. 146

> *(2) Absatz 1 Satz 1 gilt* ***nicht*** *für Arzneimittel, die*
> ...
> *6. bei der Einreise in den Geltungsbereich dieses Gesetzes in einer dem üblichen persönlichen Bedarf entsprechenden Menge eingebracht werden,*
> *6a. im Herkunftsland in Verkehr gebracht werden dürfen und* ***ohne gewerbs- oder berufsmäßige Vermittlung*** *in einer dem üblichen persönlichen Bedarf entsprechenden Menge aus einem Mitgliedstaat der Europäischen Gemeinschaften oder einem anderen Vertragsstaat des Abkommens über den Europäischen Wirtschaftsraum* ***bezogen*** *werden,*
> *7. in Verkehrsmitteln mitgeführt werden und ausschließlich zum Gebrauch oder Verbrauch der durch diese Verkehrsmittel beförderten Personen bestimmt sind,*[850]*...*

§ 73 I AMG stellt den Grundsatz auf, dass ein apothekenpflichtiges Arzneimittel nicht aus dem Ausland an einen Endverbraucher in Deutschland geliefert werden darf. Wird ein Arzneimittel ohne förmliche Einfuhrerlaubnis, ärztliche Verschreibung oder Bestellung durch eine Apotheke eingeführt, macht sich der Besteller nach § 73 I i.V. mit § 97 II Nr. 8 AMG strafbar, gegen ihn kann eine Geldbuße verhängt werden. Möglich ist es dann auch, dass eine Sendung vom Zoll beschlagnahmt wird.[851]
§ 73 II AMG beinhaltet eine Reihe von Ausnahmetatbeständen.
Die Bestellung eines apothekenpflichtigen Medikaments über das Internet könnte gemäß § 73 II Nr. 6a AMG zulässig sein. Danach ist die Einzeleinfuhr im Sinne des Mitführen eines Arzneimittels zum persönlichen Bedarf aus einem anderen Mitgliedstaat der EU zulässig.[852]

(1) Entwicklung der Vorschrift

§ 73 II Nr. 6a AMG ist mit der 4. AMG-Novelle 1990[853] eingeführt worden. Dieser Ausnahmetatbestand ist damit eine Reaktion des deutschen Gesetzgebers auf mehrere Urteile des EuGH, insbesondere auf die Entscheidung im Fall

---

[850] Hervorhebungen durch die Verfasserin

[851] Es ist nach § 73 AMG selbst einem Arzt nicht erlaubt, ein Arzneimittel zum Eigenbedarf aus dem Ausland zu bestellen. Hierzu der Artikel *Knöllchen statt Pillchen*, Medical Tribune Deutschland, 01.02.2001, S. 20, mit dem Beispiel eines Bamberger Internisten, dessen Internet-Bestellung vom Zoll beschlagnahmt wurde und der 50 DM Geldbuße zu tragen hatte; auch unter: http://www.medical-tribune.de/GMS/bericht/Knoellchen

[852] LG Berlin, Urteil vom 07.11.2000, K&R 2001, S. 167, 168 (aufgehoben durch KG Berlin, 29.05.2001, Az. 5 U 10150/00)

[853] Viertes Gesetz zur Änderung des Arzneimittelgesetzes vom 11.04.1990, BGBl. I, S. 717.

Schumacher[854], wonach der Einzelbezug eines Arzneimittels aus einer Apotheke eines Mitgliedstaates der EU durch eine Privatperson in Deutschland erlaubt ist. Diese Vorschrift beruht also auf Gemeinschaftsrecht.[855]
Durch die 8. AMG-Novelle[856] 1998 ist der Zusatz *ohne gewerbs- oder berufsmäßige Vermittlung* eingefügt worden, womit der Gesetzgeber klarstellen wollte, dass diese Möglichkeiten des Bezugs für Patienten oder Verbraucher nicht bei der Zwischenschaltung gewerbsmäßiger oder berufsmäßiger Vermittler gilt.[857]

(2) Anwendbarkeit des Ausnahmetatbestandes auf den E-Commerce mit Arzneimitteln

§ 73 II Nr. 6a AMG enthält keine Einschränkung der Art und Weise, wie ein Arzneimittel im Sinne der Vorschrift *bezogen* werden darf. Es stellt sich die Frage, ob dies so interpretiert werden kann, dass danach der Versand eines Arzneimittels durch eine Internet-Apotheke an einen Kunden in Deutschland zulässig ist. § 73 II Nr. 6 AMG spricht von der Einbringung eines Arzneimittels *bei der Einreise*. Nr. 7 ist auf den Fall des *Mitführens* anwendbar. Da Nr. 6a diese Formulierungen nicht verwendet, ist hierfür nicht erforderlich, dass das Arzneimittel gerade zusammen mit dem Kunden beim Grenzübertritt nach Deutschland gelangt. Die Vorschrift enthält keine Einsschränkung der Art und Weise, wie ein Arzneimittel bezogen werden darf.[858] Folglich muss auch der Versand von der Regelung erfasst sein.[859]

(3) Ohne gewerbs- oder berufsmäßige Vermittlung

Eine Internet-Apotheke könnte Arzneimittel im Sinne der Vorschrift möglicherweise nicht *gewerbs- oder berufsmäßig vermitteln* mit der Folge, dass diese Ausnahme auf sie angewendet werden kann, sofern sie aus dem Ausland versendet. Gewerbs- oder berufsmäßig erfolgt die Vermittlung, wenn sie auf Gewinnerzielung ausgerichtet ist.

---

[854] EuGH Slg. 1989, S. 617ff, (Rs. C-215/87) (Schumacher); weiterhin liegt der Vorschrift auch die Entscheidung EuGH Slg. 1992, S. 2575, (Rs. C-62/90) (Kommission/BRD) zugrunde. Eine ausführliche Darstellung zu Sachverhalt, Entscheidung und Bedeutung dieser Urteile findet sich bereits im europarechtlichen Teil dieser Arbeit unter III. 6. c) (aa).

[855] *Meyer*, E-Commerce mit Arzneimitteln, 2000, S. 37; LG Frankfurt, K&R 2001, S. 160, 164 (Internetapotheke II)

[856] Dazu bereits Fn. 785 dieser Arbeit.

[857] BT-Drucksache 13/9996, S. 17, Amtliche Begründung zum 8. Änderungsgesetz zum AMG, Nr. 37

[858] LG Frankfurt/Main, K&R 2001, S. 153, 156 (Internetapotheke I)

[859] So im Ergebnis auch OLG Frankfurt/Main, ApoR 2001, S. 75

(i) *Enge Auslegung (von Vermittlung)*

In der Literatur und Teilen der Rechtsprechung wird der Begriff *Vermittlung* so verstanden, dass ein Dritter, also eine Person oder ein Unternehmen, die oder das nicht selbst die Apotheke betreibt, eingeschaltet sein muss.[860] Dieser Dritte müsse Verbraucher und ausländischen Lieferanten zusammenbringen, also den Kontakt herstellen.[861] Da der Vertrag über die Lieferung eines Arzneimittels direkt zwischen dem Kunden und dem Internet-Anbieter zustande komme, finde gerade keine berufs- oder gewerbsmäßige Vermittlung durch die Internet-Apotheke statt.[862] Hierfür wird angeführt, dass § 73 II Nr. 6a AMG wegen seines Ausnahmecharakters eng auszulegen sei. Nach dieser Auslegung wäre der Versandhandel aus dem Ausland nur dann nicht mehr erlaubt, wenn ein Dritter eingeschaltet wird, mithin wäre also gewährleistet, dass die Arzneimittel nur vom sachkundigen Apotheker abgegeben werden.
Diese Ansicht geht also von einer engen Auslegung des Begriffs Vermittlung aus mit der Folge, dass der Ausnahmetatbestand des § 73 II Nr. 6a AMG weit ausgelegt wird.

(ii) *Weite Auslegung (von Vermittlung)*

Die überwiegende Rechtsprechung[863] und Teile der Literatur[864] hingegen sehen bei der Internet-Apotheke alle Voraussetzungen der Vorschrift erfüllt. Es sei auch hier von einer gewerbs- oder berufsmäßigen Vermittlung auszugehen. Daran ändere es auch nichts, dass bei der Internet-Apotheke die Apotheke, die die Arzneimittel abgibt, und der gewerbsmäßige Vermittler, der den Kontakt zum Kunden herstellt, ein und dieselbe Stelle seien. Man stellt für die Auslegung des Begriffs Vermittlung also nicht auf den Vertragsschluss ab, der direkt zwischen dem Kunden und dem Internetanbieter stattfindet, sondern auf die dingliche Seite und fragt danach, auf welche Art und Weise der Kunde schließlich die Verfügungsgewalt über das Arzneimittel erhält. Da der Wortlaut nicht auf *Vermittler*, sondern auf *Vermittlung* laute, komme es darauf an, ob zwischen dem Angebot und dem Bezug ein weiterer Akt liege.[865]

---

860 *Koenig*, ApoR 2001, S. 32; LG Berlin, K&R 2001, S. 167, 170 (aufgehoben durch KG Berlin, 29.05.2001, Az. 5 U 10150/00); *Koenig/Engelmann*, ZUM 2001, S. 27; *Eichler*, K&R 2001, S. 146

861 OLG Frankfurt/Main, ApoR 2001, S. 76

862 *Koenig*, ApoR 2001, S. 32; OLG Frankfurt/Main, ApoR 2001, S. 76

863 LG Frankfurt, Urteil vom 09.11.2000, Az. 2-03 O 365/00, K&R 2001, S. 153, 156 (Internetapotheke I) = MMR 2001, 243, 245; KG GRUR-RR 2001, S. 244, 247 = K&R 2001, S. 640, 642f

864 *Hoeren*, EWiR 2001 § 1 UWG 1/2001, 39f; *Koenig/Müller/Trafkowski*, EWS 2000, S. 99

865 *Meyer*, ApoR 2001, S. 41

Für eine solche weite Auslegung des Begriffs Vermittlung spricht gleichfalls, dass § 73 II AMG Ausnahmetatbestände enthält und solche grundsätzlich eng auszulegen sind. Denn die Vorschrift statuiert hier eine Ausnahme vom Verbot des Versandes und nicht von einem Verbot der Vermittlung.

(iii) *Stellungnahme*

Eine enge Auslegung des Begriffs Vermittlung gemäß der erstgenannten Auffassung wäre lebensfremd. Schließlich käme § 73 II Nr. 6a AMG dann praktisch immer zur Anwendung, weil es eines Dritten gerade beim Vertragsschluss im Internet nicht bedarf. Schließlich kann des Angebot zum Abschluss eines Kaufvertrages auf der WebSite der Internet-Apotheke vom Kunden ständig bequem von zu Hause aus abgerufen werden.[866]

Hier ist in besonderer Weise auch die Entstehung der Norm zu berücksichtigen: § 73 II Nr. 6a AMG wurde zur Umsetzung der Schumacher-Entscheidung des EuGH[867] geschaffen, wonach die Einzeleinfuhr von Arzneimitteln durch Privatpersonen zulässig sein sollte. Es ist aber nicht ersichtlich, dass der Gesetzgeber darüber hinaus einen gewerblichen Versandhandel zulassen wollte.[868]
Der Zusatz *berufs- oder gewerbsmäßig* wurde durch das 8. Änderungsgesetz neu eingefügt mit dem ausdrücklichen Ziel, klarzustellen, dass die Möglichkeiten des Bezugs durch Patienten oder Verbraucher gerade nicht für gewerbsmäßige oder berufsmäßige Vermittler gilt[869] und auf den Einzelfall begrenzt bleiben soll. Der Gesetzgeber war sich ausweislich der Protokolle der Beratungen im Deutschen Bundestag bewusst, dass dadurch der Versand aus dem Ausland weitgehend eingeschränkt wird.[870] Dies kommt auch in § 8 II HWG zum Ausdruck, der die Werbung für die Einzeleinfuhr eines Arzneimittels nach § 73 II Nr. 6a AMG verbietet. Auch die Bundesregierung geht zur Zeit davon aus, dass *der Versandhandel bzw. der Internet-Handel mit apothekenpflichtigen*

---

866 *Eichler*, K & R 2001, S. 145

867 EuGH Slg. 1989, S. 617ff, (Rs. C-215/87) (Schumacher), dazu bereits III. 6. c. (aa) dieser Arbeit.

868 LG Frankfurt, Urteil vom 09.11.2000, Az. 2-03 O 365/00, K&R 2001, S. 153, 156 (Internetapotheke I); LG Frankfurt, Urteil vom 09.11.2000, Az. 2-03 O 366/00, K&R 2001, S. 160, 164 (Internetapotheke II); *Meyer*, ApoR 2001, S. 41

869 BT-Drucksache 13/9996, S. 17, dazu schon Fn. 785 dieser Arbeit.

870 Laut dem Abgeordneten Dr. Dieter Thomae, BT-Drucksache 13/11020, S. 24, werde durch die Änderung des § 73 *die Bezugsmöglichkeit von Arzneimitteln aus dem Ausland dergestalt konkretisiert, dass die Möglichkeit des Bezuges nur für solche Personen gelte, die keine gewerbsmäßigen oder berufsmäßigen Vermittler seien. Der Versandhandel aus dem Ausland dürfte damit allerdings weitgehend eingeschränkt werden.*

Arzneimitteln, auch soweit dies grenzüberschreitend erfolgt, gemäß § 43 I AMG verboten ist[871], also auch § 73 II Nr. 6a AMG keine weitgehende Ausnahme enthalten kann.

Es sind zudem die Konsequenzen zu bedenken, die die erstgenannte Auffassung nach sich ziehen würde. Wäre der gewerbliche Versandhandel über § 73 II Nr. 6a AMG erlaubt, käme dies dennoch nur einem ausländischen Anbieter zugute, der an den deutschen Verbraucher liefern dürfte. Für den deutschen Anbieter bliebe es beim Versandverbot nach § 43 I AMG. Eine solche Inländerdiskriminierung kann bei der Einführung dieses Ausnahmetatbestandes und seiner späteren Ergänzung nicht die Absicht des Gesetzgebers gewesen sein, eine Auslegung die zu diesem Ergebnis führen würde, ist daher abzulehnen.[872] Dabei könnte zudem ein Verstoß gegen Art. 3 I GG vorliegen. Eine Ungleichbehandlung i. S. des Art. 3 I GG liegt vor, wenn wesentlich Gleiches ungleich oder wesentlich Ungleiches gleich behandelt wird und ein sachlicher Grund nicht ersichtlich ist.[873] Eine Ungleichbehandlung wäre vorliegend darin zu sehen, dass der Sitz eines Internetanbieters entscheidend für das Verbot des gewerblichen Handels wäre. Ein sachlicher Grund für eine Ungleichbehandlung ist nur für die Fälle gegeben, in denen Unterschiede von solcher solchem Gewicht vorliegen, dass sie eine Ungleichbehandlung rechtfertigen. Eine Ungleichbehandlung muss nach dem Willkürverbot immer auf sachlichen Erwägungen beruhen. Rechtfertigungsgründe für eine Ungleichbehandlung sind vorliegend aber nicht ersichtlich, da der Sitz einer Apotheke kein taugliches Rechtfertigungskriterium ist. Vielmehr berufen sich die Gegner des E-Commerce mit Arzneimitteln sogar ganz im Gegenteil auf die besondere Qualität inländischer Anbieter, so dass eine Rechtfertigung dahingehend, gerade ausländische Anbieter zu bevorzugen, erst recht nicht nachvollziehbar ist. Somit würde eine enge Auslegung des § 73 II Nr. 6a AMG gegen Art. 3 Abs. 1 GG verstoßen, da Inländer damit unangemessen benachteiligt wären.[874]

Damit ist infolge einer weiten Auslegung des Begriffs Vermittlung und seiner Anwendung auch auf die Internet-Apotheke der Ausnahmetatbestand des § 73 II

---

[871] So die Antwort des Staatssekretärs im Bundesministerium für Gesundheit, Dr. Klaus Theo Schröder, 06.02.2002, auf die Anfrage des Abgeordneten Walter Hirche, BT-Drucksache 14/8204, S. 57f.

[872] Zu diesem Ergebnis kommt auch das LG Frankfurt/Main, K&R 2001, S. 153, 156 (Internetapotheke I) und K&R 2001, S. 160, 163f (Internetapotheke II).

[873] BVerfGE 49, 148, 165; 86, 81, 87; *Pieroth/Schlinck*, Grundrechte Staatsrecht II, 17. Aufl. 2001, S. 102f

[874] LG Frankfurt, Urteil vom 09.11.2000, Az. 2-03 O 366/00, K&R 2001, S. 160, 164 (InternetapothekeII)

Nr. 6a AMG eng auszulegen. Eine generelle Zulässigkeit des Versandes von Arzneimittel kann daraus nicht abgeleitet werden.

(4) Der Provider als Vermittler

Möglicherweise kann der Begriff *Vermittlung* gerade angesichts der Internet-Apotheken dennoch zu einem anderen Ergebnis führen, das für sonstigen Versandhandel keine Relevanz hat. Im Rahmen der Darstellung des Online-Vertragsschlusses wurde bereits erläutert, dass Willenserklärungen zum Abschluss des Kaufvertrages vom Anbieter über seinen Provider zum Provider des Kunden gelangen, bevor dieser sie abrufen kann. Mithin könnte dies so verstanden werden, dass der Vertragsschluss durch Provider vermittelt wird, die auch zweifellos berufs- oder gewerbsmäßig tätig sind.
Eine solche Auslegung, die sich lediglich auf eine technische Besonderheit des Internets stützen lässt, erscheint jedoch lebensfremd und war sicher nicht in der Intention des Gesetzgebers, der in § 73 II Nr. 6a AMG eine Regelung unabhängig vom Bezugsweg treffen wollte. Zudem vermittelt ein Provider gerade nicht den Bezug des Arzneimittels, sondern lediglich die elektronische Botschaft.

(5) Der Bezug durch den Kunden

Einen weiteren Begründungsansatz mit gleichem Ergebnis schlägt *Meyer*[875] vor. Sein Ansatz für eine enge Interpretation des Ausnahmetatbestandes ist das Wort *bezogen* am Ende des § 73 II Nr. 6a AMG. Beziehen könne nur der Empfänger, also der Kunde des Anbieters. Folglich könne auch nur dieser gemäß dem Ausnahmetatbestand rechtmäßig einführen. Bei der Bestellung und Lieferung über eine Internet-Apotheke erfolge die Verbringung des Arzneimittels nach Deutschland aber durch die Apotheke, nicht durch den Kunden. Diese Beziehen nicht, sonder führe das Arzneimittel ein. Daher könne die Ausnahmevorschrift auch nicht zu ihren Gunsten angewendet werden.[876]

Eine solche Auslegung ist aber abzulehnen. § 73 I AMG bietet keinen Ansatzpunkt für eine Unterscheidung zwischen den Personen, die ein Arzneimittel nach Deutschland verbringen. Dann kann eine solche Unterscheidung aber auch nicht in den Ausnahmetatbestand des § 73 II Nr. 6a AMG hineininterpretiert werden. Dies ist mit der Systematik des Gesetzes nicht vereinbar.[877] Die Vorschrift enthält auch keine Einschränkung dahingehend, dass das Arzneimittel nur auf bestimmtem Wege, etwa durch persönliches Abholen,

---

[875] *Meyer*, E-Commerce mit Arzneimitteln, 2000, S. 35

[876] So auch KG, GRUR-RR 2001, S. 244, 248 = K&R 2001, S. 640, 643

[877] *Eichler*, K & R 2001, S. 145f, Fn. 7

bezogen werden dürfe.[878] Die Formulierung *bezogen* bietet damit keinen geeigneten Ansatz zur Begründung der Unzulässigkeit der Internet-Apotheke.

(6) EU-rechtskonforme Auslegung

Nach anderer Ansicht soll § 73 II Nr. 6a AMG EU-rechtskonform weit auszulegen sein.[879] Da EU-Recht den E-Commerce mit Arzneimitteln erlaube, sei auch § 73 II Nr. 6a AMG weit auszulegen und auf diesem Weg das Verbot des deutschen Rechts nach § 43 AMG zu umgehen.

Dagegen spricht aber zum einen der klare Gesetzeswortlaut, der von einem Bezug ohne berufs- oder gewerbsmäßige Vermittlung ausgeht. Nach der hier vertretenen Auffassung erfüllt das Angebot der Internet-Apotheke aber diese Voraussetzung. Die Grenze jeder Auslegung, auch der EU-rechtskonformen, ist der Wortlaut der Norm. Zum anderen wurde bereits dargestellt, dass die Vorschrift nach der hier vertretenen Auffassung ihrem Ausnahmecharakter nur bei einem engen Anwendungsbereich gerecht werden kann.

Mit diesen Argumenten setzen sich die Vertreter einer EU-rechtskonformen Auslegung jedoch nicht auseinander.

Die Argumente, die die Vertreter einer EU-rechtskonformen Auslegung des § 73 II Nr. 6a AMG zu Art. 28 und 30 EGV vorbringen, werden jedoch im Folgenden noch ausführlich bei der Prüfung der EU-Rechtswidrigkeit des § 43 I AMG zum Tragen kommen.

(dd) § 17 I und II Apothekenbetriebsordnung

Eine Ausnahme vom Versandverbot könnte sich schließlich aus § 17 II ApBetrO ergeben.

> § 17 ApBetrO lautet:
>
> *(1) Arzneimittel und die in § 25 genannten Waren mit Ausnahme von Einwegspritzen nebst Zubehör sowie von Kondomen dürfen nur in den Apothekenbetriebsräumen in den Verkehr gebracht werden. Arzneimittel dürfen nur durch pharmazeutisches Personal ausgehändigt werden.*
>
> *(2) Die* ***Versendung aus der Apotheke*** *oder die* ***Zustellung durch Boten*** *ist im begründeten Einzelfall zulässig; dabei sind die Arzneimittel für jeden Empfänger getrennt zu verpacken und jeweils mit dessen Namen und Anschrift zu versehen. Bei Zustellung durch Boten ist dafür Sorge zu tragen, dass die Arzneimittel dem Empfänger in zuverlässiger Weise ausgeliefert werden. Die Vorschriften des § 43 Abs. 5 des Arzneimittelgesetzes über die*

---

[878] LG Frankfurt, Urteil vom 09.11.2000, Az. 2-03 O 366/00, K&R 2000, S. 160, 163 (Internetapotheke II)

[879] Hier setzt *Koenig*, Internet-Auftritt, 2000, an; ebenso: *Koenig*, ApoR 2001, S. 32; *Koenig/Engelmann*, ZUM 2001, S. 20ff.

Abgabe von Arzneimitteln, die zur Anwendung bei Tieren bestimmt sind, bleiben unberührt.[880]

Diese Bestimmungen dienen dem Schutz der Volksgesundheit.[881] Auch die ApBetrO geht aus gesundheitspolitischen Erwägungen vom Grundsatz der persönlichen Abgabe der Arzneimittel an den Verbraucher aus[882] und regelt in § 17 I, dass apothekenpflichtige Arzneimittel nur in den Apothekenbetriebsräumen[883] in Verkehr gebracht werden dürfen. Damit beinhaltet diese Vorschrift ebenfalls ein Verbot des Versandes von Arzneimitteln. Der Wortlaut des § 17 I ApBetrO gilt uneingeschränkt und unterscheidet nicht danach, an wen Arzneimittel versendet werden. Damit haben der BGH und das BVerwG auch den Versand von Impfstoff aus Apotheken an Ärzte als wettbewerbswidrig angesehen.[884]
Der Gesetzgeber nahm mit der Neufassung der ApBetrO zum 01.07.1987 diese Einschränkung vor, da sie aus Gründen der Arzneimittelsicherheit geboten sei und bei der Abgabe die Information und die Beratung des Kunden grundsätzlich gewährleistet sein müssten.[885] Zudem sollte einem übertriebene Wettbewerb unter Apotheken sowie dem Fehlgebrauch von Arzneimitteln entgegengewirkt werden.[886]

§ 17 II ApBetrO lässt jedoch eine hier möglicherweise bedeutsame Ausnahme zu, indem er den Versand und die Botenzustellung im begründeten Einzelfall und unter Beachtung weiterer Anforderungen an den Transport erlaubt. Bei alleiniger Betrachtung dieser Vorschrift könnte eine Rechtsgrundlage für den E-Commerce mit Arzneimitteln gegeben sein.

---

[880] Hervorhebung durch die Verfasserin

[881] BGH, Urteil vom 06.04.2000, NJW 2001, S. 897

[882] BVerfGE 38, 373, 382

[883] Zu den rechtlichen Anforderungen an den Apothekenbetriebsraum bereits IV. 1. c) (cc) dieser Arbeit.

[884] BVerwG, Urteil vom 19.10.2000, Az: 3 C 32.99, ApoR 2001, S. 58 (Impfstoffversand an Ärzte); BGH Urteil vom 06.04.2000, Az: ZR 294/97, NJW 2001, 896 - 900 (= ApoR 2001, S. 50 - 53) (Impfstoffversand an Ärzte); OVG Saarlouis, Beschluss vom 13.01.1998, NJW 1999, S. 883, 884

[885] BR-Drucksache 498/86 vom 29.10.1986; die dazu in der Rechtsprechung vereinzelt vertretene Ansicht, § 17 II ApBetrO habe nur klarstellende Bedeutung, kann angesichts dieser Begründung nicht gefolgt werden; so aber: Gerichtshof für Heilberufe, Niedersachsen, Urteil vom 04.11.1987, Az: 2 S 4/87, abgedruckt in *Sander*, Entscheidungsband zum Arzneimittelrecht, § 43 AMG, Nr. 4.

[886] *Schiedermair/Pohl*, Gesetzeskunde für Apotheker, 11. Aufl. 1987, S. 98

(1) Verhältnis von § 17 II ApBetrO zu § 43 I AMG

Hier stellt sich nun insbesondere die Frage, wie der Widerspruch zu dem Verbot des Versandes in § 43 I AMG zu lösen ist. Fraglich ist, ob § 17 II ApBetrO wirksam sein kann, soweit wenigstens im begründeten Einzelfall auch der Versand zulässig sein soll. Das BVerwG hat diese Frage bei einer Entscheidung zum Impfstoffversand an Ärzte ausdrücklich offen gelassen.[887]

Zugunsten des § 17 II ApBetrO spricht alleine die Tatsache, dass der Gesetzgeber die Norm im Zuge der Änderungen des § 43 I AMG[888] nicht auch geändert hat.
Literatur[889] und Rechtsprechung[890] gehen jedoch davon aus, dass sich § 43 I AMG gegenüber § 17 II ApBetrO durchsetzt. Hierfür sprechen die Entstehungszeiten der Normen, denn das Verbot in § 43 I AMG ist lange nach § 17 II ApBetrO geschaffen worden und zeigt damit dem aktuellen Willen des Gesetzgebers. Zudem ist die ApBetrO eine Bundesverordnung und kann sich als solche nach dem Grundsatz des Vorranges des Gesetzes nicht gegen ein höherrangiges Bundesgesetz durchsetzen. Auch das Bundesgesundheitsministerium hat 1999 die Ansicht vertreten, dass das Versandverbot des § 43 I AMG die teilweise Zulässigkeit des Versandes nach § 17 II S. 1, 1. HS. ApBetrO sogar in begründeten Einzelfällen beseitige.[891]

(2) Kein Einzelfall

Aber selbst wenn man der Auffassung sein sollte, dass § 17 II ApBetrO nicht durch § 43 I AMG überlagert wird, bildet die Norm letztlich keine Rechtsgrundlage für den E-Commerce mit Arzneimitteln, da das Tatbestandsmerkmal des *Einzelfalles* nicht erfüllt wird:
Nach Auffassung des BGH hat die Änderung des § 43 AMG durch das 8. Änderungsgesetz vom 07.09. 1998 generell die Interpretation des Gesetzgebers

[887] BVerwG, Urteil vom 19.10.2000, 3 C 32/99, ApoR 2001, S. 58.

[888] Die relevanten Änderungen durch die 8. AMG-Novbelle und die Gründe des Gesetzgebers sind unter IV. 3. a) (aa) dieser Arbeit dargestellt.

[889] *Eichler*, K&R 2001, S. 145, Rdz. 1; *Koenig/Müller/Trafkowski*, EWS 2000, S. 99; *Kloesel/Cyran*, 75. EL, A 1.0 § 43, Blatt 73; *Doepner*, HWG-Kommentar, 2. Aufl. 2000, § 8, Rdz. 11f, S. 539, der davon ausgeht, dass § 17 II S. 1 ApBetrO in absehbarer Zeit eine Änderung erfahren werde.

[890] BGH Urteil vom 06.04.2000, Az: ZR 294/97, NJW 2001, 896-900 (= ApoR 2001, S. 50 - 53) (Impfstoffversand an Ärzte)

[891] So wird ein Schreiben des Bundesministeriums für Gesundheit an das Hessische Sozialministerium vom 17.12.1999 zitiert bei *ABDA*, Jahresbericht 1999/2000, S. 11, dazu bereits Fn. 475; auch *Koenig/Müller/Trafkowski*, EWS 2000, S. 99, gehen von einem vollständigen Verbot des Versandhandels aus.

zum Ausdruck gebracht, eine weite Auslegung der Ausnahmevorschrift § 17 II ApBetrO sei daher mit dem Willen des Gesetzgebers unvereinbar.[892] In dieser Entscheidung zum Impfstoffversand an Ärzte wurde betont, dass die Versendung von Arzneimitteln aus der Apotheke nur im begründeten Einzelfall zulässig ist, wenn eine *unabweisbare Notwendigkeit im Patienteninteresse* besteht. Dies sei dann der Fall, wenn der Patient nicht in der Lage ist, das Arzneimittel selbst abzuholen. *Nicht in der Lage* ist er dann, wenn er aus gesundheitlichen Gründen verhindert, also beispielsweise bettlägerig ist.[893] Wenn der Patient nur verhindert ist, weil er keine Zeit hat oder er die Mühe nicht auf sich nehmen will, wird dies von der Rechtsprechung nicht als Grund anerkannt.

Auch wenn man die Sichtweise des nicht chronisch kranken Patienten einnimmt, für den der Arzneimittelkauf eine gelegentliche, nicht allzu häufige Angelegenheit ist, kann man zu keinem anderen Ergebnis kommen. Hier wird es allermeist an dem Erfordernis des *begründeten* Einzelfalles fehlen. Selbst wenn man für den Einzelfall auf die Sicht des Anbieters abstellen würde, sind die Voraussetzungen des § 17 II ApBetrO nicht zu erfüllen. Denn bei einem organisierten Versand, wie er Voraussetzung für jeden gewerblichen, wirtschaftlich arbeitenden Internetanbieter ist, liegt gerade kein derartiger *Einzelfall* vor.[894]

(ee) Zwischenergebnis

§ 43 I AMG verbietet den Versand von Arzneimitteln und damit als einen Unterfall auch den E-Commerce mit Arzneimitteln. Keine der grundsätzlich in Betracht kommenden Ausnahmevorschriften kann nach der hier vertretenen Auffassung angewendet werden. Daraus folgt, dass der Versand eines Arzneimittels infolge der Bestellung bei einer Internet-Apotheke nach deutschen Recht unzulässig ist

c) Auswirkung der E-Commerce-Richtlinie

Durch die Umsetzung der Fernabsatzrichtlinie in das FernAbsG bzw. § 312b ff BGB hat sich für das Versandverbot keine Änderung ergeben. § 312 c IV BGB macht deutlich, dass weitergehende Einschränkungen aufgrund anderer Vorschriften unberührt bleiben; dazu zählt auch § 43 AMG.[895]

---

[892] BGH, Urteil vom 06.04.2000, Az.: I ZR 294/97, NJW 2001, S. 898

[893] *Koenig/Müller/Trafkowski*, EWS 2000, S. 99

[894] LG Frankfurt/Main, K&R 2001, S. 153, 156 (Internetapotheke I)

[895] *Palandt/Heinrichs*, Ergänzungsband, 2002, § 312c, Rdz. 11, die Vorschrift entspricht § 2 I S. 3 FernAbsG.

Fraglich ist aber, wie sich die Umsetzung der E-Commerce-Richtlinie auf das Versandverbot für Arzneimittel auswirkt. Möglicherweise erfordert es die E-Commerce-Richtlinie, den Internethandel mit Arzneimitteln in Deutschland zuzulassen. Dabei stellt sich die Frage, welche Auswirkungen das Herkunftslandprinzip[896] auf den E-Commerce mit Arzneimitteln hat.

(aa) Verbraucherschützende Regelungen des deutschen IPR

Gerade beim Online-Vertrag liegt die Wahrscheinlichkeit nahe, dass der Anbieter seinen Sitz in einem Staat hat, der Kunde aber in einem anderen Staat wohnt, in diesem eine WebSite aufruft und Rechtshandlungen vornimmt. Welches Recht auf den Vertrag anwendbar ist, bemisst sich auch im Internet grundsätzlich nach den allgemeinen Regeln des Internationalen Privatrechts.[897] Eingeschränkt wird die Bestimmung des Vertragsstatuts nach Art. 27, 28 EGBGB durch den speziellen Vorbehalt des Art 34 EGBGB zugunsten zwingenden deutschen Rechts. Danach sind insbesondere die Vorschriften des deutschen und europäischen Kartell- und Außenwirtschaftsrechts, das Produktpirateriegesetzes, sowie das Datenschutz- und Steuerrecht nicht abdingbar.[898]

Für Verträge, die mit einem Verbraucher abgeschlossen werden, sind zudem § 29 und § 29a EGBGB beachtlich. Diese Vorschriften normieren zum Schutz der schwächeren Partei eine Sonderanknüpfung für Verbraucherverträge.[899] Sie schränken die freie Rechtswahl der Vertragsparteien dadurch ein, dass sie zwingende verbraucherschützende Bestimmungen des Staates, in dem der Verbraucher seinen gewöhnlichen Aufenthalt hat, nach deutschem Recht also auch die Normen des AGBG und des Fernabsatzgesetzes[900], für nicht abdingbar erklären.[901]

Art. 29 I Nr. 1 EGBGB setzt zunächst voraus, dass dem Vertragsschluss ein Angebot oder eine Werbung in dem Staat vorausgeht, in dem der Käufer seinen gewöhnlichen Aufenthalt hat. Die Internetseite eines ausländischen Anbieters, die Werbung für ein bestimmtes Produkt oder ein Bestellformular enthält, erfüllt

---

[896] Siehe dazu bereits III. 5. d) (ff) und (gg) dieser Arbeit.

[897] *Thünken*, IPRax 2001, S. 16

[898] *Hoeren*, Internetrecht 2002, S. 219

[899] *Taupitz/Kritter* in: Recht des Verbraucherschutzes in Korea und Deutschland, Zeitschrift der Koreanisch-Deutschen Gesellschaft für Rechtswissenschaft, Band 12, 1996, S. 615.
Die hier verwendete Definition des Begriffs *Verbrauchervertrag* als Vertrag über die Lieferung einer beweglichen Sache oder über die Erbringung von Dienstleistungen zu privaten Zwecken bei *Bachmann*, in: *Lehmann*, Internet- und Multimediarecht, 1997, S. 176f; *Taupitz/Kritter*, JUS 1999, Fn. 60.

[900] *Lehmann*, EuZW 2000, S. 518

[901] *Taupitz/Kritter*, JUS 1999, S. 843

diese Voraussetzung regelmäßig, soweit sie im Staat des Käufers abgerufen werden kann.[902] Die zweite Voraussetzung des Art. 29 I Nr. 1 EGBGB, wonach der Verbraucher die zum Abschluss des Vertrages erforderlichen Rechtshandlungen in seinem Staat abgeben muss, liegt beim Einkauf eines Verbrauchers der in seinem Zuhause am Computer ein Bestellformular ausfüllt, ebenfalls vor.[903]

Ein Kaufvertrag über Arzneimittel im Internet, der unter Verstoß gegen § 43 AMG und § 17 I ApBetrO zustande kommt, ist nach § 134 BGB nichtig[904], sofern der Käufer Verbraucher ist und seinen gewöhnlichen Aufenthalt in Deutschland hat.

(bb) Herkunftslandprinzip

(1) Umsetzung in § 4 TDG

§ 4 TDG lautet:
(1) In der Bundesrepublik Deutschland niedergelassene Diensteanbieter und ihre Teledienste unterliegen den Anforderungen des deutschen Rechts auch dann, wenn die Teledienste in einem anderen Staat innerhalb des Geltungsbereichs der Richtlinie 2000/31/EG des Europäischen Parlaments und des Rates vom 8. Juni 2000 über bestimmte rechtliche Aspekte der Dienste der Informationsgesellschaft, insbesondere des elektronischen Geschäftsverkehrs, im Binnenmarkt (ABl. EG Nr. L 178 S. 1) geschäftsmäßig angeboten oder erbracht werden.
(2) Der freie Dienstleistungsverkehr von Telediensten, die in der Bundesrepublik Deutschland von Diensteanbietern geschäftsmäßig angeboten oder erbracht werden, die in einem anderen Staat innerhalb des Geltungsbereichs der Richtlinie 2000/31/EG niedergelassen sind, wird nicht eingeschränkt. Absatz 5 bleibt unberührt.
3) Von den Absätzen 1 und 2 bleiben unberührt ...
2. die Vorschriften für vertragliche Schuldverhältnisse in Bezug auf Verbraucherverträge,
...
(5) Das Angebot und die Erbringung eines Teledienstes durch einen Diensteanbieter, der in einem anderen Staat im Geltungsbereich der Richtlinie 2000/31/EG niedergelassen ist, unterliegen abweichend von Absatz 2 den Einschränkungen des innerstaatlichen Rechts, soweit dieses dem Schutz
...

[902] *Taupitz/Kritter*, JUS 1999, S. 844; *Palandt/Heinrichs*, BGB-Kommentar, 61. Aufl. 2002, Art. 29 EGBGB, Rdz. 5; *Mankowski*, MMR-Beilage 7/2000, S. 23

[903] *Taupitz/Kritter*, JUS 1999, S. 844; *Lehmann*, EuZW 2000, S. 517

[904] *Ahrens*, CR 2000, S. 840

*3. **der öffentlichen Gesundheit,***
*4. **der Interessen der Verbraucher,** einschließlich des Schutzes von Anlegern, vor Beeinträchtigungen oder ernsthaften und schwerwiegenden Gefahren dient, und die auf der Grundlage des innerstaatlichen Rechts in Betracht kommenden Maßnahmen in einem angemessenen Verhältnis zu diesen Schutzzielen stehen*[905]

Das Herkunftslandprinzip der E-Commerce-Richtlinie ist in § 4 Teledienstegesetz (TDG)[906] umgesetzt worden. Teledienste im Sinne des TDG sind u.a. E-Commerce-Angebote, Homepages, Suchmaschinen, Navigationshilfen, Telebanking oder Internetwerbung.[907]
Die Anwendung des Herkunftslandprinzips bringt grundsätzlich die Gefahr mit sich, dass vor dem Hintergrund uneinheitlicher nationaler Arzneimittelmärkte durch den E-Commerce mit Arzneimitteln auch nationale Regelungen zur Arzneimittelsicherheit ausgehöhlt werden könnten.[908] Denn zum einen kann die E-Commerce-Richtlinie in den einzelnen Mitgliedsstaaten unterschiedlich ausgelegt werden; zum anderen besteht für den Verbraucher die Gefahr, dass strenge nationale Schutzvorschriften dadurch ausgehöhlt werden, dass ein Anbieter nun von einem anderen Mitgliedsstaat aus anbietet, in dem für ihn günstigere Vorschriften gelten. Andererseits besteht auch die Gefahr, dass strenge Vorschriften beispielsweise in Deutschland den deutschen Anbietern wirtschaftliche Nachteile verschaffen.[909]
Die Anwendung des Herkunftslandprinzips würde bedeuten, dass auf eine beispielsweise in den Niederlanden ansässige Internet-Apotheke niederländisches Recht anzuwenden ist, wonach der Versand von Arzneimitteln erlaubt ist. Das Verbot des Versandhandels gemäß § 43 I AMG wäre dadurch zu umgehen.[910]
Es stellt sich die Frage, ob dies auch für den in dieser Arbeit untersuchten E-Commerce mit Arzneimittel durch eine Internetapotheke an einen Verbraucher gelten kann.

---

[905] Hervorhebungen durch die Verfasserin

[906] *Gesetz über die Nutzung von Telediensten (Teledienstegesetz - TDG)* vom 22.07.1997, BGBl I Nr. 52, 1870, zuletzt geändert durch Art. 1 und 4 I des Gesetzes vom 14.12.2001, BGBl. I S. 3721

[907] Zum Anwendungsbereich des TDG auch bereits IV. 1. c) (ff) (2) dieser Arbeit.

[908] *Schäfers/Kaesbach*, Die BKK 2001, S. 207

[909] *Ahrens*, CR 2000, S. 841

[910] *Eichler*, K&R 2001, S. 145

(2) Meinungsstreit

(i) *Ablehnung des Herkunftslandprinzips*

Das LG Frankfurt vertrat in seinen Entscheidungen zu DocMorris die Ansicht, der Anbieter könne sich nicht auf die E-Commerce-Richtlinie berufen, denn diese regele lediglich die elektronisch ausgeübten Tätigkeiten wie den Abschluss von Kaufverträgen, nicht aber die Lieferung der Präparate durch Versand.[911]

Die Literatur stimmt dem fast einheitlich zu, da die Lieferung von Humanarzneimittel durch den nationalen Gesetzgeber von Anforderungen des Gemeinschaftsrechts weiterhin ausgeschlossen werden könne.[912]

Auch die Bundesregierung geht davon aus, dass die deutschen Vorschriften des AMG zum Versandhandel angesichts des Art. 2 h ii der E-Commerce-Richtlinie mit europäischem Recht vereinbar sind.[913] Die Begründung der Bundesregierung zum Entwurf des EGG bezieht sich ausdrücklich auch auf den Erwägungsgrund 18 der E-Commerce-Richtlinie und wiederholt, dass Vorschriften über das Herkunftslandprinzip Anforderungen betreffend der Lieferung und Beförderung von Waren, einschließlich der Lieferung von Humanarzneimitteln, nicht erfassen.[914]

(ii) *Anwendung des Herkunftslandprinzips*

Anderer Ansicht ist die Monopolkommission[915]. Die deutschen Gerichte, die die Zulässigkeit des Internet-Apothekenversandhandels aus den Niederlanden nach Deutschland verneint haben, hätten die E-Commerce-Richtlinie und das

---

[911] LG Frankfurt, K&R 2001, S. 153, 158 (Internetapotheke I); LG Frankfurt, K&R 2001, S. 160, 165 (Internetapotheke II); ebenso: KG, Urteil vom 29.05.2001, K&R 2001, S. 640, 645f

[912] *Mand*, MMR 2003, S. 82; *Koenig*, Internet-Auftritt, 2000, S. 19; *Hoeren*, EWiR § 1 UWG 1/2001, S. 40; *Just*, EWiR § 1 UWG 2/2001; *Tettenborn u.a.*, K&R Beilage zu 12/2001, S. 9f und Fn. 35; *Ernst*, WRP 2001, S. 898; *Ahrens*, CR 2000, S. 841

[913] So Staatssekretär Erwin Jordan in seiner Antwort vom 20.12.2000 auf die schriftliche Frage des CDU/CSU-Abgeordneten Wolf Bauer, *Hält die Bundesregierung diese Art des Handelns mit apothekenpflichtigen Arzneimitteln für vereinbar mit europäischem Recht?*, BT-Drucksache 14/5051, S. 52.

[914] Regierungsentwurf eines *Gesetzes über rechtliche Rahmenbedingungen für den elektronischen Geschäftsverkehr (Elektronischer Geschäftsverkehr-Gesetz – EGG)* vom 17.05.2001, S. 34, unter: http://www.computerundrecht.de/elektronischer_geschaeftsverkehr_gesetz.pdf

[915] Die Monopolkommission erstellt alle zwei Jahre ein Gutachten, in dem sie den Stand und die absehbare Entwicklung der Unternehmenskonzentration in Deutschland beurteilt, die Anwendung der Vorschriften über die Zusammenschlusskontrolle würdigt sowie zu sonstigen aktuellen wettbewerbspolitischen Fragen Stellung nimmt, § 44 I GWB. Die Monopolkommission umfasst fünf Mitglieder, die vom Bundespräsidenten für jeweils vier Jahre berufen werden. Weiteres unter: http://www.monopolkommission.de

Herkunftslandprinzip nicht berücksichtigt.[916] Dieses Herkunftslandprinzip sei zwingend, falls eine nationale Regelung Strengeres vorschreibe, müsse sich dies aus dem Recht des *Herkunftsstaates* ergeben. Erwägungsgrund 11 der E-Commerce-Richtlinie mache außerdem deutlich, dass das Schutzniveau sich ausschließlich aus dem Gemeinschaftsrecht ergeben könne[917]. Ein Versandverbot, das ein Internetanbieter zu beachten hätte, könne sich also nur aus dem nach dem Herkunftslandprinzip anwendbaren mitgliedstaatlichen Recht ergeben. Ein Rückgriff auf nationales Recht eines anderen als des Herkunftsstaates solle durch die Richtlinie ja gerade verhindert werden.[918] Auch aus ökonomischer Sicht sei eine Öffnung des Arzneimittelmarktes für den Internethandel wünschenswert.

In der Literatur wird vereinzelt gefordert, wenigstens für den Vertrieb verschreibungspflichtiger Arzneimittel solange noch auf das Empfängerlandprinzip abzustellen, solange noch nationale Unterschiede bestehen.[919] Diese Ansicht scheint damit die Geltung des Herkunftslandprinzip vorauszusetzen, ohne dies näher zu begründen.[920]

Dies würde bedeuten, dass für eine beispielsweise in den Niederlanden ansässige Internetapotheke nur niederländisches Recht gilt. Und solange diese Rechtsordnung kein Versandverbot vorsieht, müsste der Anbieter ein solches auch nicht berücksichtigen.

(iii) *Stellungnahme*

Richtig ist, dass Art. 1 III der E-Commerce-Richtlinie betont, dass das Schutzniveau insbesondere für die öffentliche Gesundheit und den Verbraucherschutz, wie es sich aus Gemeinschaftsrechtsakten ergibt, unberührt bleiben soll.[921]

Das Herkunftslandprinzip kann aber aus mehreren Erwägungen heraus nicht für den besonderen Fall des E-Commerce mit Arzneimitteln gelten, soweit an einen Verbraucher verkauft wird:

---

916 *Monopolkommission*, Netzwettbewerb durch Regulierung, XIV. Hauptgutachten der Monopolkommission gemäß § 44 Abs. 1 Satz 1 GWB - 2000/2001 -, S. 452 - 454 sowie Kurzfassung, S. 44, Punkt 113

917 *Mankowski*, CR 2001, S. 34

918 *Monopolkommission*, Netzwettbewerb durch Regulierung, Vierzehntes Hauptgutachten der Monopolkommission gemäß § 44 Abs. 1 Satz 1 GWB - 2000/2001, Rdz. 706

919 *Schäfers/Kaesbach*, Die BKK 2001, S. 207f; ähnlich auch: *Mevissen*, Pharmazeutische Zeitung 27/2000, S.26f

920 Auch *Koenig/Müller/Trafkowski*, EWS 2000, S. 101, sprechen davon, dass das Versandverbot jedenfalls für grenzüberschreitende Fälle nur unter Verstoß gegen die Richtlinie aufrechterhalten werden könne.

921 Hierzu bereits III 5. d) (gg) (2) (ii) dieser Arbeit.

Zum einen betrifft das Herkunftslandsprinzip nur den koordinierten Bereich. Von maßgeblicher Bedeutung ist daher Art. 2 h ii) der E-Commerce-Richtlinie, wonach der koordinierte Bereich keine Anforderungen betreffend die Lieferung von Waren umfasst. Damit fallen die Werbung und der Vertragsschluss im Internet unter den koordinierten Bereich, nicht aber die Modalitäten der Lieferung.[922] Auf die sich daraus ergebenden dogmatischen Widersprüche wurde bereits hingewiesen.[923]
Zum anderen ermöglichen Art. 3 IV, V der E-Commerce-Richtlinie und § 4 TDG Ausnahmen vom Herkunftslandprinzip, u.a. wenn dies dem Schutz der öffentlichen Gesundheit dient und die auf der Grundlage des innerstaatlichen Rechts in Betracht kommenden Maßnahmen in einem angemessenen Verhältnis zu diesen Schutzzielen stehen. Daran wird deutlich, dass anderweitig geregelte Bereiche, beispielsweise der Gesundheitsschutz, durch die E-Commerce-Richtlinie nicht harmonisiert werden sollen.[924] Dies stellt also ein zusätzliches Eingriffsinstrumentarium für den nationalen Gesetzgeber dar, um den Versand von Arzneimitteln zu untersagen.[925]
Das Herkunftslandprinzip gilt zudem nur für Verträge zwischen Unternehmen, wobei auch im B2B-Bereich eine Reihe von Rechtsgebieten vom Herkunftslandprinzip ausgenommen sind. Diese sind in § 4 III und IV TDG abschließend aufgezählt.
Insbesondere bleiben gemäß § 4 III Nr. 2 TDG die Vorschriften für vertragliche Schuldverhältnisse in Bezug auf Verbraucherverträge unberührt. Bei Verbraucherverträgen kann daher das Bestimmungslandprinzip weiterhin gelten, das heißt, Verbraucher können sich auch weiterhin auf §§ 29f EGBGB berufen.[926] Schließlich erlauben auch § 4 V Nr. 3 und 4 TDG Ausnahmen zum Schutz der öffentlichen Gesundheit und zum Schutz der Verbraucher.
Maßgeblich für das Verständnis einer Norm sind immer Wortlaut und Wille des Gesetzgebers. Schon dem Wortlaut der E-Commerce-Richtlinie zufolge sind nationale Versandhandelsverbote, wie beispielsweise § 43 I AMG, vom Geltungsbereich der Richtlinie ausgenommen und damit weiterhin auf ausländische Anbieter anwendbar.
Auch die Entstehungsgeschichte von Art. 2 h) und Erwägungsgrund 21 der E-Commerce-Richtlinie machen deutlich, dass damit gerade nationale Versandverbote erhalten bleiben sollten. Denn die Vorschrift ist auf

---

[922] *Mand*, MMr 2003, S. 79

[923] Hierzu bereits III 5. d) (gg) (1) dieser Arbeit.

[924] *Ernst*, WRP 2001, S. 898

[925] *Tettenborn u.a.*, K&R Beilage zu 12/2001, S. 12

[926] *Thünken*, IPRax 2001, S. 17; *Hoeren*, Internetrecht 2002, S. 179f, S. 217f und S. 260f; *Arndt/Köhler*, EWS 2001, S. 109; *Hanika*, Bism@rck geht online, S. 13f, unter: http://www.pfaelzer-aerzte.de/download/ka/Bismarck.pdf

ausdrücklichen Wunsch Deutschlands mit genau diesem Ziel aufgenommen worden.[927]
Die Monopolkommission übersieht, dass vom Herkunftslandprinzip Ausnahmen vorgesehen sind. Deren Zweck ist es gerade, es den Mitgliedstaaten zu ermöglichen, ihre nationalen, oft strengeren Schutzvorschriften beizubehalten. Es ist entgegenzuhalten, dass ein Versandverbot, an das sich der Anbieter aus einem anderen Staat halten muss, gerade eine Ausnahme vom Herkunftslandprinzip darstellt, nicht eine Ausnahme vom Schutzniveau der Gemeinschaft.

Die E-Commerce-Richtlinie ändert also nichts an dem Verbot des E-Commerce mit Arzneimitteln nach § 43 AMG.

d) EU-Rechtskonformität des Versandverbotes

Da über Ausnahmevorschriften, die das deutsche Recht zu § 43 I AMG vorsieht, die Zulässigkeit des E-Commerce mit Arzneimitteln nicht begründet werden kann, stellt sich nun die Frage, ob das Versandverbot auch angesichts europarechtlicher Normen bestehen kann. Möglicherweise ergibt ein Verstoß gegen höherrangiges Recht, dass § 43 AMG auf den E-Commerce mit Arzneimitteln nicht anzuwenden ist. In Betracht kommt ein Verstoß gegen die Warenverkehrsfreiheit nach Art. 28 EGV.
Ein anderer Ansatzpunkt findet sich in Teilen von Rechtsprechung und Literatur[928]. Danach soll die Zulässigkeit des Versandes von Arzneimitteln nach EU-Recht bereits im Rahmen einer europarechtskonformen Auslegung der gerade dargestellten Ausnahmevorschrift § 73 II Nr. 6a AMG zu berücksichtigen sein. Nach der hier vertretenen Ansicht lässt § 73 II Nr. 6a AMG für eine solche Auslegung aber keinen Raum.[929] Gleichwohl kann das von dieser Meinungsgruppe für die Zulässigkeit des E-Commerce mit Arzneimitteln Gesagte auch im Rahmen der Prüfung einer generellen EU-Rechtswidrigkeit des § 43 I AMG berücksichtigt werden.
Damit stellt sich die grundsätzliche Frage der EU-Rechtskonformität des deutschen Versandverbotes. Diese Frage liegt zur Zeit dem EuGH zur Vorabentscheidung gemäß Art. 234 EGV vor.[930]

---

[927] Dazu schon III 5) e) (bb) 1. dieser Arbeit

[928] *Koenig*, Internet-Auftritt, 2000, S. 25ff

[929] Die Argumente bereits unter IV. 3. b) (cc) (6) dieser Arbeit.

[930] LG Frankfurt, Beschluss vom 10.08.2001, GRUR-RR 2001, S. 254

(aa) Art. 28 EGV

Art. 14 I und II EGV fordern die Verwirklichung des Binnenmarktes als einem Raum, *in dem der freie Verkehr von Waren, Personen, Dienstleistungen und Kapital gemäß den Bestimmungen dieses Vertrages gewährleistet ist.*[931]
Konkretisiert wird dieses Ziel durch die Grundfreiheiten, die für jeden EU-Bürger subjektive Rechte verbürgen und unmittelbar einforderbar sind.[932] Daher kann sich auch jedermann vor den nationalen Gerichten auf sie berufen. Der EuGH bezeichnet die Grundfreiheiten als die fundamentalen Grundsätze des Gemeinschaftsrechts.[933]

Die in Art. 28 EGV normierte Warenverkehrsfreiheit bewirkt zugunsten der Unternehmen einen gewissen Ausgleich zum zunehmenden Verbraucherschutz.[934] Unter die Vorschriften zum Freien Warenverkehr fallen auch gesundheitsrelevante Produkte wie Arzneimittel, Medizinprodukte, Lebensmittel, Alkohol und Tabak.[935]

(1) Anwendung der Dassonville-Formel

Art. 28 EGV verbietet *mengenmäßige Einfuhrbeschränkungen sowie alle Maßnahmen gleicher Wirkung* zwischen den Mitgliedstaaten. Mengenmäßige Beschränkungen sind solche Maßnahmen, die sich als eine gänzliche oder teilweise Untersagung der Einfuhr, Ausfuhr oder Durchfuhr darstellen.[936] Der Begriff der Maßnahme gleicher Wirkung ist durch den EuGH zunächst in der Dassonville-Entscheidung ausgelegt worden als eine Maßnahme, die geeignet ist, *den innergemeinschaftlichen Handel unmittelbar oder mittelbar, tatsächlich oder potentiell zu behindern.*[937]
Auch unterschiedslos In- und Ausländer betreffende Maßnahmen kommen in Betracht.[938]

---

[931] Siehe dazu auch III. 2. a) dieser Arbeit.

[932] *Arndt*, Europarecht, 1999, S. 92; EuGH Slg. 1964, 1251(1273f) (Costa/ENEL);

[933] EuGH Slg. 2000, S. 151 ff, (Rs. C-254/98) (TK Heimdienst) = WRP 2000, S. 293, 296; EuGH Slg.1981, 3305, Rdz. 17 (Webb); EuGH Slg. 1997, 6959 = EWS 1998, S. 212, Rdz. 24

[934] *Taupitz/Kritter* in: Recht des Verbraucherschutzes in Korea und Deutschland, Zeitschrift der Koreanisch-Deutschen Gesellschaft für Rechtswissenschaft, Band 12, 1996, S. 616

[935] *Europäische Kommission,* Mitteilung über die gesundheitspolitische Strategie der Europäischen Gemeinschaft, KOM (2000) 285 endg. vom 16.5.2000, S. 20; ähnlich: *Koenig/Engelmann*, EWS 2001, S. 410: Arzneimittel, Heil- und Hilfsmittel.

[936] EuGH Slg. 1973, S. 865ff, 879 (Rs. 2/73) (Geddo); *Craig/de Burca*, EU Law, 1998, S. 584

[937] EuGH Slg. 1974, S. 837, 852, Rdz. 5 (Rs. C-8/74) (Dassonville)

[938] EuGH Slg. 1979, S. 649, 662 (Rs. C-120/78) (Rewe/Bundesmonopolverwaltung für Branntwein, auch: Cassis-de-Dijon)

In einer Beschränkung des Versandhandels mit Arzneimitteln könnte ein Verstoß gegen Art. 28 EGV liegen. Allerdings ist es unabhängig von der Nationalität einem Apotheker verboten, an einen deutschen Kunden Arzneimittel zu versenden mit der Folge, dass jemand, der an einen deutschen Verbraucher Arzneimittel verkaufen will, dies hier vor Ort tun muss. Das Versandverbot des § 43 I AMG gilt also formell gleichermaßen für inländische wie ausländische Apotheker.
Bei strikter Anwendung der Dassonville-Formel stellt ein solches Versandverbot aber eine Maßnahme mit gleicher Wirkung nach Art. 28 EGV dar, da es den Handel zwischen den Mitgliedstaaten tatsächlich einschränkt. In der Schumacher-Entscheidung[939] hat der EuGH betont, dass eine Regelung, die die Einfuhr eines Arzneimittels aus einem anderen Mitgliedstaat untersagt, eine Maßnahme mit gleicher Wirkung wie eine mengenmäßige Einfuhrbeschränkung darstellt.

(2) Anwendung der Keck-Formel

(i) *Die Keck-Entscheidung des EuGH*

Mit der *Keck*-Entscheidung[940] hat der EuGH den Anwendungsbereich des Art. 28 EGV eingeschränkt. Demnach fallen nationale Bestimmungen, die bestimmte Verkaufsmodalitäten beinhalten, dann nicht in den Anwendungsbereich des Art. 28 EGV, wenn sie nicht geeignet sind, den Marktzugang für Erzeugnisse aus einem anderen Mitgliedstaat zu versperren oder stärker zu behindern, als sie dies für inländische Erzeugnisse tun.[941] Ausgenommen vom Anwendungsbereich des Art. 28 EGV sind daher bloße Verkaufsmodalitäten, wenn dadurch in- und ausländische Waren bzw. Wirtschaftsteilnehmer rechtlich wie tatsächlich in gleicher Weise betroffen sind.
Verkaufmodalitäten sind alle diejenigen Umstände, die den Absatz bestimmter Waren regeln, ohne sich auf die Merkmale dieser Waren als solche zu erstrecken.[942] Klassische Beispiele für Verkaufsmodalitäten sind Ladenschlusszeiten oder Sonntags-verkaufsverbote.[943] Auch im Zusammenhang mit dem Apothekenwesen sind einige Entscheidungen des EuGH hierzu

---

[939] EuGH Slg. 1989, S. 617ff, (Rs. C-215/87) (Schumacher); dazu bereits III. 6. c) (aa) dieser Arbeit.

[940] EuGH, Slg. 1993, S. 6097ff, (Rs. C-269/91) (Keck Mithouard), = EuR 1994, S. 89ff; bestätigt in Slg. 1993 I, S. 6787 (= EuR 1994, S. 91)

[941] EuGH, Slg. 1993, S. 6097ff, Rdz. 17, (Rs. C-269/91) (Keck Mithouard) = EuR 1994, S. 89ff; Slg. 1995, Rdz. 21f, (Rs. C-412/93) (Leclerc-Siplec)

[942] *Koenig/Engelmann*, ZUM 2001, S. 21; *Schefold*, Gemeinsamer Markt, 1997, S. 47f

[943] *Koenig/Engelmann*, ZUM 2001, S. 21

ergangen. So wurden die Apothekenpflicht für Säuglingsmilch[944] und das Verbot der Werbung für apothekenübliche Waren außerhalb der Apotheke[945] als Verkaufsmodalitäten eingestuft.[946]

(ii) *Anwendung auf den E-Commerce mit Arzneimitteln*

Die Anwendung der Keck-Formel auf den E-Commerce mit Arzneimittel wird unterschiedlich beurteilt.
Zum Teil wird die Ansicht vertreten, das deutsche Versandverbot für Arzneimittel erfülle alle Voraussetzungen der Keck-Formel, da § 43 I AMG unterschiedslos für alle apothekenpflichtigen Arzneimittel gelte. Diese könnten schließlich in Deutschland abgesetzt werden unabhängig davon, in welchem europäischen Staat sie produziert oder erstmals in Verkehr gebracht wurden.[947]
Nach anderer Ansicht könne dies keine Verkaufsmodalität im Sinne der Keck-Formel darstellen, weil es den Zugang zum inländischen Markt als solchen betreffe und sich nicht erst nach dem Marktzugang erschwerend auswirke.[948]
Der erstgenannten Ansicht ist entgegenzuhalten, dass das Versandverbot nach § 43 I AMG eben nicht an der Möglichkeit des Marktzugangs eines Arzneimittels auf dem deutschen Markt ansetzt, sondern es einem Internet-Anbieter untersagt wird, mit seiner Vertriebsform den deutschen Markt zu erreichen. Vielmehr ist letzterer Ansicht zuzustimmen. Denn Anbieter aus anderen Mitgliedstaaten werden sowohl in rechtlicher wie in tatsächlicher Weise benachteiligt, also diskriminiert.
Der EuGH geht davon aus, dass es sich grundsätzlich nicht ausschließen lässt, dass das vollständige Verbot der Förderung einer Absatzform für ein Erzeugnis in einem Mitgliedstaat, das dort rechtmäßig verkauft wird, stärkere Auswirkungen auf Erzeugnisse aus anderen Mitgliedstaaten hat.[949]
Vorliegend würde ein generelles Verbot des gewerblichen Versandhandels mit

---

[944] EuGH, Slg. 1995, S. 162ff, 1646 ff (Rs. C-391/92) (Kommission/Griechenland) = EuZW 1995, S. 612f.

[945] EuGH, Slg. 1993, S. 6787ff, (Rs.C-292/92) (Hünermund)=EuZW 1994, 119=NJW 94, 781

[946] Diese Beispiele auch bei *Koenig/Engelmann*, ZUM 2001, S. 21

[947] *Meyer*, E-Commerce mit Arzneimitteln, 2000, S. 20; im Ergebnis ebenso: OVG Saarlouis, Beschluss vom 13.01.1998, NJW 1999, S. 883, 884.

[948] LG Frankfurt/Main K&R 2001, S. 160, 164 (Internetapotheke II); dieser Ansicht folgt auch das OLG Frankfurt/Main, ApoR 2001, S. 79, das in Hinblick auf diese Frage in vollem Umfang auf die Begründung des LG Frankfurt verweist; LG Berlin, K&R 2001, S. 168, 169 (aufgehoben durch KG Berlin, 29.05.2001, Az. 5 U 10150/00); *Koenig/Engelmann*, ZUM 2001, S. 21; *ders.* EWS 2001, S. 406 und 409; *Koenig*, Internet-Auftritt, 2000, S. 26ff; *Streinz*, EuZW 2003, S. 44

[949] Erstmals in EuGH, Slg. 1997, 3843, Rdz. 42 (Rs. C-34/95 bis C-36/95) (De Agostini und TV-Shop); zuletzt bestätigt in Slg. 2001, S. 1795, Rdz. 19 (Rs. 495/98) (Konsumentombudsmannen)

Arzneimitteln den Zugang ausländischer Apotheker zum deutschen Markt quasi unmöglich machen. Für einen ausländischen Internet-Anbieter bedeutet ein Versandverbot für Arzneimittel zum einen, dass er den deutschen Verbraucher nur erreichen kann, wenn er eine deutsche Apotheke übernimmt, die seit mindestens drei Jahren betrieben wird, § 2 II ApoG.[950] Die Neueröffnung ist ihm nicht gestattet. Hierbei sind die Schwierigkeiten, eine freie, seit mindestens drei Jahren betriebene Apotheke zur Übernahme zu finden und die Kosten für den Marktzugang zu bedenken.
Zum anderen hat ein Versandverbot auch gerade auf einen ausländischen Anbieter eine abschreckende Wirkung, da es diesem keinesfalls möglich ist, in Deutschland überall, oder auch nur in jeder größeren Stadt vor Ort zu sein. Der Zugang von Arzneimitteln aus ausländischen Apotheken zum deutschen Markt wäre quasi unmöglich[951] oder faktisch sehr schwer[952].
Ein ausländischer Anbieter hat auch aus rein tatsächlichen Gründen nicht die gleichen Möglichkeiten eines Zugangs zum deutschen Endkundenmarkt. Dabei ist zu beachten, dass ein Verbraucher gerade bei der besonderen Ware Arzneimittel vorsichtig ist und daher im Zweifel einen inländischen Anbieter, mit dem er besser vertraut ist, bevorzugt. Auch dieser Umstand ist geeignet, das dem vollständigen Verbot des gewerbsmäßigen Versandes schon innewohnende Ungleichgewicht zu verstärken.[953]

(3) Fazit

Ohne dass es auf eine genaue Untersuchung der Lage in den einzelnen Mitgliedstaaten ankommt[954], kann daher festgestellt werden, dass ein Verbot des Versandes geeignet ist, den Zugang zum deutschen Arzneimittelmarkt für Anbieter aus anderen Mitgliedstaaten stärker zu behindern, als dies für einen inländischen Anbieter der Fall ist.
Das Versandverbot stellt damit eine über eine bloße Verkaufsmodalität hinausgehende Maßnahme dar, die in ihrer Wirkung einer mengenmäßigen Einfuhrbeschränkung gleichkommt.[955]

---

[950] *Koenig*, ApoR 2001, S. 33; *Streinz*, EuZW 2003, S. 39 unf 43

[951] LG Berlin, K&R 2001, S. 168, 169f (aufgehoben durch KG Berlin, 29.05.2001, Az. 5 U 10150/00)

[952] LG Frankfurt, K&R 2001, S. 160, 164 (Internetapotheke II)

[953] Diese Argumentationskette verwendet der EuGH in Slg. 2001, S. 1795, Rdz. 24 (Rs. 495/98) (Konsumentombudsmannen)

[954] EuGH, Slg. 2001, S. 1795, Rdz. 21 (Rs. 405/98) (Konsumentombudsmannen)

[955] LG Frankfurt/Main K&R 2001, S. 160, 164 (Internetapotheke II); dieser Ansicht folgt auch das OLG Frankfurt/Main, ApoR 2001, S. 79, das in Hinblick auf diese Frage in vollem Umfang auf die Begründung des LG Frankfurt verweist; LG Berlin, K&R 2001, S. 168, 169 (aufgehoben durch KG Berlin, 29.05.2001, Az. 5 U 10150/00).

(bb) Keine Rechtfertigung des Verstoßes

Die Freiheit des Warenverkehrs ist nicht unbegrenzt gewährleistet. Vielmehr kann die Verletzung dieser Grundfreiheit nach Art. 30 EGV gerechtfertigt sein.

(1) Art. 30 EGV

Art. 30 EGV lautet:
*Die Bestimmungen der Artikel 28 und 29 stehen Einfuhr-, Ausfuhr- und Durchfuhrverboten oder Beschränkungen nicht entgegen, die aus Gründen der öffentlichen Sittlichkeit, Ordnung und Sicherheit, **zum Schutze der Gesundheit und des Lebens von Menschen**, Tieren oder Pflanzen, des nationalen Kulturguts von künstlerischem, geschichtlichem oder archäologischem Wert oder des gewerblichen und kommerziellen Eigentums gerechtfertigt sind. Diese Verbote oder Beschränkungen dürfen jedoch weder ein Mittel zur willkürlichen Diskriminierung noch eine verschleierte Beschränkung des Handels zwischen den Mitgliedstaaten darstellen.*[956]

Art. 30 EGV gestattet Ausnahmen vom Verbot der Einfuhrbeschränkung oder der Maßnahme gleicher Wirkung u.a. zum Schutz der Gesundheit und des Lebens von Menschen, Tieren oder Pflanzen. Hierbei steht der Schutz vor gefährlichen Stoffen in Lebens- und Arzneimitteln im Vordergrund.[957] Die in Art. 30 EGV genannten Ausnahmen stellen systematisch eine Durchbrechung des Grundsatzes Freier Warenverkehr dar. Sie sind somit eng auszulegen[958] und dürfen weder ein Mittel willkürlicher Diskriminierung noch eine verschleierte Beschränkung des Handels zwischen den Mitgliedstaaten sein, Art. 30 S. 2 EGV.
Jede Einschränkung der Grundfreiheit Freier Warenverkehr muss ihrerseits verhältnismäßig sein.

(i) *Gesundheitsschutz*

Es ist ständige Rechtsprechung des EuGH, dass unter den in Art. 30 geschützten Gütern und Interessen die Gesundheit und das Leben von Menschen den ersten Rang einnehmen.[959] Auch vom Umfang her spielen diese beiden Schutzgüter - neben dem Schutz des gewerblichen Eigentums- in der Rechtsprechung des

---

[956] Hervorhebung durch die Verfasserin.

[957] *Nicolaysen*, Europarecht II, S. 69

[958] *Nicolaysen*, Europarecht II, S. 65f

[959] EuGH Slg.1989, S. 617ff, Rdz. 17f, (Rs. C-215/87)(Schumacher); Slg.1992, S. 2575, Rdz. 10, (Rs. C-62/90)

EuGH die größte Rolle.[960] Zu den Erfordernissen eines wirksamen Gesundheitsschutzes muss auch die Arzneimittelsicherheit zählen. In der Schumacher-Entscheidung hat der EuGH ausgeführt, dass es Sache der Mitgliedstaaten sei, *in den durch den Vertrag gesetzten Grenzen zu bestimmen, in welchem Umfang sie deren Schutz gewährleisten wollen, insbesondere wie streng die durchzuführenden Kontrollen ausfallen sollen.*[961] Der EuGH stellt auch nochmals klar, dass eine nationale Regelung oder Praxis, die sich hemmend auf die Einfuhren pharmazeutischer Erzeugnisse auswirkt oder auswirken kann, gemäß Art. 30 *mit dem Vertrag nur vereinbar ist, soweit sie für einen wirksamen Schutz der Gesundheit und des Lebens von Menschen notwendig* ist.[962]

(ii) *Verbraucherschutz*

Der Verbraucherschutz wird in Art. 30 EGV nicht genannt. Gleichwohl geht der EuGH in ständiger Rechtsprechung davon aus, dass gewisse Hemmnisse für den freien Warenverkehr hingenommen werden müssen, soweit sie notwendig sind, um gemeinschaftsrechtlich anerkannten zwingenden Erfordernissen gerecht zu werden.[963] Hierzu zählen das Steuerrecht, der Umweltschutz, die Lauterkeit des Handelsverkehrs und der Verbraucherschutz. In der Literatur wird deshalb auch von immanenten Schranken des Art. 28 EGV gesprochen.[964]

(2) Prüfungsmaßstab

Der EuGH geht in ständiger Rechtsprechung davon aus, dass Hemmnisse für den Binnenmarkt nur hingenommen werden müssen, soweit sie sich aus den Unterschieden der nationalen Regelungen ergeben. Soweit das Schutzniveau vergleichbar ist, ist Wettbewerb gewährleistet.[965] Der EuGH stellt dafür immer auf den gegenwärtigen Stand der Harmonisierung ab.[966] Die mitgliedstaatlichen

---

960 *Thier*, EG-Arzneimittelmarkt, 1989, S. 192

961 EuGH Slg. 1989, S. 617ff, Rdz. 10, (Rs. C-215/87) (Schumacher)

962 EuGH Slg. 1989, S. 617ff, Rdz. 11, (Rs. C-215/87) (Schumacher)

963 EuGH Slg. 1979, S. 649ff, 662 (Rs. C-120/78) (Cassis de Dijon bzw. Rewe/Bundesmonopolverwaltung für Branntwein) = NJW 1979, S. 1766; Slg. 1980, S. 2071ff, (Rs. C-788/79) (Gilli und Andres); Slg. 1989, S. 1235ff, Rdz. 10 (RS C-382/87) (Buet); Slg. 1990, S. 667ff, Rdz. 10; (Rs. C-362/88) (GB-Inno-BM); Schlussantrag Generalanwalt Jacobs vom 26.10.2000, Slg. 2001, S. 2099ff, Rdz. 216 (Rs. C- 379/98) (PreussenElektra)

964 *Arndt*, Europarecht, 5. Auflage 2001, S. 130f.

965 *Arndt*, Europarecht, 5. Auflage 2001, S. 134

966 EuGH Slg. 1994, 5243, Rdz. 18, (Rs. C-320/93) (Lucien Ortscheit gegen Eurim-PharmArzneimittel)

Regulierungsmöglichkeiten sind um den Grad der Teilharmonisierung zu verringern.[967] Auf Art. 30 EGV kann eine Maßnahme also nur dann gestützt werden, wenn sie sich einem Regelungsbereich zuordnen lässt, in dem eine Harmonisierung noch nicht in ausreichendem Maße stattgefunden hat.[968] Diese Maßnahme ist dann ihrerseits noch auf ihre Verhältnismäßigkeit hin zu überprüfen.

Es wurde bereits festgestellt, dass zahlreiche EU-Richtlinien zum Arzneimittelrecht einen hohen Stand der Harmonisierung in vielen Bereichen bewirkt haben. Für die Zulassung, Klassifizierung, Werbung, Verpackung/ Etikettierung und den Großhandelsvertrieb der Arzneimittel sind trotz Gestaltungsmöglichkeiten der Mitgliedstaaten bei Detailfragen doch europaweit vergleichbare Situationen geschaffen worden.[969]

Wesentliche Unterschiede zeigen sich mangels Harmonisierungsmaßnahmen bei dem Einzelhandelsvertrieb der Arzneimittel und der Finanzierung durch die Träger der sozialen Sicherungssysteme. Art. 30 EGV kann damit insoweit grundsätzlich zur Rechtfertigung der Einschränkung der Grundfreiheit herangezogen werden. Es wurde auch bereits ausführlich dargestellt, warum eine Beeinträchtigung des Freien Warenverkehrs mit einem Hinweis auf die generelle Gefährdung der sozialen Sicherungssysteme alleine nicht gerechtfertigt werden kann.[970] Auch rein wirtschaftliche Gründe können eine Beschränkung des Freien Warenverkehrs nicht rechtfertigen.[971]

Daher interessiert im Folgenden einzig die Frage, ob es im Hinblick auf den Einzelhandelsvertrieb erforderlich ist, den Versand von Arzneimitteln zu verbieten, oder ob bestehenden Gefahren mit milderen Mitteln begegnet werden kann.

(3) Verhältnismäßigkeit

(i) *Allgemeine Anforderungen*

Die Einschränkung der Grundfreiheit Freier Warenverkehr wäre nur dann über Art. 30 EGV zu rechtfertigen, wenn die Maßnahme zur Erreichung des Zieles

---

[967] So auch LG Berlin, K&R 2001, S. 168, 170 (aufgehoben durch KG Berlin, 29.05.2001, Az. 5 U 10150/00).

[968] EuGH Slg. 1989, S. 617ff, Rdz. 10, (Rs. C-215/87) (Schumacher); *Hiltl/Schroeder*, in: *Kleist*, Pharma-Recht 1003, S. 109; *Schefold*, Gemeinsamer Markt, 1997, S. 42

[969] Dazu schon das Fazit unter III. 4. c) dieser Arbeit.

[970] Hierzu die Ausführungen zur Rechtsprechung des EuGH in den Entscheidungen *Kholl* und *Decker*, unter III. 6. c) (bb) (2) dieser Arbeit.

[971] EuGH Slg. 2000, S. 151ff, (Rs. C-254/98) (TK Heimdienst) = WRP 2000, S. 293, 296

notwendig, d.h. geeignet, erforderlich und angemessen ist.[972]
Eine nationale Regelung oder Praxis, die eine die Einfuhren pharmazeutischer Erzeugnisse beschränkende Wirkung hat oder haben kann, ist durchaus geeignet, zu einem wirksamen Schutz der Gesundheit und des Lebens von Menschen, zum Schutz des Verbrauchers und zur Arzneimittelsicherheit beizutragen.[973] Eine nationale Regelung oder Praxis fällt aber nicht unter die Ausnahmebestimmungen des Art. 30 EGV, wenn die Gesundheit und das Leben von Menschen ebenso wirksam durch Maßnahmen geschützt werden können, die den innergemeinschaftlichen Handel weniger beschränken.[974]
Der EuGH hat auch jüngst seine ständige Rechtsprechung bestätigt, wonach der Gesundheitsschutz nur dann ein Handelshemmnis rechtfertigen kann, wenn die betreffende Maßnahme überdies in einem angemessenen Verhältnis zu dem zu erreichenden Ziel steht und weder ein Mittel zur willkürlichen Diskriminierung noch eine verschleierte Beschränkung des Handels zwischen den Mitgliedstaaten ist.[975]
Es ist also unverhältnismäßig, wenn sich ein Ziel auch mit weniger einschneidenden Maßnahmen erreichen lässt, also mit solchen, die den Freien Warenverkehrs weniger beeinträchtigen. Es ist im Folgenden daher nicht das Ziel, nämlich der effektive Gesundheits- und Verbraucherschutz, sondern die zu seiner Verfolgung eingesetzten Mittel zu prüfen.[976] Der EuGH beurteilt ein Verbot und seine Rechtfertigung nicht isoliert, sondern fragt danach, ob daneben auch andere nationale Mechanismen zur Erreichung des gleichen Zieles eingesetzt werden.[977]

Vorliegend sieht der deutsche Gesetzgeber zum Gesundheitsschutz der Bevölkerung das Versandverbot für apothekenpflichtige Arzneimittel vor. Die maßgeblichen Ziele, die der Gesetzgeber zum Schutz des Verbrauchers mit dem

---

[972] *Arndt*, Europarecht, 1999, S. 98, spricht von dem allgemeinen Rechtsgedanken, dass jede Einschränkung ihrerseits bestimmten Schranken-Schranken genügen muss.

[973] LG Frankfurt/Main, K&R 2001, S. 153, 157 (Internetapotheke I)

[974] EuGH Slg. 1992, S. 2575, Rdz. 10 und 11, (Rs. C-62/90); Urteil vom 14.12.2000, Rdz. 42, (Rs. C-55/99); EuGH Slg. 1994, 5243, Rdz. 17 und 27, (Rs. C-320/93) (Lucien Ortscheit gegen Eurim-PharmArzneimittel); EuGH Slg. 1989, S. 617ff, Rdz. 17f, (Rs. C-215/87) (Schumacher); EuGH Slg. 1993, S. 1487, Urteil vom 21.03.1991 (Rs. C-369/88), Rdz. 53 (Delattre)

[975] EuGH Slg. 2001, S. 1795ff, Rdz. 28, (Rs. C-405/98) (Konsumentombudsmannen)

[976] *Wrede*, EWS 2001, S. 376

[977] So wurde beispielsweise bei der Beurteilung des Werbeverbots für alkoholische Getränke in Schweden auch argumentiert, dass die schwedische Politik in Bezug auf den Alkoholismus bereits durch das Bestehen des Monopols für den Einzelhandelsverkauf, das Verbot des Verkaufs an Personen, die unter 20 Jahre alt sind, und durch Aufklärungskampagnen tätig geworden ist; EuGH, Slg. 2001, S. 1795ff, Rdz. 30, (Rs. C-405/98) (Konsumentombudsmannen) = EuZW 2001, 251.

Versandverbot bezweckt, sind im einzelnen die Beratung durch den Apotheker, die Einhaltung der Rezeptpflicht, die Qualität der angegebene Arzneimittel und die Apotheke als Institution zu sichern.[978]

(ii) *Einzelne Ziele*

[1] Qualifizierte Beratung

Effektiver Gesundheitsschutz setzt eine qualifizierte Beratung bei der Abgabe des Arzneimittels voraus.
Zunächst ist festzuhalten, dass die Frage des Versandes eines Arzneimitteln und die Apothekenpflicht unterschieden werden können. Soweit sichergestellt werden kann, dass die erforderliche Beratung durch einen Apotheker erfolgt, erfolgt sie auch qualifiziert.

In der *Schumacher*-Entscheidung hielt der EuGH das Verbot der Einfuhr von Arzneimitteln durch Privatpersonen zum Schutz der öffentlichen Gesundheit für *nicht* gerechtfertigt. Das Gericht geht davon aus, dass der Kauf eines Arzneimittels in einer Apotheke in einem Mitgliedstaat eine Garantie bietet, die derjenigen gleichwertig ist, die der Kauf des Arzneimittels in einer Apotheke in jedem anderen Mitgliedstaat bietet.[979] Diese Entscheidung wird von den Befürwortern des E-Commerce mit Arzneimitteln vielfach zitiert und gegen das deutsche Versandverbot angeführt.

Es stellt sich die Frage, ob die dortige Situation mit dem Versand insoweit vergleichbar ist, als dass die vom EuGH dort angeführten Argumente auch hier greifen können.
Dabei zeigen sich im Wesentlichen zwei Argumentationsansätze:

* Zum einen könnte man der Ansicht sein, dass sich aus den gemeinschaftsrechtlich vereinheitlichten Voraussetzungen für den Zugang zum Beruf des Apothekers und die Bedingungen für die Ausübung dieses Berufes[980] kein derart wirksamer Schutz der Gesundheit und des Lebens der Verbraucher ableiten lässt, der das Versandverbot überflüssig macht.[981] Die Tatsache, dass ein Arzneimittel in einer Apotheke eines Mitgliedsstaates gekauft wird, könnte

---

978 Hierzu bereits IV. 1. d) dieser Arbeit.

979 EuGH Slg. 1989, S. 617ff, (Rs. C-215/87) (Schumacher); dazu auch bereits die Ausführungen zur Schumacher-Entscheidung des EuGH unter III. 6. c) (aa) dieser Arbeit.

980 Man bezieht sich auf die Richtlinien 85/432/EWG und 85/433/EWG des Rates vom 16.09.1985, ABl. Nr. L 253, S. 34 und 37; hierzu bereits III. 4. b) (aa) dieser Arbeit.

981 *Meyer*, E-Commerce mit Arzneimitteln, 2000, S. 22

möglicherweise auch nicht ausreichen, um den Erfordernissen der deutschen Apothekenpflicht gerecht zu werden.
Dagegen spricht aber, dass die angesprochenen Richtlinien gerade eine gegenseitige Anerkennung bezwecken. Hieraus muss auch folgen, dass der Kauf eines Arzneimittels in einer Apotheke in einem anderen Mitgliedstaat eine Garantie bietet, die derjenigen gleichwertig ist, die der nationale Gesetzgeber mit dem Verkauf des Arzneimittels durch einen Apotheker in seinem Mitgliedstaat verbindet.[982] Der EuGH hat dies auch für verschreibungspflichtige Arzneimittel bestätigt: die Verschreibung eines Arzneimittels durch den Arzt und sein Kauf in einer Apotheke in einem Mitgliedstaat biete Garantien, die denen gleichwertig seien, die auf der Verschreibung des Arzneimittels durch einen Arzt und seinen Verkauf in einer Apotheke in einem anderen Mitgliedstaat beruhten. Dies folge daraus, dass die Voraussetzungen für den Zugang zum Arzt- und Apothekerberuf sowie die Modalitäten ihrer Ausübung in Gemeinschaftsrichtlinien geregelt seien.[983]
Auch der Umstand, dass das Arzneimittel in einem anderen als dem Mitgliedstaat verwendet wird, in dem es gekauft wurde, steht weder einer medizinischen Überwachung des Patienten durch den verschreibenden Arzt noch einer Beratung durch den Apotheker des Ausfuhrmitgliedstaats entgegen.[984]
Die Existenz des § 73 I Nr. 6a AMG zeigt zudem, dass der deutsche Gesetzgeber sogar selbst die mit dem Versandverbot bezweckten Kontrollmechanismen durch den Apotheker vor Ort zum Schutz der öffentlichen Gesundheit nicht für zwingend erforderlich hält. Derartige Kontrollen gibt es nämlich nicht, wenn die Einfuhr nicht durch die Post, sondern auf anderen Wegen, beispielsweise im PKW eines Urlaubers, erfolgt, die keine höheren Garantien zum Schutz der öffentlichen Gesundheit als der Postweg bieten.[985]
Auch die Regelung in § 17 II ApBetrO macht deutlich, dass der Gesetzgeber unter bestimmten Voraussetzungen die Interessen des Kunden an der Lieferung seiner Arzneimittel über gesundheitliche und arzneimittelsicherheitsrelevante Bedenken stellt. Zudem sind dort bereits Ansätze für solche Anforderungen ersichtlich, die an einen sicheren Transport zu stellen sind; dort wird nämlich bestimmt, dass die Arzneimittel für jeden Empfänger getrennt zu verpacken und mit dessen Namen und Anschrift zu versehen sind. Diese Regelung zeigt damit sehr deutlich, dass Anforderungen an einen sicheren Transport durchaus formulierbar sind.

---

[982] EuGH Slg. 1989, S. 617ff, Rdz. 20, (Rs. C-215/87) (Schumacher)

[983] EuGH Slg. 1992, S. 2575, 1. Leitsatz, (Rs. C-62/90)

[984] EuGH Slg. 1992, S. 2575, Rdz. 12, (Rs. C-62/90)

[985] Diesen Gedanken führt der EuGH bereits in seiner Schumacher-Entscheidung an, Slg. 1989, S. 617ff, Rdz. 21, (Rs. C-215/87).

*Bleibt die Frage, ob ein Versandverbot deshalb zum Schutz der Gesundheit erforderlich ist, weil der Versand *gewerbs- oder berufsmäßig* erfolgt. Die Schumacher-Entscheidung bezog sich klar auf die Einfuhr eines Arzneimittels durch eine Privatperson für ihren persönlichen Gebrauch. Jedoch betrieb die versendende Apotheke zwar ihr örtliches Geschäft in Frankreich gewerbsmäßig, den gelegentlichen Versand aber nicht Daraus folgert eine Ansicht, diese Rechtsprechung sei schon dem Grunde nach nicht einschlägig.[986] Inhaltlich könnte man diese unterschiedliche Betrachtung darauf stützen, dass für einen gewerbsmäßigen Anbieter die mit dem Versand mögliche Gewinnerzielung im Vordergrund steht.

Andererseits ist ein örtlicher Apotheker in Deutschland aber auch „Unternehmer“ und handelt jedenfalls auch mit Gewinnerzielungsabsicht.[987] Es ist auch nicht ersichtlich, wieso gerade dann, wenn eine derartige Einfuhr gewerbsmäßig erfolgt, die Gesundheit des Verbrauchers mehr gefährdet wäre. Vielmehr ist bei einem gewerbsmäßigen Anbieter eine organisierte Kontrolle und standardisierte Qualitätssicherung umso eher möglich, sofern dieser jedenfalls zugelassener Apotheker ist. Zudem erfolgt auch bei dem hier in Rede stehenden Verbot des E-Commerce mit Arzneimitteln die Bestellung durch eine Privatperson für ihren persönlichen Gebrauch. Insoweit sind die Situationen also sogar identisch.

[2] Persönliche Beratung

Erforderlich ist die persönliche Beratung durch den Apotheker.

Fraglich ist, ob hierzu die körperliche Anwesenheit des Kunden in der Apotheke erforderlich ist.

Die Vorteile einer persönlichen Anwesenheit des Kunden in der Apotheke sind unbestritten, denn nur das persönliche Beratungsgespräch bietet dem Apotheker die Möglichkeit, selbst die Initiative zum Beratungsgespräch zu ergreifen und von sich aus auf Besonderheiten eines Arzneimittels hinzuweisen. Eine telefonische oder per Email stattfindende Beratung wird hingegen immer nur dann erfolgen, wenn der Kunde dies wünscht.[988] Zudem bietet der Besuch einer örtlichen Apotheke die Möglichkeit, spontan Fragen zu stellen und bei Unklarheiten schnell nachfragen zu können, was bei einer schriftlich formulierten Email möglicherweise nicht in gleichem Maße erfolgen kann.

---

[986] *Meyer*, E-Commerce mit Arzneimitteln, 2000, S. 21f; LG Frankfurt/Main, K&R 2001, S. 153, 156 (Internetapotheke I)

[987] Zur Einordnung des Apothekers zu den Freien Berufen bereits unter IV. 1. c) (bb) dieser Arbeit.

[988] OLG Frankfurt/Main, ApoR 2001, S. 79

Nur bei persönlicher Anwesenheit kann eine direkte Einschätzung der körperlichen Verfassung des Patienten durch den Apotheker stattfinden.[989] Andererseits ist zu beachten, dass diese in den wenigsten Fällen tatsächlich vorgenommen wird. Die körperliche Anwesenheit in der Apotheke erscheint aber schon deshalb nicht erforderlich, weil jeder bereits heute auch für jemanden anderes, beispielsweise einen erkrankten Verwandten oder Bekannten, in einer Apotheke ein Arzneimittel kaufen oder ein Rezept einlösen kann.[990] Schätzungen geben die Zahl derjenigen Apothekenkunden, die für eine andere Person Arzneimittel mitnehmen, mit zwischen 15 und 50 % liegend an.[991]

Den dargestellten Vorteilen der persönlichen Anwesenheit des Kunden in der Apotheke stehen zudem auch Vorteile einer telefonisch oder per Email stattfindende Beratung gegenüber, von denen hier einige beispielhaft genannt werden sollen:

- der Kunde kann online einen Fragebogen ausfüllen und dem Apotheker dadurch mehr Informationen zukommen lassen, als dies bei einem kurzen Gespräch in der örtlichen Apotheke erfolgen würde. Diese individuellen Daten werden bei einigen zugelassenen Versandapotheken bereits mit Hilfe eines Computerprogramms mit dem jeweiligen Rezept und der gespeicherten Medikationshistorie abgeglichen.[992] So kann auch die Einnahme weiterer Arzneimittel berücksichtigt werden und der Kunde auf eventuelle Wechsel- und Nebenwirkungen, Allergien oder Dosierungsanweisungen[993] hingewiesen werden.
- ein Patient kann online auch Fragen stellen, die er in einer gutbesuchten örtlichen Apotheke nicht stellen möchte. Es wird ein höherer Grad an Vertraulichkeit hergestellt.[994]
- immobile und bettlägerige Patienten können erreicht werden.[995]
- chronisch Kranke können Serviceleistungen der WebSite nutzen, sich beispielsweise durch regelmäßige Emails an die Einnahme ihrer Medikamente erinnern lassen.
- Rückfragen, die sich für den Kunden erst dann stellen, wenn er das Arzneimittel anwenden möchte und er sich nicht mehr in der örtlichen Apotheke befindet, können auch außerhalb der Ladenschlusszeiten gestellt werden. Email-

---

989 *Blankenberg*, KrV 2001, S. 99; KG, GRUR-RR 2001, S. 244, 249

990 Dies verkennt auch das OLG Frankfurt/Main, ApoR 2001, S. 79, nicht.

991 *Sterzel/Wassener*, Arbeit und Sozialpolitik 2001, S. 15

992 Diese Möglichkeit bietet beispielsweise der schweizer Anbieter MediService; *Schäfers/Kaesbach*, Die BKK 2001, S. 492

993 *Sterzel/Wassener*, Arbeit und Sozialpolitik 2001, S. 19

994 *Blankenberg*, KrV 2001, S. 99

995 *Blankenberg*, KrV 2001, S. 99

oder Faxservices und Telefonhotlines rund um die Uhr gehören für viele zugelassene Versandapotheken bereits zum Standard.[996]
Möglicherweise birgt ein digitales Bestellformular die Gefahr einer unkontrollierten Selbstmedikation, wenn die Kunden die Arzneimittel allein im Vertrauen auf die Angaben des Bestellformulars direkt beziehen. Diesem Bedenken kann aber durch ein umfangreiches Informationsangebot, die einfache Möglichkeit für Rückfragen und insbesondere strenge Anforderungen an die Einhaltung der Rezeptpflicht begegnet werden.

Zwischenergebnis:
Die persönliche und qualifizierte Beratung kann auch online gewährleistet werden, indem der Anbieter auf seiner WebSite entweder eine Email-Adresse oder Telefonnummer abgibt, unter der der Kunde seine Fragen stellen kann. Sicherzustellen ist dabei allerdings die Beantwortung jedes Anrufs und jeder Email mit qualifiziertem Personal in angemessener Zeit.[997]

[3] Rezeptpflicht

Dies bedeutet auch keinesfalls die Umgehung der Rezeptpflicht, denn diese kann durch die bereits dargestellten Mechanismen gleichfalls sichergestellt werden.[998]
Es könnte sich als problematisch erweisen, dass die Harmonisierung der Vorschriften der Mitgliedstaaten zur Einstufung der Arzneimittel als freiverkäuflich, apotheken- und rezeptpflichtig noch nicht im Detail erreicht ist.[999] Doch auch aus diesem Grund erscheint ein Verbot nicht erforderlich, solange durch eine geeignete Reglungen sichergestellt ist, dass sich ein Anbieter bei grenzüberschreitendem Versand bei der Frage der Klassifizierung der Arzneimittel nach dem Recht des Landes richtet, das die strengeren Vorschriften hat.[1000]

[4] Arzneimittelmissbrauch

Auch ein Anstieg des Arzneimittelmissbrauchs ist nicht zu befürchten. Dieser ist -sofern strenge Anforderungen an die Rezeptpflicht gestellt werden- keineswegs

---

[996] *Schäfers/Kaesbach*, Die BKK 2001, S. 492

[997] LG Berlin, K&R 2001, S. 168, 170 (aufgehoben durch KG Berlin, 29.05.2001, Az. 5 U 10150/00)

[998] LG Berlin, K&R 2001, S. 168, 170 (aufgehoben durch KG Berlin, 29.05.2001, Az. 5 U 10150/00); *Koenig*, Internet-Auftritt, 2000, S. 37; hierzu auch die Darstellung der allgemeinen Funktionsweise einer Internet-Apotheke unter II. 3. c) (bb) dieser Arbeit.

[999] Hierzu III. 4. b) (cc) dieser Arbeit.

[1000] Dies verspricht der niederländische Anbieter DocMorris; *Koenig*, Internet-Auftritt, 2000, S. 42.

im Internet leichter möglich als beim Kauf in den Apothekenbetriebsräumen. Wenn das LG Frankfurt mehrfach die Behauptung aufstellt, bei der Bestellung im Internet sei der Kunde nicht gehindert, ein Arzneimittel in vielen kleinen Einzelportionen zu bestellen, um dann insgesamt eine erhebliche Menge anzusammeln[1001], verkennt das Gericht zum einen, dass diese Gefahr in gleicher Weise beim Kauf in mehreren örtlichen Apotheken besteht.
Zum anderen bietet gerade die Bestellung bei einem qualifizierten Internetanbieter -vorbehaltlich datenschutzrechtlicher Bedenken- die grundsätzliche Möglichkeit, die Medikationshistorie registrierter Kunden auf solche Missbrauchskäufe hin zu kontrollieren.

[5] Arzneimittelsicherheit

Die bereits dargestellten, detaillierten Anforderungen an eine sichere Lagerung der Arzneimittel nach § 16 ApBetrO[1002] können auch an den Internet-Anbieter gestellt werden.

Rezepte werden bei einigen zugelassenen Versandapotheken vor dem Versand mehrfach kontrolliert, so dass die Gefahr eines Abgabefehlers reduziert wird.[1003]

Fraglich sind die unterschiedlichen Zulassungsanforderungen, für die noch keine vollständige Harmonisierung stattgefunden hat. Solange es sich um Arzneimittel handelt, die im Ausfuhr- und im Einfuhrmitgliedstaat zugelassen sind, ist die Arzneimittelsicherheit nicht gefährdet.[1004] Für die anderen Fälle ist beispielsweise eine Regelung denkbar, wonach sich der Anbieter an dem Recht des Staates orientieren muss, dessen Anforderungen strenger sind.[1005] Ebenso könnte geregelt werden, dass an einen deutschen Verbraucher eben nur die in Deutschland auch zugelassenen Arzneimittel ausgeliefert werden dürfen. Auf diese Weise wäre dann zugleich sichergestellt, dass keinesfalls Verständigungsprobleme aufgrund fremdsprachlicher Packungen oder Beipackzettel auftreten.[1006]

Durch geeignete Maßnahmen kann auch ein sicherer Transport für Arzneimittel gewährleistet werden. Der Transport zerbrechlicher, leicht verderblicher oder wärmeempfindlicher Waren ist heute keine Besonderheit mehr. Der EuGH hatte

---

[1001] LG Frankfurt/Main, K&R 2001, S. 153, 157f (Internetapotheke I); LG Frankfurt/Main, K&R 2001, S.160, 165 (Internetapotheke II)

[1002] Hierzu bereits IV. 1. c) (cc) dieser Arbeit.

[1003] Beispielsweise der schweizer Anbieter MediService; *Schäfers/Kaesbach*, Die BKK 2001, S. 492

[1004] EuGH Slg. 1992, S. 2575, Rdz. 15, (Rs. C-62/90)

[1005] OLG Frankfurt, GRUR-RR 2001, S. 254

[1006] *Koenig/Engelmann*, EWS 2001, S. 411

in dem Fall TK Heimdienst über das Verbot des Verkaufs von Nahrungsmitteln durch Lieferfahrzeuge, also außerhalb ortsfester Betriebsstätten, zu entscheiden. Hier wurde es ausdrücklich als milderes, dem Gesundheitsschutz ebenso dienendes Mittel angesehen, z.B. Vorschriften über die Ausstattung der benutzten Fahrzeuge mit Kühlanlagen zu erlassen.[1007]
Versandkosten sind kein arzneimittelspezifischer Aspekt, sie können aber etwa bei empfindlichen oder schnell verderblichen Arzneimitteln gegenüber einer sonstigen Ware erhöht sein. Es muss sichergestellt sein, dass der Kunde darüber informiert wird. Schließlich müssen Qualitätsstandards für sichere Lagerung beim Internet-Apotheker und sicheren Transport der Arzneimittel durch den beauftragten Kurierdienst eingehalten werden.

[6] Weitere Aspekte

Alle bisher angesprochenen Ziele können durch eine Regelung zur Zertifizierung zuverlässiger Anbieter weiter abgesichert werden. Beispielsweise könnte die Apothekenbetriebsordnung für Versandapotheken eine Zertifizierung der Informationsvermittlung, der Beratungskonzepte und der Vertriebslogistik nach einheitlichen Standards vorschreiben.[1008]

(cc) Fazit

Alle Ziele, die der deutsche Gesetzgeber mit dem Versandverbot des § 43 I AMG bezweckt, können auch bei der Internet-Apotheke sichergestellt werden.[1009] Durch geeignete Maßnahmen können alle apothekenrechtlichen Anforderungen zur Gewährleistung der Gesundheit der Patienten erfüllt werden.[1010] Zugleich können so die beschriebenen Vorteile des E-Commerce mit Arzneimitteln dem Verbraucher eröffnet werden. Damit sind mildere Mittel ersichtlich. Folglich ist ein nationales Versandverbot für Arzneimittels nicht verhältnismäßig und nicht durch Art. 30 EGV gerechtfertigt.
Aufgrund des Anwendungsvorranges des Europarechts, das in der Normenhierarchie über dem nationalen Recht steht, ist das Versandverbot nach § 43 I AMG im grenzüberschreitenden Warenverkehr daher nicht anwendbar.

[1007] EuGH Slg. 2000, S. 151ff, (Rs. C-254/98) (TK Heimdienst) = WRP 2000, S. 293, 296

[1008] *Schäfers/Kaesbach*, in: *Stein*, Perspektiven, 2002, S. 42; *Schulte*, Arbeit und Sozialpolitik 2001, S. 42, spricht z.B. MedCertain an, die ein Siegel der Europäischen Gemeinschaft für Apothekendienstleistungen im Internet entwickeln könnten. Informationen zu diesem mittlerweile MedCircle genannten Projekt der EU unter: http://www.medcircle.org.

[1009] *Koenig*, ApoR 2001, S. 33

[1010] *Koenig*, ApoR 2001, S. 33

e) Werberechtliche Aspekte

Werberechtliche Fragen sind nicht Schwerpunkt dieser Untersuchung und sind daher bisher nur soweit unbedingt erforderlich angesprochen worden. Aber die Abgrenzung zwischen umfassender Käuferinformation über ein Produkt und Werbung für diese Produkt ist schwierig und oftmals gar nicht möglich. Zur Vollständigkeit sollen daher im Folgenden die wesentlichen werberechtlichen Probleme beim E-Commerce mit Arzneimitteln dargestellt werden. Maßgeblich ist insbesondere das *Heilmittelwerbegesetzes (HWG)*.

(aa) Abgrenzung von Werbung und Information

Zweck der Werbung ist es, auf den potenziellen Kunden einzuwirken, um ihn zum Abschluss eines Rechtsgeschäftes, beispielsweise eines Kaufvertrages, zu bewegen. Der Bereich der Werbung ist dabei solange betroffen, solange der Kunde nicht den Eindruck hat, nun unmittelbar einen Vertrag abschließen zu können.[1011] Online-Bestellformulare sind daher keine Werbung, soweit sie conditio sine qua non für den Abschluss des Kaufvertrages sind.[1012]
Gleichwohl unterfallen dem Anwendungsbereich des HWG auch sachliche Informationen, da auch sie letztlich der Absatzförderung dienen.[1013] Art. 6 der E-Commerce-Richtlinie fordert, dass Werbung klar als solche erkennbar ist.

Im Gegensatz zum Standesrecht für Ärzte oder Rechtsanwälte sieht das Standesrecht der Apotheker kein generelles Werbeverbot vor.[1014] Vielmehr geben die Standesordnungen der Landesapothekerkammern konkrete Richtlinien vor. Werbung durch Apotheken ist auch im Internet nicht ungewöhnlich.[1015] Einige Berufsordnungen für Apotheker enthalten Vorschriften, wonach beispielsweise der Hinweis auf einen Zustelldienst innerhalb und außerhalb der Apotheke nicht erlaubt ist.[1016]

1011 *Meents*, Verbraucherschutz, 1998, S. 153

1012 *Koenig*, Internet-Auftritt, 2000, S. 63

1013 *Köhler/Arndt*, Recht des Internet, 2000, S. 121

1014 *Taupitz*, Standesordnungen, 1991, S. 350f und 916ff

1015 *Köhler/Arndt*, Recht des Internet, 2000, S. 118, Rdz. 382; zu den Anforderungen an den Internet-Auftritt des Apothekers bereits IV. 1. c) (ff) dieser Arbeit.

1016 Entsprechende Formulierungen findet man z.B. in: § 6 III Nr. 9 der Berufsordnung für Apotheker des Landes Niedersachsen, § 9 II Nr. 6 der Berufsordnung für Apothekerinnen und Apotheker der Apothekerkammer Nordrhein, II Nr. 6 der Werberichtlinien der Bayerische Landesapothekerkammer, § 8 b h) der Berufsordnung der Apothekerkammer Bremen.
Keine entsprechende Formulierung findet sich z.B. in: Berufsordnung für Apothekerinnen und Apotheker der Landesapothekerkammer Rheinland-Pfalz, Berufsordnung für Apothekerinnen und Apotheker der Apothekerkammer Schleswig-Holstein, Berufsordnung der Landesapothekerkammer Hessen, Berufsordnung der Landesapothekerkammer Baden-Württemberg.

(bb) Relevante Vorschriften

Wichtig für den E-Commerce mit Arzneimitteln sind §§ 3, 4, 8 und 10 HWG:
§ 4 HWG verpflichtet zu umfangreichen Angaben und besagt, dass bei der Werbung für ein Medikament auf seine Risiken und Nebenwirkungen aufmerksam gemacht werden muss.[1017] Dies gilt unabhängig von dem für die Werbung verwendeten Medium, also auch für die Werbung auf einer WebSite.
§ 3 HWG verbietet irreführende Werbung.
§ 8 HWG schließlich untersagt jede Werbung für den Bezug apothekenpflichtiger oder im Inland nicht zugelassener, registrierter oder von der Zulassung und Registrierung freigestellter Arzneimittel im Wege des Versandhandels. Ausgenommen von diesem Werbeverbot ist nur die Abgabe von Arzneimitteln in den Fällen des § 47 AMG. Adressat dieses Werbeverbots ist jeder, der für den Versand apothekenpflichtiger Arzneimittel wirbt, also nicht nur die Versandapotheke selbst, sondern auch pharmazeutische Unternehmen, Großhändler und Vertriebsorganisationen, die ihrerseits eingehende Aufträge dann durch Versandapotheken ausführen lassen könnten.
Der Gesetzgeber hat hier die Werbung für bestimmte Absatzformen, beispielsweise den Versandhandel, untersagt, den Vorschriften den HWG lässt sich aber nicht entnehmen, dass damit auch die Absatzform als solche verboten ist.[1018] Vielmehr hat der Gesetzgeber bewusst davon abgesehen, im HWG zur grundsätzlichen Zulässigkeit des Versandhandels Stellung zu nehmen.[1019]

§ 8 II HWG verbietet es, für den Bezug von Arzneimitteln im Wege des Teleshoppings[1020] oder durch eine Einzeleinfuhr nach § 73 II Nr. 6 a oder § 73 III AMG zu werben. Nicht erforderlich ist, dass ein konkretes Arzneimittel angeboten wird. § 8 II HWG nimmt nur auf das Teleshopping ausdrücklich Bezug, spricht den E-Commerce also nicht an, obwohl sich der Gesetzgeber zum Zeitpunkt dieser Gesetzesänderung 1998 der Problematik bereits bewusst war.[1021] Daraus kann man schließen, dass § 8 II HWG dem Online-Auftritt einer Internet-Apotheke nicht entgegen steht.[1022]

[1017] Hierzu gehört der Hinweis: *Zu Risiken und Nebenwirkungen fragen Sie Ihren Arzt oder Apotheker.*

[1018] *Doepner*, HWG, 2000, S. 537

[1019] *Doepner*, HWG, 2000, S. 537, der dies als *gesetzessystematisch richtig* einstuft.

[1020] Dieses Verbot ist erst durch die Änderung des HWG 1998 eingeführt worden, BGBl. 1998, Nr. 61.

[1021] *Marwitz*, MMR 1999, S. 87; *Koenig/Müller*, WRP 2000, S. 1375

[1022] *Koenig/Müller*, WRP 2000, S. 1375

Gemäß § 10 I HWG, der die Richtlinie 92/28/EWG[1023] umsetzt, darf für verschreibungspflichtige Arzneimittel nur bei Ärzten, Zahnärzten, Tierärzten, Apothekern und Personen, die mit diesen Arzneimitteln erlaubterweise Handel treiben, geworben werden. Hierin unterscheidet sich die Rechtslage beispielsweise von der Situation in den USA, wo verbraucheradressierte Werbung auch für verschreibungspflichtige Arzneimittel erlaubt ist und rege stattfindet.[1024] Das Werbeverbot verhindert damit das Inkenntnissetzen der Patienten bezüglich der Bestellmöglichkeit verschreibungspflichtiger Arzneimittel. Die Hinweismöglichkeit durch ein Online-Bestellformular kann § 10 HWG aber nicht erfassen. Denn ein solchen Verständnis der Norm würde den Internet-Handel von Beginn an vereiteln. Ersichtlich ist es aber nicht der Zweck des HWG, eine Absatzform zu verbieten.

Das HWG findet auch auf die Werbung eines Unternehmens mit Sitz im Ausland Anwendung, wenn sich die Werbung bestimmungsgemäß auch an den inländischen Internetnutzer richtet und geeignet ist, auf das Marktgeschehen so einzuwirken, dass die Absatzsituation im Inland betroffen ist.[1025] Dies bedeutet, dass das HWG unmittelbar gilt, wenn die Werbung gezielt für den deutschen Markt betrieben wird, was beispielsweise daran zu erkennen ist, dass bestimmte Angaben nur für den Kunden in Deutschland einen Informationswert haben.[1026]

§§ 8 II und 10 HWG sind wertbezogene Vorschriften, deren Verletzung zugleich einen Verstoß gegen § 1 UWG darstellt.[1027] Dieser Wettbewerbsverstoß kann einen Unterlassungsanspruch begründen.

Da sich angesichts der EU-Rechtswidrigkeit von § 43 AMG die Notwendigkeit einer Änderung der deutschen Rechtslage gezeigt hat, stellt sich die Frage, wie eine solche neue Regelung aussehen könnte. Aus diesem Grund soll im Folgenden beispielhaft die Situation in Großbritannien dargestellt werden -einer Rechtsordnung, die den E-Commerce mit Arzneimitteln erlaubt und reglementiert.

[1023] Hierzu bereits III. 4. (gg) dieser Arbeit.

[1024] Ausführlich hierzu bereits II. 5. a) dieser Arbeit.

[1025] *Koenig/Müller*, WRP 2000, S. 1366

[1026] *Meyer*, E-Commerce mit Arzneimitteln, 2000, S. 41

[1027] LG Frankfurt, K&R 2001, S. 153, 155 (Internetapotheke I)

V. Großbritannien

Im Folgenden soll diese Untersuchung mit einer Betrachtung der Situation in Großbritannien fortgesetzt werden. Großbritannien eignet sich für eine Gegenüberstellung in besonderem Maße, da die Rechtssituation in entscheidenden Aspekten der Situation in Deutschland entgegengesetzt ist. Es sollen aber nicht nur Unterschiede dargestellt, sondern auch Gemeinsamkeiten beschrieben und Denkansätze für eine Regelung in Deutschland aufgezeigt werden.

1. Überblick über das englische Apothekenwesen

a) Der Pharmaziemarkt

Hier sollen zunächst einige Fakten und Zahlen zum britischen Arzneimittelmarkt dargestellt werden, um einen Eindruck von seiner wirtschaftlichen Bedeutung zu gewinnen.
Zudem kann ein Vergleich dieser Zahlen mit Deutschland auch rechtliche Gemeinsamkeiten und Unterschiede verstehen helfen.
Die Gesundheitsausgaben in Großbritannien erreichten 1998 einen Betrag von □ 56 Mrd., 1999 ist dieser Betrag auf etwa □ 63 Mrd. angestiegen. Dies entspricht einem Anteil von etwa 7 % am Bruttoinlandsprodukt[1028], was im Vergleich zu dem etwa 10%igen Anteil der deutschen Gesundheitsausgaben im gleichen Zeitraum deutlich geringer ist.
Die pharmazeutische Industrie in Großbritannien beschäftigt 75 000 Menschen, darunter 42 000 Apotheker.[1029] Es gibt etwa 12 500 Apotheken, wovon zahlreiche einer Apothekenkette angehören. Auf eine Apotheke kommen etwa 4800 Einwohner.[1030] Im Vergleich zu Deutschland ist die Apothekendichte in Großbritannien damit etwas geringer.
Arzneimittelausgaben durch den NHS[1031] hatten an den gesamten Gesundheitsausgaben für das Jahr 1998 einen Anteil von 17,3 %[1032], was etwas über dem Anteil der Arzneimittel-ausgaben in Deutschland liegt. Der Markt für verschreibungspflichtige Medikamente wird auf einen Wert von etwa € 8 Mrd.,

---

[1028] *Lehner*, Konsumentenschutz, 1999, S. 57; *Jepson*, Pharmaceutical Journal 267, 2001, S. 271

[1029] *Eschenbach*, Europäische Gesundheitssysteme, 1998, S. 47

[1030] *Schäfers/Kaesbach*, Die BKK 2000, S. 206, die sich auf *GIRP*, European Pharmaceutical Data 1997, beziehen; *Europäische Kommission*, Mitteilung über den Binnenmarkt für Arzneimittel, Brüssel, 25.11.1998, KOM (1998) 588 endg., S. 36, Anhang 11; dazu schon Fn. 284.

[1031] Zum *National Health Service (NHS)* sogleich ausführlich unter V. 1. b) (aa) dieser Arbeit.

[1032] *Lehner*, Konsumentenschutz, 1999, S. 57; dazu auch die Übersicht bei *Anlauf*, Krankenversicherung etc., 2001, S. 15, der den Anteil für 1997 mit 16,9 % angibt.

der Markt für nicht verschreibungspflichtige Arzneimittel auf etwa € 3 Mrd. eingeschätzt.
Der Einzelhandelspreis für ein Arzneimittel setzt sich aus durchschnittlich 64 % Herstellerkosten[1033], 10 % Großhandelsanteil und 26 % für die Apotheke zusammen.[1034] Diese Zahlen sind mit den Angaben für Deutschland nahezu identisch.[1035] Das Preisniveau liegt nach Angaben des ABDA in Deutschland nur knapp über dem europäischen Durchschnitt, während es in Großbritannien aber deutlich höher liegt.[1036] Im Hinblick auf die Mehrwertsteuer werden Arzneimittel nicht einheitlich behandelt: auf im Rahmen des NHS abgegebene Arzneimittel wird keine Mehrwertsteuer erhoben, nicht verschreibungs-pflichtige Arzneimittel unterliegen jedoch dem normalen Satz von zur Zeit 17,5 %.

b) Relevante Aspekte des englischen Gesundheitssystems

(aa) Das englische Gesundheitssystem - NHS

Das britische Gesundheitswesen ist geprägt durch den zum größten Teil steuerfinanzierten und zentral staatlich verwalteten *National Health Service (NHS)*.[1037] Die Mitgliedschaft ist für die gesamte Wohnbevölkerung Großbritanniens, also alle britischen Staatsbürger und sonstigen Personen, die dauerhaft in Großbritannien leben, verpflichtend.[1038] Der NHS bietet einkommensunabhängigen Versicherungsschutz. Die gewährleistete Grundversorgung umfasst fachärztliche, ambulante und stationäre Behandlungen und die Unterbringung in Pflegeeinrichtungen.[1039] Für den Kauf von Arzneimitteln und die Inanspruchnahme von zahn- und augenärztlichen Leistungen besteht allerdings eine Selbstbeteiligungspflicht. Zusätzlich sind etwa 15 % der Briten privat krankenversichert.
Das Gesamtbudget für die nationale Gesundheitsversorgung wird vom Gesundheits-ministerium (*Department of Health*) und den Landesministerien

---

1033 In Großbritannien gibt es etwa 350 in- und ausländische Arzneimittelhersteller; *Eschenbach*, Europäische Gesundheitssysteme, 1998, S. 49.

1034 *Schäfers/Kaesbach*, Die BKK 2000, S. 204, die sich auf *GIRP*, European Pharmaceutical Data 1997, beziehen. Die Mehrwertsteuer ist bei diesen Angaben nicht miteingerechnet.

1035 Siehe IV. 1. a) dieser Arbeit.

1036 *BPI*, Pharma Daten 2000, Broschüre, August 2000, S. 29

1037 Der NHS wurde 1948 gegründet. Neben der Finanzierung durch Steuermittel fließen auch die Beiträge zum *National Insurance Fund*, für den Arbeitnehmer, Arbeitgeber und Selbständige Beiträge leisten, in den NHS ein; *Böcken/Butzlaff/Esche*, Reformen, 2001, S. 61; die einzelnen Verwaltungsebenen sind direkt dem Gesundheitsminister verantwortlich; *Jepsen*, Pharmaceutical Journal 267, 2001, S. 271.

1038 *Eschenbach*, Europäische Gesundheitssysteme, 1998, S. 47

1039 *Böcken/Butzlaff/Esche*, Reformen, 2001, S. 60

von England, Schottland, Wales und Nordirland aufgestellt und nach demographischen Kriterien verteilt. Das zur Verfügung stehende Gesamtbudget des NHS wird auf regionaler Ebene durch die *Primary Care Groups (PCGs)* verwaltet, zu denen jeweils ca. 50 Hausarztpraxen zusammengeschlossen sind. Diese fragen auch Gesundheitsleistungen nach und schließen mit freiberuflichen Ärzten, Augenoptikern, Krankenhäusern und Apothekern Versorgungsverträge.[1040] Für Arzneimittelausgaben im ambulanten Bereich wird ein separates Teilbudget ausgewiesen, welches aber durch eine PCG zulasten eines anderen Haushaltspostens aufgestockt werden kann.[1041]

(bb) NHS - Pharmacy in the Future

(1) Ziele

Mit der 2000 veröffentlichten und zuletzt im Juli 2002 aktualisierten Publikation *Pharmacy in the Future - Implementing the NHS Plan - a programme for pharmacy in the National Health Service* formuliert die britische Regierung ihre Pläne für das Gesundheitswesen.[1042] Die Ziele werden auf 10 Kernpunkte konkretisiert. So will sich der NHS u.a. mehr an den individuellen Wünschen des einzelnen und der Familien ausrichten, den unterschiedlichen Bedürfnissen der Bevölkerungsgruppen Rechnung tragen und kontinuierlich daran arbeiten, die Qualität seiner Dienstleistungen zu steigern und Fehler zu verringern. Dazu soll auch der Zugang zu pharmazeutischen Dienstleistungen verbessert werden.
Die Dienste des NHS können seit Dezember 1999 auch im Internet nachgefragt werden. Dieses *NHS Direct*[1043] genannte Angebot ist als Informationsportal ausgestaltet und wird als eines der wichtigsten Modernisierungsmaßnahmen angesehen.
Der Einsatz interaktiver Computersysteme im englischen Gesundheitswesen wird auch von dem die Europäische Kommission beratenden *High Level Committee on Health* als beispielhaft dargestellt.[1044]

Auf die für den E-Commerce mit Arzneimitteln relevanten Aspekte des *Pharmacy in the Future*-Programms wird noch eingegangen.

[1040] *Böcken/Butzlaff/Esche*, Reformen, 2001, S. 64ff

[1041] *Böcken/Butzlaff/Esche*, Reformen, 2001, S. 68

[1042] Den vollständigen, englischen Text auf der Homepage des Department of Health unter: http://www.doh.gov.uk/pharmacyfuture/index.htm.

[1043] http://www.nhsdirect.nhs.uk

[1044] Bericht der *Working Group „Pharmaceuticals and Public Health"*, Pharmaceuticals and Public Health in the EU: Proposals to the High Level Committee on Health for Policies and Actions in the Framework of the Treaty of Amsterdam, 28.03.2000, unter: http://europa.eu.int/comm/health/ph/key_doc/ke02_en.pdf

(2) Das elektronische Rezept

Art. 15 der *Prescription Only Medical Order (POM Order)*[1045] fordert, dass ein Rezept für ein verschreibungspflichtiges Medikament von dem Arzt mit Tinte geschrieben und unterschrieben oder in sonstiger unauslöschlicher Weise ausgestellt wird, in besonderen Fällen kann es mittels Durchschriftpapier oder ähnlich geschrieben sein. Ein Fax erfüllt diese Voraussetzung nach allgemeiner Ansicht nicht.[1046]
Gleichwohl setzt sich das *Pharmacy in the Future*-Programm in Punkt 2.15 bis 2.18 zum Ziel, das elektronische Rezept zu ermöglichen. Ihm soll dann die gleiche Rechtsgültigkeit wie einem handschriftlichen Rezept beizumessen sein. Ein wesentlicher Vorteil sei es, so dem Sicherheitsrisiko aufgrund unleserlicher oder unvollständiger Verschreibungen entgegen wirken zu können.
Seit Mitte 2002 laufen drei Pilotprojekte zur elektronischen Übermittlung von Rezepten vom Hausarzt (*general practicioner, GP*) zur öffentlichen Apotheke.[1047] Die Aufsicht führt das Gesundheitsministerium (*Department of Health*), aber die Finanzierung erfolgt durch einige Wirtschaftsunternehmen.[1048] Dabei verwendet der Arzt seine elektronische Unterschrift und schickt das Rezept unter Anwendung einer Verschlüsselungstechnik an den Apotheker. In dieser Grundstruktur unterscheiden sich die drei Pilotprojekte nicht. Es soll dabei vor allem noch herausgefunden werden, wie am bestem mit besonders eilbedürftigen und sich wiederholenden Verschreibungen umzugehen ist.
Mit ersten Auswertungen wird für Ende 2002 gerechnet. Bis 2004 soll dann jeder GP die Möglichkeit haben, ein Rezept elektronisch zu übermitteln.

c) Der Beruf des Apothekers

(aa) Die Arzneimittel

Die Rolle der Apotheke beim Vertrieb von Arzneimitteln kann am besten verstanden werden, wenn man sich zunächst einen Überblick über die Einteilung der Arzneimittel verschafft.

[1045] Art. 15 der *POM Order - hierzu sogleich unter V. I. c) (aa)* - erfordert: „that a prescription only medicine ... shall be signed in ink with his own name by the appropriate practitioner giving it" and "shall be written in ink or otherwise so as to be indelible, unless it is a health prescription which is not for a controlled drug specified in Schedule 1, 2 or 3 to the Misuse of Drugs Regulations, in which case in may be written by means of carbon paper or similar material".

[1046] *Mullan*, Pharmacy Law and Practice, 2000, S. 129

[1047] Hierzu die Meldung *Electronic prescribing and medicines management*, Pharmaceutical Journal 12.09.2000, dort wird noch von einem Projektbeginn für 2001 ausgegangen.

[1048] Eine ausführlichere Projektbeschreibung auf der Homepage des Department of Health unter: http://www.doh.gov.uk/pharmacy/etp.htm

Das englische Recht unterscheidet in den sections 50 - 60 des *Medicines Act 1968* im Wesentlichen drei Gruppen von Arzneimitteln:

* *over the counter (OTC)* oder *general sale list (GSL)*[1049] Arzneimittel sind solche, die ohne Überwachung durch einen Apotheker verkauft oder abgegeben werden können, section 51 Medicines Act. Demzufolge besteht für diese Arzneimittel kein Apothekenmonopol, sie können in jeder Drogerie oder in Supermärkten verkauft werden. Section 53 Medicines Act verlangt allerdings, dass sich die Verkaufsstelle vom Publikumsverkehr soweit abgrenzt, dass sie geschlossen werden kann. Damit soll der Verkauf von GSL Arzneimitteln beispielsweise auf einem Marktstand oder aus Lieferwägen heraus ausgeschlossen werden.
Welche Arzneimittel dieser Gruppe zugeordnet sind, kann man der *General Sale List Order* entnehmen; es zählen beispielsweise Kopfschmerztabletten und Erste Hilfe-Ausrüstungen dazu.

* *pharmacy medicines (P)* sind apothekenpflichtige Arzneimittel und dürfen nur in registrierten Apotheken und nur unter Aufsicht eines Apothekers abgegeben werden. Als wichtigste Aufgabe sieht man dabei die Beratung des Kunden hinsichtlich der Auswahl und richtigen Dosierung des Arzneimittels an.[1050] Der Apothekenpflicht ist dabei Genüge getan, wenn das Arzneimittel durch einen Apotheker bzw. unter Aufsicht eines Apothekers abgegeben wird.

* *prescription only medicines (POM)* sind verschreibungspflichtige Arzneimittel, die, von wenigen Ausnahmen abgesehen, nur nach Vorlage eines gültigen, von einem zugelassenen Arzt oder in bestimmten Fällen einer Krankenschwester unterschriebenen Rezept verkauft werden dürfen, Section 58 Medicines Act 1968. Die Einzelheiten sind in der *Prescription Only Medicines (Human Use) Order (POM Order)* geregelt. Eine Unterkategorie sind Arzneimittel, die nur in Krankenhäusern abgegeben werden. POM machen ca. 70 % der in englischen Apotheken verkauften Arzneimittel aus.[1051]

Daneben werden noch Gifte und Betäubungsmittel (*narcotics*) abgegrenzt, was aber für die nachfolgende Untersuchung nicht von Bedeutung ist.

[1049] Beide Begriffe werden in Praxis und Literatur nebeneinander verwendet. Die RPSGB spricht meist von *GSL medicines.*

[1050] *Ashurst Morris Crisp/Executive Perspective S.A.*, Impact of Electronic Commerce on the European Pharmaceutical Sector -An Overview-, 1998, S. 24

[1051] *Lehner*, Konsumentenschutz, 1999, S. 57

(bb) Rechtliche Voraussetzungen des Apothekerberufs

Der Beruf des Apothekers wird durch das Zusammenspiel einer Reihe von Gesetzen und selbstregulatorischen Richtlinien bestimmt. Diese sollen im folgenden im Überblick dargestellt werden.
Die Voraussetzungen für die Errichtung einer Apotheke und für die Abgabe von Arzneimitteln sind im Wesentlichen im *Pharmacy Act 1954* und im *Medicines Act 1968* geregelt. Absicht des Gesetzgebers war es u.a., den Einzelhandel mit Arzneimitteln dadurch zu kontrollieren, dass man ihren Vertrieb auf Apotheken beschränkte.[1052] Andererseits wird bei bestimmten Medikamenten eine Überwachung durch den Apotheker nicht für erforderlich gehalten.
Sections 7 und 8 *Medicines Act 1968* untersagen zunächst die gewerbliche Herstellung sowie den gewerblichen Verkauf, die Abgabe und den Export medizinischer Produkte, um in section 10 den Apotheker von diesem Verbot wieder auszunehmen.
Section 10 *Medicines Act 1968* lautet:

> *...sections 7 und 8 dieses Gesetzes sind nicht anwendbar auf alles, was in einer registrierten Apotheke, einem Krankenhaus oder einem Gesundheitszentrum getan wird, sofern dies durch oder unter der Aufsicht eines Apothekers erfolgt...*[1053]

Damit wird ein Apothekenmonopol statuiert.[1054]
Im Medicines Act werden u.a. Anforderungen an die Information des Kunden durch den Beipackzettel (*labelling*)[1055] geregelt, wobei hier auch die *Medicines for Human Use (Marketing Authorisations Etc.) Regulations 1994* zu beachten sind, mit welchen die Richtlinie 92/27/EWG umgesetzt wurde.
Verstöße gegen den Medicines Act können strafrechtlich verfolgt werden.

Dem Apotheker werden im heutigen Gesundheitswesen im Wesentlichen zwei Rollen zugedacht[1056]: zum einen ist es seine vorrangige Aufgabe, die Einzelheiten einer Verschreibung zu interpretieren, ihre Gültigkeit zu prüfen und das Arzneimittel bzw. in bestimmten Fällen ein vergleichbares Produkt abzugeben. Gleichwertig daneben steht die Rolle des Apothekers als Berater des Patienten und seines Arztes, um eine erfolgreiche Therapie zu fördern.

[1052] *Mullan*, Pharmacy Law and Practice, 2000, S. 39

[1053] Eigene Übersetzung der Verfasserin, der englische Text lautet: ...sections 7 and 8 of this Act do not apply to anything which is done in a registered pharmacy, a hospital or a health centre and is done there by or under the supervision of a pharmacist ...

[1054] *Ashurst Morris Crisp/Executive Perspective S.A.*, Impact of Electronic Commerce on the European Pharmaceutical Sector - An Overview-, 1998, S. 23

[1055] Ausführlich: *Smith*, Legal Regulation of the British Pharmaceutical Market, 1991, S. 97f.

[1056] In Anlehnung an *Mullan*, Pharmacy Law and Practice, 2000, S. 39

Die eigene Herstellung von Arzneimitteln tritt dabei angesichts von Fertigarzneimitteln weit in den Hintergrund.[1057] Darüber hinaus hat jeder Apotheker wirtschaftliche Interessen und Verantwortung als Arbeitgeber.[1058]

Die Eröffnung einer Apotheke muss zudem durch den NHS genehmigt werden, wenn diese für ihn lieferberechtigt sein möchte. Der Apotheker arbeitet dann als freiberuflicher Vertragsanbieter und rechnet seine Leistungen über die PCGs mit dem NHS ab.[1059] Aus der vertraglichen Beziehung zum NHS folgt für den Apotheker die Pflicht, jedes verschriebene Arzneimittel unverzüglich abzugeben. Falls ein Arzneimittel nicht vorrätig ist, hat er eine geschätzte Zeit anzugeben, innerhalb derer es besorgt werden kann. Maßgeblich sind die *NHS Pharmaceutical Services Regulations 1992*.[1060] Diese sehen für jeden angehörigen Apotheker beispielsweise Mindestöffnungszeiten, in der Regel 30 Stunden pro Woche an fünf Wochentagen, vor und verlangen, dass er zu Öffnung außerhalb üblicher Arbeitszeit bereit ist.
Jeder Apotheker muss Mitglied der *Royal Pharmaceutical Society (RPS)*[1061] sein, die als Kontrollinstanz arbeitet und die Anforderungen für Prüfungen aufstellt, denen sich angehende Apotheker unterziehen müssen, bevor sie sich bei der RPS als Apotheker registrieren lassen können.[1062]
Der Alltag wird im Wesentlichen im Code of Ethics geregelt, auf den im Folgenden noch ausführlich eingegangen wird.

(cc) Die Berufsordnung - Code of Ethics

> *Die wichtigste Sorge eines Apothekers ... muss dem Wohlergehen und der Sicherheit des Patienten und der Allgemeinheit gelten.*[1063]

Mit diesem Satz leitet der *Code of Ethics and Standards (CoE)*[1064] seine Richtlinien für den Beruf des Apothekers ein.

[1057] *Mullan*, Pharmacy Law and Practice, 2000, S. 41

[1058] *Mullan*, Pharmacy Law and Practice, 2000, S. 44

[1059] *Smith*, Legal Regulation of the British Pharmaceutical Market, 1991, S. 91f

[1060] Ausführlich dazu: *Mullan*, Pharmacy Law and Practice, 2000, S. 62ff.

[1061] Die *Royal Pharmaceutical Society (RPS)* ist die Berufsorganisation der britischen Apotheker. Sie wurde 1841 gegründet und hat ihren Sitz in London. Rechtsgrundlagen sind der Pharmacy Act 1954 und der Medicines Act 1968; die Homepage unter: http://www.rpsgb.org.uk

[1062] Letzteres erfolgt durch Aufnahme in das *Annual Register for Pharmaceutical Chemists.*

[1063] *A pharmacist's prime concern ... must be for the welfare and safety of patients and the public.*

[1064] Der Text ist u.a. abgedruckt in: Pharmaceutical Journal 2001, Vol. 266, S. 590 - 596 sowie S. 325 - 332

Der CoE ist die Berufsordnung, die für alle in Großbritannien tätigen Apotheker gilt. Er wird von der RPS erstellt und regelmäßig aktualisiert. Dieses Regelungswerk ist damit Teil selbstregulatorischer Normgebung.
Die im Mai 2001 verabschiedete Neufassung des CoE möchte den Herausforderungen des neuen Jahrtausends Rechnung tragen und den Apotheker ausdrücklich ermutigen, neue Dienstleistungen zu entwickeln.[1065] Sie ist zugleich eine Reaktion der RPS auf die Publikation der NHS - *Pharmacy in the Future.*[1066] Damit ist auch die bisherige Aufteilung des CoE in Prinzipien, Verpflichtungen und Ratschläge (*principles, obligations and guidance*) mit den ergänzenden *Standards of Good Professional Practice* zugunsten eines einheitlichen Textes aufgegeben worden.[1067] Nunmehr ist der CoE in drei Teile gegliedert. Nach einem einleitenden Teil 1 werden in Teil 2 allgemeine Anforderungen (*standards of professional performance*) normiert, die für jeden Apotheker gelten. In Teil 3 folgen spezifische Anforderungen an einzelne Dienstleistungen (*service specifications*), die zum Teil eben nur dann zu beachten sind, wenn der einzelne Apotheker diese Dienstleistung auch anbietet. Hierzu zählen neben den jeden Apotheker betreffenden Bereichen wie Werbung, Lagerung, Gesundheitsinformationen oder Notfallversorgung beispielsweise auch Drogenberatung, Rezeptsammelstellen, Lieferservices oder Online-Bestellungen.
Ein Verstoß gegen die Richtlinien des CoE kann als berufliches Fehlverhalten verfolgt werden. Zugleich hat die Rechtsprechung aber schon früh klargestellt, dass die RPS zwar verbindliche Regeln aufstellen kann, deren Wirksamkeit aber gerichtlich nachprüfbar bleibt.[1068] Denn die RPS dürfe die Berufstätigkeit des Apothekers nur insoweit regeln, als dies im Interesse der Öffentlichkeit und des Berufsstandes erforderlich sei.

In Ergänzung zum CoE gibt der Rat der RPS begleitende Ratschläge (*practice guidance*) und Informationsblätter (*fact sheets*) heraus. Beide sollen dem Apotheker in alltäglichen rechtlichen und praktischen Fragen Hilfestellung leisten. Dabei befassen sich die bisher vier *practice guides* vor allem mit Umständen des Berufsalltags beispielsweise bei der Einrichtung eines neuen Computersystems in der Apotheke, dem Umgang mit Diabetikern, Allergikern oder Schwangeren im Apothekenalltag oder der Durchführung von Blut- oder Cholesterintests in der Apotheke.

[1065] Der Artikel *A new Code of Ethics and Standards*, Pharmaceutical Journal 2001, Vol. 266, S. 589

[1066] Hierzu bereits V. 1. b) (bb) (1) dieser Arbeit.

[1067] Zur bisherigen Strukturierung noch: *Mullan*, Pharmacy Law and Practice, 2000, S. 128ff.

[1068] *Pharmaceutical Society of Great Britain v Dickson* [1968] 2 All ER 686; *Mullan*, Pharmacy Law and Practice, 2000, S. 376ff

Die *fact sheets* dagegen nehmen vorrangig zu rechtlichen Aspekten Stellung und können daher auch als Auslegungshilfe zum CoE herangezogen werden. Die bisher veröffentlichten 11 fact sheets orientieren sich am Aufbau des CoE und werden regelmäßig überarbeitet.

(dd) Kein Fremd- und Mehrbesitzverbot

Das englische Apothekenwesen kennt weder Fremd- noch Mehrbesitzverbot.[1069] Eine Apotheke muss entweder im Eigentum eines Apothekers, einer ausschließlich aus Apothekern bestehenden Partnerschaft oder einer Gesellschaft mit einem leitenden Apotheker sein.[1070] Da es somit auch Gesellschaften möglich ist, Apotheken zu besitzen, wird das Ausbilden von Geschäftsketten begünstigt, wobei diese sowohl neue Apotheken eröffnen als auch örtliche Apotheken übernehmen. Infolgedessen gehören zur Zeit mehr als 30 % der 12 500 britischen Apotheken einer Apothekenkette an.[1071] Davon sind *LloydsPharmacy* mit alleine 1320 Apotheken und *Boots The Chemist* mit 1280 Apotheken die größten Apothekenketten Großbritanniens.[1072] Weitere etwa 800 Apotheken sind als Instore-Läden einem Supermarkt eingegliedert. Zusammen mit den genannten Ketten entfallen auf sie 44 % des im Rahmen des NHS anfallenden Umsatzes.[1073]

d) Fazit

Das grundlegende Verständnis vom Beruf des Apothekers, der einerseits als Teil des Gesundheitswesens zum Wohl der Allgemeinheit tätig ist, der andererseits aber als Kaufmann auch eigene wirtschaftliche Interessen zu wahren hat, kommt in den deutschen und den englischen Regelungen zum Apothekenwesen zum Ausdruck.
Modernisierungsbestrebungen, beispielsweise durch die generelle Stärkung neuer Kommunikationstechniken im Gesundheitswesen oder die Erprobung des elektronischen Rezepts, gibt es in beiden Ländern gleichermaßen. Dass die rechtlichen Anforderungen an das Ergreifen des Apothekerberufs und den Apothekenalltag in einer Vielzahl von Gesetzen geregelt sind und durch die Berufsordnungen in hohem Maße selbstregulatorischen Einflüssen ausgesetzt

---

[1069] *Bauer*, Pharmazeutische Zeitung 15/2001, S. 14

[1070] *Bauer*, Pharma-Länder-Dossiers, 2001, S. 71

[1071] *Mulholland*, Pharmaceutical Journal 2002, Vol. 268, S. 108

[1072] Weitere Apothekenketten sind beispielsweise Moss mit 770 Apotheken, Rowlands mit 275 Apotheken, UniChem, Phoenix und Aah; dazu *Striegler*, Pharmazeutische Zeitung, 42/2001 vom 16.10.2001; *Eschenbach*, Europäische Gesundheitssysteme, 1998, S. 49; *Mulholland*, Pharmaceutical Journal 2002, S. 108.

[1073] *Mulholland*, Pharmaceutical Journal 2002, S. 108

sind, kann gleichfalls als Gemeinsamkeit festgehalten werden. Als auffälligster Unterschied kann nach der bisherigen Darstellung das dem englischen Recht fremde Fremd- und Mehrbesitzverbot und die dadurch in Großbritannien möglichen Apothekenketten festgehalten werden.

2. Verbraucherschutzrelevante Aspekte des Online-Vertragsschlusses

a) Aktuelle Entwicklung des englischen Telekommunikationsrechts

Grundlage der britischen Politik zum Telekommunikationsrecht ist das im März 1999 veröffentlichte Diskussionspapier *Builiding Confidence in Electronic Commerce.*[1074] Dieses Papier rief die Öffentlichkeit auf, ihre Vorschläge für bessere Gesetze zu unterbreiten, um bestehende rechtliche Hindernisse für die elektronische Kommunikation auszuräumen.
Nach kontroverser Diskussion wurde zuletzt der *Electronic Communications Act 2000* verabschiedet, mit dem sich Großbritannien als eine Rechtsordnung darstellen will, welche den E-Commerce besonders fördert.[1075] Im Blickpunkt standen dabei sowohl die Forderungen der Industrie nach größtmöglicher Selbstregulierung als auch das Bestreben, das Verbrauchervertrauen zu stärken und diesem beispielsweise die Benutzung der eigenen Kreditkarte im Internet zu erleichtern. Mit dem Act wurden rechtliche Hindernisse für elektronische Signaturen beseitigt und Anbieter von Verschlüsselungstechniken unterstützt. Hindernisse für elektronische Kommunikation wurde abgebaut, indem Schriftformerfordernisse angepasst und elektronische Signaturen auch im Gerichtsverkehr anerkannt wurden.[1076]

b) Der Online-Vertragsschluss nach englischem Recht

Bevor ein Medikament den Patienten erreicht, muss es natürlich zunächst auf einer WebSite ausgesucht und bestellt werden. Voraussetzung ist also ein Vertragsschluss zwischen dem Anbieter, meist dem Betreiber der WebSite, und dem Kunden.
Daher soll hier untersucht werden, wie eine Bestellung über das Internet nach englischem Recht stattfindet. Dazu wird zunächst in einem Überblick der Vertragsschluss allgemein dargestellt. Anschließend sollen Aspekte des Online-Vertragsschlusses näher beschrieben werden, die sich aus Besonderheiten des englischen Rechts ergeben. Schließlich wird darauf einzugehen sein, welche

---

[1074] *Department of Trade & Industry*, Building Confidence in Electronic Commerce, März 1999

[1075] *Connerty*, International Company and Commercial Law Review, Special Issue, 1999, S. 65; *Worthy/Anderson*, Computer Law & Security Report 1999, S. 398

[1076] *Worthy/Anderson*, Computer Law & Security Report 1999, S. 397f.

Änderungen die Umsetzung der EU-Richtlinien zu Fernabsatz und E-Commerce für den Vertragsschluss nach englischem Recht bringen.

(aa) Der Online-Vertragsschluss

Ein wirksamer Vertragsschluss hat nach englischem Recht[1077] vier Voraussetzungen: Angebot, Annahme des Angebots, Wille zur Gegenleistung (*consideration*)[1078] und Rechtsbindungswille.[1079] Mit einer grundlegenden Entscheidung hat der British Court of Appeal bereits 1971 im Fall *Thornton v. Shoe Lane Parking*[1080] klargestellt, dass ein Vertrag auch mittels einer Maschine, im Fall eines Ticketautomaten auf einem Parkplatz, geschlossen werden kann. Daher ist heute unstreitig, dass ein Vertrag auch ohne direkten menschlichen Kontakt zustande kommen kann.[1081] Auch das englische Recht unterscheidet dabei zwischen einem Angebot und einer Aufforderung zur Abgabe eines solchen (*invitation to treat*), um den Anbieter vor dem Abschluss von Verträgen zu schützen, die er nicht erfüllen kann oder will.[1082]
Werbende Internetauftritte und Produktdarstellungen auf WebSites werden seit einer 1999 durch den Fall *Argos*[1083] angeregten Diskussion ganz überwiegend als invitatio ad offerendum behandelt.[1084] Um weiterhin bestehender

[1077] Großbritannien besitzt keine einheitliche Privatrechtsordnung. Nordirland, Schottland, die Kanalinseln und die Isle of Man werden nicht zum englischen Recht im engeren Sinn gezählt, dieses findet nur in England und Wales Anwendung. Soweit für die hier relevanten Fragen Unterschiede bestehen, wird auf das englische Recht Bezug genommen.

[1078] Dazu ausführlich *Zweigert/Kötz*, Rechtsvergleichung, 1996, S. 384ff

[1079] *Chissick/Kelman*, Electronic Commerce, 2000, S. 74; *Rowe*, Computer Law & Security Report 1998, S. 235; *Lubitz*, K&R 2001, S. 96, der auch darauf hinweist, dass die *consideration* nach schottischem Recht nicht notwendiger Bestandteil eines wirksamen Vertragsschlusses ist.

[1080] Lord Denning in: *Thornton v Shoe Lane Parking* [1971] 1 All ER 686

[1081] *Lubbock*, Doing Business Electronically, 2000, S. 11; *Davies*, A Model for Internet Regulation?, 2001, S. 78f

[1082] *Partridge v. Crittendon*, [1968] 1 W.L.R. 1204, 1209; *Werner*, International Journal of Communications Law and Policy, Issue 6, Winter 2000/2001, S. 4, unter: http://www.ijclp.org /6_2001/ijclp_webdoc_3_6_2001.html; *Lubbock*, Doing Business Electronically, 2000, S. 11f; *Lubitz*, K&R 2001, S. 96; *Gringras*, Laws of the Internet, 1997, S. 14; *Sookman*, Computers etc., 2000, S. 10 - 13

[1083] Argos bot 1999 auf seiner WebSite TV-Geräte an, die fälschlicherweise mit £ 3,00 statt £ 299,99 ausgezeichnet waren. Auf die Bestellungen zahlreicher Kunden hin wurden automatische Bestätigungen gesendet. Eine gerichtliche Entscheidung erfolgte nicht, weil sich die Parteien zuvor verglichen; *Werner*, International Journal of Communication Law & Policy, Issue 6, Winter 2000/2001, S. 5.

[1084] *Davies*, in: *Edwards/Waelde*, Law & the Internet, 1997, S. 115

Rechtsunsicherheit[1085] zu begegnen, erfolgt vielfach in den AGB der Anbieter eine Klarstellung. So lautet beispielsweise Ziffer 8 der terms & conditions der britischen Internet-Apotheke *Pharmacy2U*:

Diese Website soll als Aufforderung zur Abgabe eines Angebots angesehen werden.[1086]

Der Anbieter *infoHealth* formuliert in Ziffer 1 seiner terms & conditions:

Die Darstellung jedes Produkts oder jeder Dienstleistung auf dieser WebSite ist nicht als Angebot an Sie zu verstehen.[1087]

Grundsätzlich erfolgt das Angebot beim Online-Vertragsschluss also auch hier durch den Kunden, der beispielsweise eine Ware in seinen virtuellen Warenkorb legt und in einem oder mehreren weiteren Schritten seine Bestellung abschickt. Zu beachten ist, dass eine auf das Angebot des Kunden hin gesendete Antwort auch dann zum Vertragsschluss führt, wenn diese Erklärung automatisch gesendet wurde.[1088]

Formvorschriften bestehen für Kaufverträge über Grundstücke sowie Kreditverträge, sind also für den Kauf von Arzneimitteln grundsätzlich nicht relevant. Problematisch und dogmatisch umstritten ist beim Vertragsschluss des common law die *consideration*, die voraussetzt, dass eine in den Augen des Gesetzes werthaltige Gegenleistung[1089] auf beiden Seiten erfolgt soll. Beim Online-Vertragsschluss ergeben sich aber keine zusätzlichen Probleme, denn es muss auch hier deutlich gemacht werden, worin die *consideration* besteht.[1090] Allerdings bietet das Internet neue Möglichkeiten zur Erbringung dieser Gegenleistung, meist einer Geldzahlung, beispielsweise durch neue Bezahltechniken wie e-cash.

(bb) Besonderheiten des englischen Rechts

Ein Vertrag kommt auch nach englischem Recht grundsätzlich dann zustande, wenn die Annahmeerklärung zugeht (*reception* oder *receipt rule*). Eingeschränkt

---

[1085] So *Davies*, A Model for Internet Regulation?, 2001, S. 55f.

[1086] *This website should be regarded as an invitation to treat*; die terms and conditions von Pharmacy2U unter: http://www.pharmacy2u.co.uk/info.terms.asp?

[1087] *The display of any product or service on our website is not an offer for you to purchase them*; unter: https://www.infohealth.co.uk/cgi-bin/eph.pl/terms.htm

[1088] *Werner*, International Journal of Communications Law and Policy, Issue 6, Winter 2000/2001, S. 5, der darauf hinweist, dass sich viele Internet-Anbieter vor ungewolltem Vertragsschluss durch Klauseln in ihrem AGB schützen, indem sie sich das Recht auf Rücktritt für den Fall vorbehalten, dass ein Vertrag über eine mit falschen Preisen ausgezeichnete Ware zustande kam und der Verbraucher dies erkennen konnte.

[1089] *Thomas v Thomas* [1842] 2 QB 851, 859

[1090] *Gringras*, Laws of the Internet, 1997, S.23f; *Lubbock*, Doing Business Electronically, 2000, S. 11

worden ist dies durch die Rechtsprechung dahingehend, dass nur der Zugang zu üblichen Geschäftszeiten relevant ist.[1091] Aus der *consideration*-Lehre des common law ergibt sich, dass ein Angebot bis zur Annahme jederzeit widerruflich ist. Eingeschränkt wird die Widerruflichkeit aber durch die im civil law unbekannte sog. *postal rule* oder *mailbox theory*, wonach der Vertrag bereits mit Absendung der Annahmeerklärung als geschlossen gilt.[1092] Anwendung findet diese Regel für den Fall, dass eine Kommunikationsform verwendet wird, bei der Verspätungen eintreten können, klassischerweise ist dies der Briefverkehr.[1093] Hier wird der Vertragsschluss auf den Zeitpunkt vorverlagert, in dem der Brief mit der Annahmeerklärung in den Briefkasten gelegt wird. Rechtfertigt wird die *postal rule* mit dem Erfordernis, eine interessengerechte Risikoverteilung vornehmen zu wollen. Wer eine Erklärung einem unabhängigen Dritten, beispielsweise der Post, übergebe, verliere in dem Moment seine Einflussmöglichkeit darüber und solle auch nicht mit dem Risiko einer Verspätung oder eines Untergangs der Erklärung belastet werden. Die *postal rule* soll danach jedenfalls dann zur Anwendung kommen, wenn sich die Vertragsparteien über die Einbindung des Dritten, beispielsweise der Post, einig waren.[1094] Gleiches gilt seit der Entscheidung *Cowan v O'Connor*[1095] für die Willenserklärung per Telegramm, da der das Telegramm aufnehmende Angestellte als Dritter zwischengeschaltet sei. Für den Erklärungsempfänger birgt dies den Nachteil, dass er an einen Vertrag gebunden sein kann, ohne dass ihm eine Annahmeerklärung zugegangen ist. Trotz kritischer Äußerungen auch in der englischen Literatur hält die Rechtsprechung an der postal rule fest[1096]

Seit der Rechtsprechung in *Entores Limited v. Miles Far East Corporation*[1097] ist anerkannt, dass eine Willenserklärung per Telex als Erklärung unter Anwesenden zu werten ist, also nach allgemeinen Regeln zu beurteilen ist und somit nicht in den Anwendungsbereich der postal rule fällt. Ebenso ist später für den Vertragsschluss per Telefax[1098] entschieden worden.
Diese Rechtsprechung legt es nahe, auch den Online-Vertragsschluss nach den allgemeinen Regeln für den Vertragsschluss unter Anwesenden zu behandeln

---

1091 *The "Pamela"* [1995] 2 Lloyd's Report 249, 252

1092 Die *postal rule* wurde im frühen 19. Jahrhundert entwickelt; *Zweigert/Kötz*, Rechtsvergleichung, 1996, S. 352f; *Davies*, A Model for Internet Regulation?, 2001, S. 45f

1093 *Lubbock*, Doing Business Electronically, 2000, S. 13

1094 *Lubbock*, Doing Business Electronically, 2000, S. 13

1095 *Cowan v O'Connor* [1888] 20 QBD 640, 642

1096 *Brinkibon Ltd. v. Stahag Stahl und Stahlwarenhandelsgesesellschaft mbH* [1983] 2 AC 34, 43

1097 *Entores Limited v. Miles Far East Corporation* [1955] 2 All E.R. 493

1098 *Brinkibon v. Stanag Stahl* [1983] 2 AC 34

und die postal rule nicht anzuwenden. Bisher sind keine Entscheidungen englischer Gerichte zum Vertragsschluss per Email oder Internet bekannt, die sich mit dieser Frage auseinander gesetzt haben. In der Literatur wird die Anwendung der postal rule für den Vertragsschluss über eine WebSite allgemein abgelehnt.[1099] Das Internet unterscheide sich erheblich vom Postdienst, bei dem viel eher mit Verzögerungen zu rechnen sei, es sei vielmehr mit direkter Kommunikation vergleichbar.

Der Vertragsschluss per Email wird in der Literatur differenzierter betrachtet. Vereinzelt finden sich Stimmen, die die postal rule anwenden wollen.[1100] Begründet wird dies mit der Zwischenschaltung des Internet Service Providers, also desjenigen, der die technischen Voraussetzungen für den Internetzugang bereithält; dieser sei Dritter. Überwiegend wird die Anwendung der postal rule aber auch hier abgelehnt.[1101] Hauptsächlich wird dabei auf die Möglichkeit verwiesen, den Zugang einer Email technisch zu kontrollieren, schließlich erhalte der Absender bei Problemen oder Verzögerungen beim Senden einer Email üblicherweise die Nachricht, dass seine Email nicht zugestellt werden konnte. Auch mit der Übermittlung einer Erklärung per Telegramm sei dies nicht vergleichbar, da ein Internet Service Provider im Gegensatz zu dem das Telegramm aufnehmenden Angestellten auf den Inhalt der Erklärung keinerlei Einfluss habe.[1102] Andere Autoren wollen im Einzelfall entscheiden und lehnen die Anwendung der postal rule jedenfalls für die Fälle ab, in denen der Absender einer Email die Möglichkeit hat, einen Fehler in der Übermittlung in angemessener Zeit zu erkennen[1103] oder in denen der Erklärungsempfänger selbst das Ausbleiben des Zugangs zu vertreten hat.[1104]

Gegen die *postal rule* wird schließlich auch eingewandt, dass sie in anderen europäischen Rechtsordnungen keine Entsprechung habe und ihre Anwendung gerade einem grenzüberschreitenden E-Commerce nur hinderlich wäre.[1105] Schließlich führe die receipt rule auch zu einer Stärkung des

---

[1099] *Chissick/Kelman*, Electronic Commerce, 2000, S. 82; *Long*, Global Telecommunications Law and Practice, 3rd ed., Jan. 2000, U.K.-792f; *Lubbock*, Doing Business Electronically, 2000, S. 13; *Gringras*, Laws of the Internet, 1997, S. 26; *Lubitz*, K&R 2001, S. 98

[1100] *Rowe*, Computer Law & Security Report 1998, S. 236f; unklar: *Gringras*, Laws of the Internet, 1997, S. 17f, der Emails zwar sowohl vom Briefverkehr als auch von Telefongespräch und Fax abgrenzt, in der rechtlichen Konsequenz aber widersprüchlich bleibt.

[1101] *Werner*, International Journal of Communication Law & Policy, Issue 6, Winter 2000/2001, S. 7; *Julià-Barceló*, Computer Law & Security Report, 1999, S. 154

[1102] *Lubitz*, K&R 2001, S. 98

[1103] *Lubitz*, K&R 2001, S. 98f.

[1104] *Goodger*, Computers And Law, Oct./Nov. 1999, S. 24, für den Fall, dass ein Email-Briefkasten nicht abgerufen wird.

[1105] *Lubitz*, K&R 2001, S. 99; allgemeiner: *Julià-Barceló*, Computer Law & Security Report, 1999, S. 154, die von einem Trend zur receipt rule in Europa spricht.

Verbraucherschutzes, da so der Vertrag erst beim Zugang der Annahmeerklärung beim Kunden und folglich an dessen Wohnort zustande komme.[1106]
Trotz der demnach weitgehend klaren Rechtslage empfehlen auffallend viele Autoren dem Anbieter, zur Vermeidung von Rechtsunsicherheit unbedingt vor Vertragsschluss den Weg und Zeitpunkt des Vertragsschlusses durch entsprechende Klauseln mit dem Kunden zu vereinbaren.[1107]

c) Allgemeine verbraucherschutzrechtliche Aspekte

Das englische Verbraucherschutzrecht definiert den Begriff *Verbraucher (consumer)* als natürliche Person, die für Zwecke kauft, die außerhalb von Handel, Beruf oder Gewerbe liegen, wobei ein angemessen weites Verständnis zugrunde gelegt werden soll. Demgegenüber ist derjenige Kaufmann (*businessman*), der in einem bestimmten Zeitraum ein Gewerbe betreibt, auch wenn er dies ohne Gewinnabsicht tut.[1108]

(aa) Die Einbeziehung von AGB

Das englische Recht unterscheidet zwischen *implied* und *expressed terms*. Erstere sind zwingende, jedem Vertrag immanente grundsätzliche Regeln; letztere sind vorformulierte Klauseln, die erst nach wirksamer Einbeziehung Vertragsbestandteil werden.
Die wichtigste gesetzliche Grundlage für implied terms (*statutory terms*) beim Kaufvertrag über bewegliche Sachen ist der *Sale of Goods Act 1979*. Hiernach sind automatisch jedem Kaufvertrag über bewegliche Sachen Klauseln immanent, die sicherstellen sollen, dass die Sache von befriedigender Qualität ist, für die Zwecke des Käufers angemessen nutzbar ist, soweit diese Zwecke dem Verkäufer direkt oder indirekt bekannt waren, und die Sache der zuvor gemachten Beschreibung entspricht, sofern zuvor eine solche gegeben wurde.[1109]
In Verbraucherverträgen können diese Klauseln grundsätzlich nicht ausgeschlossen werden.
Die Wirksamkeit von expressed terms richtet sich nach *dem Unfair Contract Terms Act 1977* (UCTA) und den *Unfair Terms in Consumer Contracts*

[1106] *Lubitz*, K&R 2001, S. 99, für den meist vorliegenden Fall, dass die WebSite des Anbieters lediglich eine invitiatio ad offerendum darstellt.

[1107] *Lubbock*, Doing Business Electronically, 2000, S. 13; *Lubitz*, K&R 2001, S. 98; *Rowe*, Computer Law & Security Report 1998, S. 236; *Goodger*, Computers And Law, Oct./Nov. 1999, S. 24; *Davies*, in: *Edwards/Waelde*, Law & the Internet, 1997, S. 114

[1108] Regulation 3 (1) der *Unfair Terms in Consumer Contracts Regulations 1999*

[1109] Sections 12, 13, 14 und 15 des *Sale of Goods Act 1979*

Regulations 1999[1110], die sich in ihrem Regelungsgehalt teilweise überschneiden. Section 2 (1) UCTA und regulation 5 (1) definieren eine unfaire Vertragsklausel als Klausel, die gegen die Erfordernisse guten Glaubens ein deutliches Ungleichgewicht in den Rechten und Pflichten der Parteien zum Nachteil des Verbrauchers bewirkt.[1111] Ob eine Klausel danach im Einzelfall unwirksam ist, bleibt der Auslegung durch den Richter überlassen. Schedule 2 i.V.m. regulation 5 (5) enthält eine nicht abschließende Liste von Klauseln, die als unfair in diesem Sinne angesehen werden könnten. Diese Liste entspricht wortidentisch der im Anhang zur *EU-Richtlinie 93/13/EWG über missbräuchliche Klauseln in Verbraucherverträgen*[1112] vorgenommenen Aufzählung.

Die Klauseln müssen ausreichend leserlich, verständlich und unzweideutig sein.[1113] Englische Gerichte hatten bisher noch nicht über diese Anforderungen beim Online-Vertragsschluss zu entscheiden.[1114] In der Literatur wird es allgemein als ausreichend erachtet, wenn die Klauseln entweder als ganzer Text auf der WebSite so platziert werden, dass der Kunde ohne sie zur Kenntnis zu nehmen nicht zum Bestellformular kommen kann[1115], er sie mit einen „I Agree"-Button bestätigen muss[1116], oder ein Link deutlich sichtbar angebracht ist.[1117] Auch eine ausdrückliche Bestätigung durch den Kunden, indem dieser beispielsweise ein dafür vorgesehenes Kästchen anklicken muss, bevor er bestellen kann, wird vorgeschlagen.[1118] Nicht ausreichend soll es sein, wenn der Kunde die Klauseln nur unter Rückgriff auf andere Medien, beispielsweise einen Katalog, einsehen kann oder er sie per Email anfordern muss.[1119]

[1110] Diese *regulations* ersetzen die *Unfair Terms in Consumer Contracts Regulations 1994*; der Regelungsgehalt ist jeweils nicht auf vorformulierte Vertragsklauseln beschränkt.

[1111] *In these Regulations... 'unfair term' means any term which contrary to the requirement of good faith causes a significant imbalance in the parties' rights and obligations under the contract to the detriment of the consumer*, UCTA s.2(1)

[1112] Richtlinie 93/13/EWG des Rates vom 05.04.1993 über missbräuchliche Klauseln in Verbraucherverträgen, ABl. Nr. L 095 vom 21.04.1993 S. 29 - 34

[1113] Ausführlich dazu: *Twigg-Flesner*, Utilities Law Review 2000, S. 41f.

[1114] *Julià-Barceló*, Computer Law & Security Report, 1999, S. 151

[1115] *Lubbock*, Doing Business Electronically, 2000, S. 17; *Rowe*, Computer Law & Security Report 1998, S. 235; *Gringras*, Laws of the Internet, 1997, S. 22

[1116] *Goodger*, Computers And Law, Oct./Nov. 1999, S. 25

[1117] *Sookman*, Computers etc., 2000, S. 10-15; *Julià-Barceló*, Computer Law & Security Report, 1999, S. 152; *Davies*, in: *Edwards/Waelde*, Law & the Internet, 1997, S. 116

[1118] *Rowe*, Computer Law & Security Report 1998, S. 235

[1119] *Lubbock*, Doing Business Electronically, 2000, S. 17

(bb) Regelungen für den Fernabsatz

Abgesehen vom *Unsolicited Goods And Services Act 1971*[1120] hielt das englische Recht vor der Umsetzung der Fernabsatzrichtlinie keine Regelungen vor, die sich mit speziell mit dem Fernabsatz befassten.[1121] Dieser Act betrifft Waren oder Dienstleistungen, die dem Kunden ohne dessen Aufforderung geschickt oder dargeboten werden.
Der *Consumer Protection Act 1987*, der vorrangig Produkthaftung und -sicherheit regelt, sieht in Teil III auch Vorschriften für Preisangaben für Waren, Dienstleistungen, Wohnungen und Einrichtungen vor. Demnach dürfen Preisangaben an den Verbraucher nicht irreführen.

(1) Die Consumer Protection (Distance Selling) Regulations 2000

Die Fernabsatzrichtlinie ist mit den *Consumer Protection (Distance Selling) Regulations 2000*[1122] in englisches Recht umgesetzt worden. Diese *regulations* ersetzen die *Mail Order Transactions (Information) Order 1976.*[1123] Anhang 1 enthält eine nicht abschließende Liste der in Betracht kommenden Fernkommunikationsmittel, beispielsweise gemäß Nr. 11 auch die *electronic mail.*
Die in regulation 5 genannten, vorvertraglichen Informationspflichten entsprechen inhaltlich den in Art. 4 der Fernabsatzrichtlinie gelisteten Erfordernissen. Dazu zählen neben der Identität und Adresse des Anbieters und den wesentlichen Merkmalen der Ware deren Preis einschließlich aller Steuern und Transportkosten, Zahlungsmöglichkeiten, Lieferbedingungen und der Bestand des Widerrufsrechts. Dies soll in klarer, verständlicher Weise erfolgen, regulation 7 (2). Dem Kunden müssen bestimmte Informationen zudem spätestens mit der Lieferung der Ware schriftlich oder auf einem dauerhaften Medium zur Verfügung gestellt werden, regulation 8. Dies betrifft Angaben dazu, wann und wie das Widerrufsrecht ausgeübt werden kann, wer in diesem Fall die Rücksendekosten zu tragen hat, sowie eine Adresse, an die sich der

---

1120 Der *Unsolicited Goods And Services Act 1971* wird durch die Umsetzung der Fernabsatzrichtlinie geringfügig geändert.

1121 *Lloyd*, Information Technology Law, 2nd edition 1997, S. 475; *Weatherill* in: *Heusel*, New European Contract Law, 1999, S. 131

1122 Den englischen Text der am 31.10.2000 in Kraft getretenen *Consumer Protection (Distance Selling) Regulations 2000* findet man unter: http://www.hmso.gov.uk/si/si2000/20002334.htm

1123 Die *Mail Order Transactions (Information) Order 1976* sah vor, dass eine an den Verbraucher gerichtete Werbung, bei der eine Bestellung per Post erfolgt sollte und die Bezahlung im Voraus zu erfolgen hatte, u.a. Namen und Adresse des Anbieters enthalten musste. Ein Verstoß dagegen konnte strafrechtlich verfolgt werden. Gleichwohl war diese Order nicht auf Werbung in Radio oder Fernsehen anwendbar, ihre Anwendung auf Online-Werbung blieb fraglich.

Kunde hinsichtlich nachvertraglicher Dienstleistungen und Garantien wenden kann.
Das in den regulations 10 bis 13 weit ausführlicher als in der Fernabsatzrichtlinie normierte Widerrufsrecht ermöglicht grundsätzlich einen Widerruf ohne Angabe von Gründen innerhalb von sieben Tagen, bei unterbliebener Belehrung innerhalb von drei Monaten. Dies war im englischen Recht für andere Arten von Fernabsatzverträgen bisher nicht vorgesehen[1124] und verleitet Kritiker dazu, darin eine Gefahr für das traditionelle englische Vertragsrecht zu sehen.[1125]
Gemäß regulation 6 (2) (a) sind die soeben angesprochenen regulations 7 bis 20, die im Wesentlichen die Informationspflichten des Anbieters und das Widerrufsrecht des Verbrauchers umsetzen, nicht anwendbar auf Verträge, die die regelmäßige Lieferung von Nahrungsmitteln, Getränken oder sonstigen Gütern des täglichen Bedarfs an die Wohnung oder Arbeitsstätte des Verbrauchers zum Gegenstand haben.[1126] Ob Arzneimittel als Güter des täglichen Bedarfs damit aus dem Anwendungsbereich der *regulations* fallen, ist in der englischen Rechtsprechung bisher nicht problematisiert worden. Die erklärenden Anmerkungen des Gesetzgebers im Anschluss an die *regulations* enthalten im Hinblick auf regulation 6 die Formulierung *Verträge über die regelmäßige Lieferung von Lebensmitteln*[1127]. Mit der ausdrücklichen Bezugnahme auf Lebensmittel dürften Arzneimittel wohl nicht unter diese Ausnahmeregelung fallen mit der Folge, dass die *regulations* auf den E-Commerce mit Arzneimitteln anwendbar sind. In der Praxis werden jedenfalls die von regulation 7 geforderten Informationen bei der Online-Bestellung von Arzneimitteln regelmäßig gegeben. Problematischer erweist sich dies -ähnlich wie im deutschen Recht- im Hinblick auf das Widerrufsrecht.
Regulation 13 normiert Ausnahmen vom Widerrufsrecht. 13 (c) lautet:

> *Sofern die Parteien nichts anderes vereinbart haben, hat der Verbraucher nicht das in regulation 10 normierte Widerrufsrecht hinsichtlich eines Vertrages*
>
> ...
>
> *c) über die Lieferung von Gütern, die nach Wünschen des Verbrauchers gefertigt oder klar personalisiert sind oder die angesichts ihrer Art nicht*

[1124] *Weatherill* in: *Heusel*, New European Contract Law, 1999, S. 131

[1125] *Singleton*, Company Procedures and Precedents, März 2000, in: *Humphreys & Co*, Consumer Contracts Regulations: Distance Contracts: The New Law: *so much for the age-old sanctity of the English law contract*,
auch unter: http://www.humphreys.co.uk/articles/e_commerce_1.htm

[1126] Regulation 6 II (a) lautet: *regulations 7 to 19(1) shall not apply to - contracts for the supply of food, beverages or other goods intended for everyday consumption supplied to the consumer's residence or to his workplace by regular roundsmen.*

[1127] *contracts for the supply of groceries by regular delivery zurückgeschickt werden können oder die leicht verderben oder schnell verfallen.*[1128]

Die erklärenden Anmerkungen des Gesetzgebers im Anschluss an die *regulations* gehen darauf nicht weiter ein. In der Praxis wird die Rückgabe von Arzneimitteln nicht ermöglicht, es sei denn die Lieferung erfolgte fehlerhaft oder das Produkt ist mangelhaft. So weist beispielsweise *Pharmacy2U* in seinen Serviceinformationen darauf hin, dass bestimmte Produkte, einschließlich Arzneimittel und Lebensmittel nicht erstattet werden können, sofern sie nicht fehlerhaft oder falsch geliefert wurden.[1129]

Schließlich fordert regulation 19 (1) den Anbieter auf, den Vertrag innerhalb von 30 Tagen nach Bestellung zu erfüllen, sofern keine andere Vereinbarung getroffen wurde. Regulation 25 stellt zudem sicher, dass die verbraucherschützenden Vorschriften nicht durch AGB des Anbieters ausgeschlossen werden können.

(2) Die Electronic Commerce (E.C. Directive) Regulations 2002

Die E-Commerce-Richtlinie ist bisher in Großbritannien nicht umgesetzt. Im Oktober 2001 hat das Wirtschaftsministerium (*Department of Trade - DTI*)[1130] erste *consultation documents* und Anfang 2002 mit den *Electronic Commerce Regulations 2002*[1131] einen Gesetzesentwurf vorgelegt. Auf diesen werden sich die nachfolgenden Ausführungen beziehen. Zwar ist sich das DTI der Tatsache bewusst, dass der Termin zur Umsetzung der Richtlinie bereits verstrichen ist, man möchte interessierten Parteien aber weiterhin die Möglichkeit offen halten, zu den Entwürfen Stellung zu nehmen.
Nicht umgesetzt werden soll Art. 9 I der E-Commerce-Richtlinie, wonach das nationale Recht sicherstellen soll, dass ein Vertrag auf elektronischem Wege geschlossen werden kann. Das DTI ist dabei der Ansicht, dass die große Mehrheit der gesetzlichen Erfordernisse von Schriftform oder Unterschrift (*writing or signature*) bereits durch elektronische Kommunikation erfüllt werden, soweit diese nicht ausdrücklich anderes nennen.

[1128] *..for the supply of goods made to the consumer's specifications or clearly personalised or which by reason of their nature cannot be returned or are liable to deteriorate or expire rapidly...*

[1129] *Certain items including medicines and foodstuffs cannot be refunded or exchanged unless faulty or sent incorrectly*; unter: http://www.pharmacy2u.co.uk/about.service.asp?#4

[1130] *Department of Trade and Industry (DTI)*, das britische Wirtschaftsministerium, die WebSite unter: http://www.dti.gov.uk/index.html

[1131] Der Text der *Electronic Commerce (E.C. Directive) Regulations 2002* unter: http://www.legislation.hmso.gov.uk/si/si2002/20022013.htm

Section 8 regelt Anforderungen an allgemeine Informationen, die jeder Anbieter bereit halten muss. Diese Informationen sollen leicht verständlich sein und unmittelbar und ständig verfügbar gemacht werden. Auch Preisangaben müssen klar und unzweideutig ausgewiesen werden, section 8 (2). Die erforderlichen Angaben umfassen u.a. den Namen des Diensteanbieters, seine Anschrift sowie weitere Angaben einschließlich der Email-Adresse. Dies soll es ermöglichen, schnell mit dem Diensteanbieter Kontakt aufzunehmen und unmittelbar und effizient mit ihm zu kommunizieren. Zudem sind Eintragungen in ein Handels- oder ähnliches Register und weitere Angaben hinsichtlich reglementierter Berufe zu machen. Der Wortlaut der section 8 unterscheidet sich damit nicht von Art. 5 der E-Commerce-Richtlinie. Auch Section 11 weicht nicht von dem entsprechenden Artikel der E-Commerce-Richtlinie, Art. 10, ab. Demnach müssen dem Verbraucher vor seiner Bestellung u.a. die einzelnen technischen Schritte, die zu einem Vertragsschluss führen, und die dafür zur Verfügung stehenden Sprachen klar, verständlich und unzweideutig mitgeteilt werden.
Bei solchen Verträgen, die nicht durch den Austausch von Emails erledigt sind, also beispielsweise dem Kauf einer Ware, die erst noch geliefert werden muss, erfordert es section 13, dass der Anbieter den Eingang der Bestellung unmittelbar auf elektronischem Wege bestätigt. Diese Bestätigung gilt als zugegangen, sobald der Empfänger sie abrufen kann, section 13 (2).
Section 4 beschäftigt sich mit den Schutzniveau und stellt in 4 (1) klar, dass durch diese regulations das Schutzniveau anderer Gesetze hinsichtlich der öffentlichen Gesundheit und des Verbraucherschutzes nicht betroffen sein soll.[1132] In diesem Zusammenhang stellt auch section 7 (4) klar, dass nationale Behörden in keinem Fall davon abgehalten sind, alle erforderlichen Maßnahmen zum Schutz der öffentlichen Gesundheit und des Schutzes der Verbraucher, einschließlich Anlegern, zu ergreifen.[1133]

Als Rechtsfolge nicht ordnungsgemäß zur Verfügung gestellter AGB, einer unterbliebenen Bestätigung der Bestellung oder nicht vorhandener Korrekturmöglichkeiten sieht section 16 vor, dass der Verbraucher nicht an den Vertrag gebunden ist und er dem Anbieter jederzeit seinen Widerruf mitteilen kann. Eine zeitliche Begrenzung besteht nicht.

[1132] Section 4. (1) der E-Commerce-Regulations 2002 lautet:*These Regulations do not affect any national legislation implementing Community acts where it establishes the level of protection in particular as regards public health and consumer interests.*

[1133] Section 7 (4) der E-Commerce-Regulations 2002 lautet: *Nothing ... shall prevent an enforcement authority from taking proportionate measures, including applying in a proportionate manner any enactment or legal requirement which would otherwise not apply by virtue of that paragraph, in respect of a given information society service where those measures are necessary for reasons of-*
(b) the protection of public health, ...
(d) the protection of consumers, including investors.

d) Fazit

Der Vertragsschluss über das Internet wird heute sowohl nach englischem als auch nach deutschem Recht unzweifelhaft als wirksam angesehen. Auch die Beurteilung des Angebots auf einer WebSite als invitatio ad offerendum unterscheidet sich nicht.[1134] Unterschiede in der rechtlichen Konstruktion sind gering und können an diesem Ergebnis nichts ändern. Die nach englischem Recht noch bestehenden Unsicherheiten bei der Anwendung der *postal rule* dürften in der Praxis kaum mehr als Hindernis für den E-Commerce mit Arzneimitteln angesehen werden. Zum einen kommt die *postal rule* allenfalls für den Vertragsschluss per Email, nicht aber für den wesentlich häufigeren Vertragsschluss über eine Website in Betracht. Zum anderen ist es jedem Anbieter unbenommen, seinen Vertragspartner vor Vertragsschluss darüber zu informieren, wann und auf welchem Weg der Vertrag nun zustande kommen soll.

An die Einbeziehung von AGB werden in beiden Rechtsordnungen ähnliche Anforderungen gestellt, wobei ungeklärte Detailfragen bisher weder Gegenstand der deutschen noch der englischen Rechtsprechung waren. In jedem Fall müssen sie dem Verbraucher in Textform (*durable medium*) zur Verfügung gestellt werden.

Wie dargestellt, unterscheiden sich nach Umsetzung der Fernabsatzrichtlinie und der E-Commerce-Richtlinie die nach dem deutschen und dem englischen Recht bestehenden Informationspflichten und das Widerrufsrecht, also die wesentlichen Instrumentarien des Verbraucherschutzes, kaum. Der deutsche und der englische Gesetzgeber haben sich insbesondere bei den erforderlichen Informationen detailgenau an die Vorgaben der Richtlinien gehalten.[1135] Zudem hat in beiden Rechtsordnungen eine unmittelbare, elektronische Bestätigung jeder Bestellung von Waren zu erfolgen.

Hinsichtlich des Widerrufsrechts ist nach der hier vertretenen Auffassung sowohl im deutschen als auch im englischen Recht die Rücksendung eines Arzneimittels i.d.R. ausgeschlossen. Dies folgt aus den sinngemäß gleichen Formulierungen der § 312 d IV Nr. 1 BGB („Waren, die nicht für eine Rücksendung geeignet sind") bzw. regulation 13 (c) der *Consumer Protection (Distance Selling) Regulations 2000* („Waren, die angesichts ihrer Art nicht zurückgeschickt werden können").

In diesem Bereich ist damit die Rechtsvereinheitlichung vergleichsweise weit vorangeschritten.

[1134] So *Kötz*, Europäisches Vertragsrecht, 1996, S. 27f, jedenfalls für den normalen Vertragsschluss.

[1135] Hierzu bereits IV. 2. c) (bb) (1) sowie Fn. 719 und 731 dieser Arbeit für das deutsche Recht und V. 2. c) (bb) (1) für das englische Recht.

3. Der E-Commerce mit Arzneimitteln

a) Entwicklung und Aktuelle Situation

Der Versandhandel mit Arzneimitteln war bis 2000 in Großbritannien gesetzlich nicht explizit geregelt, wurde aber allgemein als unzulässig angesehen.[1136] Es wurden gleichwohl Arzneimittel versendet, indem man eine Gesetzeslücke ausnutzte, die es im Ausland ansässigen Unternehmen erlaubte, apothekenpflichtige Arzneimittel an Patienten in Großbritannien zu versenden.[1137] Anfangs wurde der Verkauf von Arzneimitteln über das Internet auch von britischen Apothekern vehement angelehnt.[1138]

Im November 1999 hat dann die erste Internet-Apotheke mit Sitz in Großbritannien ihren Betrieb aufgenommen.[1139] *Pharmacy2U*[1140]arbeitet von einer örtlichen, in Leeds ansässigen Apotheke aus und vertreibt auch verschreibungspflichtige Medikamente.[1141] Anfang 2000 vollzog sich dann eine Wandlung in der Haltung der Apotheker[1142], was die RPS dazu veranlasst hat, mittlerweile ihre Statuten so zu ändern, dass Internet-Apotheken heute ausdrücklich mit dem Code of Ethics vereinbar sind.[1143] Zudem wurden spezielle Regelungen für *online pharmacy services* geschaffen, die im Folgenden näher untersucht werden sollen.

In ihrem *Pharmacy in the Future*-Programm[1144] bringt die britische Regierung ihre Sichtweise zum Ausdruck, dass es bei Einhaltung wirksamer Sicherheitsmaßnahmen und Berufsstandards keinen Grund gibt, warum Arzneimittel nicht im Wege des Fernabsatzes verkauft und geliefert werden

---

[1136] *Dajani*, Pharmaceutical Journal 2000, Vol. 265, S. 132

[1137] *Eschenbach*, Europäische Gesundheitssysteme, 1998, S. 49; *Lehner*, Konsumentenschutz, 1999, S. 57, die darauf hinweist, dass als Geschäftsbasis häufig Malta gewählt wurde.

[1138] *Schäfers/Kaesbach*, in: *Stein*, Perspektiven, 2002, S. 41; *Lars-Broder*, Berliner Morgenpost, 08.08.2000

[1139] Dazu mehrere Meldungen und Artikel im Pharmaceutical Journal 1999, Vol. 263, S. 841 und 843.

[1140] Pharmacy2U bietet einen 24-Stunden Service und zählt nach eigenen Angaben mehr als 10 000 Produkte zu seinem Sortiment. Die Homepage unter: http://www.pharmacy2u.co.uk

[1141] Weitere Anbieter sind beispielsweise Allcures, http://www.allcures.com; Boots, http://www.wellbeing.com

[1142] *Spielberg*, Ärzte Zeitung vom 20.11.2000, dazu schon Fn. 121.

[1143] *Bauer*, Pharma-Länder-Dossiers, 2001, S. 74

[1144] Hierzu bereits V. 1. b) (bb) dieser Arbeit.

sollten.[1145] Die Punkte 2.20 bis 2.24 beschäftigen sich mit der Internetapotheke. Die Regierung geht ausdrücklich davon aus, dass das englische Recht den Verkauf und die Abgabe von Arzneimitteln im Fernabsatz erlaubt.[1146] Jedenfalls sei der Verkauf von apothekenpflichtigen Arzneimitteln akzeptabel, sofern dies unter der Aufsicht eines Apothekers und von einer registrierten Apotheke aus erfolge. Von allen beteiligten Apothekern müsse demnach verlangt werden, dass die die gleichen hohen Berufsstandards einhalten wie ihre anderen Kollegen auch.[1147]
Ziel der britischen Regierung ist der gestärkte Verbraucher (*empowered consumer*).[1148]

b) Rechtlicher Ausgangspunkt

Section 52 Medicines Act lautet:

> *Medizinische Produkte die nicht zur GSL zählen, dürfen nur in den Örtlichkeiten einer registrierten Apotheke und durch oder unter Aufsicht eines Apothekers verkauft oder abgegeben werden.*[1149]

Gemäß section 52 Medicines Act darf ein Arzneimittel, das nicht freiverkäuflich ist, also nur unter zwei Voraussetzungen verkauft oder abgegeben werden: das Arzneimittel darf nur in den Örtlichkeiten einer registrierten Apotheke und nur unter Aufsicht eines Apothekers abgegeben werden.
Beim E-Commerce erscheinen beide Voraussetzungen problematisch:

[1145] *Mulholland*, Pharmaceutical Journal 2002, S. 111, der den britischen Gesundheitsminister Lord Hunt zitiert; *Adam Smith Institute*, Pharmaceutical Journal 2001, Vol. 267, S. 236. Ebenso Punkt 2.21. des *Pharmacy in the Future*-Programms, dieser lautet:
2.21 The Government's view is that, if proper safeguards and professional standards are in place, there is no reason in principle why medicines should not be sold or dispensed electronically, or by other forms of distance sale and supply, like mail order or home delivery.

[1146] Punkt **2.20** des *Pharmacy in the Future*-Programms:
The Government believes the law permits the distance sale and supply of medicines, provided that normal safeguards are met. This means, for example, that sales of Pharmacy only (P) medicines by electronic means are acceptable provided they are made under the supervision of a registered pharmacist and from a registered pharmacy.

[1147] Punkt **2.24** des *Pharmacy in the Future*-Programms:
All pharmacists involved would, of course, be expected to observe the same high standards of professionalism as their colleagues elsewhere. While current legislation and existing professional codes of ethics already offer significant safeguards against the abuse of electronic prescribing and supply of medicines, the Government will work with patient groups and the professions to introduce further controls if they prove to be needed, or if providers of electronic services cannot demonstrate their own quality and security of service.

[1148] *Lee*, Pharmaceutical Physician, 2001, S. 19f

[1149] ...provides that medicinal products not on a general sale list shall be sold or supplied only on premises that are a registered pharmacy and by or under the supervision of a pharmacist.

Zum einen könnte man beim Versand eines Arzneimittels aus der Apotheke bei einer engen Auslegung davon sprechen, dass die Abgabe nicht *in* -sondern nur *von* den Örtlichkeiten einer registrierten Apotheke aus erfolgt. Jedenfalls kann man dem entnehmen, dass eine reine Internetapotheke, die ohne örtliche Apotheke als Ausgangspunkt arbeitet, auch nach englischem Recht nicht zulässig wäre.[1150]

Zum anderen ist fraglich, ob die Abgabe als solche auch beim Versand unter der Aufsicht eines Apothekers erfolgt. Die Rechtsprechung hat dieses Tatbestandsmerkmal mehrfach konkretisiert. Schon früh ist entschieden worden, dass ein Apotheker die Abgabe eines Arzneimittels nur dann überwachen kann, wenn er physisch anwesend ist.[1151] Denn der Apotheker müsse jederzeit überblicken können, was an der Theke vor sich geht, um jede Handlung seiner Angestellten beaufsichtigen zu können. Später ist dies etwas eingeschränkt worden. Der Apotheker müsse jedenfalls in der Lage sein, einzuschreiten und eine Abgabe zu verhindern.[1152] Heute wird gefordert, dass der Apotheker jedenfalls jedes Rezept einsieht und daraufhin entscheidet, ob er tätig werden muss.[1153]

Die Abgabe von apothekenpflichtigen Arzneimitteln außerhalb der Apothekenbetriebsräume ist dem britischen Apothekenwesen nicht fremd. Insbesondere in ländlichen Gegenden in Schottland und Wales findet schon lange Art. 2 der *Medicines (Collection and Delivery Arrangements) Order 1978* Anwendung. Danach sind die sections 52 und 53 des Medicines Act nicht anwendbar auf die Abgabe von Arzneimitteln außerhalb der Örtlichkeiten einer registrierten Apotheke, wenn die Abgabe infolge einer Verschreibung erfolgt und sie Teil eines von einem registrierten Apotheker organisierten Sammel- und Lieferdienstes ist.[1154]

Wie das englische Recht mit einer Ausweitung der Arzneimittelabgabe außerhalb der Apotheke umgeht, soll die folgende Darstellung zeigen.

[1150] So auch das *Fact Sheet: Eight - Pharmacy and the Internet*, dazu im Folgenden Fn. 1164 dieser Arbeit.

[1151] *Roberts v Littlewoods Mail Order Stores* [1943] 1 All ER 271; *Mullan*, Pharmacy Law and Practice, 2000, S. 185

[1152] *Pharmaceutical Society v Boots Cash Chemists (Southern)* [1953] 1 All ER 482

[1153] *Mullan*, Pharmacy Law and Practice, 2000, S. 130

[1154] Section 52 and 53 of the Medicines Act 1968 shall not apply to the supply of any medicinal product for human use on remises which are not a registered pharmacy, where such a supply is in accordance with a prescription given by a doctor or dentist, and forms part of a collection and delivery arrangement used by a person who lawfully conducts a retail pharmacy business.

c) Richtlinien für Lieferservices (CoE - Standard 8)

Zunächst sollen die für jede Lieferung von Arzneimitteln geltenden Standards dargestellt werden. Denn auch im Anschluss an die Bestellung eines Arzneimittels im Internet muss dieses geliefert werden.

Standard 8 - Lieferservices lautet:[1155]

Ein Lieferservice ist ein solcher, bei dem Arzneimittel dem Patienten oder seinem Betreuer an einem anderen Ort als der örtlichen Apotheke übergeben werden. ... In jedem Fall... muss der Apotheker beurteilen, ob ein direkter Kontakt von Angesicht zu Angesicht mit dem Patienten oder seinem Betreuer erforderlich ist. Zusätzlich zu allen anderen Verpflichtungen bezüglich dem Verkauf oder der Abgabe von Arzneimitteln muss er sicherstellen, dass die Liefermechanismen

(a) sicher sind und dass die Arzneimittel schnell und mit Anwendungshinweisen an den Empfänger geliefert werden. Vorbehaltlich anderer Vereinbarungen dürfen Arzneimittel nur dem Patienten oder seinem Betreuer übergeben werden; zuvor hat der Lieferant mit dem Patienten oder seinem Betreuer abzuklären, dass Name und Adresse des Patienten richtig sind.

(b) allen spezifischen Erfordernissen an die Aufbewahrung des Produkts Rechnung tragen,

(c) einen nachprüfbaren Mechanismus zur Identifizierung des ursprünglichen Auftrags sowie jeder Lieferung und jedes Lieferversuchs befolgen, so dass der Service überwacht werden kann.

Obligation 1.13 des alten CoE enthielt die Formulierung, dass ein Apotheker die Verbreitung von medizinischen Produkten durch Versand oder deren Lieferung *durch Dritte* nicht unterstützen soll.[1156] Der britische Anbieter Pharmacy2U ist

---

[1155] Eigene Übersetzung der Verfasserin. Der englische Text von Standard 8 lautet:
A delivery service is one where medicines are handed over to a patient or their carer other than on the registered pharmacy premises. The provisions detailed in this service specification also apply to rural collection points. On each occasion a service is requested pharmacists must use their professional judgement to assess whether direct face-to-face contact with the patient or their carer is necessary. In addition to complying with all other professional requirements relating to the sale or supply of medicines pharmacists are responsible for ensuring that the delivery mechanisms used:
(a) are safe and that the medicines will be delivered promptly to the intended recipient with instructions for use. Unless alternative delivery arrangements have been made, medicines must only be handed over to the patient or their carer and before doing so the delivery person must confirm with the patient or their carer that the name and address of the patient is correct;
(b) cater for any special storage requirements of the product;
(c) enable a verifiable audit trail to be kept identifying the initial request for the service and each delivery and attempted delivery so that the service can be monitored.

[1156] A pharmacist must not normally distribute or encourage the distribution of any medicinal product by mail order or similar third party carrier.

dem zunächst soweit entgegen gekommen, dass man einen Lieferservice durch eigenes Personal eingerichtet hat. In der Neufassung des CoE seit Mai 2000 findet man eine solche Einschränkung aber nicht mehr.
Der zugehörige, erläuternde *Fact Sheet: Seven - Home Delivery*[1157] konkretisiert, dass eine Lieferung nur mit dem Einverständnis des Patienten oder seines Betreuers erfolgen soll. Es sei nicht mit den Berufsstandards vereinbar, Arzneimittel in den Briefkasten zu werfen, oder ohne Übergabe im Garten oder auf der Treppe vor dem Eingang zurückzulassen.
Zudem gelte es, den Zugriff durch Minderjährige zu verhindern.

d) Richtlinien für die Internetapotheke (CoE - Standard 9)

(aa) Entstehung

Die RPS hat kurz nach dem Auftreten der ersten Internet-Apotheke Richtlinien entwickelt. Diese wurden im Januar 2000 veröffentlicht, waren zunächst als Standard 19 als Ergänzung zum *Code of Ethics* konzipiert und dann dem *Standards of Good Professional Practice* eingegliedert.[1158] Mittlerweile sind sie in den CoE integriert und schließen dort unmittelbar an die soeben dargestellten Regelungen zu den Lieferservices an.
Die RPS geht davon aus, dass Online-Kundenkontakte einige neue Spielregeln voraussetzen.[1159] Man habe die nicht aufzuhaltende Verbreitung dieses Vertriebsweges und das gleichzeitige Fehlen einheitlicher Standards erkannt.[1160] Die Richtlinien wurden in Zusammenarbeit mit dem Internet-Anbieter Pharmacy2U entwickelt, um auch den Bedürfnissen der Praxis gerecht zu werden. Ziel der Richtlinien ist es, einen ebenso hohen Qualitätsstandard für den Internethandel mit Arzneimitteln zu gewährleisten, wie er für traditionelle Vertriebswege besteht. Die bestehenden Vorschriften hielt man dabei nicht für ausreichend.

[1157] Das *Fact Sheet: Seven - Home Delivery*,
unter: http://www.rpsgb.org.uk/pdfs/profstanfactsheet7.pdf
Zur Bedeutung der bisher veröffentlichten 11 *fact sheets* bereits V. 1. c) (cc) dieser Arbeit.

[1158] Zur Neufassung und Gliederung des CoE bereits V. 1. c) (cc) dieser Arbeit; der Artikel *Standards of Good Professional Practice*, Pharmaceutical Journal 2000, Vol. 264, S. 9ff; *Dajani*, Pharmaceutical Journal 2000, Vol. 265, S. 132f.

[1159] So wird eine Sprecherin der RPS zitiert bei *Striegler*, Pharmazeutische Zeitung 5/2000, unter: http://www. pharmazeutische-zeitung.de/pza/2000-05/pol2.htm

[1160] *Schäfers/Kaesbach*, Die BKK 2000, S. 206

(bb) Standard 9: On-line pharmacy services[1161]

Standard 9 wird eingeleitet mit :
Die Allgemeinheit darf eine gleich hohe Qualität der pharmazeutischen Versorgung erwarten, unabhängig davon, ob die Dienstleistung online oder von Angesicht zu Angesicht in der örtlichen Apotheke angeboten wird. Der Apotheker hat jederzeit im besten Patienteninteresse zu handeln und eine bestmögliche Gesundheitsversorgung anzubieten. WebSites von Apotheken müssen den Namen des Inhabers und die Adresse der Apotheke deutlich erkennen lassen. Zusätzlich zur Einhaltung aller anderen Berufsstandards zu Verkauf und Abgabe von apothekenpflichtigen Arzneimitteln muss der Apotheker das Folgende beachten:[1162]

Relevant ist hier neben den Regelungen des CoE auch ein von der RPS im August 2001 veröffentlichtes *fact sheet*, welches als Auslegungshilfe herangezogen werden kann.[1163] Dieses *Fact Sheet: Eight - Pharmacy and the Internet*[1164] wird im Folgenden zur Erläuterung der Richtlinien herangezogen werden.

(1) Security/confidentiality - Sicherheit/Datenschutz

Richtlinie 9 (a) CoE[1165] lautet:
(i) Apotheker haben den Datenschutz und die Vertraulichkeit aller Patienteninformationen sicherzustellen. Jede Übertragung von Patientendaten

---

[1161] Die folgenden Übersetzungen sind eigene Übersetzungen der Verfasserin.

[1162] The public is entitled to expect the same high quality pharmaceutical care irrespective of whether the service is provided on-line or face-to-face on pharmacy premises. At all times pharmacists must act in the best interests of the patient and seek to provide the best possible health care. Pharmacy websites must clearly display the name of the owner of the business and the address of the pharmacy at which the business is conducted. In addition to complying with all other professional requirements relating to the sale or supply of medicines pharmacists must ensure compliance with the following:

[1163] Zur Bedeutung der bisher veröffentlichten 11 *fact sheets* bereits unter V. 1. c) (cc) dieser Arbeit.

[1164] Das *Fact Sheet: Eight - Pharmacy and the Internet*
unter: http://www.rpsgb.org.uk/pdfs/profstanfactsheet8.pdf

[1165] **Security/confidentiality**
(i) Pharmacists must ensure that the confidentiality and integrity of all patient information is protected. All patient data transmissions must be encrypted to prevent the possibility of access by the internet service provider or any other unauthorised party;
(ii) National Health Service patient data must comply with security standards and other requirements determined by the NHS Executive.

muss verschlüsselt erfolgen, um einem möglichen Zugriff durch Internet-Service-Provider oder andere unautorisierte Parteien vorzubeugen.
(ii) Patientendaten des National Health Service müssen mit den Sicherheitsstandards und anderen Anforderungen übereinstimmen, die durch die NHS Verwaltung aufgestellt werden.

Das zugehörige fact sheet konkretisiert dies insofern, als dass es gilt, jeden zufälligen oder absichtlichen Zugriff unberechtigter Personen auf die Kundendaten zu verhindern. Es wird klargestellt, dass die gleichen Sicherheitsstandards wie für jeden Datenaustausch innerhalb des NHS gelten.[1166]

(2) Request for supply of medicines - Nachfrage nach der Abgabe von Medikamenten

Richtlinie 9 (b) CoE[1167] lautet:
(i) In allen Fällen, in denen ein apothekenpflichtiges Arzneimittel nachgefragt oder empfohlen wird, hat der Apotheker sicherzustellen, dass ihm ausreichende Information zur Verfügung steht, um eine professionelle Beurteilung der Bestellung und eine angemessene Beratung zu ermöglichen.
Eine Kaufberatung muss auch allen potentiellen Käufern von Produkten der General Sale List sowie von Vitamin- und Mineralstoffpräparaten angeboten werden.
(ii) Apotheker, die online Apothekendienste erbringen, sind gehalten, dem Patienten zu raten, sich an eine herkömmliche Apotheke zu wenden, wann immer die Nachfrage nach einem Medikament oder die beschriebenen Symptome es nahe legen, dass den Interessen des Patienten mit einer Beratung von Angesicht zu Angesicht besser gedient ist.

Standard 9 (b) (ii) macht deutlich, dass der bereits mehrfach angesprochene Grundsatz der Beratung von Angesicht zu Angesicht auch im englischen Recht gilt und trotz der Zulässigkeit der Internet-Apotheke weiterbesteht. Durch die Verpflichtung des Internet-Apothekers, dem Kunden erforderlichenfalls den Besuch der örtlichen Apotheke nahe-zulegen, soll sichergestellt werden, dass der bei jedem Kauf über das Internet bestehende Nachteil des fehlenden persönlichen Kontakts nicht zulasten des Patienten geht.

1166 *Fact Sheet: Eight - Pharmacy and the Internet*, S. 4, dazu schon Fn. 1164.

1167 **Request for supply of medicines**
(i) In all cases where a pharmacy medicine is requested or recommended, pharmacists must ensure that sufficient information is available to enable a professional assessment of the request and that they have an opportunity to provide appropriate counselling or advice. Advice must be available to all prospective purchasers of general sale list medicines and vitamin and mineral supplements;
(ii) Pharmacists providing on-line pharmacy services must advise patients to consult a convenient pharmacy whenever a request for a medicine or the symptoms described indicate that the patient's interests would be better served by a face-to-face consultation.

Eine Gefahr besteht sicherlich dann, wenn die Verweisung eines Kunden an eine örtliche Apotheke für den Internet-Apotheker bedeutet, dass er den sich anbahnenden Kaufvertrag nicht abschließen kann oder er den Patienten gar als Kunden verliert. Es bleibt offen, welche Maßstäbe der Internet-Apotheker dabei anzulegen hat und ob sein Verhalten überprüft werden kann.

In der Praxis finden sich zahlreiche Formulierungsbeispiele.
So fordert *Allcures* in seinen terms & conditions auf:
Sie müssen Ihren Arzt oder Apotheker aufsuchen, wenn Sie unsicher sind bei der Einnahme, der Anwendung oder der Gabe eines Arzneimittels oder wenn die infolge einer auf dieser WebSite gelesenen Information handeln oder Sie sich auf eine solche verlassen. Lesen Sie immer den Beipackzettel.[1168]

Der Anbieter *infoHealth* leitet seine AGB ein mit:
Sollten Sie Fragen betreffend Ihre Gesundheit haben, suchen Sie bitte sofort Ihren Arzt oder Apotheker auf oder rufen Sie ihn an. Sie sollten niemals ärztlichen Rat missachten oder zögern, solchen zu erhalten, wegen etwas, was Sie hier (auf dieser WebSite) *gelesen haben.*[1169]

In der ersten Fassung dieses Standards war noch die Formulierung enthalten:

> *In allen Fällen, in denen ein apothekenpflichtiges Medikament nachgefragt oder empfohlen wird, ist ein dem Produkt entsprechender Fragebogen auszufüllen.*

Dies findet man in der Neufassung des CoE nicht mehr, und ist wohl durch den allgemeiner gehaltenen Standard 9 (b) (i) ersetzt. Danach ist der Apotheker gehalten, sich selbst um alle für eine professionelle Beurteilung erforderlichen Informationen zu bemühen, was ja auch Sinn eines Patientenfragebogens gewesen wäre. Allerdings empfiehlt der fact sheet nachdrücklich das Ausfüllen eines Fragebogens (*health screening questionnaire*).[1170]

[1168] *You must consult your healthcare professional, doctor or pharmacist if you are unsure about taking, using or giving of a particular medication or acting or relying on any information obtained from this web site. Always read the label of any products purchased.*

[1169] *Should you have any healthcare-related question, please call or see your doctor, pharmacist or other qualified healthcare professional promptly. You should never disregard medical advice or delay in seeking it because of something you have read here.* Die terms & conditions von *infoHealth* unter: https://www.infohealth.co.uk/cgi-bin/eph.pl/terms.htm

[1170] Dazu auch *Kennedy*, Society for Computers & Law Electronic Magazine, 2000, Issue 3, S. 4ff.

Hinsichtlich der GLS Arzneimittel sowie Vitamin- und Mineralstoffpräparaten weist der fact sheet darauf hin, dass die selben Anforderungen gelten, wie sie auch an die Beratung in der örtlichen Apotheke gestellt werden.[1171]

(3) Information and advice - Information und Beratung

Richtlinie 9 (c) CoE[1172] lautet:
(i) Jede produktspezifische Information muss der Zulassung, dem Beipackzettel und den Werberichtlinien entsprechen.
(ii) Medikamenteninformationen müssen alle relevanten Angaben über Gegenanzeigen und Nebenwirkungen enthalten.
(iii) Allgemeine Gesundheitsberatung auf einer WebSite, die die Behandlung bestimmter Symptome oder Zustände, Erste Hilfe, Reisevorsorge etc. betrifft, muss qualitativ hochwertig sein; zudem muss der Apotheker erkennbar werden, der die persönliche Verantwortung für die Bereitstellung dieser Beratung trägt.
(iv) Produktempfehlungen dürfen nur einzelnen Patienten gegeben werden, zudem muss der Apotheker, der die persönliche Verantwortung für diese Empfehlung trägt, die Daten aufbewahren.
(v) Bevor ein Patient ein apotheken- oder verschreibungspflichtiges Arzneimittel erhält, muss der Apotheker sicherstellen, dass der Patient ausreichend informiert ist, um sicher und erfolgversprechend mit dem Arzneimittel umgehen zu können.
Die Mechanismen für den Umgang mit Arzneimittelnachfragen und/oder die Liefermechanismen müssen sicherstellen, dass dies geschieht.

Der fact sheet fügt dem nichts hinzu, es werden lediglich diese Formulierungen wiederholt.

[1171] *Fact Sheet: Eight - Pharmacy and the Internet*, S. 3, dazu schon Fn. 1164.

[1172] **Information and advice**
(i) All information related to specific products must comply with the marketing authorisation, the patient information leaflet and the Medicines (Advertising) Regulations.
(ii) Information relating to medicines must include all relevant details of contra-indications and side-effects.
(iii) Non-patient specific health care advice, such as that relating to the treatment of symptoms or specific conditions, first aid, travel precautions, etc, provided on pharmacy web sites must be of a high professional standard and the pharmacist assuming professional responsibility for the provision of that advice must be identified.
(iv) Product recommendations may only be given in respect of individual patients and a record must be kept of the pharmacist assuming professional responsibility for the recommendation.
(v) Before a patient receives a pharmacy or prescription only medicine pharmacists must ensure that the patient receives sufficient information to enable the safe and effective use of the medicine. Procedures for dealing with requests for supplies of medicines and/or delivery arrangements must ensure that this occurs;

(4) Record keeping - Aufbewahrung von Daten

Richtlinie 9 (d) CoE[1173] lautet:
(i) Der Apotheker ist verpflichtet, die Daten über die Abgabe von Arzneimitteln in solcher Weise aufzubewahren, dass er der Gefahr eines Arzneimittelmissbrauchs entgegen wirken kann.
(ii) Die Daten müssen denjenigen Apotheker erkennen lassen, der die Entscheidung zur Abgabe eines apotheken- oder verschreibungspflichtigen Arzneimittels aufgrund einer Email-Bestellung getroffen hat.

Der Apotheker ist demnach verpflichtet, jede über das Internet gegebene produktspezifische Empfehlung schriftlich zu protokollieren. Damit soll sichergestellt werden, dass auch bei Apothekenketten ein einzelner Apotheker die Verantwortung für die Beratung übernimmt.
Die erste Fassung dieser Regelung enthielt noch eine etwas detailliertere Formulierung, wonach alle Daten des Käufers, Angaben zu den Arzneimitteln und Angaben dazu, warum die Entscheidung, ein apothekenpflichtiges Arzneimittel abzugeben, getroffen wurde, zwei Jahre lang aufzubewahren waren.

Die Verpflichtung zur Aufbewahrung von Daten erfolgt auch vor dem Hintergrund, strafrechtlich relevantes Verhalten verfolgen zu können. So geht die RPS davon aus, dass der Online-Handel mit verschreibungspflichtigen Arzneimitteln die Zahl der Rezeptfälschungen erhöhen wird.[1174]

(5) Sonstiges

Die ursprüngliche Fassung der Richtlinien enthielt noch einen ausdrücklichen Hinweis darauf, für ausreichenden Versicherungsschutz zu sorgen (*insurance arrangements*)[1175]. Die Empfehlung, eine Berufshaftpflichtversicherung abzuschließen, erfolgte auch vor dem Hintergrund, dass Internetapotheker vermutlich häufiger mit juristischen Auseinandersetzungen betroffen sein werden als örtliche Apotheker.[1176]

[1173] **Record keeping**
(i) The pharmacy must maintain information about supplies of medicines sufficient to guard against risks of abuse or misuse;
(ii) Records must be kept to identify the pharmacist authorising every supply of a P or POM medicine following an e-mail request to purchase.

[1174] *Striegler*, Pharmazeutische Zeitung 5/2000, siehe dazu schon Fn. 1161.

[1175] Pharmacists offering on-line pharmacy services are reminded to ensure that they have adequate professional indemnity insurance arrangements in place to cover on-line services.

[1176] *Striegler*, Pharmazeutische Zeitung 5/2000, dazu Fn. 1161 dieser Arbeit.

Der fact sheet fordert den Apotheker schließlich auf, jede online angebotene Dienstleistung und Information regelmäßig auf Richtigkeit und Aktualität hin zu überprüfen.[1177]

(cc) Beurteilung der Richtlinien für Internet-Apotheken

Die dargestellten Regelungen sollen den zusätzlichen Erfordernissen des Verbrauchers und Patienten, der im Internet einkauft, Rechnung tragen. Kernfrage ist daher die Gewährleistung eines umfassenden Informationsaustauschs zwischen Apotheker und Verbraucher, die sich nicht gegenüber stehen.

An mehreren Stellen weisen diese Richtlinien ausdrücklich darauf hin, dass alle Regelungen, die auf herkömmliche Apotheken anzuwenden sind, auch vom Internet-Apotheker beachtet werden müssen. Dies vermag angesichts der Selbstverständlichkeit dessen zu erstaunen, zeigt aber mehr: Zum einen lässt dies die Besorgnis des Gesetzgebers vermuten, dass gerade das Medium des Internets einen Anbieter zu einem Abweichen von strengen Vorschriften zu seinen Gunsten verleiten mag. Zum anderen wird auch das Bestreben des Gesetzgebers deutlich, dem Verbraucher zu versichern, dass er in gleicher Weise wie beim Kauf in der örtlichen Apotheke auf den Schutz seiner Belange vertrauen darf.

In Großbritannien werden allerdings vermehrt Stimmen laut, die sich enttäuscht über die Entwicklung der *E-Pharmacies* in den letzten Jahren zeigen. Bisher habe die Internet-Apotheke, vielleicht mit Ausnahme des Anbieters Pharmacy2U, es nicht geschafft, in Europa Anklang zu finden. Damit habe sich andererseits auch mit Blick auf die aufgeregte Diskussion vor 2 - 3 Jahren gezeigt, dass *nicht alle Alptraum-Szenarien Wirklichkeit werden* würden.[1178] In der Literatur finden sich kritische Stimmen, die der an Effizienz und Rationalisierung orientierten Internet-Apotheke den Charakter eines Schnellrestaurants zusprechen.[1179] Die Kommerzialisierung untergrabe den Beruf des Apothekers.[1180] Zudem sei vermehrt zu beobachten, dass gefährliche, verschreibungspflichtige Arzneimittel ohne ausreichende Kontrolle von in

---

[1177] *Fact Sheet: Eight - Pharmacy and the Internet*, S. 5, dazu schon Fn. 1164 dieser Arbeit.

[1178] *Mulholland*, Pharmaceutical Journal 2002, S. 111

[1179] *Harding/Taylor*, Pharmaceutical Journal, Vol 265, 2000, S. 603, zwei Londoner Pharmazieprofessoren, sprechen von McDonaldisation und McPharmacy.

[1180] *Rahman*, Pharmaceutical Journal 2001, Vol. 266, S. 464f

Großbritannien ansässigen Anbietern vertrieben würden.[1181] Dabei wird vor allem beklagt, dass Kontrollbehörden, insbesondere die *Medicines Control Agency*, nicht strikt genug gegen unseriöse Anbieter vorgehen.

Tatsächlich finden sich im CoE keine Kontrollmechanismen für Internet-Apotheken. Zwar wird jeder Anbieter verpflichtet, die Daten seiner Verkäufe aufzubewahren. Wie, durch wen und nach welchen Kriterien hier eine Überprüfung stattfinden kann, bleibt aber offen. Auch die Möglichkeit von Zertifizierungen für qualifizierte Internet-Apotheken, die dem Besucher einer WebSite Hilfestellung bei der Beurteilung der Zuverlässigkeit eines Anbieters geben könnten, wird nicht angedacht.

e) Fazit

Das wesentliche Besorgnis des deutschen Gesetzgebers, den Versand von Arzneimitteln zu verbieten, ist die Sicherstellung der Beratung des Kunden durch den Apotheker.

Auch das englische Recht geht davon aus, dass der Kontakt zwischen Apotheker und Kunde von Angesicht zu Angesicht (*face-to-face*) nach wie vor der Grundsatz sein soll.

Um dem Kunden und der Wirtschaft die Vorteile des Internet zu eröffnen, hat man sich aber dafür entschieden, auch diesen Vertriebsweg zugänglich zu machen. Den davon unzweifelhaft ausgehenden Gefahren, etwa für die Arzneimittelsicherheit und den Verbraucherschutz, begegnet man also nicht mit einem generellen Verbot, sondern mit eigens entwickelten, berufsrechtlich bedeutsamen Richtlinien. Der englische Gesetzgeber ist bisher nicht aktiv geworden, vielmehr wird hier durch Selbstregulierung ein hoher Berufsstandard angestrebt.

Die Rechtslage in Deutschland und Großbritannien zum E-Commerce mit Arzneimitteln hat sich somit bei gleichem Ausgangspunkt gänzlich konträr entwickelt. Die Ursache dafür mag man in der grundsätzlich etwas liberaleren Haltung der Briten beim Verbraucherschutz sehen. Sicherlich spielt auch die jeweilige Haltung der Apothekerverbände eine wichtige Rolle. Schließlich hat auch die Ausprägung von Apothekenketten in Großbritannien dazu beigetragen, dass hier früher das Bedürfnis nach Synergieeffekten entstand und ein stärkeres Lobbying zugunsten des E-Commerce aus den Reihen der Apotheker heraus[1182] betrieben wurde.

[1181] Der Artikel *Britische Behörden warnen vor Scharlatanen im Internet*, ÄrzteZeitung, 17.01.2002, unter: http://www.aerztezeitung.de/docs/2001/01/17/008a1401.asp; *Boseley*, The Guardian, 11.02.2002,
unter: http://media.guardian.co.uk/newmedia/story/0,7496,648400,00.html

[1182] *Adam Smith Institute*, Pharmaceutical Journal 2001, Vol. 267, S. 236

VI. Zusammenfassung

Das deutsche Recht sieht in § 43 I AMG ein Versandverbot für Arzneimittel vor mit der Folge, dass auch der E-Commerce nicht zulässig ist. Die grundsätzlich in Betracht kommenden Ausnahmen insbesondere nach § 73 II Nr. 6a AMG und § 17 II ApBetrO führen nicht zu einem anderen Ergebnis.

Allerdings ist § 43 I AMG nicht mit der Grundfreiheit des Freien Warenverkehrs nach Art. 28 EGV vereinbar, denn eine Rechtfertigung über Art. 30 EGV scheitert an der Unverhältnismäßigkeit des Versandverbots. Dieses ist nicht erforderlich, um einen wirksamen Gesundheits- und Verbraucherschutz zu gewährleisten, da aus der Kombination dargestellter Einzelmaßnahmen ein Regelungswerk geschaffen werden kann, welches sich gegenüber einem gänzlichen Verbot des Vertriebsweges E-Commerce als milderes Mittel darstellen würde.
Daraus folgt, dass aufgrund des Anwendungsvorranges des Europarechts das Versandverbot nach § 43 I AMG im grenzüberschreitenden Warenverkehr nicht anwendbar ist. Um erhebliche Wettbewerbsnachteile für deutsche Anbieter zu verhindern, sollte der deutsche Gesetzgeber das Versandverbot für Arzneimittel aufheben. Dass dies nicht mit einer Gefährdung der Gesundheit der Bevölkerung und Einschränkungen beim Verbraucherschutz einhergehen muss, wurde bei der Prüfung der Verhältnismäßigkeit und der Darstellung milderer Mittel deutlich.

Eine Regelungslücke ist dann nicht zu befürchten, wenn man zum einen die Geltung der von jeder örtlichen Apotheke zu beachtenden Vorschriften auch für die Internet-Apotheke als selbstverständlich zugrunde legt.
Um den Gefahren insbesondere aufgrund des geänderten Informationsbedarfs bei sich nicht von Angesicht zu Angesicht gegenüberstehenden Vertragspartnern zu begegnen, bedarf es aber auch zusätzlicher Regelungen. Zahlreiche Informationspflichten bestehen EU-weit einheitlich bereits aufgrund der Fernabsatzrichtlinie, erweitert durch die E-Commerce-Richtlinie. Kombiniert mit den bei jeden Arzneimittelkauf erforderlichen Angaben kann dies eine ausreichende Grundlage bilden.

Der rechtliche Rahmen für das Pharmazierecht ist in Deutschland und Großbritannien nicht derselbe, aber vergleichbar und durch EU-Richtlinien in vielen Bereichen harmonisiert. Für verbraucherschutzrelevante Aspekte des E-Commerce ist die Vereinheitlichung in noch weiterem Maße vorangeschritten. Daher kann die in Großbritannien für den E-Commerce mit Arzneimitteln gefundene Lösung trotz ihrer Kritikwürdigkeit im Einzelnen als Beispiel dienen.

In § 17 II ApBetrO hat der Gesetzgeber auch bereits angedeutet, dass er eine Regelung im Ansatz durchaus für formulierbar hält. Danach ist bei der Zustellung durch Boten dafür Sorge zu tragen, dass die Arzneimittel dem Empfänger *in zuverlässiger Weise* ausgeliefert werden.
Der Sachverständigenrat im Gesundheitswesen geht davon aus, dass unabhängig vom Ausgang der laufenden Rechtsstreits vor deutschen Gerichten sich auch in Deutschland *der E-Commerce mit Arzneimitteln auf mittlere Frist nicht aufhalten lassen* wird.[1183] Selbst das LG Frankfurt hat in seiner Entscheidung, nach der der E-Commerce mit Arzneimitteln in Übereinstimmung mit den Ergebnissen dieser Arbeit nach deutschen Recht nicht zulässig ist, eingeräumt, dass dieses Verbot *möglicherweise nicht für alle Zukunft aufrecht erhalten werden kann.*[1184] Auch in der Literatur finden sich Stimmen, denen zufolge die zur Zeit geführte Diskussion in wenigen Jahren schon nicht mehr nachvollziehbar sein wird.[1185]

Schließlich darf das überkommene Berufsbild des der Gesundheitsversorgung der Bevölkerung dienenden Apothekers keinesfalls statisch verstanden werden.[1186] Denn der E-Commerce mit Arzneimitteln bringt nicht nur Gefahren mit sich, denen -wie dargestellt- wirksam begegnet werden kann, sondern auch Vorteile für jeden Kunden und jeden Apotheker. Der Verbraucherschutz kann durch strenge Richtlinien und Kontrollen letztlich besser gewährleistet werden als durch ein striktes Verbot, das einen interessierten Kunden zu illegalem Handeln verleiten mag und die deutschen Anbieter benachteiligt. Denn diese können sich nicht frühzeitig auf einen neuen Vertriebsweg einstellen und die Erfahrungen sammeln, die ausländische Anbieter jedenfalls beim Verkauf innerhalb ihres Landes schon haben.

Not tut es aber, den Verbraucher in die Lage zu versetzen, zu erkennen, ob er an einen Anbieter geraten ist, der sich an die geltenden Bestimmungen hält. Hier sind Zertifizierungen eine gute, aber entwicklungsbedürftige Möglichkeit. In einigen Rechtsordnungen, beispielsweise in den USA, Neuseeland oder der Schweiz, werden Mechanismen zur besonderen Zulassung und Kontrolle von Internet-Apotheken schon angewendet oder angedacht.

[1183] *Sachverständigenrat für die Konzertierte Aktion im Gesundheitswesen*, Bedarfsgerechtigkeit und Wirtschaftlichkeit: Zur Steigerung von Effizienz und Effektivität der Arzneimittelversorgung in der gesetzlichen Krankenversicherung (GKV), Addendum zum Gutachten 2000/2001(=BT-Drucksache 14-8205 vom 05.02.2002), S. 39

[1184] LG Frankfurt, Urteil vom 09.11.2000, Az: 2-03 O 365/00, K&R 2001, S. 153, 155 (Internetapotheke I)

[1185] *Hovermann*, Die BKK 2001, S. 180

[1186] *Taupitz*, Standesordnungen, 1991, S. 918

Zur notwendigen Aufklärung der Verbraucher kann auch eine europaweite Informationskampagne beitragen.[1187] Hier ist die Aufklärung und Sensibilisierung der Verbraucher ein Aspekt, der gerade beim E-Commerce besonderer Anstrengung bedarf.
Dies muss selbst dann gelten, wenn man davon ausgeht, dass für Versandapotheker hinreichend ökonomische Anreize bestehen, die Qualitäts- und Sicherheitserwartungen der neugewonnenen Kunden nicht zu enttäuschen.

Solange eine europarechtlich einheitliche Regelung nicht gefunden ist, muss ein Anbieter garantieren, dass er sich nach dem Recht des Staates richtet, das die strengeren Anforderungen stellt.
Zugleich verstärken die gegensätzlichen Rechtslagen in Großbritannien und Deutschland aber einmal mehr die bestehende Rechtsunsicherheit für den Kunden. Der nicht rechtskundige Verbraucher wird umso mehr verunsichert, wenn der E-Commerce mit Arzneimitteln in einem Land erlaubt, in einem anderen aber strikt verboten ist.

Im Interesse eines umfassenden Gesundheitsschutzes der Bevölkerung, der Arzneimittelsicherheit und des Verbraucherschutzes muss eine zumindest europaweite Regelung das Ziel sein. Die Gemeinschaft hat nach der hier vertretenen Ansicht auch die erforderliche Kompetenz, um eine Richtlinie für den E-Commerce mit Arzneimitteln zu schaffen.
Zugleich kann durch eine höhere Rechtssicherheit auch der Vertriebsweg des E-Commerce als neuer Wirtschaftszweig gefördert werden.

[1187] So auch *Stewens*, in: *Stein*, Perspektiven, 2002, S. 11; *Schäfers / Kaesbach*, Die BKK 2001, S. 208

ANHANG I

Auszug aus dem Code of Ethics (CoE),
abgedruckt in: Pharmaceutical Journal 2001, Vol. 266, S. 590 - 596

...

8. Delivery services

A delivery service is one where medicines are handed over to a patient or their carer other than on the registered pharmacy premises. The provisions detailed in this service specification also apply to rural collection points. On each occasion a service is requested pharmacists must use their professional judgement to assess whether direct face-to-face contact with the patient or their carer is necessary.
In addition to complying with all other professional requirements relating to the sale or supply of medicines pharmacists are responsible for ensuring that the delivery mechanisms used:
(a) are safe and that the medicines will be delivered promptly to the intended recipient with instructions for use. Unless alternative delivery arrangements have been made, medicines must only be handed over to the patient or their carer and before doing so the delivery person must confirm with the patient or their carer that the name and address of the patient is correct;
(b) cater for any special storage requirements of the product;
(c) enable a verifiable audit trail to be kept identifying the initial request for the service and each delivery and attempted delivery so that the service can be monitored. Wherever possible a signature should be obtained indicating safe delivery of the medicines.

9. On-line pharmacy services

The public is entitled to expect the same high quality pharmaceutical care irrespective of whether the service is provided on-line or face-to-face on pharmacy premises. At all times pharmacists must act in the best interests of the patient and seek to provide the best possible health care.
Pharmacy websites must clearly display the name of the owner of the business and the address of the pharmacy at which the business is conducted.
In addition to complying with all other professional requirements relating to the sale or supply of medicines pharmacists must ensure compliance with the following:
(a) Security and confidentiality
(i) Pharmacists must ensure that the confidentiality and integrity of all patient information is protected. All patient data transmissions must be encrypted to prevent the possibility of access by the internet service provider or any other unauthorised party;
(ii) National Health Service patient data must comply with security standards and other requirements determined by the NHS Executive;

(b) Request for supply of medicines
(i) In all cases where a pharmacy medicine is requested or recommended, pharmacists must ensure that sufficient information is available to enable a professional assessment of the request and that they have an opportunity to provide appropriate counselling or advice. Advice must be available to all prospective purchasers of general sale list medicines and vitamin and mineral supplements;
(ii) Pharmacists providing on-line pharmacy services must advise patients to consult a convenient pharmacy whenever a request for a medicine or the symptoms described indicate that the patient's interests would be better served by a face-to-face consultation;
(c) Information and advice
(i) All information related to specific products must comply with the marketing authorisation, the patient information leaflet and the Medicines (Advertising) Regulations;
(ii) Information relating to medicines must include all relevant details of contra-indications and side-effects;
(iii) Non-patient specific health care advice, such as that relating to the treatment of symptoms or specific conditions, first aid, travel precautions, etc, provided on pharmacy web sites must be of a high professional standard and the pharmacist assuming professional responsibility for the provision of that advice must be identified;
(iv) Product recommendations may only be given in respect of individual patients and a record must be kept of the pharmacist assuming professional responsibility for the recommendation;
(v) Before a patient receives a pharmacy or prescription only medicine pharmacists must ensure that the patient receives sufficient information to enable the safe and effective use of the medicine. Procedures for dealing with requests for supplies of medicines and/or delivery arrangements must ensure that this occurs;
(d) Record keeping
(i) The pharmacy must maintain information about supplies of medicines sufficient to guard against risks of abuse or misuse;
(ii) Records must be kept to identify the pharmacist authorising every supply of a P or POM medicine following an e-mail request to purchase.
...

ANHANG II

Zusammenstellung einiger Internetadressen

Diese Zusammenstellung möchte einen Überblick über Internetapotheken, Apotheken im Internet und Gesundheitsinformationen geben und damit dem Interessierten eine Starthilfe sein. Sie erhebt keinen Anspruch auf Vollständigkeit.

I. Apotheken

1. Internet-Apotheken:

DocMorris (int.)	http://www.0800docmorris.com
Apothuis (NL)	http://www.apothuis.nl
Pharmacy2U(UK)	http://www.pharmacy2u.co.uk
Allcures (UK)	http://www.allcures.com oder http://www.allpharmacy.com
Elliott´s Pharmacy (UK)	http://www.elliottspharmacy.co.uk
infoHealth (UK)	http://www.infohealth.co.uk
PharmacyDirect (UK)	http://www.pharmacydirect.co.uk
MediService (CH)	http://www.mediservice.ch
Viktoria Apotheke (CH)	http://www.pharmaworld.com
apotheke.de	http://www.apotheke.de
gefion.de	http://www.gefion.de
ApoCy	http://www.apocy-internetapotheke.de
ApothekeLife	http://www.apothekelife.de
PharmaShopping	http://www.pharma-shopping.de/index.php
Widukind Apotheke	http://bs.cyty.com/widukind (freiverkäufliche Arzneimittel)
Glebe Apothecary Inc. (Ca)	http://www.feelbest.com
PharmacyOnline (Ca)	http://www.pharmacy-online.ca
Pharmacy downunder (NZ)	http://www.e-pharmacydirect.com
NetChemist (NZ)	http://www.netchemist.co.nz

MedcoHealth (USA)	http://www.merck-medco.com
SeniorDrugs (USA)	http://www.e-pharmacy.md
PlanetPillstore (int.)	http://www.planetpillstore.com
MedExpress (USA)	http://www.polypharmacy.com
WebDrugs (USA)	http://www.webdrugs.com
CyberPharmacy (int.)	http://www.cyberpharmacy.com

Übersichten über mehrere hundert weltweite und insbesondere US-Anbieter:

http://dmoz.org/Shopping/Health/Pharmacy/Online_Pharmacies

http://www.pharmweb.net/pwmirror/pwb/detail/pharmwebb_mdp.html

2. Apotheken im Netz

deutschlandweiter Notdienstkalender	http://www.apotheker-notdienst.de http://www.apothekennotdienst.de
Internetservice für Apotheken	http://www.apomedia.de
eCom Service AG	http://www.ecom-ag.de
Apothekenfinder	http://www.aponet.de/apofinder

Übersicht über 630 deutsche Apotheken mit eigener WebSite nach Orten gelistet:
http://www.dino-online.de/dino/Fitness_&_Gesundheit/Unternehmen/Apotheken/Deutschland/

Übersichten über zahlreiche deutsche Apotheken mit eigener WebSite
http://sozial.de/wochenthema/thema_der_woche_links_pillen.php3
http://pharma.seiten.de/apotheken/index.html

Übersicht über viele Apotheken mit eigener WebSite in Deutschland, Österreich und der Schweiz http://www.bellnet.de/suchen/gesund/apotheken

II. Gesundheitsinformationen

Diese WebSites bieten Gesundheitsinformationen an, teilweise nach kostenlosem Abonnement, und Newsletter.

1. Deutschland

Medizin Forum AG	http://www.alldruxx.de
Gesundheitsscout24	http://www.gesundheitscout24.de
TopFit24	http://www.topfit24.de
Apotheken.de	http://www.apotheken.de
Almeda	http://www.almeda.de
Welt der Gesundheit	http://www.gesundheit.com
Lifeline	http://www.lifeline.de
Deutsches Medizin Forum	http://www.medizin-forum.de
MediMedia	http://www.meine-gesundheit.de
NetDoktor	http://www.netdoktor.de
Pharma aktuell	http://www.pharma-aktuell.de
Yavivo	http://yavivo.lifeline.de

2. International

Reuters	http://www.reutershealth.com
CNN	http://www.cnn.com/HEALTH
MSN	http://www.msn.de/gesundheit/ratgeber/default.asp
Medscape	http://www.medscape.com

Medscape, speziell zu Medikamenten
http://www.medscape.com/Home/network/pharmacists/pharmacists.html

PocketDoctor	http://www.pocketdoctor.co.uk
ukHealthCare	http://www.healthcentre.org.uk/hc/index.html
DrugInfoNet	http://www.druginfonet.com
EyeforPharma	http://www.eyeforpharma.com
WebMDHealth	http://my.webmd.com
Yahoo	http://health.yahoo.com

ANHANG III:

LITERATURVERZEICHNIS

Internet-Zitate werden unter Angabe des *Uniform Ressource Locator* - URL angegeben. Die letzte Überprüfung der Adressen durch die Verfasserin erfolgte im Juli 2003.
Angesichts der rasanten Rechtsentwicklung im Internetrecht wird dort ein Schwerpunkt auf die Literatur der letzten drei Jahre gelegt.

ABDA — Arzneimittelversorgung in der GKV, Stand Dezember 2000, unter: http://www.abda.de/ABDA/download/allgemeines/Arzneimittelversorgung.pdf

ders. — Grundsatzpositionen der Apotheker, 01.04.2002, unter: http://www.abda.de/ABDA/artikel.html?ID=343

ders. — Jahresbericht 1999/2000, Eschborn 2000, unter: http://www.abda.de/ABDA/download/allgemeines/Jahresbericht_99_2000.pdf

Adam Smith Institute — Managing Medicines Better - Smarter Purchasing and Distribution, Pharmaceutical Journal 2001, Vol. 267, S. 235f

Ahrens, Hans-Jürgen — Das Herkunftslandprinzip in der E-Commerce-Richtlinie, CR 2000, S. 835 - 841

Anlauf, Markus — Krankenversicherung, Anreize im Gesundheitswesen und Konsumentenwohlfahrt, Aachen 2001

Aragón, Aurora Rodríguez / Grewlich, Klaus W. / Di Pietrantonio, Loris — Competing Telecommunications and Cyber Regulation: Is There a Need for Transatlantic Regulatory Framework?, International Journal of Telecommunications Law and Policy, Issue 3, 1999, S 1 - 15

Arbeitsgemeinschaft der Verbraucherverbände e.V. — Positionspapier Internethandel mit Medikamenten: In Europa Qualität sichern & Chancen für Verbraucher nutzen, unter: http://www.medikamenteninformation.de/verbraucher/agv.htm

Arndt, Hans-Wolfgang — Europarecht, 5. Auflage, Heidelberg 2001

ders. / Köhler, Markus — Elektronischer Handel nach der E-Commerce-Richtlinie, EWS 2001, S. 102 - 112

Arnold, Erdmuthe	Gute Bilanz und gegen Versandhandel, Pharmazeutische Zeitung 19/2002, vom 07.05.2002, unter: http://www.pharmazeutische-zeitung.de/pza/2002-19/wuh1.htm
Ashurst Morris Crisp / Executive Perspective S.A.	Report für die europäische Kommission Impact of Electronic Commerce on the European Pharmaceutical Sector - An Overview, Brüssel, November 1998 unter: http://pharmacos.eudra.org/F2/smarket/pdf/EU-Pharma-Final.pdf
Bachmann, Birgit	Internet und Internationales Privatrecht - Vertragsschluss und Haftung im Internet, in: *Lehmann, Michael*, Internet- und Multimediarecht (Cyberlaw), Stuttgart 1997, S. 169ff
Bangemann, Martin	3rd Round Table on Completing the Single Market in Pharmaceuticals, Paris 7th December 1998, unter: http://pharmacos.eudra.org/F2/smarket/pdf/Roundt3.pdf
ders.	The Role of the Commission in Stimulating and Sustaining High Tech Growth Industries in Europe, 30.06.1998; unter: http://pharmacos.eudra.org/F2/pharmacos/docs/Berlinsp.pdf
Bartl, Harald	Moderne Dienstleistungen und Recht, Wiesbaden, 1998
Bauer, Eckard	Arzneimittelversorgung in der EU, Pharmazeutische Zeitung 15/2001, S. 10 - 15, auch unter: http://www.pharmazeutische-zeitung.de/pza/2001-15/titel.htm
ders.	Pharma-Länder-Dossiers - Die Arzneimittelversorgung in Europa, Eschborn, 2001
Baumbach, Adolf / Hefermehl, Wolfgang	Wettbewerbsrecht - Gesetz gegen den unlauteren Wettbewerb, Zugabeverordnung, Rabattgesetz und Nebengesetze, 21. Auflage, München 1999
Bausch, Jürgen	Perspektiven des Arzneimittelversandhandels aus ärztlicher Sicht, in: *Stein, Peter*, Perspektiven zur Regelung des Internetversandhandels von Arzneimitteln, München 2002, S. 43 - 45
Becker, Werner	Innovative Pharmakommunikation im Internet-Zeitalter, Wiesbaden, 2000

Bellartz, Thomas	Versandhandel - Auf Biegen und Brechen, Pharmazeutische Zeitung 17/2002, vom 23.04.2002, unter: http://www.pharmazeutische-zeitung.de/pza/2002-17/pol1.htm
ders./ Rücker, Daniel	7,7 Millionen gegen den Versandhandel, Pharmazeutische Zeitung 28/2002, vom 09.07.2002
Bernstorff, Christian, Graf von	Ausgewählte Rechtsprobleme im Electronic Commerce, RIW 2000, S. 14 - 20
Bierekoven, Christiane	Der Vertragsschluss via Internet im internationalen Rechtsverkehr - Zustandekommen, Schriftform, Beweisrecht, Elektronische Signaturverfahren - Deutsche und US-amerikanische Rechtslage, Rechtsvergleich, Internationale Lösungsansätze, Köln u.a. 2001
Blankenberg, Klaus	Online-Arzneimittel in den USA, Die BKK 2001, S. 84 - 87
ders.	Innovative Ansätze zur Patientenberatung in der Arzneimitteltherapie, KrV 2001, S. 98 - 100
Blasius, Helga / Cranz, Hubertus	Arzneimittel und Recht in Europa, Stuttgart 1998
Bundesverband der Pharmazeutischen Industrie	BPI - PharmaDaten 2001, September 2001, unter: http://www.bpi.de/ internet/download/ pharmadaten _2001.pdf
ders.	BPI - PharmaDaten 2000, Broschüre, August 2000, unter: http://www.bpi.de/internet/download /pharmadaten_2000.pdf
Böcken, Jan / Butzlaff, Martin / Esche, Andreas	Reformen im Gesundheitswesen, 2. Auflage, Gütersloh 2001
Borries, Alexander von	Territorialprinzip und Gemeinsamer Markt, in: *Schwarze, Jürgen*, Unverfälschter Wettbewerb für Arzneimittel im europäischen Binnenmarkt, Baden-Baden, 1998
Boseley, Sarah	Dot.com chemists who put lives at risk, The Guradian, 11.02.2002, unter: http://media.guardian.co.uk/newmedia/ story/0,7496,648400,00.html

Brech, Wolfgang — Die Budgetierung von Arznei- und Heilmitteln: Ist die medizinische Versorgung innerhalb der gesetzlichen Krankenkassen gesichert? in: *Taupitz, Jochen / Brewe, Manuela*, Biomedizin im Zeitalter der Globalisierung und Medizinische Versorgung in Zeiten knapper Kassen, Berlin u.a. 2001, S. 79 - 99

Brunner, Ulrich — 8. AMG-Novelle trifft auf Zustimmung, Pharmazeutische Zeitung 15/1998, unter: http://www.pharmazeutische-zeitung.de/pza/1998-15/pol1.htm

ders. — Europäisch, Editorial, Pharmazeutische Zeitung 21/2001, vom 22.05.2001, unter: http://www.pharmazeutische-zeitung.de/pza/2001-21/editor.htm

Bundesverband der Pharmazeutischen Industrie (BPI) — Pharma Daten 2001, Berlin, September 2001, unter: http://www.bpi.de/internet/download/pharmadaten_2000.pdf

ders. — Jahresbericht 2000/2001, unter: http://www.bpi.de/internet/download/jahresbericht_2001.pdf

Buschmann, Peter — Ein neuer Weg - Arzneimittelversandhandel, Schleswig-Holsteinisches Ärzteblatt 04/ 2002, S. 53

Bundesverband der Pharmazeutischen Industrie e.V. — Pharma Daten 2000, Broschüre, Frankfurt a.M., August 2000, unter: http://www.bpi.de/internet/PharmaDaten/2000.pdf

Chissick, Michael / Kelman, Alistair — Electronic Commerce: Law and Practice, 2nd edition, London 2000

Connerty, Anthony — Electronic Commerce: A United Kingdom View, International Company and Commercial Law Review, Special Issue, 1999, S. 65 - 76

Craig, Paul / de Burca, Grainne — EU Law: text, cases, and materials, Oxford, 2nd edition

Cyran, Walter / Rotta, Christian — Apothekenbetriebsordnung - Kommentar, 4. Auflage, Stuttgart, Stand Juli 2000

Dajani, Sultan — IT, e-commerce and pharmac-e!, Pharmaceutical Journal 2000, Vol. 265, S. 132f.

Danner, Günter — Nationalstaatliche Souveränität im Wandel: Europarecht bringt Realität in die Gesundheitsmärkte, KrV 2000, S. 152 - 156

Dauses, Manfred A. Handbuch des EU-Wirtschaftsrechts, Band 1, München, Stand August 2000

Davies, Lars Contract Formation on the Internet, Shattering a few myths, in: *Edwards, Lilian / Waelde, Charlotte*, Law & The Internet, Regulating Cyberspace, 1997

ders. A Model for Internet Regulation? - Constructing a Framework for Regulating Electronic Commerce, Bristol, 1999

Department of Trade & Industry Building Confidence in Electronic Commerce, März 1999

Dickel, Friedhelm Pharmaversandhandel - Problembeschreibung aus der Sicht der Praxis, in: *Meurer, Dieter*, Rechtliche Veränderungen des Wettbewerbs am europäischen Pharmamarkt. Risiken und ihre Vermeidung, Frankfurt a.M. 2000, S. 47 - 50

Dickie, John Internet and Electronic Commerce Law in the European Union, Oxford 1999

Diefenbach, Hans Rudolf Pharmaversandhandel - Problembeschreibung aus der Sicht der Praxis, in: *Meurer, Dieter*, Rechtliche Veränderungen des Wettbewerbs am europäischen Pharmamarkt. Risiken und ihre Vermeidung, Frankfurt a.M. 2000, S. 51 - 65

Diener, Frank Apothekenwirtschaftsbericht - Effiziente Strukturen zum Wohl der Patienten, Pharmazeutische Zeitung, 20/2002 vom 14.05.2002, unter: http://www.pharmazeutische-zeitung.de/pza/2002-20/titel.htm

Dierks, Christian Rechtliche und praktische Probleme der Integration von Telemedizin - ein Problemaufriss, in: *ders., u.a.*, Rechtsfragen der Telemedizin, Berlin u.a. 2001

Doepner, Ulf Heilmittelwerbegesetz - Kommentar, München, 2. Auflage 2000

Dörr, Dieter / Zorn, Nicole Die Entwicklung des Medienrechts, NJW 2001, S. 2837 - 2854

Draxler, Jürgen R. Den Verbraucherschutz retten, LAK konkret - Mitteilungen der Landesapothekerkammer Hessen, 3/02, S. 7, unter: http://www.apothekerkammer.de/download/LAK-konkret_Juni.zip

ders. Leute, klickt Euch krank!, LAK konkret - Mitteilungen der Landesapothekerkammer Hessen, 3/02, S. 10, unter: http://www.apothekerkammer.de/download/LAK-konkret_Juni.zip

Drexl, Josef Verbraucherschutz im Netz, in: *Lehmann, Michael*, Rechtsgeschäfte im Netz - Electronic Commerce, Stuttgart, 1999, S. 75ff

Duden Wörterbuch der New Economy, Trendbüro, Mannheim 2001

Dyer, Kristi A. / Thompson, Cole D., Our Top 10 Things to Do and Not to Do (or Avoid) when designing Webpages, The CyberMed Catalyst, Issue Summer 1999, 08.07.1999

EFPIA The Pharmaceutical Industry in Figures, 2000, unter: http://www.efpia.org/6_publ/document/In figures2000.new.pdf

ders. Position Paper - Impact of Electronic Commerce on the European Pharmaceutical Sector, March 1999, unter: http://www.efpia.org/4_pos/economic/eleccomm_.PDF

Eichler, Alexander Arzneimittel im Internet, K&R 2001, S. 144 - 149

Eichhorn, Bert Internet-Recht, Köln 2000

Emmerich-Fritsche, Angelika Das Privatheitsprinzip des Binnenmarkte - Rechtfertigungszwang für Grundfreiheiten einschränkende Regulierungen - Soziale Krankenversicherung und Vermessungswesen, EWS 2001, S. 365 - 370

Erman, Walter Handkommentar zum Bürgerlichen Gesetzbuch, 9. Auflage, Münster 1993

Ernst, Stefan Arzneimittelverkauf im Internet, WRP 2001, S. 893 - 899

ders. Verbraucherschutzrechtliche Aspekte des EU-Richtlinienvorschlags zum Electronic Commerce, VuR 1999, S. 397 - 409

ders. Der Mausklick als Rechtsproblem - Willenserklärungen im Internet, NJW-CoR 1997, S. 163 - 167

Eschenbach, Dieter Fakten, Trends: Europäische Gesundheitssysteme und Pharmaziemärkte; eine aktuelle Dokumentation der Arzneimittel-Zeitung, Neu-Isenburg, Stand 12/98

European Federation of Pharmaceutical Industries and Associations The Pharmaceutical Industry in Figures - 2000 Edition, Brüssel, 2000, unter: http://efpia.org/6_publ/document/ In figures2000.new.pdf

Europäische Kommission eEurope Benchmarking-Bericht, Brüssel, 05.02.2002, unter: http://europa.eu.int/information_society/eeurope/news_library/new_documents/benchmarking/benchmarking_de.pdf

ders. eEurope 2002 - Eine Informationsgesellschaft für alle - Aktionsplan- vorbereitet von Rat und Europäischer Kommission zur Vorlage auf der Tagung des Europäischen Rates am 19./20. Juni 2000 in Feira, Brüssel, 14.06.2000, die deutsche Fassung unter: http://europa.eu.int/information_society/eeurope/action_plan/pdf/actionplan_de.pdf

ders. The e-Economy in Europe: - Its potential impact on EU enterprises and policies, Brüssel, 2001

ders. Issue paper - Working Group Manufacturing „Consumer Goods Industries“, Brüssel, 01.-02.03.2001, unter: http://europa.eu.int/comm/enterprise/events/e-economy/doc/manufacturing2_paper.pdf

ders Revision der pharmazeutischen Gesetzgebung - Diskussionsdokument, Brüssel 22.01.2001, die deutsche Fassung unter: http://pharmacos.eudra.org/F2/review/doc/reviewrp_de.pdf

ders. Mitteilung der Kommission über die gesundheitspolitische Strategie der Europäischen Gemeinschaft, KOM (2000) 285 endgültig, unter: http://europa.eu.int/comm/health/ph/general/policynew_de.pdf

ders. Wirtschaftsreform: Bericht über die Funktionsweise der gemeinschaftlichen Produkt- und Kapitalmärkte, Von der Kommission vorgelegt, nach Aufforderung durch den Europäischen Rat von Cardiff unter: http://europa.eu.int/comm/internal_market/en/update/economicreform/cardiff99de.pdf

ders. Mitteilung der Kommission über den Binnenmarkt für Arzneimittel, KOM (1998) 588 endgültig, vom 25.11.1998, unter: http://europa.eu.int/comm/enterprise/library/lib-regulation/doc/com-98-588_de.pdf

ders. Der Binnenmarkt 1995, KOM (1996) 51 endg., Brüssel, 1996

ders. Mitteilung der Kommission: Auf dem Weg zu einem Binnenmarkt für den Handel, KOM (1991) 41 endg., vom 01.03.1991

Eysenbach, Gunther Präventivmedizin und Internet - Prävention durch Information., in: *Allhoff / Leidel / Ollenschläger / Voigt* (Hrsg.). Präventivmedizin, Berlin u.a., 6. Auflage 1997, auch unter: http://www.yi.com/home/EysenbachGunther /praev/index.htm

ders. / Diepgen TL. Labeling and filtering of medical information on the Internet, Methods of Information in Medicine 38/1999, S. 80 - 88 auch unter: http://www.yi.com/home/EysenbachGunther /methinfmed.htm

Felkey, Bill G. / Fox, Brent L. Using the Internet to Enhance Pharmacy-Based Patient Care Services, Journal of American Pharmaceutical Association, July/August 2001, Vol. 41, S. 529 - 538

Freitag, Andreas Standesgemäße Selbstdarstellung im Internet, NET-Investor 8 / 1998

Friedrich, Thomas A. Gesundheitsschutz in Europa, EUmagazin, 11/2001, S. 8 - 11

Friese, Hans-Günter Ja zum Internet - Nein zum Versandhandel mit Arzneimitteln, KrV 2001, S. 82f

ders. Scheindiskussion - Editorial, Pharmazeutische Zeitung 26/2001 vom 26.06.2001, unter: http://www.pharmazeutische-zeitung.de/pza/2001-26/editor.htm

Frost, Norbert Gesundheitstelematik, Telemedizin, Teledermatologie - Eine interdisziplinäre Gegenstandsbeschreibung, Münster 2000

Fuchs, Andreas Das Fernabsatzgesetz im neuen System des Verbraucherschutzrechts, ZIP 2000, S. 1273 - 1287

Gersdorff, Alexander von Der Kampf der Apotheker, Die Welt, 25.07.2002, S. 16

Gillies, Peter Bittere Pillen aus dem Netz, Die Welt, 31.06.2000

GIRP — Statement of GIRP on the Second Round Table 'Completing the Single Pharmaceutical Market', 1997, unter: http://www.girp.org/main3d.htm

Goodger, Ben — E-Commerce and its Impact on Pricing, Computers & Law 1999, S. 22 - 28

Grabitz, Eberhard / Hilf, Meinhard — Kommentar zur Europäischen Union (EUV / EGV), München, Stand Juli 2000

Groeben, Hans v.D. / u.a. — Kommentar zum EU-, EG-Vertrag, Baden-Baden, 5. Auflage 1999

Gringras, Clive — The Laws of the Internet, London 1997

Härting, Niko — FernAbsG - Fernabsatzgesetz - Kurzkommentar, Köln 2000

Hameter, Bart — E-pharmacy in Europe: Where do we stand?, Brüssel 2001, unter: http://europa.eu.int/comm/enterprise/events/e-economy/doc/presentation_hameter.pdf

Hamm, Steve / u.a. — E-Biz: Down but hardly out, BusinessWeek 2001, S. 126 - 130

Hanika, Heinrich — Bism@rck geht online - Der elektronische Geschäftsverkehr in Europa erzwingt die Modernisierung der nationalen Gesundheitssysteme, unter: http://www.pfaelzer-aerzte.de/download/ka/Bismarck.pdf

ders. — Internet- und Multimedia-Recht - Europäische Vorgaben und nationale Anpassungserfordernisse im Gesundheitswesen, Die BKK 2001, S. 118 - 126

ders. — Telemedizin - Handlungs- und Weiterentwicklungsbedarf, MedR 2001, S. 107 - 111

ders. — Internetrecht versus Schutz der öffentlichen Gesundheit und Standesrecht, MedR 2000, S. 205 - 212

ders. — Europäisches Arzneimittelrecht: Die pharmazeutische Industrie in Europa auf dem Weg zur Vollendung des Binnenmarktes für Arzneimittel, MedR 2000, S. 63 - 71

Harding, Geoffrey / Taylor, Kevin — The McDonaldisation of Pharmacy, Pharmaceutical Journal, Vol. 265, 2000, S. 602 - 603

Heckmann, Dirk — E-Commerce: Flucht in den virtuellen Raum? - Zur Reichweite gewerberechtlicher Bindungen des Internethandels, NJW 2000, S. 1370 - 1375

Hennies, Günter — Patientenrechte und Patientenschutz in der Telemedizin und beim Einsatz von Operationsrobotern, ArztRecht 2001, S. 64 - 68

Hensen, Horst-Dieter — Das Fernabsatzgesetz oder: Man könnte heulen, ZIP 2000, S. 1151 - 1152

High Level Committee on Health — Pharmaceutical and Public Health in the European Union, 28.03.2000, der englische Text unter: http://europa.eu.int/comm/health/ph/key_doc/ke02_en.pdf

Hiltl, Christoph / Schroeder, Werner — Arzneimitteleinfuhr durch Private, in: *Kleist*, *Holde*, Pharma-Recht Europa, 1993; S. 107 - 111

Hobley, Chrisopher — just numbers - Numbers on Internet use, electronic commerce, IT and related figures for the European Community, Januar 2001, veröffentlicht vom Electronic Commerce Team der Europäischen Kommission, unter: http://europa.eu.int/ISPO/ecommerce/documents/Just_numbers.pdf

Höch, Dominik, — Computer als Ersatz für den Doktor - das kann ich mir nicht vorstellen, Kurier-Montagsgespräch mit Bundesgesundheitsministerin Ulla Schmidt, Berliner Kurier 02.04.2001, unter: http://www.berlinonline.de/berliner-kurier/archiv/.bin/dump.fcgi/2001/0402/montagsgespraech/0002/

Hoeren, Thomas — Kurzkommentar: Arzneimittel, Versand über das Internet/ „Doc Morris I", EWiR § 1 UWG 1/2001, S. 39 f

ders. — Internetrecht, Münster, Stand Juli 2002, die aktuellste Fassung nur im Internet, unter: http://www.uni-muenster.de/Jura.itm/hoeren/material/Skript_Juli_2002.pdf

ders. — Vorschlag für eine EU-Richtlinie über E-Commerce, MMR 1999, S. 192 - 199

ders. — Rechtsfragen des Internet: Ein Leitfaden für die Praxis, Köln, 1998

Hoffmann, Helmut Die Entwicklung des Internet-Rechts, NJW-Beilage zu Heft 14/2001

Hoffritz, Jutta Vertreibung aus dem Paradies - Apotheker fürchten um ihre Privilegien - Online-Rivalen und Politiker wollen den Wettbewerb entfesseln, Die Zeit 6/2002, unter: http://www.zeit.de/2002/06/Wirtschaft/200206_apotheken.html

Hohenthal, Carl Graf Wer sich dem Internet verschließt, wird abgehängt, Medikament & Meinung 6/2000

Holznagel, Bernd / Verhulst, Stefan u.a. Removing E-Barriers - Ways to Facilitate the Growth of the Internet, International Journal of Communications Law and Policy, Issue 5, Summer 2000, auch unter: http://www.ijclp.org/5_2000/ijclp_webdoc_5_5_2000.html

Hovermann, Eike Versandhandel versus Einzelapotheke – Chancen für den Wettbewerb durch Neue Medien: Mehr Transparenz und Kostenbewußtsein?, Die BKK 2001, S. 174 - 181

Imhoff-Hasse, Susanne Etappensieg gegen Internetapotheken, Medikament & Meinung 12/2000

Jack, David Launch of first trans-European telemedicine network, The Lancet, 2000, S. 1910

Jepson, Guy M.H. How do Primary Health Care Sstems compare across Western Europe?, Pharmaceutical Journal 267, 2001, S. 269 - 273

Jost, Arnim Computer Aided Selling im Pharma-Kundenmanagement, Mannheim 1998

Julià-Barceló, Rosa New Legal Framework for Electronic Contracts: The EU Electronic Commerce Proposal, Computer Law & Security Report, 1999, S. 147 - 157

Jungbauer, Sylvia / Kemper, Werner Europäische Union, Arzneimittel, Köln 1999

Just, Christoph Kurzkommentar: Arzneimittelversand, freier Warenverkehr „Doc Morris II“, EWiR § 1 UWG 2/2001, S. 41f

Jutzi, Sebastian „Versandverbot muss fallen“, Focus Heft 45/2001, S. 212

ders. Pille per Mausklick, Focus, Heft 18/2001, S. 190

Kaiser, Andreas / Voigt, Dennis Vertragsschluß und Abwicklung des Electronic Commerce im Internet - Chancen und Risiken, K&R 1999, S. 445 - 453

Kennedy, Laurence C. Medicine, Internet & the Law - Professional Survival in the Cyberage, Society for Computers & Law Electronic Magazine, 2000, Issue 3, S. 4ff

Kenreigh, CA./ Wagner, LT; Conference Report - The „E-abling" of a profession, Medscape Pharmacists, 11/2000

Khermouch, Gerry / Lowry, Tom The Future of Advertising, BusinessWeek 2001, S. 138

Kieselbach, Kurt Internet-Apotheken erhalten jetzt Unterstützung, Die Welt, 12.06.2001, S. 16

Kiewel, Angelika E-Commerce mit Arzneimitteln: Chance für mehr Qualität und Wirtschaftlichkeit, KrV 2001, S. 83f

Kleist, Holde Pharma-Recht und Pharma-PR: Spannungsfeld zwischen Pressefreiheit und Wttbewerbsrecht; Beiträge aus Pharma Recht, Frankfurt am Main 1993

Kloesel Arno / Cyran, Walter Arzneimittelrecht - Kommentar, Stuttgart, 3. Auflage, Stand 12/1999

Knapp, Katherine K. Internet Pharmacy Practice, American Pharmaceutical Association Annual Meeting, March 10 - 14, 2000, Washington, unter: http://www.medscape.com/viewarticle/419161

Koch, Klaus Millionen für die Meinungsbildner, Deutsches Ärzteblatt 39/2001, S. A 2484 - A 2486

Köhler, Helmut Die Rechte des Verbrauchers beim Teleshopping (TV-Shopping, Internet-Shopping), NJW 1998, S. 185 - 190

Köhler, Markus / Arndt, Hans-Wolfgang Recht des Internet, Heidelberg, 2. Auflage 2000

Koenig, Christian Rechtliche Aspekte des Internet-Arzneimittelhandels, ApoR 2001, S. 32 - 37

ders. Zum Internet-Auftritt einer niederländischen Online-Apotheke, Frankfurt a.M. 2000

ders. / Müller, Eva-Maria / Trafkowski, Armin Internethandel mit Arzneimitteln und Wettbewerb im EG-Binnenmarkt, EWS 2000, S. 97 - 105

Koenig, Christian / Engelmann, Christina E-Commerce mit Arzneimitteln im Europäischen Binnenmarkt und die Freiheit des Warenverkehrs, ZUM 2001, S. 19 – 27

ders. Schutz von Reimporten durch die Freiheit des Warenverkehrs, EWS 2001, S. 405 - 411

Koenig, Christian / Müller, Eva-Maria Der werbliche Auftritt von Online-Apotheken im europäischen Binnenmarkt, WRP 2000, S. 1366 - 1375

Kötz, Hein Europäisches Vertragsrecht, Tübingen 1996

Korbanka, Christian / Nielen, Jochen ikk.de - Gegenwart und Zukunft der Innungskrankenkassen im Internet, KrV 2001, S. 220 – 222

Korzilius, Heike Ja zum Internet- nein zum Versand, Deutsches Ärzteblatt 20/2000, S. A 1299

ders. Internethandel mit Arzneimitteln - „Wer sich nicht bewegt, wird bewegt“, Deutsches Ärzteblatt 51-52/2000, S. A 3465f

Krombacher-Bachern, Karen / Fischer, Bablin Der Bezug von Arzneimitteln aus Internetapotheken, Die Sozialversicherung 2001, S. 253 - 256

Kruse, Henning Internet-Händler wittern das große Geschäft, Die Welt, 01.12.2001, S. 17

Lars-Broder, Keil Internet-Handel mit Medikamenten nimmt weltweit zu, Berliner Morgenpost, 08.08.2000

Lee, Daniel Will e-pharmacies Drive the Pharmaceutical Market in the Wired Age?, Pharmaceutical Physician, 2001, S. 19 - 21

Lehmann, Michael Electronic Commerce und Verbraucherschutz in Europa, EuZW 2000, S. 517 - 520

Lehner, Petra Konsumentenschutz - Medikamente aus dem Netz, der schutzlose Konsument, Wien 1999

Lenz, Carl Otto EG-Vertrag, Kommentar zu dem Vertrag zur Gründung der Europäischen Gemeinschaften, Köln u.a., 2. Auflage 1999

Leßmann, Herbert	Pharmaversandhandel - Perspektive der Wissenschaft, in: *Meurer, Dieter*, Rechtliche Veränderungen des Wettbewerbs am europäischen Pharmamarkt. Risiken und ihre Vermeidung, Frankfurt a.M. 2000, S. 66 - 83
Lippert, Hans-Dieter	Achtes Gesetz zur Änderung des Arzneimittelgesetzes, NJW 1999, S. 837 - 838
Loock-Wagner, Oliver	Das Internet und sein Recht, Stuttgart u.a. 2000
Long, Colin D.	Global Telecommunications Law and Practice, 3rd edition, London 2000
Lubbock, Marc	E-Commerce - Doing Business Electronically, Norwich 2000
Lubitz, Markus	Electronic Contracts: A view across the Channel - The English Perspective, K&R 2001, S. 96 - 103
Lutz, Jürgen	„Versandhandel wäre das Aus für nationale Pharmapolitik", Die Ärztezeitung, 23.07.2001, unter: http://www.aerzte zeitung.de/docs/2001/07/23/135a1301.asp
Mand, Elmar	E-Commerce mit Arzneimitteln - Auswirkungen des Herkunftslandprinzips auf das Internationale Wettbewerbsrecht, MMR 2003, S. 77 - 82
Mankowski, Peter	Websites und Versandhandelsprivileg, CR 2001, S. 30 - 36
ders.	E-Commerce und Internationales Verbraucherschutzrecht, MMR-Beilage 7/2000, S. 22 - 37
Marwitz, Petra	Heilmittel im Internet, MMR 1999, S. 83 - 87
Martens, Heiko / Meyer, Cordula / Neubacher, Alexander	„Körbeweise Rezepte", Der Spiegel 18/2002 vom 29.04.2002, S. 166 - 168
May, O.	Freier Warenverkehr mit Arzneimittel im EG-Binnenmarkt, in: *Kleist, Holde*, Pharma-Recht Europa, 1993; S. 22-29
McConnell, John	Internet subverts European drug regulation, The Lancet 2000, S. 1690

McKenna, Mindi K.	E-Health and the Practicing Physician - Choose how you'll use the Internet, Medscape TechMed 1 (1) 2001, 20.07.2001, unter: http://www.medscape.com/Medscape/TechMed/journal/2001/v01.n01/mtm0709.02.mcke/mtm0709.02.mcke-01.html
Meilicke / Graf v. Westphalen / Hoffmann / Lenz,	PartGG, München 1995
Merkel, Ruth	*Hoeren, Thomas / Queck, Robert,* Rechtsfragen der Informationsgesellschaft, Berlin, 1999, S. 167 - 174
Merz, Friedrich	Die politischen und ökonomischen Perspektiven der Wirtschafts- und Währungsunion, in: *Kleist, Holde,* Pharma-Recht Europa, Frankfurt a.M., 1993, S. 1 - 10
Mevissen, Gertrude	Gegen die Anarchie, Pharmazeutische Zeitung 27/2000, S. 26f, auch unter: http://www.offizin.de/pza/2000-27/pol3.htm
Meyer, Cordula	Doofkarte gespielt, Der Spiegel, 04.12.00, S. 68
ders.	Viagra aus Kerkrade, Der Spiegel, 25.09.2000, S. 88
Meyer, Hilko J.	E-Commerce mit Arzneimitteln, Stuttgart, 2000
ders.	Die rechtlichen Aspekte des E-Commerce mit Arzneimitteln, ApoR 2001, S. 37 - 43
Micklitz, Hans-Wolfgang	Fernabsatz und E-Commerce im Schuldrechts-modernisierungsgesetz, EuZW 2001, S. 133 - 143
ders.	Die Fernabsatzrichtlinie im deutschen Recht, Baden-Baden, 1998
Miller, Thomas E. / Reents, Scott	The Health Industry in Transition - The Online Mandate to Change, für: Intenet Strategies Group Cyber Dialogue Inc., 1998
Mills, David	Cybermedicine: The Benefits and Risks of Purchasing Drugs Over The Internet, Journal of Technology Law & Policy 2000, Issue 2, S. 1 - 14; auch unter: http://grove.ufl.edu/~techlaw/vol5/medicinefinal.htm

Mintzes, Barbara — Blurring The Boundaries - New Trends in Drug Promotion, 1998, für HAI Europe (Health Action International); unter: http://www.haiweb.org/pubs/blurring/blurring.intro.html

Molitor, Harald — Absatzsystem, Wettbewerb und Marktbearbeitungsalternativen bei verschreibungspflichtigen Arzneimitteln, Berlin, 2000

Monopolkommission — Netzwettbewerb durch Regulierung, XIV Hauptgutachten der Monopolkommission gemäß § 44 Abs. 1 Satz 1 GWB - 2000/2001 -, Bonn 2002
Kurzfassung unter: http://www.monopolkommission.de/haupt_14/sum_h14.pdf
Auszug zum Thema Internet-Apotheken:
JurPC Web-Dok. 224/2002, Abs. 1 - 6

Morck, Hartmut — Internet ist keine Alternative zur Apotheke, Pharmazeutische Zeitung 37/1999, unter: http://www.pharmazeutische-zeitung.de/pza/1999-37/pol1.htm

Müller, Bernd — Aufruhr der Apotheker, Focus 25/2002 vom 17.06.2002, S. 141 - 146

Mullan, Kenneth — Blackstone´s Pharmacy Law & Practice, London, 2000

Mulholland, Don — Pharmaceutical Wholesaling: Full-Line Wholesaling:Regionals go National, Nationals go European, Pharmaceutical Journal, 2002, Vol. 268, S. 107 - 111

Münchener Kommentar — Bürgerliches Gesetzbuch, Band 1, 4. Auflage, München 2001

Narjes, Karl-Heinz — in: Ulrich Everling/ Karl-Heinz Narjes/ Joachim Sedermund, Europarecht, Kartellrecht, Wirtschaftsrecht. Festschrift für Arved Deringer, Baden-Baden 1993, S. 110ff

Neldner, Thomas / Wassener, Dietmar — Pillen per Post: Für viele ein Plus, Gesundheit und Gesellschaft 2001, S. 28 - 34

Neubacher, Alexander — Lauschiger Abend, Die glänzenden Geschäfte der Apotheker in Zeiten knapper Kassen, Der Spiegel, 27/2002 vom 01.07.2002, S. 40

Nicolaysen, Gerd — Europarecht II - Das Wirtschaftsrecht im Binnenmarkt, Baden-Baden, 1996

Nolte, Georg Die Kompetenzgrundlage der Europäischen Gemeinschaft zum Erlass eines weitreichenden Tabakwerbeverbots, NJW 2000, S. 1144 - 1148

OECD Consumers in the Online Marketplace OECD - Workshop on the Guidelines - One Year Later, DSTI/CP(2001)5, 19.04.2001, unter: http://www.oecd.org/dsti/sti/it/secur/act/Berlin/berlin-ccp-report.pdf

ders. Leitlinien für den Verbraucherschutz im Zusammenhang mit dem elektronischen Geschäftsverkehr, 09.12.1999, unter: http://www.oecd.org/pdf/M00000000/M00000364.pdf

ders./ DSTI/ CP Inventory of Consumer Protection Laws, Policies and Practices applied to Electronic Commerce, (2000) 5/FINAL, 28.02.2001, unter: http://www.olis.oecd.org/olis/2000doc.nsf/LinkTo/DSTI-CP(2000)5-FINAL

Oppermann, Thomas Europarecht, München, 2. Auflage 1999

O'Reilly, Michael Get ready for online sales of prescription drugs, Canadian Medical Association Journal 1999, S. 557; auch unter: http://www.cmaj.ca/cgi/reprint/161/5/557.pdf

Palandt Bürgerliches Gesetzbuch, Kommentar, 61. Auflage, München 2002 und Ergänzungsband

Paoli, Nicola di Bald freie Bahn für Internet-Apotheken, Financial Times Deutschland, 04.04.2001, unter: http://www.ftd.de/internet-apotheken

PGEU The Internet and Medicines: Enjoy the Internet: but don't risk your health!, 31.03.1999, unter: http://www.pgeu.org/webdata/docs/99.805E internet_leaflet.pdf

ders. Guidelines for pharmacy services on line, 14.06.2001, unter: http://www.pgeu.org, dort: Position Papers

ders Joint Statement from CP and PGEU, Prescription-Only Medicines should not be advertised directly to the Public, unter. http://www.apotheker.at

Pieper, Stefan Ulrich Gesundheitswesen und Verbraucherschutz, in: *Bleckmann*, Europarecht, Köln u.a., 6. Auflage 1997, § 33

Pieroth, Bodo / Schlinck, Bernhard — Grundrechte - Staatsrecht II, 17. Auflage, Heidelberg 2001

Platzer, Helmut — Internetversandhandel von Arzneimitteln – ein neuer Weg? Offene Fragen der Arzneimittelversorgung in Deutschland, in: Stein, Peter, Perspektiven zur Regelung des Internetversandhandels von Arzneimitteln, München 2002, S. 29 - 34

Rabbata, Samir, — Apotheker laufen Sturm, Deutsches Ärzteblatt 13/2002 vom 29.03.2002, S. A 824

Rahman, A. — In-store pharmacies - Professional, not commercial, Pharmaceutical Journal 2001, Vol. 266, S. 464f

Reich, Norbert — Rechtsangleichung im Binnenmarkt - Marktöffnung oder Sozialschutz?, VuR 2001, S. 203 - 206

Reichert, Gerhard — Gefahren des Arzneimittelversandhandels aus der Sicht der Apotheken in: *Stein, Peter*, Perspektiven zur Regelung des Internetversandhandels von Arzneimitteln, München 2002, S. 19-27

Reuter, Fritz-Eberhard — Arzneimittel im Einzelhandel: ein Leitfaden für den Handel mit freiverkäuflichen Arzneimitteln, Ludwigshafen (Rhein), 9. Auflage 1998

Richard, Sabine / Schleert, Dirk — Neuere Entwicklungen in der Arzneimitteldistribution - Ansatzpunkte für die Krankenkassen, Die BKK 1995, S. 15 - 27

Richter, Eva — Weichen auf Versand gestellt, Deutsches Ärzteblatt 41/2001, S. A 2624

ders. — Die Internet-Apotheke: Nur noch eine Frage der Zeit, bis sie kommt, Ärzte-Zeitung, 15.12.2000, unter: http://www.aerztezeitung.de/docs/2000/12/15/227a0301.asp

Rijen, Onno van — The Patient and the Internet, The CyberMed Catalyst, Issue Summer 2000, 08.07.2000, unter: http://www.amip.org/catalyst/vanrijen_html

Ring, Gerhard — Berufsbild und Werbemöglichkeiten der Apotheker nach der zweiten Apothekenentscheidung des Bundesverfassungsgerichts, NJW 1997, S. 768 - 773

Rosenthal, David Internet - Schöne neue Welt?: Report über die unsichtbaren Risiken, Zürich 1999

Rott, Peter Informationspflichten in Fernabsatzverträgen als Paradigma für die Sprachenproblematik im Vertragsrecht, ZVglRWiss 98 (1999), S. 382 - 409

Rowe, Heather Legal Implications of Consumer - Orientated Electronic Commerce, Computer Law & Security Report 1998, S. 232 - 242

Rücker, Daniel Sympathien für Weiterentwicklung, Pharmazeutische Zeitung 25/2001 vom 19.06.2001, unter: http://www.pharmazeutische-zeitung.de/pza/2001-25/pol1.htm

Sachverständigenrat für die Konzertierte Aktion im Gesundheitswesen Bedarfsgerechtigkeit und Wirtschaftlichkeit: Zur Steigerung von Effizienz und Effektivität der Arzneimittelversorgung in der gesetzlichen Krankenversicherung (GKV), Addendum zum Gutachten 2000/2001 = BT-Drucksache 14/89205 vom 05. 02. 2002, unter: http://www.svr-gesundheit.de/gutacht/gutalt/gutaltle.htm

Sack, Rolf Das internationale Wettbewerbsrecht nach der E-Commerce-Richtlinie (ECRL) und dem EGG-/TDG-Entwurf, WRP 2001, S. 1408 - 1425

Salaün, Anne Consumer Protection - Proposals for Improving the Protection of Online Consumers, Computer Law ³ Security Report 1999, S. 159 - 167

Sander, Axel Arzneimittelrecht, 37. Lfg. Stand Juli 2000

SATS Study on the Use of Advanced Telecommunications Services by Health Care Establishments and Possible Implications for Telecommunications Regulatory Policy of the European Union, Bonn / Dublin, Oktober 2000, Studie erstellt im Auftrag der Europäischen Kommission von empirica (Gesellschaft für Kommunikations- und Technologieforschung mbH, Bonn) und wrc (Work Research Centre, Dublin), unter: http://europa.eu.int/ISPO/infosoc/telecompolicy /en/SATS_Report081100corr.pdf

Schäfer, Matthias — Immer mehr Apotheker wollen im Internet verkaufen, Die Welt, 15.01.01, unter: http://www.diewelt.de

Schäfers, Christina / Kaesbach, Wolfgang — Perspektiven für den Arzneimittelversand – Qualität und Effizienz sind kein Widerspruch, in: *Stein, Peter,* Perspektiven zur Regelung des Internetversandhandels von Arzneimitteln, München 2002, S. 35 - 42

ders. — Arzneimittelversand: sicher, gut und wirtschaftlich, Die BKK 2001, S. 489 - 494

ders. — Internethandel mit Arzneimitteln - Qualität und Sicherheit müssen gewährleistet sein, Die BKK 2000, S. 203 – 209

Scheffler, Hauke / Dressel, Christian — Vorschläge zur Änderung zivilrechtlicher Formvorschriften und ihre Bedeutung für den Wirtschaftszweig E-Commerce, CR 2000, S. 378 - 384

Schefold, Christian Peter — Der „graue" Gemeinsame Markt pharmazeutischer Markenartikel, Aachen 1997

Scherer, Josef / Butt, Marc Eric — Rechtsprobleme bei Vertragsschluß via Internet - Unter Berücksichtigung der EG-Fernabsatzrichtlinie, der Signaturrichtlinie und der geplanten E-Commerce-Richtlinie-, DB 2000, S. 1009 - 1016

Schiedermair, Rudolf / Pieck, Johannes — Kommentar zum Apothekengesetz, 3. Auflage 1981

Schiedermair, Rudolf / Pohl, Hans-Uwe — Gesetzeskunde für Apotheker, Frankfurt a.M., 11. Auflage 1987

Schlicht, Cornelia — Keine Angst vor Online-Shopping - In Amerika boomt der Internetverkauf von Arzneien, Medikament und Meinung April 1999

Schmidt, Michael — Apothekengesetz: Text mit Einführung und Hinweisen für die Praxis, Stuttgart 1993

Schmittmann, Michael / Busemann, Rudolf — Die Zukunft des E-Commerce in Europa, AfP 1999, S. 239 - 242

Schöffski, Oliver — Die Regulierung des deutschen Apothekenwesens - Eine ökonomische Analyse, Baden-Baden, 1995

Schroeder, Werner	Vom Brüsseler Kampf gegen den Tabakrauch - 2. Teil, EuZW 2001, S. 489 - 495
ders.	Zu eingebildeten und realen Gefahren durch kompetenzüberschreitende Rechtsakte der Europäischen Gemeinschaft, EuR 1999, S. 452 - 466
ders.	Mehr Demokratie statt umweltpolitischer Subsidiarität, EuR 1991, S. 356ff
Schulte, Bernd	Warenverkehrsfreiheit und Dienstleistungsfreiheit im gemeinsamen Markt: Auswirkungen auf das Deutsche Gesundheitswesen, ASP 2001, S. 36 - 49
Schwanenflügel, Matthias v.	Gesundheit in Europa, EuR 1998, S. 210 - 218
Schwarze, Jürgen	Unverfälschter Wettbewerb für Arzneimittel im europäischen Binnenmarkt: Pharmazeutische Produkte im Widerstreit von freiem Warenverkehr und nationalen Preiskontrollen, Baden-Baden, 1998
Sell, ???	E-Health in den USA - Ein Wachstumsmarkt zwischen Euphorie und Ernüchterung, Die BKK 2001, S. 143 - 149
Sendatzki, Volkhard	Elektronisches Rezept - Startrampe für die Telematik-plattform in der GKV, Die BKK 2001, S. 131 - 136
ders.	Elektronisches Rezept gewinnt an Konjunktur, Arbeit und Sozialpolitik 2001, S. 21ff
ders.	Elektronisches Rezept gewinnt an Konjunktur, Arbeit und Sozialpolitik 2001, S. 21 - 26
Silkenath, Beate	Internet und gesetzliche Krankenkassen - die Chancen nutzen, die Risiken umgehen, Die BKK 2001, S. 137 - 143
Smith, Lesley Jane	Legal Regulation of the British Pharmaceutical Market: Domestic Law, Internal Market and Intellectual Property Rights, Baden-Baden, 1991
Sookman, Barry	Computer, Internet and Electronic Commerce Law, Toronto 2000

Spielberg, Petra	Niederländische Internet-Apotheker über Richterschelte und geben nicht auf, Ärzte Zeitung, 20.11.2000, unter: http://www.aerztezeitung.de/docs/2000/11/20/208a0202.asp
Spindler, Gerald	E-Commerce in Europa - Die E-Commerce-Richtlinie in ihrer endgültigen Fassung, MMR-Beilage 7/2000, S. 4 - 21
Stebner, Frank A.	Arzneimittel im Internet - Chance und Risiken, ApoR 2001, S. 108 - 110
Stein, Torsten	Keine Europäische „Verbots"-Gemeinschaft – das Urteil des EuGH über die Tabakwerberichtlinie, EWS 2001, S. 12 - 17
Steindorff, Ernst	ZHR 1994, S. 149 - 169
Sterzel, Astrid / Wassener, Dietmar	Arzneimitteldistribution in Deutschland - Versandapotheken als Reformoption?, ASP 2001, S. 14 - 21
Stewens, Christa	Perspektiven zur Regelung des Internetversandhandels von Arzneimitteln und seine Auswirkungen auf das Gesundheitssystem, in: *Stein, Peter*, Perspektiven zur Regelung des Internetversandhandels von Arzneimitteln, München 2002, S. 9 - 12
Stiess, Katia / Hellert, Joos	Kein Ende der Tabakwerbung, ZUM 2000, S. 1038 - 1046
Stieve, Gisela	Die Internet-Apotheke setzt neue Regeln, Pharmazeutische Zeitung 43/2000, unter: http://www.pharmazeutische-zeitung.de/pza/2000-43/pol2.htm
ders.	Verbraucherschutz in Europa soll nicht den Bach runter gehen, Pharmazeutische Zeitung 24/1999, S. 20 - 24, auch unter: http://www.pharmazeutische-zeitung.de/pza/1999-24/pol1.htm
Stiftung Warentest	Pillen preiswert kaufen, Heft 5/2001, S. 88 - 90
ders	Russisch Roulette mit @rzneien, Heft 9/2000, S. 92 - 95, sowie: aktuelle Meldung vom 23.08.2000, unter: www.stiftung-warentest.de
ders.	Beratung in Apotheken - Risiken und Nebenwirkungen, Heft 7/1999, S. 94 - 96

Streinz, Rudolf Das Verbot des Apothekenversandhandels mit Arzneimitteln - Eine „Verkausfmodalität" im Sinne der Keck-Rechtsprechung?, EuZW 2003, S. 37 - 44

Striegler, Arndt Boots konzentriert sich auf das Apothekengeschäft, Pharmazeutische Zeitung 42/2001 vom 16.10.2001, unter: http://www.pharmazeutische-zeitung.de/pza/2001-42/wuh1.htm

ders. Britische Internet-Apotheker geben sich Internet-Richtlinie, Pharmazeutische Zeitung 5/2000, unter: http://www.pharmazeutische-zeitung.de/pza/2000-05/pol2.htm

Strömer, Tobias H. Fernabsatzgesetz: Gesetzliche Regelungen fürs Internet-Shopping, NetLaw Mai/Juni 2001, unter: http://www.netlaw.de/newsletter/news0103/fernabsatz.htm

ders. Online-Recht: Rechtsfragen im Internet, Heidelberg, 2. Auflage 1999

Taupitz, Jochen Rechtsgrundlagen für Werbeverbote und Informationsangebote in Deutschland, RPG 2001, S. 9 - 15

ders. Das apothekenrechtliche Verbot des „Fremd- und Mehrbesitzes" aus verfassungs- und europarechtlicher Sicht, Heidelberg 1998

ders. Europäische Rechtsvereinheitlichung heute und morgen, Tübingen 1993

ders. Europarechtliche Rahmenbedingungen des Vorschlags für eine Dienstleistungsrichtlinie in *Deutsch, Erwin / Taupitz, Jochen* Haftung der Dienstleistungsberufe: natürliche Vielfalt und europäische Vereinheitlichung, Heidelberg 1993, S. 1 - 12

ders. Privatrechtsvereinheitlichung durch die EG: Sachrechts- oder Kollisionsrechtsvereinheitlichung, JZ 1993, S. 533 - 539

ders. Die Standesordnungen der Freien Berufe - geschichtliche Entwicklung, Funktionen, Stellung im Rechtssystem, Berlin 1991

ders. / Kritter, Thomas Electronic Commerce - Probleme bei Rechtsgeschäften im Internet, JuS 1999, S. 839 - 846 *ders.* Tagungsbericht über das deutsch-koreanische Kolloquium "Aktuelle Rechtsprobleme des Verbraucherschutzes" vom 02.-04.10.1995 in Seoul, in: Recht des Verbraucherschutzes in Korea und Deutschland, Zeitschrift der Koreanisch-Deutschen Gesellschaft für Rechtswissenschaft, Band 12, Seoul 1996, S. 609 - 640

Tettenborn, Alexander E-Commerce-Richtlinie: Politische Einigung in Brüssel erzielt, K & R 2000, S. 59 - 63

ders./ Bender, Gunnar/ Lübben, Natalie / Karenfort, Jörg Rechtsrahmen für den elektronischen Geschäftsverkehr, K & R Beilage 1 zu Heft 12 / 2001

Thier, Uwe Das Recht des EG-Arzneimittelmarktes und des freien Warenverkehrs: freier Warenverkehr in der EG, europäisches Arzneimittelsicherheitsrecht und das Verhältnis zu nationalem Arzneimittelpreis- und Versorgungsrecht unter Berücksichtigung des Rechts der BRD, Frankfurt am Main 1990

Thünken, Alexander Die EG-Richtlinie über den elektronischen Geschäftsverkehr und das internationale Privatrecht des unlauteren Wettbewerbs, IPRax 2001, S. 15 - 22

Tisch, Lutz Apotheker auf Märkten, Messen und Leistungsschauen, in: *Tisch, Lutz* (Hrsg.), Apotheke im Wettbewerb - Rechtliche Möglichkeiten und Grenzen, Eschborn 2000, S. 54 - 56

Twigg-Flenser, Christian The Unfair Terms in Consumer Contracts Regulations 1999: New Powers for the Regulators and the Consumers' Association, Utilities Law Review 2000, S. 41-46

Wägenbaur, Bertrand Binnenmarkt und Gesundheitsschutz - eine schwierige Kohabitation, EuZW 2000, S. 549 - 551

Wahl, Karin Gegen die Invasion der @-Pillen, Medikamenteninformation Online, 23.01.01, unter: http://www.medikamenteninformation.de/gesundheit/invasion.htm

Wake, Michelle / Lisgarten, Linda A guide to pharmacy resources on the Internet, He@lth Information on the Internet, June 2000, S. 6 - 8

Waldenberger, Arthur „Alles schwebend unwirksam" - Distanzgeschäfte nach dem Referentenentwurf eines Fernabsatzgesetzes, K&R 1999, S. 345 - 354

Weatherill, Stephen	The Implementation and the Repercussions of Consumer Protection Directives in Domestic Law - Country Report: United Kingdom in: *Heusel, Wolfgang*, Neues Europäisches Vertragsrecht und Verbraucherschutz; New European Contract Law and Consumer Protection, Köln, 1999, S. 117ff
ders. / Beaumont, Paul	EU Law, London, 3rd edition 1999
Wenning, Rico	Das Internet - ein rechtsfreier Raum ? JurPC Web-Dokument 16/1997, unter: http://www.jura.uni-sb.de/jurpc/aufsatz/19970016.htm
Werner, Jens	E-Commerce.Co.UK - Local Rules In A Global Net, International Journal of Communication Law & Policy, Issue 6, Winter 2000/2001, S. 1- 10
The White House	Office of the Press Secretary, Press Release: Eliminating Barriers to Electronic Commerce while Protecting Consumers: The Electronic Sigantures in Global and National Commerce Act, 30.06.2001, unter: http://clinton5.nara.gov/WH/New/html/20000630.html
ders.	A Framework for Global Electronic Commerce, 01.07.1997, unter: http://www.w3.org/TR/NOTE-framework-970706.html oder http://www.e-jus.it/db/data/Framework_Electronic_commerce_1-7-97.htm
Wim Weber	Austrian survey shows hazards of internet prescription drugs, The Lancet 2000, S. 1176
Werner, Jens	E-Commerce.co.uk - Local Rules In A Global Net, International Journal of Communications Law and Policy, Issue 6, Winter 2000/2001, Web-Doc 3-6-2001, unter: http://www.ijclp.org/6_2001/pdf/ijclp_webdoc_3_6_2001.pdf
Working Group „Pharmaceuticals and Public Health"	Pharmaceuticals and Public Health in the EU: Proposals to the High Level Committee on Health for Policies and Actions in the Framework of the Treaty of Amsterdam, 28.03.2000, unter: http://europa.eu.int/comm/health/ph/key_doc/ke02_en.pdf

Wortby, John / Anderson, Grant — UK moves towards Electronic Commerce Bill, Computer Law & Security Report 1999, S. 397 - 400

Wrede, Sabine — Die Verpackungsverordnung - Warenverkehrsfreiheit contra Umweltschutz, EWS 2001, S. 371 - 377

Zweigert, Konrad / Kötz, Hein — Einführung in die Rechtsvergleichung: auf dem Gebiet des Privatrechts, Tübingen 1996

FSC
www.fsc.org
MIX
Papier | Fördert gute Waldnutzung
FSC® C083411

Kolibri 360 GmbH
Ferdinand-Jühlke-Straße 7
99095 Erfurt, Deutschland
produktsicherheit@kolibri360.de

Druck:
CPI Druckdienstleistungen GmbH
im Auftrag der
Kolibri 360 GmbH
Ferdinand-Jühlke-Str. 7
99095 Erfurt